복음서 해석

복음서 해석

2023년 6월 20일 처음 펴냄

지은이 | 김득중
펴낸이 | 김영호
펴낸곳 | 도서출판 동연
등 록 | 제1-1383호(1992년 6월 12일)
주 소 | 서울시 마포구 월드컵로 163-3
전 화 | (02) 335-2630
팩 스 | (02) 335-2640
이메일 | yh4321@gmail.com
인스타그램 | dongyeon_press

ISBN 978-89-6447-912-4 93230

Biblical Hermeneutics of the Gospels

복음서 해석

김득중 지음

동연

복음서를 기록한 저자는 다만 역사를 있는 그대로 기록했던 사람(Geschichtschreiber)이 아니라 역사를 자기 나름의 관점에서 서술했던 사람(Geschichterzaehler)이다.

복음서를 기록한 저자들은 초대교회 안에서 전해지고 있던 구전 전승을 그냥 수집해 모아둔 사람들(collectors)이거나, 또는 그것들을 그대로 전해준 사람들(transmitters)이 아니라, 자신의 의도와 기록 목적에 따라 그 전승들을 수시로 수정하기도 했던 사람들(correctors)이며, 때로는 새로운 전승을 만들어 낸 사람들(creators)이기도 했다.

머 리 말

    필자는 신앙 초기에 복음서의 예수에게 매료된 이후부터 인생 전부를 거의 복음서 연구에 바쳤다고 말할 수 있다. 필자의 석사학위 논문의 제목은 "복음서에 나오는 '인자'(the Son of Man) 명칭 연구"였다. 그리고 미국 드류대학교 대학원에서 썼던 박사학위 논문은 마가복음 전체를 부활의 관점에서 해석한 "부활의 신학자 마가"(Mark — the Theologian of the Resurrection)였다. 30대 초반에 목원대학 신학과에서 전임 강사로 교수 생활을 시작하여 감신대에서 교수로 은퇴할 때까지 필자는 신약성서, 그중에서도 특히 복음서 연구와 강의에만 전념했던 편이다. 복음서에 대한 관심과 연구가 필자의 신학 인생과 활동의 전부라고 말할 수 있겠다.

    현직 교수 생활을 하는 동안 필자가 집필해서 출간했던 책들은 그 당시 아직 우리말로 읽을 수 있는 적절한 교재들이 별로 없던 때라서 신약성서 그리고 그중에서도 주로 복음서에 관한 저서들이 대부분이었다. 그런데 은퇴한 이후에는 정해진 강의 계획으로부터 완전히 해방된 상태이기에 오로지 필자가 관심하는 연구 주제들에만 더 집중할 수가 있었다. 현직에 있을 때 미처 생각하지 못했던 복음서 본문에 대한 관심이 계속 필자로 하여금 새로운 주제에 대한 연구에 몰두하게 만들기도 했다. 현직에 있을 때는 '가르치는 일'이 중심일 수밖에 없었는데, 은퇴한 후에는 계속 자유롭게 혼자 '연구하는 일'에만 전념할 수 있어서 다행이었고 감사했다.

　이번에 출간하게 된 『복음서 해석』에 실린 글들은 전에는 별로 관심 없이 지나쳤던 여러 본문과 주제에 대한 새로운 관심 때문에 다시 연구해서 정리한 글들이며, 일부는 전에 발표한 연구들 가운데서 새로운 각도로 다시 정리해 본 글이라고 할 수 있다. 복음서 연구에 관심이 많은 평신도나 신학도들이 더 나은 연구와 더 올바른 복음서 이해를 향해 발전해 나갈 수 있는 작은 디딤돌이 되었으면 하는 바람이 있다.

　코로나 팬데믹 때문에 혼자 서재에 앉아 연구하며 집필할 수 있는 시간적 여유를 더 가질 수 있었던 것이 좋은 기회가 되었다. 그리고 이 책의 출판은 곁에서 출판비를 후원하면서 계속 연구하며 집필하도록 격려해 주는 친구가 있었기 때문에 가능했다. 가까이서 연구와 집필 활동을 격려해 준 10년 동창생(경복중·고 6년과 서울문리대 4년)인 이순길(영인과학 대표)에게 다시금 감사의 마음을 전한다.

2023년 2월
인왕산 기슭 홍제동 서재에서
전 감신대학교 총장 김득중

차 례

1 장
가이사 외에는 우리에게 왕이 없나이다!

(요 19:15)

로마 시내 한복판에서 로마 시민들이 자기들 앞에 모습을 드러낸 그들의 황제를 보면서 환호하며 외쳤을 것이라고 생각될 만한 외침, 곧 "가이사 외에는 우리에게 왕이 없나이다"라는 말이 뜻밖에도 오랫동안 로마의 지배와 억압 아래 있던 팔레스타인 유대 땅 예루살렘에서, 그것도 오직 하나님만을 '만왕의 왕'으로 믿는 유대인들의 종교 지도자들인 대제사장의 입에서 터져 나왔다는 사실은 정말이지 놀라운 일이 아닐 수 없다.

요한복음에 나오는 예수의 수난 이야기, 특히 예수가 빌라도 앞에서 심문당하는 이야기에 보면, 예수를 "십자가에 못 박으소서"(19:6), "없이 하소서"(19:15)라고 외쳐대는 대제사장과 유대인 무리를 향해 로마 총독 빌라도는 "나는 그에게서 아무 죄도 찾지 못하였다"(18:38; 19:4, 6)고 거듭 강조하면서, 그렇다면 "내가 너희 왕을 십자가에 못 박으란 말이냐?"고 물었다. 그때 대제사장들이 빌라도의 이 질문에 대한 대답으로, "가이사 외에는 우리에게 왕이 없나이다!"(19:15)라고 말했다는 기록이 나온다. 레자 아슬란은 그의 책 『젤롯』에서 대제사장들이 했다는 이 말을 가리켜 "1세기 팔레스타인 유대인이 생각할 수 있는 가장 부정하고도 신성모독적인 독설이었다"[1]고 말한다. 더구나 이 말이 평범한 유대인의 입에서 나온 것이 아니라, 유대 나라를 대표하는 최고 종교 지도자들인 '대제사장들'의 입에서 나왔다는 사실이 더욱 놀라울 뿐이다.

오직 하나님만을 '왕'(King)으로, 아니 '왕들의 왕'(the King of the Kings)으로 섬기는 또 그렇게 유대 백성들을 가르치는 유대인들의 최고 종교 지도자들인 '대제사장들'이 어떻게 감히 자기들의 입으로 "가이사가 우리의 왕이다"라고, 그것도 로마 총독 앞에서 "가이사 이외에는 우리에게 왕이 없나이다"라는 말을 할 수가 있단 말인가? 아무리 그때가 로마의 지배 아래 있던 때였다고 하지만 말이다.

유대인의 경전인 이사야 26:13에 보면, "여호와, 우리 하나님이시여, 주(lord) 외에 다른 주들(lords)이 우리를 관할하였사오나 우리는 주(lord)만 의지하고 주(lord)의 이름을 부르리이다"라는 말씀이 나온다. 유대인의 유명한 〈18 기도문〉(the Shemoneh Esreh)에는 "당신께서, 오로지 당신만이 우리를 다스려 주시옵소서"라는 간구문이 있다. 특히 후기 유대교의 유월절 찬양문들 가운데는 "당신 이외에는 우리에게 왕이 없나이다"(Besides you, we have no King)라는 말이 나오기도 한다. 그런데 여호와 하나님을 향해 "당신 이외에는 우리에

---

1 레자 아슬란/민경식 옮김, 『젤롯』(서울: 와이스베리, 2013), 227.

게 왕이 없나이다"라고 찬양하던 유대인의 최고 종교 지도자들이 로마 총독 빌라도 앞에서 "가이사 이외에는 우리에게 왕이 없나이다"라고 로마 황제를 찬양하는 말을 했다니 정말 놀라운 일이며, 전혀 믿어지지 않는 일이 아닐 수 없다.

그러나 유대 나라가 로마의 지배 아래 있던 당시의 유대 역사를 제대로 이해하고 있는 사람이라면, 대제사장의 입에서 그런 소리가 나온 것에 대해 그렇게 놀랄 일은 아닐 것 같다. 그 당시 로마는 유대인들을 장악하고 통제하기 위한 전략 가운데 하나로 무엇보다도 먼저 그들의 성전을 장악하고 통제해야 했었다. 성전은 유대인들의 정치적, 사회적, 종교적 삶의 전부였고, 그 중심이었기 때문이다. 그리고 성전을 제대로 장악하고 통제하기 위해서는 또 당연히 성전을 지배하고 있는 대제사장을 장악하고 통제해야만 했다. 대제사장들이 실제로 유대 나라의 지배자인 동시에 최고 통치자였기 때문이다. 이런 이유로 로마는 유대를 점령하자마자 유대인들로부터 대제사장을 임명하거나 파면하는 권한부터 장악함으로써 결국 대제사장을 로마의 앞잡이, 곧 로마의 피고용인으로 만들어 버렸다. 실제로 로마 총독들이 대제사장을 파면하고 새로운 대제사장을 세우기도 했었다.2 이런 상황에서 주후 56년에 므나헴이 이끄는 열심당 시카리파에 속하는 사람 하나가 유월절 기간 중 순례자들의 틈 속에서 대제사장 요나단에게 다가가 단도 칼을 뽑아 그의 목을 찔러 암살한 일이 있었는데, 이 사건이야말로

---

2 예를 들어 시리아의 행정장관으로 있던 구레뇨(Quirinius)는 대제사장 요아자르 (Joazar)가 로마에 상당히 협조적이었음에도 불구하고 그를 폐위시켰다(Ant. xviii. 26).

당시 대제사장들이 일반 유대 백성들의 눈에 어떠한 존재였는지를 잘 보여주는 사건이 아닐 수 없다.

자신들의 임면권이 로마 총독의 손에 달려 있는 상황이었기에 당시 대제사장들은 자신들의 기득권을 유지하기 위해서는 기꺼이 로마 당국에 협력할 수밖에 없던 사람들이었다. 레자 아슬란은 그 당시 대제사장들에 대해 다음과 같이 지적한 바 있다:

> 대제사장들은 그들(유대인들)에게 어떤 존재였겠는가? 그깟 번쩍거리는 예복을 입고 목에 힘주고 다닐 수 있는 권리와 돈 몇 푼 때문에 하느님께서 선택하신 백성을 배신하고 로마 편을 든 비열한 사람이었다. 그가 살아있는 것 자체가 하느님에 대한 모욕이었다.[3]

이런 점을 염두에 둘 때, 우리는 요한복음 19:17에서 대제사장들이 로마 총독 빌라도 앞에서 "가이사 이외에는 우리에게 왕이 없나이다"라고 로마 황제를 향해 용비어천가를 불렀던 일이 실제로 당시 대제사장들에게는 얼마든지 있을 수 있는 일이었다고, 그래서 결코 놀랄만한 일만은 아니었다고 생각할 수도 있을 것이다.

그러나 그럼에도 유대교의 유일신 신앙 전통에서 볼 때, 유대교의 종교 지도자를 대표하는 대제사장들이 로마 총독 빌라도에게 "가이사 외에는 우리에게 왕이 없나이다"(요 19:15)라고 말했다는 것은 정말

---

3 아슬란, 『젤롯』, 54. 주후 56년경, 젤롯당(Sicarii)에 속하는 암살자 한 사람이 순례자들의 무리 속에서 대제사장 요나단에게 다가가 단도로 그를 암살한 사건만 보더라도 대제사장들에 대한 당시 유대인들의 평판이 어떠했는지 잘 짐작할 수 있다.

로 있을 수 없고 또 있어서는 안 되는 그리고 믿기조차 힘든 일이다. 그래서 우리는 당연히 유대교 대제사장들이 로마 총독 빌라도 앞에서 로마 황제를 찬송하는 그런 문구가 도대체 어떻게 요한복음의 기록 가운데 나오게 되었는지 그 배경에 대해 좀 더 알아볼 필요가 있다. 그리고 그 배경을 알아보기 위해서는 당연히 요한복음이 기록될 당시의 역사적 상황에 대해서, 특히 그 당시 요한 공동체와 유대교와의 관계가 어떠했는지에 대해 알아볼 필요가 있다.

일반적으로 요한복음은 공관복음서들보다 나중에, 즉 1세기 말경에 기록된 것으로 알려져 있다. 이 시기는 주후 70년에 유대 나라가 멸망하고, 유대교가 제사장 중심의 종교로부터 바리새인들이 주도하는 랍비 중심의 종교로 바뀌어, 실제로 '랍비적 유대교'(the Rabbinic Judaism)가 새로이 발전하기 시작하던 때였다.[4] 제사장 계급들은 유대 나라 및 예루살렘 '성전'의 멸망과 함께 이미 역사의 무대 뒤편으로 사라지던 때였다. 그리고 주후 85년경에 랍비 가말리엘 2세는 랍비들의 총회를 소집하여 외부로부터 유대교를 위협하는 요인, 즉 기독교인들의 활발한 선교 활동으로 인해 유대인들 가운데서 예수를 메시아로 믿고 기독교로 개종해가는 사람들이 늘어나는 것을 막아내기 위한 몇 가지 중요한 조치를 결정하던 때였다.

이때 랍비 총회에서 내린 중요한 결정들이 고스란히 요한복음에 그대로 반영되어 있다. 첫째는 "예수를 메시아로 고백하는 자들을

---

4 마치 예수의 탄생을 중심으로 그 이전과 그 이후의 역사가 BC와 AD로 구분되었듯이, 유대 나라가 망한 주후 70년을 중심으로 그 이전의 유대교와 그 이후의 유대교는 제사장 중심과 랍비 중심의 종교로 분명히 구분되고 있다.

회당으로부터 출교시킨다"는 결정이었다. 이런 결정은 "이미 유대인들이 누구든지 예수를 그리스도로 시인하는 자는 출교하기로 결의하였으므로 그들을 무서워 함이러라"(요 9:22)는 말 가운데 잘 반영되어 있다. 그러나 랍비들의 이런 결정 때문에, 아니 이런 결정에도 불구하고 예수를 메시아로 믿는 유대인들은 늘어났고, 그들 중에서는 회당으로부터 출교당하는 조치를 피하기 위해 공개적으로, 즉 대외적으로 예수를 믿는다고 말하지 않은 채 숨어서 예수를 믿는 사람들이 많아지게 되었다. 이런 사실 역시 요한복음 12:42에 그대로 반영되어 있다:

> 관리 중에도 그를 믿는 자가 많되 바리새인들 때문에 드러나게 말하지 못하니 이는 출교를 당할까 두려워함이라(요 12:42).

이렇게 숨어 있는 기독교인들(the cryptic Christians, the secret Christians)의 수가 많이 늘어난 것을 나중에 알아차린 랍비 당국은 그들을 색출해내기 위해서 곧바로 또 다른 조치를 취하게 되었다. 그것이 이른바 그 유명한 유대인의 〈18 기도문〉(the Shemoneh Esreh)을 회당 예배에 도입한 것이었다. 그런데 문제는 이 〈18 기도문〉 중 열두 번째 기도문으로 알려진 소위 "이단자들을 위한 기도문"(the Birkath-ha-minim)이었다:

> 박해자들에게는 소망이 없게 하시고, 오만의 지배를 우리 시대에 당장 근절시키시오며, 기독교도들과 미님(minim, 이단자)들을 일순간에 멸하시오며, 그들의 이름을 생명의 책에서 도말하시사 의인들과 함께

기록되지 말게 하옵소서.

이 기도문 도입의 목적은 무엇보다도 유대인들 가운데서 새로운 종교인 기독교로 개종하려는 생각을 사전에 봉쇄하려는 것이고, 또 거기서 더 나아가 이미 예수를 메시아로 고백하면서도 공개적으로 개종 사실을 밝히지 않은 채 회당 예배에 그대로 참석하고 있는, 이른바 숨어 있는 기독교인들을 색출해내기 위한 것이었다. 회당 예배 중 이 기도문을 다 같이 큰 소리로 암송하고 회중은 함께 "아멘!" 하게 되어 있는데, 숨어 있는 기독교인들은 자연히 이단을 저주하는 이 기도문 대목에서 주저하게 될 것이고, 따라서 쉽게 색출해낼 수 있을 것이라고 생각했다. 결국 이 기도문 도입은 유대교와 새로 발전하기 시작한 기독교 간의 갈등과 적개심을 더 강화시키는 주요 요인이 되었다.

그런데 랍비 당국자들은 숨어 있는 기독교인들까지 색출해서 회당으로부터 축출했을 뿐만 아니라 거기서 한발 더 나아가 예수를 메시아로 믿는 기독교인들을 잡아 죽이는 일까지 했다. 이런 정황이 요한복음에 그대로 반영되어 있다: "사람들이 너희를 출교할 뿐 아니라 때가 이르면 무릇 너희는 죽이는 자가 생각하기를 이것이 하나님을 섬기는 일이라 하리라"(요 16:2). 요한 공동체 구성원들은 유대 당국으로부터 박해받아 죽는 일까지 당해야 했었다는 말이다.

이런 상황에서 요한 공동체 구성원들은 예수가 하신 말씀을 생각했을 것이다:

세상이 너희를 미워하거든 세상이 너희보다 먼저 나를 미워했다는 것
을 알라(15:18).

사람들이 나를 박해했으면 너희를 또한 박해할 것이라(15:20).

또한 요한 공동체 구성원들은 자신들을 박해하는 유대인들과 그들
의 종교 지도자들을 바라보면서 그들이 과거에 자신들의 주님이신
예수를 박해하고 죽인 사람들의 후손임을 기억했고, 지금 자기들의
원수가 곧 과거 예수의 원수들이었음을 생각했을 것이다.

유대인과 유대 종교 지도자들에 대한 이런 극단적인 적개심이 요한
복음의 여기저기에 반영되어 나타나고 있다. 유대인들과 그들의 지도
자들은 예수를 가리켜 음란한 데서 태어난 사람(8:41), 진정한 유대인
이 아닌 "사마리아 사람"(8:48), 하나님을 "자기의 친아버지"(5:18)라
고 말하며, 자기가 "하나님과 동등"할 뿐 아니라(5:18), 자기를 가리켜
"하나님이라" 주장하면서(10:33) 하나님을 모독한 자라고 비난했다.
반면에 예수를 믿는 "예수의 제자들"은 도리어 그런 유대인들을 가리
켜 예수의 입을 통해 "너희 조상은 마귀"이지(8:44), 결코 "아브라함의
자손이 아니라"(8:39-40)고 비난하였다. 요한복음에 의하면 유대인
들은 "예수를 박해한" 사람들(5:16), "예수를 치려고 돌을 들었던"
사람들(10:32-33), 계속 "예수를 죽이려고 했던 사람들"이다(5:18;
7:1,19; 8:40; 11:53). 그리고 마지막에 가서는 빌라도가 예수에게서
"아무 죄도 찾지 못해서"(18:38; 19:4,6), "예수를 놓아주려고 애썼는
데"(19:12)도 불구하고, 대제사장들과 유대인들은 예수를 "십자가에

못 박으소서, 십자가에 못 박으소서"(19:6), "없이 하소서, 없이 하소서, 그를 십자가에 못 박게 하소서"(19:15)라고 외치며 끈질기게 예수의 죽음을 원했던 사람들이다.

이런 상황이었기 때문에 요한복음에 보면, 예수를 믿는 요한 공동체 구성원들의 대부분이 유대인들이었음에도 불구하고 예수를 믿지 않는 다른 유대인들과는 완전히 다른, 그래서 마치 유대인이 아닌 사람들(non-Jews)처럼 유대인들을 적대시하고 있음을 보게 된다. 요한복음에서 예수가 유대인들을 향해서 "너희의 율법"(7:19; 8:17; 10:34) 혹은 "그들의 율법"(15:25)이라고 말하고 있는 이런 말투는 예수와 그를 믿는 요한 공동체 구성원들이 의식적으로 자신들이 유대교로부터는 완전히 분리 혹은 구분된 사람이라고 생각하는 데서 나온 표현이 아닐 수 없다. 이런 점들 때문에 요한복음은 복음서 중 가장 반유대적인 복음서(the most anti-Jewish Gospel)로 불리기도 한다.

이와 같은 아주 강한 반유대적 경향이 요한복음에서는 유대교를 대표하는 유대교의 최고 지도자들인 대제사장들에 대한 비난과 공격의 형태로 드러나고 있는 것은 결코 놀라운 일이 아니다. 복음서들에서 유대교의 최고 지도자를 대표하는 '대제사장들'이 예수의 공생애 사역 때부터 그리고 마지막 수난 이야기 가운데서 계속 예수의 적대자로 부각되어 있는 것도 바로 그 때문이다. 그런데 요한복음에서, 특히 예수가 마지막으로 빌라도 앞에서 심문당하고 십자가 처형 언도를 받는 과정에서 '대제사장들'의 존재와 역할이 훨씬 더 부정적으로 강조되고 있는 점에 주목할 필요가 있다. 예를 들어 본다면 마가복음과 마태복음에서는 빌라도가 예수에게 아무 죄가 없음을 알고 예수를 놓아주려는 의도를 밝혔을 때, 빌라도를 향해 예수를 "십자가에 못 박으소서"라고 외쳤던 사람들은 '무리들'(막 15:11-14; 마 27:20-23) 이었다. 비록 그들이 대제사장들의 사주에 의해 놀아난 사람들이긴 하지만 말이다. 대제사장들이 직접 예수를 "십자가에 못 박으소서"라 고 외쳤던 것은 아닌 셈이다. 그러나 요한복음에 의하면, 예수를 가리 켜 "십자가에 못 박으소서, 십자가에 못 박으소서"라고 반복하여 소리 를 지른 사람들은 바로 '대제사장들과 관리들'(the chief Priests and the Officers)이었다(요 19:6).5

요한복음 저자가 보기에는 예수 당시의 '대제사장들'이란 결국 하 나님이 보낸 왕이신 메시아에 대한 소망을 포기하고 로마의 왕권을 그대로 받아들여 로마에 협조하던 배신자들이었다. 그들이야말로 유대인들에게조차 하나님께 충성하는 하나님의 종들이 아니라, 유대 교 신앙의 배신자이며 반역자들이라고 생각되었다. 그리고 기독교인 들에게는 예수를 통한 하나님의 왕권(the Kingship of God in Jesus)을 부정하고 로마의 왕권과 지배권을 받아들이면서 예수를 죽이는 데 가장 앞장을 섰던 사람들이고, 그래서 예수에게는 물론이고 기독교인

---

5 개역성경에서는 "대제사장들과 아랫사람들"; 개역한글에서는 "대제사장들과 그 하 속들"; 현대어성경에서는 "대제사장들과 유대인 관리들"; 새번역성경에서는 "대제사 장들과 사환들"; NEV에서는 "the chief priests and their henchmen"; Moffatt성경 에서는 "the chief priests and their attendants"; NIV에서는 "the chief priests and their officials"; KJV에서는 "the chief priests and their officials." 이런 번역 들로 미루어 볼 때, 요한복음에서 예수를 십자가에 못 박으라고 소리 지른 사람들은 유대인 무리들이 아니라 "대제사장들과 그의 휘하에 있던 성전 관리들"이었다고 보 는 것이 옳을 것이다.

들에게도 최대의 원수일 수밖에 없었다. 그들이 비록 제사장의 거룩하고 화려한 복장을 입고, 입으로는 하나님을 찬양하고 있지만, 실제로 마음속으로는 "가이사 이외에는 우리에게 왕이 없나이다"라고 로마 황제에 대한 찬송가를 부르면서 명예와 지위를 유지하고 있는 자들이었다.

바로 이런 이유 때문에 요한복음 저자는 후기 유대교의 유월절 찬양 가운데 나오는 "당신 이외에는 우리에게 왕이 없나이다"(Besides you, we have no King)라는 고백을 거의 똑같이 "가이사 이외에는 우리에게 왕이 없나이다"(We have no King but Caesar, 요 19:15)라는 말로 바꾸었다. 이를 대제사장들이 로마 황제를 찬송하는 가사로 만들어 그들이 직접 자신들의 입으로 고백했다고 소개하고 있는 것으로 생각된다. 따라서 요한복음 19:15에서 대제사장들이 빌라도 총독 앞에서 "가이사 이외에는 우리에게 왕이 없나이다"라고 말했다는 이 기록은 예수 당시부터 하나님을 반역하고 로마에 협력하고 있던 유대교 종교 지도자들인 대제사장들에 대한 요한 공동체의 비난과 조롱 이외의 다른 것이 아니라고 보아야 마땅할 것이다.

2 장
예수를 '왕'으로 보는 복음서의 기독론

I. 이스라엘에서의 왕정(王政)의 시작

이스라엘 백성들에게는 본래 '왕'(King)이 다스리는 왕정 제도라는 것이 없었다. 이스라엘 백성들을 다스리며 지배하는 분은 오직 하나님뿐이었다. 이스라엘은 그 하나님의 지시에 따라 '족장들'이 혹은 '사사들'이 백성들을 이끄는 그런 나라였다. 그들에게는 하나님만이 '왕'(King)이요, 하나님만이 '만왕의 왕'(the King of the Kings)이었다. 이른바 신정 체제였다고 보아야 할 것이다.

그런데 이스라엘 백성들이 출애굽한 이후 오랜 광야 생활 끝에 가나안 땅에 도착하여 살기 시작했을 때, 그들의 주변에는 왕이 다스리는 여러 강대국이 있었고, 그들의 계속된 위협 속에 살면서 이스라엘 백성들은 자기들도 주변 나라들처럼 왕이 다스리는 강한 나라가 되고 싶어 했다. 마침 당시 그들의 지도자인 사무엘 선지자가 늙고 약해졌을 때, 그들은 사무엘에게 나아가 "모든 나라와 같이 우리에게 왕을 세워 우리를 다스리게 하소서"(삼상 8:5)라고 요청했다. 그러나 사무엘은 이스라엘을 위해 새로이 왕을 세우는 것을 기뻐하지 않았다. 하나님을 제쳐 놓고 왕을 세워 달라는 이스라엘 백성들의 요청은 그들이 하나님의 왕권을 부인 혹은 배신하겠다는 것에 지나지 않는다고 생각했기 때문이다. 하나님은 사무엘에게 이스라엘 백성들이 자기들을 위해 왕을 세워 달라고 요청하는 것 자체가 "모든 재난과 고통 중에서 친히 구원하여 내신… 하나님을… 버리는"(삼상 10:19)일이라고 그리고 "나를 버려 자기들의 왕이 되지 못하게 함이니라"(삼상 8:7)고 말하기도 했다. 하나님은 처음부터 이스라엘의 왕정 제도를 원하지 않았던 셈이다.

그런데 끝내 사무엘이 백성들의 요청에 굴복하며 사울을 선택하여 왕으로 세웠고, 그래서 이스라엘 백성들에게서 비로소 왕정 제도가 시작되었다. 그렇지만 이스라엘 백성들도 왕정 제도가 하나님의 뜻이 아님을 잘 알고 있었다. 그래서 나중에는 이스라엘은 사무엘을 찾아와 "우리가 우리의 모든 죄에 왕을 구하는 악을 더하였나이다"(삼상 12:19)라고 회개하면서 사무엘에게 "당신의 종들을 위하여 당신의 하나님께 기도하여 우리가 죽지 않게 하소서"(삼상 12:19)라고 간청하기도 했다. 이런 점만 보더라도 그들이 하나님께 자기들을 위해 왕을 세워 달라고 요청한 일이 신앙적으로 크게 잘못된 점이라는 사실, 즉 왕정 제도가 이스라엘에게는 하나님의 본래 뜻이 아니라는 점을 잘 알 수 있게 된다.

II. 복음서들에서 '왕'으로 오신 예수

복음서들에서는 예수가 처음에는 '메시아'로 인식되고 고백되기 시작했다. 그런데 시간이 흐르면서 그리스도 곧 '메시아'에 이어 '하나님의 아들'로 믿는 신앙에 이르게 되었다. 그리고 예수를 하나님의 아들로 그리고 하나님으로 믿기 시작하면서, 결국 예수를 자기들을 구원할 '왕'(King)으로까지 믿는 신앙에로 발전했다. 마태복음의 서두에 나오는 예수의 탄생 이야기 가운데서 동방박사들이 예루살렘에 이르러 "유대인의 왕(King)으로 나신 이가 어디 계시냐?"(마 2:1)고 묻는 데서 그리고 복음서들의 마지막 부분인 수난 설화에서, 특히 예수가 십자가에 처형되는 장면에서 그의 머리 위에 "유대인의 왕"이라는 죄패가 달려 있었다고 전하는 데서도 알 수 있듯이, 우리는 복음서들 전반에 걸쳐 예수를 '왕'(King)으로 믿고 전하려는 의도를 쉽게 찾아볼 수 있다.

그러나 복음서들에서는 일반적으로 예수를 '왕'으로 보는 관점이 예수의 수난이 시작되는 장소인 예루살렘에 입성하는 순간부터 그리고 주로 예수의 수난 이야기, 그중에서도 주로 예수가 심문받고 처형당하는 장면 가운데서 가장 분명히 나타나고 있다. 이 점은 복음서에서 '왕'이라는 단어가 나타나는 부분이 거의 예수의 수난 이야기라는 사실에서도 확인된다. 예수가 빌라도 앞에 나와 심문을 받을 때, "네가 유대인의 왕이냐?"(막 15:2)고 묻고, 예수가 "네 말이 옳도다"라고 대답하는 장면에서, 군인들이 예수를 처형하기 전에 예수에게 자색옷을 입히고 예수의 머리에 가시면류관을 씌우고는 "유대인의 왕 만

세!"(막 15:18)라고 외치며 조롱하는 장면에서, 예수가 십자가에 처형될 때 예수의 머리 위에 '유대인의 왕'이라는 죄패가[1] 달려 있었다는 기록(막 15:26)에서, 예수가 십자가에 달려 있을 때 대제사장들과 율법 학자들까지 "남은 구원하였으되 자기는 구원할 수 없도다. 이스라엘의 왕 그리스도가 지금 십자가에서 내려와 우리가 보고 믿게 할지어다"(막 15:31-32; 마 27:42)라고 예수를 조롱하는 장면 등에서 예수는 '왕'(King)으로 호칭되고 있다. 예수가 정치적인 의미의 '왕'으로 처형되었기 때문으로 생각된다.

그렇지만 이 점에서 요한복음이 다른 복음서들과 분명히 다르다는 점에 주목할 필요가 있다. 첫째로 요한복음의 경우 '왕'이라는 단어의 사용 빈도수에서 다른 복음서들과 큰 차이를 보이고 있다. 마태복음에서 '왕'(King)이라는 단어가 예수와 관련하여 사용된 경우는 6번 중 탄생 이야기 가운데서 한 번(마 2:2) 사용된 것 이외에는 모두 예수의 수난 이야기 가운데서이다(21:5, 27:11, 29, 37, 42), 마가복음에서도 6번(15:2, 9, 12, 18, 26, 32) 모두가 수난 이야기 가운데서이고, 누가복음에서도 5번(19:38; 23:2, 3, 37, 38) 모두가 수난 이야기와 관련해서이다. 그런데 요한복음의 경우는 좀 다르다. 첫째는 '왕'이라는 단어가 요한복음에서는 모두 13번이나 나와서(1:49; 6:15; 12:13, 15; 18:33, 37, 37, 39; 19:3, 12, 14, 15, 19, 21), 예수를 '왕'으로 언급하는 빈도수가 다른 복음서들에 비해 훨씬 두드러지게 많다는 점을 확인할 수 있다.

---

1 죄패에 기록된 내용에 대해서는 복음서들마다 다음과 같이 조금씩 다르다: "유대인의 왕 예수"(마 27:37); "이 사람은 유대인의 왕"(눅 23:38); "유대인의 왕, 나사렛 예수"(요 19:19).

이것은 요한복음에서 예수가 '왕'이라는 이미지가 다른 복음서들보다 더 강하게 부각되어 있다는 점을 보여주는 증거일 수 있다.

둘째로 다른 복음서들에서는 예수를 '왕'으로 보는 관점이 주로 예수의 수난 이야기 가운데서 많이 나타나고 있는 데 비해서, 요한복음에서는 '왕'이라는 단어가 복음서의 서두부터 마지막 수난 이야기에 이르기까지 예수의 공생애 사역 전반에 걸쳐 골고루 사용되고 있는 점이 또한 다르다. 복음서 서두에서 나다나엘이 예수를 처음 만났을 때 이미 예수를 향해 "랍비여, 당신은 하나님의 아들이시오, 당신은 이스라엘의 왕이로소이다"(1:49)라고 고백했고, 사람들이 예수의 말씀과 행적 등 그의 사역을 보고 난 이후에는 예수를 왕으로 삼으려고 했다고 이야기(6:15)도 전해진다. 이런 점들 때문에 우리는 요한복음에서는 예수를 왕으로 보는 관점이 다른 복음서의 경우와 달리 처음부터 끝까지 일관되게 나타나고 있다고 생각하게 된다.

셋째로 예수가 예루살렘에 입성할 때에도 다른 복음서들의 경우, 가령 마가복음에서는 무리가 예수를 향해 "호산나, 찬송하리로다. 주의 이름으로 오시는 이여, 찬송하리로다, 오는 우리 조상 다윗의 나라여"(막 11:9-10)라고 그리고 마태복음에서는 "호산나, 다윗의 자손이여, 찬송하리로다. 주의 이름으로 오시는 이여"(마 21:9)라고 외치며 환영했을 뿐 '왕'이라는 호칭을 사용하지는 않았는데, 요한복음에 의하면, 무리가 "호산나, 찬송하리로다. 주의 이름으로 오시는 이, 곧 이스라엘의 왕이시여"(요 12:14)라고 외칠 때 예수를 '왕'으로 호칭하며 환영한 것으로 전해지고 있다.[2]

넷째로 다른 복음서들의 경우 빌라도가 예수를 심문하면서 그에게

"네가 유대인의 왕이냐?"고 물었을 때, 예수는 "네 말이 옳도다"(막 15:2; 마 27:12; 눅 23:3)라고 간접적으로 시인한 것처럼 기록되어 있다. 그런데 요한복음에서는 빌라도의 예수에게 "네가 왕이 아니냐?" 고 물었을 때, 예수는 "네 말과 같이 내가 왕이니라"(18:35)고 당당히 그리고 보다 더 분명히 대답했고 또 "내가 이를 위하여 태어났으며 이를 위하여 세상에 왔다"라고 말함으로써 왕으로서의 자의식과 정체성을 더 분명히 밝히고 있다. 그래서 유월절의 준비일, 제6시에 빌라도는 드디어 유대 사람들을 향해서 예수를 가리키며 "보라, 너희 왕이로다"(19:14)라고 선언하기도 했다.

다섯째로 다른 복음서들의 경우와는 달리 요한복음에서만 '유대인의 왕 나사렛 예수'라는 명패가 당시 유대 땅에서 통용되고 있던 세 나라의 언어, 즉 '히브리말과 로마말과 헬라말'로 기록되어 있었음을 (19:20) 밝히고 있다. 이것은 분명히 예수의 왕 되심(the Kingship of Jesus)을, 예수가 하나님의 왕권을 이어받은 하나님의 아들임을 보다 널리, 더 많은 사람에게 알리려는 요한복음 저자의 의도 때문이었을 것으로 생각된다.[3] 이런 점들을 근거로 우리는 예수를 '왕'으로 보는 관점이 요한의 독특한 신학적 관점이라고 말할 수 있을 것이다.

---

2 눅 19:38에서도 요한복음에서와 마찬가지로 제자들의 온 무리가 예수를 향해 "찬송하리로다 주의 이름으로 오시는 왕이여"라고 외치며 예수를 '왕'으로 환영했다.

3 D. Moody Smith는 '유대인의 왕 나사렛 예수'라는 죄패가 다른 복음서들과 달리 히브리어, 라틴어 그리고 헬라어로 기록된 것을 가리켜 기록된 내용의 '보편적 중요성'(the universal Importance)을 강조하는 것으로 보고 있다. *The Theology of John*, 88.

III. 요한복음에서 예수는 "이스라엘의 왕"

요한복음에서 예수에 대해 '유대인의 왕'이라는 호칭이 여러 번 사용되고 있는데 그 호칭이 거의 예외 없이 유대인이 아닌 이방인들의 입에서 나오고 있다는 사실에 주목할 필요가 있다. 18:39에서는 '빌라도'가, 19:3에서는 '로마 군인들'이 예수를 가리켜 '유대인의 왕'이라는 호칭을 사용하고 있다. 또 19:19에 보면, 빌라도가 예수의 십자가 '죄패'에 써서 붙인 명칭도 '유대인의 왕 나사렛 예수'였다. 그 당시 유대인 대제사장들은 빌라도에게 '유대인의 왕'이라고 쓰지 말고 '자칭 유대인의 왕'이라고 쓰라고 말했다(19:21). 유대인 대제사장들은 예수를 절대로 '유대인의 왕'으로 인정할 수 없었기 때문이다. 그들은 예수를 단지 '자칭 유대인의 왕'이라고만 생각했기 때문이다. 당시 대다수의 유대인들로서는 예수를 결코 '유대인의 왕'으로 받아들일 수 없었던 것으로 보인다.

그런데 한 가지 특이한 점은 요한복음에서는 예수를 가리켜 '유대인의 왕'보다는 오히려 '이스라엘의 왕'이라고 부르는 것을 더 선호하는 것으로 보이는 점이다. 이것은 분명히 요한복음에서 '유대인'이 부정적인 의미로 사용되고 있는 반면에 '이스라엘'은 보다 긍정적인 의미로 사용되는 것과 연관되어 보인다.[4] 요한복음에서 세례 요한은

---

4 "Israel plays a positive role, although the Jews do not." Smith, *The Theology of John*, 89; "Although 'Jews'(Ioudaioi) is characteristically, though not always, a term of opprobrium in the Fourth Gospel, 'Israel' and 'Israelite' uniformly appear in a positive sense." *Ibid.*, 172.

"내가 와서 물로 세례를 베푸는 것은 그(예수)를 이스라엘에 나타내려 함이라"(1:31)고 고백했다. 예수는 밤에 자기를 찾아왔고(3:1-2), 대제사장들과 바리새인들이 예수를 잡고자 할 때 예수를 변호했던 (7:45-52) 그리고 마지막으로 예수의 시신이 아리마대 요셉의 새 무덤에 안치될 때 유대인의 장례법대로 매장하게끔 몰약과 침향을 가져왔던(19:39-40) 유대 관원 니고데모를 가리켜 '이스라엘의 선생'(3:10)이라고 불렀다. 분명히 요한복음은 '이스라엘'이라는 단어를 선호하고 있고, 더 긍정적인 의미로 사용하고 있는 것으로 생각된다. 이것은 공관복음서에서 '이스라엘의 왕'이라는 말이 대제사장들이 예수를 조롱할 때 사용했던 것과는 아주 대조적이다(막 15:31-32; 마 27:42).

이처럼 다른 복음서들에서 예수를 가리켜 '유대인의 왕'이라고 부르는 경우가 대부분 이방인들의 입을 통해서 상당히 조롱의 의미로 사용된 것과는 달리, 요한복음에서는 예수를 가리켜 '이스라엘의 왕'이라고 부른 경우가 오히려 대체로 이스라엘 사람의 입을 통해서 긍정적인 의미로 사용되어 있는 것이 크게 다르다. 요한복음의 서두에서 나다나엘은 예수를 가리켜 "당신은 하나님의 아들이요 당신은 이스라엘의 왕이로소이다"(1:49)라고 고백하고 있다. 그리고 이런 고백을 한 나다나엘을 가리켜 예수는 그 속에 간사함이 없는 '진실된 이스라엘 사람'(a true Israelite, 요 1:47)이라고 평가하였다. 그리고 또 요한복음에서 예수를 향해 "호산나 찬송하리로다. 주의 이름으로 오시는 이, 곧 이스라엘의 왕이시여"(요 12:13)라고 외친 사람들이 모두 예루살렘에 명절을 지키러 모여든 '큰 무리'(요 12:12)였다고 밝히고 있는 점에서도 잘 드러나고 있다.

이처럼 요한복음에서는 '유대인'이라는 명칭은 부정적으로, '이스라엘'이란 명칭은 더 긍정적으로 사용되고 있으며, 이 때문에 요한복음에서는 예수의 호칭으로 '유대인의 왕'보다는 오히려 '이스라엘의 왕'이 사용된 것으로 생각한다. 그리고 이것이 요한복음 저자의 분명한 관점이라고 생각된다. 요한복음 저자 자신이 직접 그런 표현을 사용하지는 않았지만, 자신이 속해 있는 요한 신앙 공동체를 "참 이스라엘(the true Israel)이요 새 이스라엘(the new Israel)"이라고 생각했던 것도 그 때문일 것으로 보인다. 나중에 기독교 전통에서 기독교를 '새 이스라엘'이라고 생각하게 된 것 역시 바로 이런 요한복음의 영향 때문이었을 것으로 생각된다. 그렇다면 요한복음이 이처럼 예수를 '유대인의 왕'보다는 오히려 '이스라엘의 왕'이라는 명칭을 더 선호하는 이유와 그 의도는 과연 무엇일까? 이 점에 대해 더 관심을 갖고 알아볼 필요가 있다.

IV. 요한복음은 친사마리아적이며 반예루살렘적인 북부 복음서이다!

앞에서 살펴보았듯이 요한복음에서는 '유대인'이라는 명칭이 부정적으로 사용되고 있는 반면에 '이스라엘'이라는 명칭이 오히려 호의적인 관점에서 사용되고 있다. 쿨만(Cullmann)에 의하면, 'Ioudaioi'는 유대인들을 가리키는 일반적인 명칭[5]인 반면에 'Israelitai'는 사마리아 사람들을 가리키는 명칭이다.6 요한복음에서 예수를 가리켜 '유대인의 왕'이라고 부르는 호칭보다 오히려 '이스라엘의 왕'이라고 부르는 호칭이 더 긍정적으로 사용되고 있는 이유는 아마도 요한복음이 분명히 남부 유대 지역에서 기록된 복음서가 아니라, '북부 복음서'(the nothern Gospel),7 곧 북부 이스라엘 지역의 산물이기 때문일 것으로 보인다.

이런 점은 요한복음이 사마리아에 대한 매우 호의적 관심을 기울이고 있는 점에서도 잘 드러나고 있다. 일반적으로 유대인들과 사마리아인들이 "서로 상종하지 않았던"8 당시의 습관(요 4:9)에 비추어 볼 때, 예수가 사마리아 동네인 수가 동네에 들어가 사마리아 여인을 만나 그와 오랜 대화를 나누었을 뿐만 아니라 예수를 믿는 수가 동네 사람들의 요청을 받고 "이틀 동안"이나 그곳에 체류하셨다는 사실(요 4:40)은 놀라운 일이 아닐 수 없다. 보통의 유대인으로서는 취할 수 없는 행동이기 때문이다. 바로 이 때문에 당시 예수를 가리켜 사마리아 사람이라고 오해하는 유대인들이 있었을 정도였다(요 8:48). 그리고 요한복음의 이런 기록들 때문에 요한복음 저자가 기독교로 개종한 사마리아인이라는 주장까지 제기되기도 했다.9

---

5 Oscar Cullmann, *The Johannine Circle* (London: SCM Press, 1976), 113, n. 49.

6 Cullmann, *The Johannine Circle*, 51.

7 J. Bowman(*Samaritanische Probleme: Studien zum Verhaeltnis von Samaaritanertum, Judendtum und Urchristentum,* Stuttgart, 1967, 56)과 Charles H. H. Scobie(*NTS* 19, 1973, 390-414) 등은 요한복음이 Samaritan Christianity의 특색을 잘 반영해 주는 "really a nothern Gospel"이라고 주장한다.

8 이 말의 원래 의미는 "같은 그릇을 함께 사용하지 않았다"는 뜻이다.

이런 친사마리아적 경향(the Pro-Samaritan Tendency)이 요한복음에서는 반예루살렘적 경향에서도 드러나고 있다. 일반적으로 요한복음이 친사마리아적이며 반예루살렘적이라고 말하고 있는데, 우리는 그런 점을 예루살렘성전에 대한 요한복음의 배타적이며 부정적인 관점에서 찾아볼 수 있다. 요한복음에서 예수는 그의 공생애 초기에 예루살렘성전을 찾아 성전 뜰에서 제물용 소와 양과 비둘기들을 파는 행위와 해외로부터 오는 순례자들이 성전세를 낼 수 있도록 환전해주는 행위들을 금지하면서 "이 성전을 허물어라. 그러면 내가 사흘 만에 다시 세우겠다"(요 2:19)고 말한 것도 예루살렘성전에 대한 직접적인 공격이었다. 그리고 하나님에 대한 참다운 예배는 "이 산에서도 아니요 예루살렘에서도 아닌 데서"(요 4:21) 드리게 될 것이라고 말한 것 역시 예루살렘성전에 대한 사마리아인들의 관점을 반영하는 것으로 해석되고 있다. 이런 점들 때문에 요한복음은 흔히 '친사마리아적이며 반예루살렘적 경향'(a strong pro-Samaritan and anti-Jerusalem Bias)을 잘 드러내는, 다시 말해 '사마리아 기독교의 특징'을 대변하는 '북부 복음서'라고 생각되는 것이다.

---

9 Buchanan은 "요한복음서의 저자를 가리켜 '기독교로 개종한 사마리아인'이라고 그리고 요한복음서는 사마리아인들을 위해 기록되었다"고 주장한다. Cullmann, *The Johannine Circle*, 51.

3 장
마가복음의 '하나님 아들' 기독론
(The Son of God Christology in the Second Gospel)

유대인들 가운데서 예수를 믿고 따르는 사람들은 대부분 예수를
'메시아'(=그리스도)로 생각했고, 그렇게 믿기 시작했다. 요한복음에
보면 예수의 첫 제자로 등장하는 안드레(요 1:40-41)가 그의 형제인
베드로에게 "내가 메시아를 뵈었소"라고 말하면서 예수를 소개했고,
예수의 제자가 된 베드로는 나중에 가이사랴 빌립보에서 예수를 두고
"당신은 그리스도(=메시아)이십니다"(막 8:29)라고 고백했다. 마가
가 소개하고 있는 베드로의 이 신앙고백은 예수에 대한 유대 기독교의
전형적인 신앙고백 형태로 알려져 있다. 그리고 베드로가 고백한 "그
리스도=메시아" 개념은 분명히 일반적인 유대 백성들이 꿈꾸며 기대
하던 정치적인 메시아였을 것으로 보인다.

"예수는 그리스도=메시아이다"라는 이 고백은 "독특하게도 유대
적 집단들 가운데서"(within more distinctively Jewish Circles) 그
중요성이 유지되던 고백이었고,[1] "이방적 혹은 헬라적 환경 가운데서

는 거의 적합하지 않았고 존속되지도 못했던" 고백이었다.[2] 물론 "예수가 그리스도(=메시아)이다"라는 신앙고백이 초대 기독교인들의 입장에서는 올바른 참 신앙의 시금석이 되었지만, 그러나 유대 당국자들에게 있어서는 이단의 시금석이 되었던 것도 사실이다.[3]

그런데 초대 기독교회 안에 점차 이방인 출신 기독교인들의 수가 늘어나면서 초대교회는 점차 유대적 기독교로부터 이방적 혹은 세계적 기독교로 확대 발전하기 시작했고, 그런 상황에서 예수에 대한 신앙고백도 변하기 시작한 것으로 보인다. 당시 이방 세계, 즉 더 넓은 헬라 문화권에 사는 사람들로서는 예수에 대한 신앙고백이 그들에게 생소한 개념인 '메시아=그리스도'라는 명칭만으로는 적합하지도, 충분하지도 않았을 것이다. 따라서 그들에게 의미 있는, 그들에게 더 적합하고 적절한 형태로 바뀌거나 발전할 수밖에 없었다. 그렇다면 헬라 문화권에 살던 이방인 기독교인에게 적합한 예수에 대한 신앙고백은 어떤 것이었을까?

누가에 의하면 바울이 다메섹에서 회심 혹은 개종한 이후에 곧바로 여러 회당에서 "예수가 하나님의 아들이심"을 전파했다(행 9:20). 바울이 기록한 최초의 기독교 문서라고 말할 수 있는 데살로니가전서에서도 바울은 하나님을 전하면서 예수를 가리켜 "죽은 자들 가운데서 다시 살리신 그의 아들"(1:10)이라고 말했다. 예수에 대한 이해와

---

1 James D. G. Dunn, *Unity and Diversity in the New Testament: An Inquiry into the Character of Earliest Christianity* (London: SCM Press, 1977), 44.

2 *Ibid.*, 43.

3 *Ibid.*, 44-45.

신앙고백과 관련하여 메시아라는 칭호는 매우 뚜렷하게 민족주의적이며 정치적인 의미로 규정되어 있었기에 더 광범위한 헬라적 상황 속에 이방인들에게 더 적합한 개념으로, 즉 '하나님의 아들'이라는 명칭으로 보충되어 바뀌거나 개조될 수밖에 없었을 것으로 생각된다.

우리는 그런 점을 마가복음에 나오는 베드로의 가이사랴 신앙고백("당신은 그리스도이십니다")이 나중에 마태복음에서 "당신은 그리스도이며 살아계신 하나님의 아들입니다"(마 16:16)로 바뀐 점에서 확인할 수 있다. 마태복음에서 이처럼 마가복음에 나오는 베드로의 신앙고백문에 "(살아계신) 하나님의 아들"이라는 문구가 더 첨가되어 바뀐 이유는 분명히 마태복음의 독자들인 이른바 마태 공동체 구성원들 가운데 상당수가 이방인 기독교인들이었기 때문으로 생각된다. 그들에게는 민족적이며 정치적인 개념으로 정의된 "예수는 그리스도=메시아이다"라는 신앙고백보다 오히려 "예수는 하나님의 아들이다"라는 신앙고백이 훨씬 더 이해하기도 그리고 사용하기도 편했을 것이다. 그런 고백이 "문화적이며 민족적인 경계를 초월할 수 있으면서도 여전히 그 의미를 보존할 수 있는 신앙고백"[4]이기 때문이다. 그래서 던(Dunn)은 예수에 대한 고백이 발전하며 변화하는 과정에서 "가장 흥미 있는 발전 가운데 하나는 하나님의 아들 고백이 예수가 메시아라는 고백을 보충하며 규정짓기 위해 사용된 점"[5]이라고 지적한다.

그런데 이런 변화와 발전은 요한복음에서도 그대로 다시 나타나고

---

4 *Ibid.*, 48.
5 *Ibid.*, 47.

있다. 요한 공동체에서도 예수가 메시아라는 고백은 전혀 적절한 고백 형태가 아니었다. 그래서 '하나님의 아들'이라는 고백으로 보충되어야 했었다. 따라서 요한복음에서도 예수는 "그리스도이며 하나님의 아들"이라는 형태로 나타나고 있다. 예를 들어 요한복음에서는 베드로 대신에 마르다의 입을 통해 "당신은 그리스도이시며 (세상에 오시는) 하나님의 아들이십니다"(11:26)라는 고백이 나오고 있다.[6] 그리고 요한복음 저자는 자신이 요한복음을 기록한 목적 자체도 "예수께서 하나님의 아들 그리스도이심을 믿게 하려 함이라"(20:31)고 밝히고 있다. 이런 점들로 미루어 볼 때 우리는 "예수는 하나님의 아들이다"라는 신앙고백이 헬라적 이방 기독교 안에서 가장 적절한 그리고 가장 모범적인 신앙고백 형태로 사용되며 정착되기 시작했음을 알 수 있게 된다.

그런데 마태복음이나 요한복음보다 훨씬 앞서서 기록된, 아니 기독교 역사상 최초로 기록된 마가복음에서 예수를 메시아로 고백하는 저급 기독론(the lower Christology)을 넘어 '하나님의 아들'로 선포하는 고급 기독론(the higher Christology)이 강조되고 있는 점에 우리는 주목할 필요가 있다. 본래 유대 기독교의 기독론은 예수를 '랍비', '선지자', '여호와의 종', '인자'(the Son of Man), '메시아' 등 주로 예수의 인간적인 측면(the human Side)에서 바라보는 비교적 저급 기독론

---

6 마르다의 신앙고백과 베드로의 신앙고백의 내용이 거의 동일하다. 특히 헬라어 원문에서는 고백의 내용이나 표현이 놀라울 정도로 비슷하다: 베드로: "su ei ho Christos ho huios tou theou (tou zontos)," 마르다: "su ei ho Christos ho huios tou theou (ho eis ton kosmon erchomenos)."

에 머물러 있었다. 그런데 이방 기독교의 영향이 강화되면서 초대교회의 기독론이 헬라 사상의 영향을 받아 점차 선재론(the Pre-existence), 성육신론(Incarnation) 등과 같은 사상을 바탕으로 예수를 '주님'(Kyrios), '로고스', '하나님의 아들'(the Son of God) 등 예수의 신적인 측면(the divine Side)에 치중하는 고급 기독론의 방향으로 발전했다는 사실에도 주목해야 한다.

이런 점을 염두에 둘 때 우리는 복음서들 가운데서 가장 먼저 기록된 마가복음에서 예수를 '하나님의 아들'로 선포하는 고급 기독론이 분명하게 드러나고 있는 것은 아마도 분명히 이방인의 사도이며 이방 기독교의 대표적인 지도자였던 바울의 영향 때문이었을 것으로 생각하게 된다. 바울에게 있어서 예수는 "성결의 영으로는 죽은 자들 가운데서 부활하사 능력으로 하나님의 아들로 선포된" 분이기 때문이며 (롬 1:4), 바울이 주도하는 이방 기독교의 대표적인 기독론이 '하나님의 아들' 기독론이기 때문이다.

실제로 마가복음에서 예수가 '하나님의 아들'이라는 인식과 고백은 아주 중요하다.7 그 이유는 '하나님의 아들'이라는 명칭이 많이 혹은 자주 사용되고 있다는 사실 때문이기보다는8 오히려 '하나님의 아들'이라는 명칭이 복음서의 아주 중요한 위치에서 의미 있게 강조되

---

7 W. R. Telford는 '하나님의 아들'이라는 명칭이 마가복음에서 예수에게 적용된 명칭들 가운데 가장 중요한 명칭이며, 대부분의 학자들이 이 점에 대해 동의하고 있다고 주장한다. *The Theology of the Gospel of Mark* (The New Testament Theology; Cambridge University Press, 1999), 38.
8 마가복음에서는 '하나님의 아들'이라는 명칭이 모두 8번 사용되었다(1:1, 11; 3:11; 5:7; 9:7; 13:32; 14:61; 15:39).

고 있기 때문이다. 마테라(Matera)는 마가복음에서 예수가 하나님의 아들로 선포되는 중요한 지점(the high point) 네 곳을 다음과 같은 구절들이라고 지적하고 있다:9

첫째 지점: 마가복음의 첫 구절(1:1)
둘째 지점: 예수가 세례를 받았을 때 들렸던 하늘 음성(1:11)
셋째 지점: 예수가 변화산에서 변화할 때 들렸던 하늘 음성(9:7)
넷째 지점: 예수를 처형하던 백부장의 고백(15:39)

다른 한편으로 마이어스(Myers)는 마테라와 비슷하게, 그러나 좀 다르게 마가가 그의 복음서에서 예수를 하나님의 아들로 선포하는 "구조적인 기둥들"(structural pillars), 곧 "묵시문학적 순간들"(apocalyptic moments) 세 곳을 다음과 같이 지적하고 있다.10

시작 부분: 예수의 수세 장면(Baptism)
중간 부분: 예수의 변화 장면(Transfiguration)
마감 부분: 예수의 처형 장면(Crucifixion)

---

9 Frank J. Matera, *Passion Narratives and Gospel Theologies: Interpreting the Synoptics Through Their Passion Stories* (New York: Paulist Press, 1986), 47.
10 Ched Myers, *Binding the Strong Man: A Political Reading of Mark's Story of Jesus* (New York: Orbis Books, 1988), 390-391.

수세 장면	변화 장면	처형 장면
(1) 하늘이 갈라지고 비둘기가 내려왔다	옷이 희게 변하고 구름이 내려왔다	성전 휘장이 찢어지고 어둠이 덮였다
(2) 하늘의 음성	하늘의 음성	예수가 외친 '큰 소리'
(3) "너는 나의 아들이다"	"이는 내 아들이다"	"이 사람은 진실로 하나님의 아들"
(4) 엘리야처럼 나타난 세례 요한	엘리야와 함께 나타난 예수	"엘리야를 부르고 있다"고 말한 지나가는 행인들

여기서는 주로 마테라가 언급했던 네 곳, 즉 예수가 하나님의 아들로 선포되는 마가복음의 네 구절에 집중하여 마가복음 저자의 기독론적 관심을 알아보고자 한다.

I. 예수는 '그리스도이며 하나님의 아들'이다(1:1)

어떤 이야기나 어떤 문서를 막론하고 언제나 그 시작이 아주 중요하다. 흔히 시작 부분이 뒤에 이어지는 내용을 이해할 수 있는 열쇠가 될 수 있기 때문이며, 따라서 시작 부분을 간과하는 것이 곧 그 뒤에 나오는 내용 전부의 흐름을 놓치는 일이 될 수 있기 때문이다. 그런데 마가복음은 "하나님의 아들 예수 그리스도의 복음의 시작이라"(1:1)는 말로 시작되고 있다. 그런데 마가복음의 제목 혹은 명칭으로 생각되기도 하는 이 첫 구절[11]이 우리말 성경(개역 개정)에서는 "하나님의 아들 예수 그리스도의 복음의 시작이라"고 번역되어 있다.

그러나 이런 번역은 헬라어 원문에 대한 정확한 번역이 아니라는 지적이 제기되기도 했다. 우선 헬라어 원문에는 "…이라"라는 서술어가 없이 "하나님의 아들 예수 그리스도의 복음의 시작"(The Beginning of the Gospel of Jesus Christ the Son of God)이라고 명사들로만 구성되어 있기 때문이다. 원문에 없는 술어(…이다)가 들어간 것 자체가 잘못이라는 말이다.[12] 다음으로 더 중요한 것은 헬라어 대문자 사본의 원문 띄어쓰기를 어떻게 해서 읽느냐에 따라서 첫 구절의 의미가 크게 달라질 수 있다는 지적 때문이다. 따라서 우리는 1:1을 "Jesus Christ, the Son of God"(예수 그리스도는 하나님의 아들)이라고 번역해서 읽기보다는 도리어 "Jesus, Christ, the Son of God"(예수는 그리스도요 하나님의 아들)이라고 번역해서 읽는 것이 더 적절하고 옳다는 지적에도 주목할 필요가 있다.[13] 초대교회의 가장 모범적인 신앙고백의 형태가 바로 "예수는 그리스도이시오 하나님의 아들입니다"이기 때문이다(마 16:16; 요 11:27 등).

이런 점에서 볼 때 마가는 그의 복음서 서두에서 예수가 메시아이며 동시에 '하나님의 아들'이라는 점을 밝혀줌으로써 한편으로는 독자들로 하여금 자기가 이제 소개하려는 이야기들을 올바로 이해할 수 있는

---

11 헬라어 원문 성경에는 본래 책 명칭이나 제목이 기록되어 있지 않았고 또 장과 절의 구분도 없었다는 점을 기억할 필요가 있다.

12 영어 번역 성경들 가운데서도 예외적으로 *New Living Translation*에서는 한글 번역 성경들처럼 "This is the Good News about Jesus Messiah, the Son of God"이라고 번역되어 있다.

13 이진경, "마가복음 1장 1절에 나타난 두 개의 기독론 칭호 연구," 「신약논단」 제20권 제2호 (2013): 409-442.

분명한 관점을 갖도록 도와주려고 했고, 다른 한편으로는 결과적으로 예수가 '그리스도＝메시아'라는 유대 기독교인들의 신앙고백을 넘어 예수가 하나님의 아들이라는 이방 기독교인들의 신앙고백에 이르도록 안내하려고 했다는 추론을 가능하게 해준다.

II. "너는 내 사랑하는 아들이다"(1:11)라는 하늘 음성

마가는 그의 복음서 서두(첫 구절)에서 예수가 하나님의 아들이라는 점을 밝힌 데 이어서 예수가 공생애 활동에 나서기 직전에 예수가 세례 요한에게 나아가 세례를 받고 물에서 올라올 때, 하늘이 열리고 성령이 비둘기처럼 예수에게 임하면서 "하늘로부터 소리가 나기를 너는 내 사랑하는 아들이라"는 음성이 들렸다고 전한다(1:11). 마가복음은 나중에 기록된 마태복음이나 누가복음과는 달리 예수의 탄생 이야기로부터 시작하고 있는 것이 아니라, 성년이 된 예수가 공생애 활동에 나서는 이야기로부터 시작한다. 마가가 예수의 공생애 활동을 전하기에 앞서, 아니 의도적으로 그렇게 하려고, 세례 요한의 이야기부터 소개하는 것이 아주 특이하다.

마가복음에서 세례 요한은 예수의 길을 준비하러 온 선구자이다. 이 요한이 사람들 앞에서 자기 뒤에 오실 이, 곧 예수를 가리켜 "나보다 능력 많으신 이"(1:7)라고, 그래서 자기는 "그의 신발 끈을 풀기도 감당하지 못하겠다"(1:7)고 선포한다. 마가복음에서 예수의 선구자로 나타난 세례 요한이 전파한 예수는 자기보다 "능력 많으신 이"이며,

물로 세례를 주는 자기와는 달리 "성령으로 세례를 베푸실 분"(1:8)이다. 분명히 예수는 세례 요한과는 다른 인물이다.[14] 예수에 대한 세례 요한의 이런 설명 혹은 증언이 있은 직후에 마가는 예수가 세례 요한에게 세례를 받는 이야기를 소개하면서, 특히 예수가 요한에게 세례를 받고 물에서 올라올 때 하늘이 갈라지고 성령이 비둘기처럼 예수에게 내려왔다고 그리고 그때 하늘로부터 "너는 내 사랑하는 아들이라"는 소리가 들려왔다고 전한다.

이 하늘 음성은 마치 예수가 요한이 전했던 것처럼 단순히 '능력 많으신 이' 혹은 '성령으로 세례를 베풀 이'가 아니라 '하나님의 사랑하는 아들'이라는 점을 강조해주는 것으로 보인다. 만일 이 하늘 음성이 아니었다면, 마가복음의 독자들은 세례 요한의 증언에 따라 예수를 '능력 많으신 이' 혹은 '성령으로 세례를 베푸실 이'로만 이해하고 마가복음을 읽었을지 모른다. 따라서 마가가 그의 복음서 서두에서 소개한 하늘 음성은 예수가 '능력 많으신 이'이며 '성령으로 세례를 베풀 이'라는 요한의 인식과 증언(1:7-8)을 넘어서, 아니 오히려 그것을 교정해주면서 예수가 '하나님의 아들'이라는 점을 인식시켜주는 중요한 역할을 하는 것으로 생각된다.

---

14 마가는 예수가 제자들에게 "사람들이 나를 누구라 하느냐?"고 물었을 때, 제자들은 "세례 요한이라"고 생각했던 사람들이 있었다고 전해주고 있다(8:28).

III. "너는 내 사랑하는 아들이다"(9:7)라는 하늘 음성

마가는 두 번째의 하늘 음성을 소개하면서도 거의 똑같은 의도를 가지고 똑같은 작업을 하는 것으로 보인다. 즉, 마가는 그의 복음서 한복판에서 예수가 베드로와 야고보와 요한만을 데리고 높은 산에 올라가서 그들 앞에서 눈부신 모습으로 변화했다는 이야기를 전한다. 세 제자가 엘리야와 모세가 나타나 예수와 함께 말하는 것을 보았을 때, 베드로가 "우리가 여기 있는 것이 좋사오니, 우리가 초막 셋을 짓되 하나는 주를 위하여, 하나는 모세를 위하여, 하나는 엘리야를 위하여 하사이다"라고 예수에게 말했다. 그러나 그때 그들을 덮은 구름 속에서 들려온 하늘 음성은 예수를 가리켜 "이는 내 사랑하는 아들이다"(9:7)라는 소리뿐이었고, 그때 제자들의 눈에는 "오직 예수"("ton Jesoun monon," Jesus only) 이외에 "아무도 보이지 않았다"(9:8)고 했다.

변화산 이야기는, 일찍이 불트만(Bultmann)이 지적한 바와 같이, 본래 '부활 이야기'(originally a Resurrection Story)[15]로 알려진 것인데 마가가 이 이야기를 베드로가 가이사랴 빌립보에서 예수를 향해 "당신은 그리스도=메시아이십니다"라고 고백한 이야기(8:27-30)에

---

15 R. Bultmann, *The History of the Synoptic Tradition*(New York: Harper & Row, 1963), 259. Robert W. Funk and The Jesus Seminar도 "변화산 이야기가 (부활하신 예수의) 부활 현현 이야기에서 유래된 것인데 마가에 의해서 그의 복음서의 전환점으로 작용하도록 재구성되었다"고 결론짓고 있다. *The Acts of Jesus: What Did Jesus Really Do?*(New York: A Polebridge Press Book, 1998), 220.

이어서 소개하고 있는 점에 주목할 필요가 있다. 가이사랴 빌립보에 이르러 예수가 제자들에게 "사람들이 나를 누구라고 하느냐?" 물었을 때, 제자들이 전해준 바에 의하면 "예수는 세례 요한, 엘리야 또는 예언자 중의 하나와 같은 인물"이라고 대답하였다. 예수가 제자들에게 "그러면 너희는 나를 누구라고 하느냐?"고 물었을 때는 베드로가 제자들을 대표하여 "당신은 그리스도=메시아이십니다"(8:29)라고 고백했다. 그러나 사람들이 예수에 대해 생각했던 세례 요한, 엘리야 혹은 선지자 중의 하나와 같은 분이라는 인식은 물론이고, 예수를 '그리스도'라고 고백했던 베드로의 인식까지도 마가복음의 예수는 받아들일 수가 없었다. 너무나도 민족적이며 정치적인 의미가 담긴 고백이었기 때문이다. 그 점은 예수가 베드로의 신앙고백이 있는 직후에 예수가 "자기에 대하여 아무에게도 말하지 말라고 엄하게 분부했을"(8:30)뿐만 아니라 예수의 십자가 고난을 받아들이지 못하는 베드로를 꾸짖으며 "사탄아 내 뒤로 물러가라. 네가 하나님의 일을 생각하지 아니하고 도리어 사람의 일을 생각하는도다"(8:33)라고 말한 점에서도 잘 드러나고 있다.

마가가 가이사랴 빌립보에서 예수의 정체성에 관해 예수와 제자들이 나누었던 이런 대화를 소개한 직후에 변화산 이야기(9:2-8)를 소개하는데, 이것은 아주 의도적인 것이다. 마가는 이 변화산 이야기를 통해서 예수는 세례 요한이나 엘리야나 선지자 중의 하나가 아니며, 베드로가 고백한 것처럼 '그리스도=메시아'도 아니라고, 도리어 예수는 그런 인물들을 훨씬 넘어서는 '하나님의 사랑하는 아들'이라고 증거하려고 했던 것으로 보인다. 예수가 변화산에서 빛나는 광채 가운데서 변화할 때, '하나님의 사람'(the Man of God)으로 너무나도 잘 알려진 엘리야와 모세가 제자들 앞에 예수와 함께 나타나기는 했지만, 금방 사라져버려서 예수 이외에는(Jesus only) "아무도 보이지 않았다"(9:8)고 언급한 이유도 예수는 엘리야와 모세를 훨씬 뛰어넘는 존재, 곧 '하나님의 아들'(the Son of God)이기 때문이라는 점을 강조하기 위한 것이다.

따라서 마가가 변화산 이야기 가운데서 하늘 음성을 통해 예수를 가리켜 "이는 내 사랑하는 아들이다"라고 선포한 것은 현재의 문맥에서 한편으로는 바로 앞에서 사람들이 예수를 두고 세례 요한, 엘리야 혹은 선지자 중의 하나라고 말한 것과 베드로가 예수를 두고 "당신은 그리스도=메시아이십니다"라고 고백한 것을 교정해주면서, 다른 한편으로는 예수가 그런 존재들과는 다른, 아니 그런 존재들을 훨씬 뛰어넘는 '하나님의 아들'이라는 점을 선포해주는 역할을 하는 것이다. 텔포드(Telford)의 말을 따르자면, 마가는 "그의 독자들이 예수의 인격과 사역에 대해 가졌던 더 초보적인(primitive) 이해(선생, 선지자, 치료자)가 좀 더 발전된(exalted) 이해('주님', '그리스도', '사람의 아들', '하나님의 아들')로 대치되는(superseded) 것을 보기 원했다."[16]

---

16 Telford, *The Theology of the Gospel of Mark*, 41.

IV. "이 사람은 진실로 하나님의 아들이었도다"(15:39)라는 백부장의 고백

마가는 그의 복음서 마지막 부분에서, 즉 예수가 마지막으로 십자가에 처형되는 아주 중요한 장면 가운데서 처형을 지휘하던 로마 백부장이 예수가 숨지는 것을 보고는 "이 사람은 진실로 하나님의 아들이었도다"(15:39)라고 고백했다는 사실을 전해주고 있다. 마가는 이미 1:11과 9:7에서 하늘 음성을 통해 예수가 하나님의 '사랑하는 아들'임이 선포한 바 있는데, 이제 다시 마지막으로 이번에는 이방인인 로마의 백부장의 입을 통해 예수가 '진실로 하나님의 아들'이라고 선포되고 있다. 처음 두 번의 하늘 음성이 마치 하나님의 계시 형태라면, 세 번째로 로마의 백부장이 예수를 가리켜 하나님의 아들이라고 고백한 것은 마치 하나님의 반복된 계시에 대한 인간의 마지막 응답 형태처럼 보이기도 한다.

그런데 우리는 여기서도 "이 사람은 진실로 하나님의 아들이로다"라는 백부장의 고백이 예수가 처형되기 이전에 유대 종교 지도자들과 로마 총독 빌라도의 심문 과정에서 예수의 정체에 대한 여러 잘못된 이해와 인식이 여러 형태로 노출된 이후에 나왔다는 사실에 주목해야 한다. 예수가 먼저 산헤드린에 끌려가 심문을 받을 때 유대 종교 지도자들은 예수를 향해 "네가 찬송 받을 자의 아들 그리스도냐?"(14:61)고 물었다. 그리고 그 후 예수가 빌라도 앞에 끌려갔을 때는 빌라도가 예수를 향해 "네가 유대인의 왕이냐?"(15:2)고 물었다. 로마 총독 빌라도의 눈에는(15:9) 그리고 로마 군인들의 눈에는(15:18) 예수가 '유대인의 왕'처럼 보였을 것이다. 그리고 대제사장들과 서기관들이 십자가에 달린 예수를 조롱할 때 했던 말을 보더라도 예수는 '이스라엘의 왕 그리스도'(15:32)에 지나지 않았던 것으로 보인다.

예수의 정체에 대한 이런 부족한 혹은 잘못된 인식, 곧 예수를 민족적이며 정치적인 유대인의 왕이나 그리스도=메시아로 알고 있는 당시 예수 주변 인물들의 이런 잘못된 인식들을 소개한 이후, 마치 그런 인식들을 바로 잡아주기라도 하듯이 마가는 십자가 처형을 진두지휘하던 로마 백부장의 입을 통해 "이 사람은 진실로 하나님의 아들이었도다"(15:39)라고, 복음서 서두 첫 구절 그리고 하늘 음성이 들려진 두 구절을 통해 밝혔던 예수의 정체에 대한 자신의 기독론적 고백을 재확인해주고 있다.

로마 백부장의 이 고백이 중요한 이유는 그런 고백을 한 인물이 이방인인 로마 백부장이라는 사실에만 있는 것이 아니다. 예수가 심문받고 처형당하는 과정에서 빌라도는 예수를 '유대인의 왕'이라고 불렀고(15:2, 9, 12), 로마 군인들도 예수를 '유대인의 왕'(15:18)이라고 부르며 조롱했다. 그런데 "십자가 처형의 마지막 클라이맥스에서 처형을 진두지휘하던 로마 군대의 백부장이 그런 잘못된 정치적 이슈를 무시한 채 단호히 대제사장이 언급했던 찬송 받을 이의 아들(14:61), 곧 '하나님의 아들'이라는 이슈로 관심을 되돌리고 있다"[17]는 점이 더 중요하다. 이런 백부장을 두고 매너스(C. U. Manus)는 다음과 같이

---

17 R. E. Brown, *The Death of the Messiah: A Commentary on the Passion Narratives in the Four Gospels* (New York: Doubleday, 1994), 1149.

말하기도 했다: "마가는 이 로마의 백부장을 하나님의 아들인 예수의 의미가 십자가 드라마 가운데서 가장 잘 드러난 것을 보았던 이방 기독교의 충실한 대변인(a faithful representative of the Gentile Christianity)으로 만들고 있다."18 따라서 우리는 마가가 그의 독자들에게 그의 복음서 첫 구절에서부터 일관되게 이방 기독교인들이 예수에 대해 고백하고 있듯이 예수를 '하나님의 아들'로 인식하고 고백하도록 전해주려는 것이 그의 복음서 기록의 주요 목적 가운데 하나였다고 말하지 않을 수 없다.

V. '하나님의 아들'이라는 기타의 언급들

우리는 앞에서 예수를 가리켜 '하나님의 아들'이라고 고백한 유일한 사람이 이방인이었던 로마의 백부장이었다고 말한 바 있다. 그런데 마가복음에 보면 예수를 가리켜 "당신은 하나님의 아들입니다"라고 고백한 귀신들 혹은 귀신 들린 사람이 있었다는 이야기들이 소개되고 있기도 하다. 아마도 영적인 존재이기에 인간보다 예수를 더 잘 알아볼 수 있었기 때문일지도 모른다. 귀신들이 예수를 두고 하나님의 아들이라고 말한 첫 경우는 예수가 "유대와 예루살렘과 이두매와 요단강 건너편과 또 두로와 시돈 근처에서 많은 무리"(3:8)들 가운데서 많은 사람을 고쳐주셨을 때였다. 그때 더러운 귀신들이 예수 앞에 엎드려

---

18 *Ibid.*, 1152.

"당신은 하나님의 아들이니이다"(3:11)라고 고백했다. 또 다른 경우는 예수가 갈릴리 바다 "건너편 거라사인의 지방"(5:1)에 들어가 귀신들린 사람을 고쳐주었을 때, 그 귀신 들린 사람이 예수를 향해 큰 소리로 "지극히 높으신 하나님의 아들 예수여"(5:7)라고 불렀을 때였다.

　　두 경우 모두 귀신 혹은 귀신 들린 사람의 입에서 "당신은 하나님의 아들이다"라는 말이 나왔다. 특히 이 두 경우 모두 "예수가 하나님의 아들이다"라는 귀신들의 말이 이방 지역에서 나온 말이라는 점에 주목할 필요가 있다. 그러나 한 가지 흥미 있는 점은 예수가 갈릴리 가버나움에서 귀신 들린 사람을 고쳐주었을 때는 그 귀신 들린 사람이 예수를 향해 '하나님의 거룩한 자'(1:24)라고 불렀을 뿐인데, 이방인의 거주 지역에서는 두 번(3:11; 5:7) 모두 '하나님의 아들'(5:7)이라는 호칭이 사용되고 있다는 점이다. '하나님의 아들'이라는 명칭이 유대 땅에서 보다는 오히려 이방 지역에서 사용되고 있는 명칭이었다는 점을 확인할 수 있다.

VI. 맺음말

　　초대교회 안에서 예수의 유대인 제자들과 예루살렘을 중심으로 발전하고 있던 유대 기독교는 주로 "예수가 그리스도이다"라는 신앙고백에 집착하고 있었다. 반면에 이방인의 사도인 바울과 그를 중심으로 발전하고 있던 이방 기독교에서는 "예수가 하나님의 아들이다"라는 신앙고백이 일반화되어 가고 있었다. 이런 과정에서 복음서의 시작부터 끝까지 일관성 있게 "예수는 하나님의 아들이다"라고 선포하고 있는 "마가복음의 저자는 예수를 하나님의 아들로 보고 있는 바울의 영향을 받은 이방 기독교의 대변자(a representative of a Pauline-in-fluenced Gentile Christianity)로서 (마가복음을) 기록하고 있다"[19]고 보는 것이 옳을 것이다. 따라서 마가는 예수의 복음이 점차 더 넓은 이방인 세계로 확장되는 상황에서 그의 복음서 기록을 통해 "예수는 그리스도=메시아이다"라는 초기의 유대 기독교적 신앙고백을 헬라 문화권에서 널리 통용되고 있는 이방 기독교의 신앙고백, 곧 "예수는 그리스도이며 하나님의 아들이다"로 대치시키려고 했던, 그래서 "초대교회 기독론의 발전 과정에서 한 단계 중요한 진보"(an Advance on earlier Christology)를 이룩한 신학자라고 말할 수 있을 것이다.[20]

---

19 Telford, *The Theology of the Gospel of Mark*, 53.

20 "What he(=Mark) does represent... is an advance on earlier Christology."
Telford, *The Theology of the Gospel of Mark*, 41.

4 장

우리를 반대하지 않는 자는 우리를 위하는 자이다

(막 9:38-41)

마가복음 9:38-41에 보면, 열두 제자 중 하나인 '요한'이 예수에게 "어떤 자가 우리를 따르지 않으면서 주의 이름으로(in your Name) 귀신을 내쫓는 것을 우리가 보고 우리를 따르지 아니하므로 금지시켰다"고 말했을 때, 예수는 오히려 "금하지 말라. 내 이름으로(in my Name) 능한 일을 행하고 즉시로 나를 비방할 자가 없느니라"고 말씀하면서 "우리를 반대하지 않는 자는 우리를 위하는 자니라"고 말해주는 이야기가 기록되어 있다. 이 본문 이야기가 나중에 누가에 의해 그의 복음서 누가복음 9:46-48에서 평행 본문 형태로 소개되고 있기는 하지만, 마가 본문과는 여러 면에서 차이를 보이고 있다.[1] 여기서는 마가가

---

[1] 마가와 누가 본문 간의 차이점들로는 다음과 같은 것들이 있다. 첫째로 마가복음에서는 "우리를 반대하지 않는 자는 우리를 위하는 자니라"(막 9:40)고 되어 있는데, 누가복음에서는 "너희를 반대하지 않는 자는 너희를 위하는 자니라"라고 '우리'가 '너희'로 바뀌어 속담에 가까운 형태로 표현되었다. 둘째로 마가복음에서는 요한의 예수에

이 본문 이야기를 통해 독자들에게 주려고 했던 메시지가 무엇이었는 지에 대해서만 집중해서 살펴보고자 한다.

아마도 사려 깊은 독자라면 이 본문 이야기를 읽으면서 무엇보다도 '요한'(9:38)이 마치 열두 제자의 대표자나 되는 것처럼 나서서 대변인 역할을 하는 점에 주목했을 수 있다. 예수의 공생애 사역 가운데서 그리고 최초의 복음서인 마가복음에서 열두 제자의 대표자 혹은 대변 인 역할을 하는 인물은 대부분 '베드로'였기 때문이다(막 8:29, 32; 9:5; 14:29 등). 그런데 여기서는 의외로 베드로가 아닌 '요한'이 나서서 "'주님의 이름으로' 귀신을 쫓아내고 있는 '어떤 사람'이 '우리를' 따르지 않는다는 이유로 그런 일을 하지 못하게 말렸다"는 말을 예수에게 보고하고 있다. 마치 자기가 열두 제자('우리')를 대표하는 사람인 것처럼 말이다. 이처럼 요한이 여기서 예외적으로 대변인처럼 등장하 고 있는 이유는 도대체 무엇일까?

마가복음이 기록된 시기가 주후 70년경이라고 생각할 때, 마가복 음이 기록될 당시에 예수의 열두 제자 중 '삼인방'(triumvirate) 제자들 가운데서 그리고 또 초대 예루살렘교회의 '삼인방 기둥 사도들'인 '야 고보와 게바와 요한'(갈 2:9) 가운데서도 살아남았던 인물은 오직 '요 한'뿐이었다. 예수의 열두 제자 중 '삼인방' 제자 가운데서 세베대의 아들 야고보는 이미 주후 44년경에 헤롯에 의해 칼로 죽임을 당했고 (행 12:2), 베드로는 주후 64년에 네로 황제에 의해 이미 순교 당한

대한 호칭이 "선생님이여"(Teacher)인데, 누가복음에서는 "주여"(Master)로 되어 있 다. 셋째로 마가복음에서 "우리를 따르지 않는다"고 했던 것과는 달리 누가복음에서 는 "우리와 함께 따르지 않는다"로 되어 있다.

바 있는 터였다.2 그리고 초대 예루살렘교회의 '삼인방 기둥 사도들'인 '야고보와 게바와 요한'(갈 2:9) 가운데서도 주님의 형제인 야고보는 주후 62년에 헤롯 아그립바 2세로부터 대제사장으로 임명을 받았던 아나누스에 의해 돌로 쳐 죽임을 당했기 때문에3 마가복음이 기록될 당시에는 예수의 삼인방 제자들 그리고 예루살렘교회 삼인방 기둥 사도 중에서는 오직 '요한'만이 살아남아 예수의 공생애 사역에 이어 예수의 부활 승천 이후 초대교회 안에서 계속 중심적인 역할을 했던 인물이었던 셈이다. 따라서 마가복음이 기록될 당시 예루살렘의 초대 교회 안에서는 그나마 열두 제자를 대표할 수 있는 인물로는 요한 이외의 다른 사람을 생각하기 어려운 형편이었을 것으로 보인다. 그래서 이 본문 이야기는 마가복음이 기록되던 당시 '요한'이 예수의 대표적인 제자로서 예루살렘교회를 지도하던 마가교회의 실제 상황을 어느 정도 반영하고 있는 것으로 생각된다.

더구나 이 본문 이야기가 "예수의 이름으로"(원문에는 "당신의 이름으로") 귀신을 쫓아내는 이야기4라는 점에서, 특히 38절의 주제가 '예수를 따르는 문제'가 아니라 '우리(사도)를 따르는 문제'와 연관되어 있다는 점에서 역사적 예수의 삶의 자리(주후 30년경)를 반영한다기 보다는 오히려 예수의 십자가 죽음과 부활 이후 열두 제자를 추종하던 초대교회의 삶의 자리, 특히 마가복음이 기록되던 당시의 상황을 반영

---

2 *I Clement* 5.4.

3 Josephus, *Ant.* xx.197-203; Eusebius, *Eccl. Hist.* II.23.

4 사도행전에 보면 초대교회에서 사도들이 "예수의 이름으로" 이적을 행했다는 기록들이 여러 번 소개되고 있다(행 3:6; 4:10; 4:30 등등).

하고 있다고 보는 것이 옳을 것으로 보인다. 슈바이처(Schweizer)는 신약성서에서는 예수를 따르는 문제가 아닌 제자들을 따르는 문제를 다룬 실례가 없기 때문에 "우리를 따르다"라는 표현 자체가 아주 놀라운 문구일 수 있다면서 본문 이야기가 "예수의 시대를 가리키는 것이 아니라, 이런 문제가 교회 안에서 주요 논쟁의 초점이 되고 있던 시대를 가리킨다"[5]고 지적하고 있다. 불트만(Bultmann)은 "예수의 이름으로" 귀신을 쫓아내는 일이 예수의 삶의 자리에서가 아니라 초대교회 안에서 있던 일이라는 이유로 이 본문 이야기를 초대교회 '신앙 공동체의 산물'(a community Product)[6]이라고 단언하고 있기도 하다.

마가가 이 본문을 기록한 의도를 올바로 이해하기 위해서는 먼저이 이야기의 전후 문맥부터 살펴볼 필요가 있다. 언제나 그렇듯이 본문의 의미는 항상 문맥을 통해서 더 잘 밝혀지기 때문이다. 우선이 이야기가 예수의 제자들이 귀신을 쫓아내지 못한 이야기(막 9:14-27)에 뒤이어 소개되어 있다는 점을 기억할 필요가 있다.[7] 마가복음 9:14 이하에 보면, 어떤 사람이 예수 앞에 나아와 "선생님, 벙어리 귀신 들린 내 아들을 여기 데려왔습니다. 귀신이 아이를 사로잡기만

---

5 E. Schweizer, *The Good News According to Mark* (Virginia: John Know Press, 1970), 194.

6 R. Bultmann, *The History of Synoptic Tradition* (New York: Harper & Row, 1968), 25.

7 E. W. Bundy, *Jesus and the First Three Gospels* (Cambridge, Mass., 1955)는 이미 오래전에 막 9:37이 막 9:41에 쉽게 연결될 수 있다는 점을 들어 막 9:38-40이 '마가의 삽입'(a Markan Insertion)이라고 주장한 바 있다. Ernest Best, *Disciples and Discipleship: Studies in the Gospel according to Mark* (Edinburg: T. & T. Clark, 1986), 40, n. 25.

하면 아무 데서나 아이를 꺼꾸러뜨립니다. 그러면 아이는 거품을 흘리고 이를 갈며 몸이 뻣뻣해집니다. 그래서 선생님의 제자들에게 귀신을 쫓아내어 달라고 했으나 그들이 쫓아내지 못했습니다." 이 말은 들은 예수는 자식을 구하려는 아비의 마음을 헤아리고는 곧바로 귀신을 쫓아내고 아이를 고쳐주셨다. 제자들은 귀신을 쫓아내지 못했다. 그러나 예수가 귀신을 쫓아내 주었다. 그런데 귀신을 쫓아내지 못했던 제자들과 귀신을 쫓아낸 예수의 이야기에 바로 뒤이어 본문의 이야기가 소개됨으로써 이번에는 귀신을 쫓아내지 못했던 '예수의 제자들'과 예수의 이름으로 귀신을 쫓아냈다는 '어떤 사람'(tina/Someone, 9:38)이 서로 대조를 이루고 있다.

마가는 귀신을 쫓아내지 못했던 제자들의 무능력함에 관한 이야기(9:14-29)에 이어서 곧바로 9:33-37에서 제자들의 또 다른 문제점을 언급하고 있다. 즉, 예수께서 자기가 "예루살렘에 올라가서 사람들의 손에 넘어가 죽임을 당하고 죽은 지 사흘 만에 다시 살아날 것이라"고 말해주었음에도, 제자들은 그 말씀을 제대로 깨닫지 못한 채(9:32), 예루살렘으로 십자가의 고난을 향해 걸어가는 예수의 뒤를 따르면서도 자기들끼리는 "길에서 누가 더 높으냐, 누가 더 위대하냐, 누가 더 훌륭하냐 하는 문제로 서로 다투었다"(9:34)고 전해준다. 결국 마가는 제자들이 귀신을 쫓아내지 못한 무능력함을 지적한 데 이어서, 그들이 예수의 십자가 고난에 대한 말씀까지 이해하지 못하는 무지함까지 드러내면서 서로 자기들끼리 우리 중에 누가 더 위대하고 훌륭한가에 대해서, 즉 자신들의 지위 문제에 대해서 서로 다투고 있었다는 점을 지적하고 있다.

이런 이야기에 바로 이어서 이런 무능하고 무지한 제자들이 자기들이 하지 못했던 일, 즉 귀신을 쫓아내는 일을 '어떤 (다른) 사람'이 하는 것을 보고는 그것을 말리며 금지시켰다는 본문 이야기를 소개하고 있다. 여기서 먼저 우리가 기억해야 할 사실은 "9:38에서의 문제는 귀신을 쫓아낸 사람이 그리스도의 이름으로 귀신을 쫓아내고 있는 비기독교인(non-Christian)이 아니라, 그와는 반대로 열두 제자들이 속해 있는 그룹의 일부가 아닌 기독교인 축귀사(a Christian Exorcist)"라는 점이다.[8] 더구나 제자들이 말리고 금지한 이유가 더 문제이다. 그 사람이 '예수'를 따르지 않는다는 이유 때문이 아니라, 자기들('우리', 막 9:38)을 따르지 않는다는 이유였기 때문이다. 문제는 그 사람이 예수를 따르는가 하는 것이 아니었다. 그가 "예수의 이름으로" 귀신을 쫓아내고 있다는 것으로 보아 분명히 그는 예수를 따르는 사람이었을 것으로 생각된다. 그런데 제자들은 그 사람이 자기들('우리들')을 따르지 않았다는 이유로 반대하며 배척하고 있다는 점이다.

여기서 우리는 한편으로는 마가가 예수를 직접 따르지만, 귀신을 쫓아내지도 못하면서 서로 누가 더 큰가 하는 문제, 곧 그룹 혹은 공동체 내의 주도권 문제로 서로 다투는 그런 제자들과 다른 한편으로는 비록 이런 제자들을 따르지는 않지만, 이런 제자들과는 달리 예수의 이름으로 귀신을 쫓아내고 있는 '어떤 사람'을 대조적으로 소개하고 있는 것에 주목할 필요가 있다. 그렇다면 마가가 이 본문을 기록하면서

---

8 Theodore J. Weeden, *Mark-Traditions in Conflict* (Philadelphia: Fortress Press, 1971), 63.

'어떤 사람'이라고 언급했을 때, 마가는 도대체 누구를 염두에 두고 이 말을 한 것일까?

이 질문에 대한 대답은 잠깐 접어두고, 여기서는 먼저 마가가 이 본문 이야기를 통해서 독자들에게 주려고 했던 교훈이 무엇인지부터 생각해보기로 하자. 마가의 의도는 분명히 '우리를 따르지 않는 사람' 이라고 하더라도 다른 사람이 "주님의 이름으로" 하는 일을 함부로 금지해서는 안 된다는 점을 강조하는 데 있는 것으로 생각된다. 마가복음 저자는 비록 예수가 열두 제자에게 모든 귀신을 제어할 수 있는 능력을 주었다고 하더라도 예수가 그의 이름을 이용하여 귀신을 쫓아내는 능력의 사용을 오직 그들에게만 준 것은 아니라는 점을 가르치려고 했던 것으로 생각된다. 따라서 마가는 초대교회 교인들을 향해서, 예수의 이름으로 하나님의 은총을 불쌍한 사람들에게 전하는 사람들의 경우, 비록 그들이 자기들과 같은 생각과 같은 신앙을 갖고 있는 그룹에 속하지는 않았다고 하더라도 그런 사람들을 향해 '열린 마음의 태도'(an Attitude of Openness)와 함께 '관용과 포용의 정신'(a Spirit of Tolerance)을 가질 것을 가르치려고 했던 것으로 생각된다. 다시 말해서 아무리 자기들이 위대하다는 생각을 갖고 있다고 하더라도(막 9:34), 그래서 자기들끼리 누가 더 크냐고 다투는 일이 있다고 하더라도 다른 사람이 "주님의 이름으로" 하는 일을 금지시킬 수는 없다는 말이다. 따라서 여기에서 제기된 "요한의 질문은 초대교회가 직면했던 문제, 곧 예루살렘으로부터 연유된 것과 같은 기독교 주류와 연관되지 않은 사람들의 사역을 인정해야 하는가 하는 문제를 반영해 주고 있다"[9]고 보아야 한다.

마가가 이런 본문 이야기를 기록하게 된 동기와 의도를 제대로 알아보기 위해서는 먼저 마가복음이 기록되던 시기와 그 당시의 초대교회 상황이 어떠했는지를 알아볼 필요가 있다. 우선 마가복음이 기록된 시기가 유대 전쟁 이후 유대 나라가 멸망하고, 따라서 예루살렘을 중심으로 발전하던 유대 기독교와 더불어 열두 제자의 영향력이 점차 쇠퇴해가던 주후 70년경이라는 사실 그리고 그와는 대조적으로 초대교회 안에서 바울이 주도하던 이방 기독교의 세력이 점차 강화되고 확대되던 때였다는 점을 기억할 필요가 있다. 그리고 그 시기에는 초대교회 안에서 여러 지역에서 여러 지도자가 이끄는 여러 형태의 신앙 공동체들이 생겨나면서 다른 신앙 공동체들과의 사이에 또 그 신앙 공동체들을 이끌던 지도자들 사이에 이런저런 이유로 서로 시기하거나 다투면서 배타적인 태도를 보이는 일이 많았던 것이 사실이라는 점도 염두에 둘 필요가 있다.

이런 점은 다음과 같은 성경 본문들을 통해서도 곧바로 확인할 수 있다. 첫째, 예루살렘 초대교회 안에서 열두 사도들을 중심으로 신앙생활을 하던 '히브리파' 교인들, 즉 팔레스타인 본토 출신으로 히브리말만 사용하는 '히브리파' 교인들과 디아스포라 출신들로서 스데반과 빌립 등 '일곱 지도자들'을 중심으로 헬라말 만을 사용하며 신앙생활을 하던 '헬라파' 교인들 간에 '불평'(행 6:1)과 더불어 갈등이 노출된 바 있다.

---

9 F. W. Danker, *Jesus and the New Age: A Commentary on St. Luke's Gospel* (Philadelphia: Fortress Press, 1988), 206. Danker는 같은 본문을 다룬 누가복음에 대한 그의 주석책에서 이렇게 말하고 있다.

둘째, 예루살렘의 첫 사도 회의에서 볼 수 있듯이 할례와 율법을 고수하는 야고보가 대표하는 유대적 기독교인들과 그런 것을 이방인들에게 강요할 수 없다고 주장하는 바울과 바나바가 대표하는 이방 기독교인들 사이에 신학적인 차이로 인한 '다툼과 변론'(행 15:2)이 있었다.

셋째, 사도행전 15:37-40에 보면 초대교회의 첫 이방인 선교사들인 바울과 바나바 사이에도 '심한 다툼'(παροξυσμὸς)이 있어서 끝내 두 사람이 갈라서는 이야기가 나온다. 그런데 이 "심한 다툼" 역시 갈라디아서 2:11-14을 통해 알 수 있듯이 바울과 바나바 사이에 모세의 율법을 지키는 문제와 관련해서 드러난 신학적 차이로 인한 갈등 때문이었다.

넷째, 고린도 교회 교인들 가운데서도 자신들의 신앙적 모델로 '게바를 따르는 신도들'(게바파), '아볼로를 따르는 신도들'(아볼로파) 그리고 '바울을 따르는 신도들'(바울파)로 나뉘어 있는 가운데 상호 간에 서로 '다툼'(ἔριδες)이 있었던 것으로 전해지고 있다(고전 1:11-12).

다섯째, 갈라디아서 1:6-9에 보면 초대교회 안에서 예수를 받아들여 믿으면서도 바울이 전한 복음을 믿고 따르는 사람들이 있었는가 하면, 바울이 전하는 복음과는 '다른 복음을 따라간 사람들'도 있었다. 그래서 바울은 자기가 전하는 복음과 '다른 복음을 전하는 사람'들에 대해 저주선언을 하기도 했었다.

여섯째, 요한1서 2:19에 보면 '요한의 공동체'라는 같은 울타리 안에서 함께 신앙생활을 하다가 "우리를 따르지 않고 우리에게서 나간" 형제들도 있었다는 사실에 대한 언급이 나온다. 이 말은 신앙적인 차이 때문에 교인들 간에 서로 갈라서고 분리되는 상황이 있었음을 반영해 주는 것이다.

일곱째, 바울이 빌립보서 1:15에서 "어떤 사람들은 시기와 다투는 마음으로 그리스도를 전한다"라고 말한 것만 보더라도 초대 교인들 가운데서는 '시기와 다툼'으로 서로를 배척하면서 경쟁하던 상황이 있었음을 알 수가 있다.

여덟째, 초대 교인들 가운데 바울처럼 그리고 바울을 따라서 오직 믿음만을 강조하는 사람들이 있었는가 하면, 그들과는 달리 야고보를 따라서 행함을 강조하며 믿음만은 아니라고 믿는 사람들도 있었다는 점은 이미 잘 알려진 사실이다.

초대교회 초기에 여러 신앙 공동체 간에 이런 여러 형태의 '원망'과 '다툼', '갈등'과 '분열' 등 여러 가지 혼란스러운 상황이 있었다는 사실을 염두에 둘 때, 우리는 본문에서 예수의 열두 제자 중 한 사람인 '요한'이 대표적으로 제기했던 질문은 초대교회 안에서, 특히 예루살렘에서 열두 제자가 중심이 된 초대 기독교의 주류와 연관되지 않은 비주류 사람들이 하는 복음 사역들을 인정하지 않거나 폄하하며 비판하는 가운데 금지시키는 일에 대해서, 과연 이런 일이 옳은지에 대해 나름대로 고민하던 상황을 반영해 주는 것이라고 생각해 볼 수 있게 된다. 그리고 이런 상황에서 마가복음 저자는 자신들의 신앙 그룹에 속하지 않는 사람들에게는 마치 예수의 이름을 사용할 수 있는 권한이 없다는 식으로 말하는 '요한'의 배타적인 태도가 결코 옳지 않을 뿐만 아니라, 예수로부터 동의를 받을 수도 없었다는 점을 강조해주려고 했던 것으로 생각된다.[10]

초대교회의 초기에는 기독교 운동이 여러 지역에서 여러 사람에 의해서 활발하게 전파되던 때였고, 그런 시기에는 어느 누구도 다른 사람들의 복음 전파나 복음 사역에 대해 쉽게 비판하거나 반대하지 않던 때였다. 더구나 그런 일을 할 수 있는 통일된 어떤 권위 있는 조직이나 합의된 기준도 아직 없던 때였다. 따라서 마가복음 저자가 이 본문 이야기를 그의 복음서에 기록할 때에는 자기들의 신앙 공동체에 속하지 않은 다른 사람들이 예수의 이름으로 사역하는 것에 대해 마구 비판하며 금지하려는 경향이 여기저기서 강하게 드러나고 있었던 것으로 보이며, 그래서 마가복음 저자는 이 이야기를 통해서 신앙의 다양성을 인정하고, 포용와 관용을 강조하며 가르치려 했던 것으로 보인다.

흥미로운 점은 본문의 내용과 비슷한 이야기가 구약성경에서도 나타나고 있다는 것이다. 구약 신명기 11:27-29에 보면, 한 소년이 모세에게 달려와서 엘닷과 메닷이라는 사람이 진 중에서 예언을 한다고 전해주었을 때, 곁에 있던 여호수아가 "내 주 모세여, 그들을 말리소서"라고 했는데, 도리어 모세는 그를 향해 "네가 나를 두고 시기하느

---

10 이것은 마치 오늘날 "자기들이 속해 있는 특정 교파에 속하지 않는 사람들은 예수의 이름을 말할 자격이 없다고 생각하는 많은 교인의 태도와도 아주 비슷하다. 실제로 오늘날 많은 교회나 교파들이 마치 오늘 본문에 나오는 요한처럼 자기들만이 옳고, 자기들이 더 위대하고 더 훌륭하다고 생각하는 착각 속에 빠져(막 9:34; 눅 9:46) 있는 것은 아닌지? 그래서 자기들을 따르지 않으면서 "주님의 이름으로" 귀신을 쫓아내는 사람을 못하게 말리거나 금지하려고 하고 또 마치 자기들에게는 다른 사람들이 예수의 이름을 사용하거나 자신들을 기독교인이라고 부르는 것을 금지할 수 있는 권한이 있기나 한 것처럼 행동하는 경향이 여기저기서 드러나고 있는 것도 사실이 아닌가?

냐? 여호와께서 그의 영을 그의 모든 백성에게 주사 다 선지자가 되게 하시기를 원하노라"고 하면서 결국 엘닷과 메닷이 예언하는 것을 금하지 말라고 명하고 있다. 결국 이 이야기도 하나님의 영을 통해 예언하는 일이 어느 특정한 사람에게만 주어진 특권이 아니라, 모든 사람에게 주어진 특권일 수 있다는 교훈을 주고 있는 셈이고, 그런 점에서 오늘 우리의 본문의 교훈과 아주 비슷하다고 볼 수 있다.

마가가 본문 이야기를 여기에 소개할 때 아마도 분명히 이미 잘 알려진 바 있는 이 구약 신명기 본문이 적지 않은 영향을 주었던 것으로 보인다. 이 점은 마가가 예수의 응답을 소개하면서 여호수아가 모세에게 청원했던 말의 형식을 그대로 따라 구성한 점에서도 엿보인다:

> 내 주 모세여, 그들을 말리소서(Lord Moses, forbid them, 신 11:28),
>
> 그를 금하지 말라(Do not forbid him, 막 9:39).[11]

이런 구약 신명기 본문의 교훈을 배경으로 우리의 본문 이야기를 다시 읽을 때, 우리는 마가가 왜 이 본문 이야기를 소개하고 있는지 좀 더 잘 이해할 수 있게 된다. 마가는 복음서를 읽는 독자들에게 예수의 제자들이라고 해서 어떤 우월감 속에서 자기들만이 예수의 이름을 독점하여 사용할 수는 없다는 점을 가르치려고 했던 것으로 생각된다. 슈바이처가 "마가는 이 구절을 33-37절과 연관시켜 교회

---

11 Ched Myers, *Binding the Strong Man: A Political Reading of Mark's Story of Jesus* (New York: Orbis Books, 1988), 261.

측의 오만에 대한 경고로 해석하고 있다"[12]고 말한 이유도 바로 그 때문일 것이다. 요한은 예수에게 그 사람이 "우리를 따르지 않고 있다"고 말하고 있는데, 문제는 제자들이 자기들도 "따르는 사람들"(fol-lowers)이라는 사실을 깨닫지 못하고 도리어 다른 사람들이 자기들을 따르기 원하고 있다는 점이 아닐 수 없다. 더구나 "예수를 따르는 것"을 원하는 것이 아니라 "자기들을 따라야 한다"고 생각하는 것이 더 문제가 아닐 수 없다. '우리'라는 말을 특권적으로 사용하는(royal We') 그런 생각부터 버려야 할 것이라는 의미일 것이다. 결국 이 본문 이야기가 주려고 하는 교훈의 주요 포인트는 같은 사역을 하지만 자기들이 하지 못하는 사역을 행하고 있는 '어떤 (다른) 사람'을 '배척'할 것이 아니라, 도리어 '포용'하라는 권면(an Exhortation to inclusion, not exclusivity)을 주는 데 있다고 보아야 할 것이다.

그렇다면 마가가 본문 이야기를 소개할 당시 본문 가운데 언급된 '어떤 사람'은 구체적으로 당시 초대교회 안에서 누구를 가리키는 것이었을까 하는 점에 우리의 관심을 집중시켜 살펴볼 필요가 있다. 아마도 마가의 마음속에서는 그것이 '바울'이었을지도 모른다.[13] 바울도 주님

---

12 Schweizer, *The Good News According to Mark*, 195.
13 바울이 아니더라도 이방 기독교의 성장과 발전에 기여한 것으로 생각되는 '다른 사람들'은 많이 있다. 바울과 함께 안디옥교회로부터 선교사로 파송 받아 이방 지역을 누볐던 바나바(행 13:2), 바울과 바나바와 함께 전도 여행에 나섰던 마가와 실라(행 15:37-41), 알렉산드리아 태생의 아볼로(행 18:24-28; 고전 1:12; 3:6), 브리스길라와 아굴라(행 18:26; 롬 16:3-5), 바울이 "믿음의 아들"(딤전 1:1), "동역자"(롬 16:21)라고 불렀던 디모데 그리고 또 바울이 "우리의 동역자"(롬 16:9)라고 일컬었던 우르바노 등등.

이 주신 능력으로 많은 권능을 행한 바 있다(행 13:9-12; 14:8-11 등등). 그래서 사도행전은 "하나님이 바울의 손으로 놀라운 능력을 행하게 하시니, 심지어 사람들이 바울의 몸에서 손수건이나 앞치마를 가져다가 병든 사람에게 얹으면 그 병이 떠나고 악귀도 나가더라"(행 19:10-11)고 전하기도 했다. 그런데 마가복음이 기록될 당시 예루살렘을 중심으로 '야고보와 베드로와 요한'의 주도 아래 발전하던 유대 기독교회에서는 이방 지역들에서 바울의 주도 아래 자기들보다 더 활발히 활동하며 발전하고 있던 이방 기독교가 그리고 특히 바울이 점점 교회의 주도권을 잡아가는 것에 대해 못마땅하게 생각하고 있었다.

사도행전 15장 사도 회의에서 볼 수 있듯이, 유대 기독교인들은 바울이 복음을 전해준 이방인들에게 계속 율법과 할례를 요구했고(행 15:1-5) 또 바울의 사도성은 물론이고 그가 전하는 복음의 진정성에 대해서도 계속 의문을 제기하기도 했다. 그래서 예루살렘교회의 수장이었던 야고보는 바울이 전도 여행 중 예루살렘을 방문했을 때, 바울에게 그의 믿음의 진정성을 증명해 보이도록 서원한 네 사람을 데리고 성전에서 결례를 행하라고 요구하기까지 했다(행 21:17-26). 나중에 바울은 이처럼 자기를 비난하며 공격하는 예루살렘교회 사도들을 두고 "그들이 그리스도의 일꾼이냐? 정신없는 말을 하거니와 나는 더욱 그러하다"(고후 11:23)고, "내가 모든 사도보다 더 많이 수고했다"(고전 15:10)고, 그래서 "나는 지극히 크다는 사도들보다 부족한 것이 조금도 없는 줄로 생각한다"(고후 11:5; 고후 12:11)고 항변하기도 했다. 이런 점들로 미루어 볼 때 우리는 그 당시 한편으로 예루살렘을 중심으로 "주님의 이름으로" 사역을 하던 '요한'을 포함한 삼인방 사도들과 다른 한편으로 예루살렘과 팔레스타인 외곽에서 "그리스도의 이름으로" 똑같이 사역을 하던 '바울' 간의 갈등이 어떠했었는지 잘 짐작할 수 있다.

바울의 영향 아래 마가복음을 기록하고 있던 마가[14]로서는 예루살렘교회를 대표하는 인물인 '요한'이 자기들 그룹에 속하지 않은 '어떤 (다른) 사람'의 사역에 대해 배타적인 입장을 보인 것에 대해 예수가 경고했다는 본문 이야기를 가지고, 아마도 분명히 열두 제자와는 '다른', '어떤 사람', 즉 바울과 같은 사람이 초대교회의 중심인 예루살렘으로부터 떨어진 외곽 지역에서 이방인들을 상대로 열두 제자가 하지 못하는 사역을 "주님의 이름으로" 하는 것의 정당성을 강조하며 두둔하려고 했을 것으로 보인다. 따라서 우리는 폴크마르(G. Volkmar)와 로이지(A. Loisy)가 지적했던 것처럼, 마가복음은 "바울의 권위와 바울이 세운 교회들을 공격하는 예루살렘교회의 주장들에 대한 방어"(a Defence of the Authority of Paul and the Pauline Churches against the Claims of the Jerusalem Church)[15]라고, 더 나아가 "유대 기독교

---

14 마가복음은 "분명히 바울의 신학에 의해 영감을 받았다"(clearly inspired by the theology of Paul). S. G. F. Brandon, *The Fall of Jerusalem and the Christian Church* (London: S.P.C.K., 1981), 200. 그리고 "바울의 관점에서 기록했다"(writes from the Pauline viewpoint. S. G. F. Brandon, *Jesus and the Zealots* (N.Y.: Charles Scribner's Sons, 1967), 278; W. R. Telford, *The Theology of the Gospel of Mark*, 161. 그래서 마가복음은 일반적으로 "the fundamentally anti-Jewish and pro-Gentile Gospel"이라고 불리고 있다.

15 Telford, *The Theology of the Gospel of Mark*, 168.

에 대한 바울의 이방 기독교의 승리"(the Triumph of a Paulinist Gentile Christianity over a Jewish Christianity)[16]라고 말할 수도 있을 것이다. 그리고 바로 이런 점에서도 우리는 또 마가복음을 가리켜 "바울의 명성을 되살리는 첫째 징조"(the first Signs of a Rehabilitation of the reputation of Paul)[17]라는 브랜던(Brandon)의 주장에 동의하지 않을 수 없다.

---

16 Telford, *The Theology of The Gospel of Mark*, 163.
17 Brandon, *The Fall of Jerusalem and the Christian Church*, 201.

5 장
열두 제자에 대한 마가복음의 공격

　　예수의 열두 제자는 예수가 공생애 활동을 시작하면서 "자기와 함께 하도록" 그리고 "또 내보내서 말씀을 전하게 하시려고" 불러낸 예수의 "마음에 드는" 아주 특별한 제자들이었다(막 3:13-15). 그래서 예수는 다른 사람들에게는 모든 것을 비유로 말씀하시면서도 열두 제자에게만은 직접 "하나님 나라의 비밀을 알게 해주었다"(막 4:11). 예수는 열두 제자에게 "귀신을 제어하는 권세를 주었고"(막 3:15; 6:7), 그래서 그들은 "많은 귀신을 쫓아내며 수많은 병자에게 기름을 발라 낫게 하기도 했다"(6:13). 이들은 예수의 공생애 기간 동안 계속 예수와 가장 가까이 지내면서 예수의 가르침을 받으며 예수의 사역을 지켜보았던 목격자(the Eyewitnesses)들일 뿐만 아니라, 예수와 함께 늘 동행하면서 예수의 활동을 직접 도와준 동역자(the Coworkers)들이기도 했다.

　　또한 예수의 열두 제자는 예수의 십자가 처형 이후 예루살렘성안의 한 다락방에 모여 기도하는 가운데(행 1:13-14), 맛디아를 선택하여 이미 죽은 가룟 유다의 자리를 메꾸면서(행 1:15-26) 다시 열두 제자의 수를 맞추어 초대교회 안에서 예수의 뒤를 이어 예수의 사역을 계속 이어간 초대교회의 실질적인 지도자들이었다. 그래서 열두 제자들이 야말로 예수의 뒤를 이어 예수의 사역을 이어간, 그래서 초대 기독교의 초석을 놓은 중요한 지도자들이라고 말하지 않을 수 없다.

그런데 의외로 예수의 공생애 사역을 전해주는 최초의 복음서인 마가복음에 보면, 이 열두 제자가 아주 부정적으로 묘사되어 있을 뿐만 아니라, 그들에 대한 공격적인 관점까지 드러내고 있다. 놀라운 일이 아닐 수 없다. 열두 제자에 대해 부정적이거나 공격적으로 묘사된 부분 중 많은 부분이 나중에 마태복음과 누가복음에서 수정된 점으로 보아 그런 부정적인 묘사들은 분명히 마가의 의도적 표현이었던 것으로 생각된다. 마가복음에서 예수의 열두 제자가 부정적인 모습으로 소개되고 있다는 점을 잘 지적해 준 대표적인 사람이 위든(Theodore J. Weeden)이다. 그에 의하면 마가복음에서는 예수의 열두 제자가 예수와의 관계에 있어서 다음과 같이 세 단계로 점점 더 부정적으로 악화된 모습을 보이고 있다.[1]

---

1 Weeden의 이런 주장은 맨 처음 그가 Claremont 대학에서 James M. Robinson 밑에서 썼던 그의 박사학위 논문 가운데서 제시되었고, 그 이후 1968년에 그 학위 논문을 요약 발표한 "Heresy That Necessitated Mark' Gospel"이라는 논문에서 그리고 최종적으로는 1971년도에 출판된 그의 책 *Mark-Traditions in Conflict*에서 그대로 잘 드러나고 있다.

I. 몰이해(Imperceptivity)의 단계(1:16-8:26)

마가복음에서는 처음부터 예수의 열두 제자가 예수의 교훈을 제대로 이해하지 못하는 사람들처럼 묘사되어 있다. 제자들은 예수로부터 "너희는 이 비유를 깨닫지 못하느냐? 그러면서 어떻게 다른 비유를 알겠느냐?"(4:10)는 핀잔을 들었다. 예수의 비유와 가르침에 대해서만 아니라, 예수에 대해서도 제대로 이해하지 못하는 것으로 기록되어 있다. 갈릴리 바다 한가운데서 예수가 폭풍의 바다로부터 제자들을 구해주었을 때, "제자들은 서로 말하기를 저가 뉘기에 바람과 바다라고 순종하는고?"라는 반응이었다. 그때까지도 예수가 누군지, 어떤 분인지 제대로 깨닫지 못하고 있는 것처럼 기록되어 있다. 또 바다 한가운데서 파도 때문에 고통당하고 있는 제자들을 구하기 위해 예수가 물 위를 걸어 그들에게 다가갔을 때에도 제자들은 예수를 제대로 알아보지도 못한 채 유령인 줄 알고 소리 질렀는데(6:49), "그것은 떡 먹이신 일을 그들이 깨닫지 못했고 마음이 무디어져 있었기 때문이었다"(6:52)고 기록되어 있다. 이처럼 그들은 예수로부터 계속 "아직도 알지 못하고 깨닫지 못하느냐? 아직도 마음이 둔하냐? 너희는 눈이 있어도 보지 못하고, 귀가 있어도 듣지 못하느냐? 잊어버렸느냐? … 너희가 아직도 깨닫지 못하느냐?"(8:17-21)는 책망만 듣는 존재들이었다.

II. 오해(Misconception)의 단계(8:27-14:9)

이런 무지와 몰이해의 단계를 지나 다행히도 그들이 예수에 대해 제대로 눈을 뜨고 이해하는 단계에 들어서는 것처럼 보이기도 했다. 이 둘째 단계에서는 예수께서 벳세다 출신 한 맹인의 눈을 뜨게 해준(8:22-26) 직후에 드디어 가이사랴 빌립보에서 베드로가 예수를 향해 "당신은 그리스도이십니다"라고 고백한다(8:29). 그러나 베드로는 예수를 유대인의 정치적인 메시아로 오해했던 것으로 보인다. 그 점은 베드로의 고백 직후에 예수께서 첫 번째 수난 예고를 했을 때(8:31), 베드로가 그 말을 듣고 예수를 "꾸짖었고"(8:32), 예수로부터 "사탄아, 물러가라. 너는 하나님의 일을 생각하지 않고 도리어 사람의 일만 생각하는구나"(8:33)라는 책망을 받은 점에서 드러나고 있다. 더구나 예수는 수난 예고를 거듭하면서 십자가를 지기 위해 예루살렘으로 올라가는데, 그의 뒤를 따르는 제자들은 길에서 서로 누가 더 높은가 하는 것으로 다투고 있었고(9:34), 세 번째 수난 예고가 있는 직후에도 야고보와 요한이 예수에게 오른쪽과 왼쪽의 영광의 자리를 예수께 요구하고 있다(10:35-45). 이처럼 열두 제자는 십자가를 향해 예루살렘으로 올라가고 있는 예수가 어떤 분인지를 제대로 이해하지 못한 채 자신들의 영광의 자리만을 원하는 것으로 소개되고 있다.

III. 배척(Rejection)의 단계(14:10-72)

예수에 대한 이런 몰이해와 오해의 단계를 지나 마지막 셋째 단계에서는 제자들이 더욱더 악화된 모습을 보이고 있다. 예수의 열두 제자 중 하나인 가룟 유다는 예수를 배반하여 은 삼십을 받고 예수를 제사장들에게 넘겨주었다(14:10-11, 43-46). 열두 제자 중 제일 먼저 부름을 받아서 늘 열두 제자의 대변인 역할을 하던 베드로도 대제사장의 계집 종 앞에서 예수를 모른다고 세 번씩이나 부인했다(15:66-71). 더구나 예수가 겟세마네 동산에서 대제사장과 율법 학자들과 장로들이 보낸 무리에 의해 체포될 때, 제자들은 "모두 다"(14:50) 예수를 버리고 달아난 것으로 기록되어 있다. 예수가 십자가에서 처형당할 때에도 멀리서 예수를 지켜보는 여인들은 있었지만(15:40), 열두 제자의 모습은 찾아볼 수 없었다. 예수는 유대인들로부터만 버림을 받은 것이 아니라, 마지막 순간에는 그의 제자들로부터도 버림을 받은 것으로 기록되어 있다.

물론 마가복음 연구가들 중에는 마가복음에 나오는 열두 제자에 대한 긍정적 묘사들을 강조하면서 열두 제자에 대한 부정적이며 비판적인 기록들이 오히려 "교육적이며 목회적인" 목적의 기록들이라고 반론을 제기하는 사람들도 있다.[2] 아마도 베스트(E. Best)와 텐힐(R.

---

2 C.Clifton Black은 예수의 마가복음의 제자상 문제를 다룬 그의 저서, *The Disciples According to Mark* (Journal for the Study of the NT Supplement Series 27, 1989)에서 지금까지의 이 문제에 대한 학자들의 상반된 견해를 세 가지 유형, 즉 첫째로 Robert Paul Meye가 대표하는 보수적인 입장, 둘째로 Ernest Best가 대표하

C. Tannehill)의 경우가[3] 대표적일 것이다. 예를 들어 베스트는[4] 만약 마가가 예수의 제자들을 공격했다면, 그는 예수를 공격하려 했다고 비판받을 위험을 감수했어야 한다고 지적하면서 다음과 같이 주장한다: 마가복음에서 때때로 제자들이 예수의 교훈을 잘 이해하지 못하는 것이 강조되는 것은 예수가 더 많은 그리고 더 깊은 교훈을 주기 위한 목적에서였다. 그들이 때때로 두려움에 사로잡힌 것으로 소개된 것은 예수가 그들에게 용기의 근원이 무엇인지를 보여주기 위한 목적에서였다. 그들이 외람되게 영광의 자리를 요구했다고 소개된 것은 예수가 그들에게 섬김의 의미를 가르치기 위한 목적에서였다는 것이다. 제자들에 대한 공격처럼 보이는 본문들이 대개는 제자들의 실수와 부족을 말하는 부정적인 목적에서 끝나버리는 것이 아니라 도리어 마가 공동체를 돕기 위해 예수의 교훈을 제시하려는 긍정적인 목적에서 끝나고 있다는 지적이다. 연약하고 무지한 제자들에 대한 부정적인 기록이 도리어 예수가 그들을 가르치는 계기가 되어 제자들을 넘어 독자들에 대한 교육적이며 목회적인 목적으로 이용되고 있다는 말이다. 즉, 여러 가지로 부족한 열두 제자의 모습을 거울로 삼아 독자들을 올바로 가르치려는 의도라고 보는 식이다.

 그러나 열두 제자에 대한 마가의 부정적 기록에는 그런 교육적이며

 는 중도적인 입장 그리고 셋째로 Th. J. Weeden이 대표하는 진보적 입장으로 구분한다.

3 E. Best, *Disciples and Discipline: Studies in the Gospel According to Mark* (Edinburgh: T. & T. Clark, 1986); R.C. Tannehill, "The Disciples in Mark: The Function of a Narrative Role," in Telford (ed.), *Interpretation*: 169-195.

4 E. Best, "The Role of the Disciples in Mark," *NTS* 23(1976-1977): 377-401.

목회적인 목적을 넘어 상당히 논쟁적이며 공격적인 면이 있다는 것을
부인할 수 없다는 점이 문제이다. 제자들의 부족한 점을 단순히 부정적
인 관점에서 비판하고 있는 것을 넘어 오히려 적극적으로 저주하는
단계에까지 나아가는 것을 볼 수 있기 때문이다. 가령 마가복음
9:18-19에 보면, 예수는 자신이 열두 제자에게 "귀신을 쫓아낼 수
있는 권세"를 주었음에도(막 3:13; 막 6:13) 그들이 귀신을 쫓아내지
못했을 때 예수는 그들을 향해 "아, 믿음이 없는 세대여! 내가 언제까지
너희와 함께 있으랴? 언제까지 너희를 참아야 하겠느냐?"고 탄식했
다. '믿음이 없는 세대'라는 말은 예수가 적대자들에게나 할 수 있는
말인데,[5] 여기서는 열두 제자에게 그런 말을 하고 있다. 베드로를
향해 "사탄아, 물러가라"(8:33)고 말한 것도 적대자들에게나 할 수
있는 극단적인 표현(막 1:13; 3:23, 26; 4:15;)이 아닐 수 없는데, 마가복
음에 의하면 예수가 열두 제자 가운데 대표자로 생각하는 베드로에게
그런 말을 했던 것으로 전해진다. 마가의 이런 기록이 너무 지나치게
가혹하다고 생각되었기 때문에 나중에 누가는 그의 복음서 평행 본문
에서 베드로를 향해 예수가 '사탄'이라고 부르는 문구 전체를 아예
삭제해버리고 있지 않은가. 그리고 마태는 "나를 걸려 넘어지게 하는
자라"(마 16:23)는 말을 첨가하여 마가의 문구에 약간 수정을 가하고
있지 않은가.

　　이런 점들은 마가가 열두 제자를 다만 부정적으로 보고 있는 것을

---

5 막 8:38에서는 "이 음란하고 죄 많은 세대"라는 말이 사용되었고, 막 8:12에서는 바
리새파 사람들이 예수를 시험하러 나와 하늘로부터 오는 표징을 구할 때, "어찌하여
이 세대는 표징을 구하는가"라고 그들을 가리켜 '세대'라는 말이 적용되었다.

넘어서 그리고 제자들의 부족한 점을 오히려 독자들을 위한 교육적이며 목회적인 목적으로 소개하고 있다는 생각을 훨씬 뛰어넘어 상당히 공격적인 태도를 보이고 있다는 점을 드러낸다고 받아들일 수밖에 없어 보인다. 위든(Weeden)이 마가복음을 가리켜 "열두 제자에 대한 공격"(a Vendetta against the Disciples)[6]이라고 말한 것이 오히려 사실에 더 가깝다는 생각을 하지 않을 수 없다. 결국 오늘날 마가복음 연구에서 위든의 분석과 지적은 대체로 옳은 것으로 받아들여지고 있는 편이다. 다만 열두 제자에 대한 이런 부정적 묘사에 대한 그의 '진단'(분석과 연구)만은 대체로 올바른 것으로 받아들여지고 있지만, 그의 마지막 '처방', 곧 그의 마지막 결론[7]만은 잘못된 것으로 배격되고 있는 편이다.[8]

---

6 Weeden, *Mark-Traditions in Conflict*, 50. 그리고 같은 쪽 각주 50에서도 "대부분의 학자들이 16:8b가 a Polemic against the Twelve라는 점을 인식하지 못하고 있다"고 주장하고 있다.

7 마가가 그의 복음서에서 예수의 열두 제자를 공격하고 있는 이유에 대한 설명('처방')은 다음과 같다: 마가가 마가복음을 기록할 당시 그의 신앙 공동체 안에 나타나서 마가 교인들의 신앙을 위협하던 이단적인 기독론, 즉 예수의 이적을 강조하는 '신적 인간 기독론'(the divine Man Christology)과 영광의 신학(Theologia Gloriae)을 배격하고 공격하기 위한 목적 때문이라고 말한다. 그래서 마가는 그의 복음서에서 예수의 열두 제자를 이런 이단적 기독론의 추종자와 수호자로 그리고 그와 대조적으로 마가 자신이 마가 공동체에 제시하려고 하는 올바른 기독론, 즉 고난의 메시아(the suffering Messiahship)와 고난의 제자직(the suffering Discipleship)의 주장자와 수호자로 예수를 설정했다. 그래서 제자들이 계속 예수와 그의 교훈을 깨닫지 못하고, 끝내는 예수를 배반한 것으로 소개하는 것이라고 주장한다.

8 예를 들어 E. Schweizer는 "사실상 이적에 근거한 기독론을 대표하는 제자들에 대한 마가의 논쟁은 억지로 꾸며낸 엉뚱한 착상이다"라고 말하면서 Weeden의 주장을 일축해버리고 있다. E. Schweizer, "Neuere Markus-Forschung im USA," *EvTh* 33 (1973), 535.

그렇다면 마가복음이 이토록 열두 제자에 대해 부정적인 견해를, 아니 공격적인 태도를 보이는 이유가 과연 무엇인가? 이 질문에 대한 대답을 위해서는 마가복음이 기록되던 당시 마가교회의 역사적 상황에 먼저 눈을 돌려볼 필요가 있다. 마가복음은 구체적인 역사 속에서 기록된 복음서이다. 그리고 마가복음의 내용이 반영해 주고 있는 역사는 30년경에 있었던 예수의 삶의 자리(the Sitz im Leben of Historical Jesus)에 대한 것이 아니라, 70년경에 있었던 마가교회의 삶의 자리(the Sitz im Leben of Markan Community)에 대한 것이라는 점을 기억할 필요가 있다. 따라서 우리는 마가가 처해 있던 역사적 상황이 어떠했기에 그가 그처럼 열두 제자에 대해 부정적인 기록을 남길 수밖에 없었는지를 살펴보아야 할 것이다.

　　마가복음이 기록되던 때가 주후 70년경 전후라는 데 대해서는 거의 이의가 없는 편이다. 이 시기는 70년경에 로마 당국에 의해서 예루살렘이 함락되어 유대 나라가 끝내 멸망되던 시기였다. 유대 나라의 멸망과 더불어 자연히 유대교는 물론 베드로와 특히 주의 형제 야고보가 주도하던 초기 예루살렘의 유대 기독교(the Jewish Christianity)까지도 점차 그 영향력을 잃어가기 시작하던 시기였다. 이런 상황은 오히려 어느 정도 바울이 주도하던 이방 기독교(the Gentile Christianity)의 성장과 발전에 도움이 되는 계기가 될 수 있었다.

　　주후 62년에 유대 기독교의 지도자였던 주의 형제 야고보가 죽임 당하고, 64년에 베드로가 순교 당함으로써 그리고 70년에 유대 나라가 멸망함으로써 유대교와 더불어 유대 기독교의 세력과 영향력까지도 눈에 띄게 쇠퇴할 수밖에 없었다. 그리고 네로 황제의 박해 때에 바울까지 함께 순교 당함으로써 자칫 이방 기독교의 영향력도 함께 약화될 수도 있는 상황이었다. 그러나 다행히도 이런 시기에 이방 기독교로서는 새로운 소생의 계기를 만나게 되었는데, 그것이 바로 마가복음의 출현이었다.9 우리는 여기서 먼저 마가복음이 이방 기독교의 산물이라는 점을 기억할 필요가 있다.10 브랜든(Brandon)은 마가복음을 가리켜 "유대 나라의 멸망에 대한 일부 이방 기독교인들의 반작용의 산물"(a Product of the Reaction of somebody of Gentile Christians)이라고11 말한 바 있다. 마가복음의 주요 목적 가운데 하나는 분명히 기독교를 유대교의 민족주의로부터 끊어내는 일, 즉 유대인의 종교로부터 모든 이방인을 포함하는 세계적인 종교로 바꾸는 것인데, 이것이 바로 바울이 했던 일이 아니던가? 바로 이 때문에 마가복음이 "바울의 명성을 회복시키는 첫째 징조"(the first Sign of a Rehabilitation of the Reputation of Paul)12라는 평을 받고 있지 않은가?

---

9 그리고 이어서 바울을 '사도 중의 사도'(the apostle par excellence)로 부각시키는 중요한 문헌인 『사도행전』이 나왔고, 『바울 서신 수집록』(Corpus Paulinum)까지 완결되었다.

10 W. R. Telford은 마가복음을 가리켜 "네로 황제 치하에서 복음 때문에 박해와 순교에 직면해 있던 대부분 이방인 기독교인들로 구성된 로마 교회를 격려하는 소책자(a tract)"라고 말한다. *The Theology of the Gospel of Mark*, 158.

11 S. G. F. Brandon, *The Fall of Jerusalem and the Christian Church* (London: S.P.C.K., 1981), 186, 204.

12 *Ibid.*, 201. 다른 한편으로 Telford는 바울과 마가의 유사성을 설명하는 가운데서 R. H. Fuller가 "마가는… 바울의 십자가 케리그마를 '예수의 생애' 형태로 다시 강력하게 주장하고 있다"고, Volkmar는 "마가복음은 an allegorical Presentation of Pauline teaching in the form of a narrative"라고 말한 것을 지적하고 있다. *The Theology of The Gospel of Mark*, 168-169.

마가가 기록한 복음서가 바로 이런 복음서이기 때문에 마가복음에서 예루살렘교회의 초기 지도자들이었던 예수의 열두 제자의 명성과 권위에 대해 부정적인 관점뿐만 아니라, 의도적으로 그들을 폄하하는 경향이 드러나는 것은 오히려 당연하다고 보아야 마땅하다. 이방 기독교의 입장에서 볼 때 그리고 특히 '이방 기독교의 산물'(a Product of the Gentile Christianity) 또는 '이방인의 복음서'(the Gospel of the Gentiles)라고 불리는 마가복음을 기록한 마가의 입장에서 볼 때, 유대 기독교 지도자들은 예수의 부활 승천 이후 초대교회가 성장하고 발전하는 과정에서 예루살렘에서 막강한 권력과 영향력을 행사하면서 이방 선교를 방해하거나 이방인들을 교회 안에 받아들이는 문제와 관련하여 필요 없이 엄격한 규율을 강요하며 괴롭히던 자들에 지나지 않았다. 이런 힘든 과정을 겪으며 발전해온 이방 기독교의 입장에서 볼 때, 마가복음에서 드러나고 있는 "열두 제자에 대한 공격"이라는 것은 곧 "예루살렘 유대 기독교 지도자들에 대한 공격" 이외에 다른 것이 아니라고 보아야 마땅할 것이다. 그리고 초대교회 안에서 이토록 예루살렘 열두 제자를 공격하는 문서가 공공연히 기록되고 또 정경 가운데 하나로 결정되었다는 사실 자체는 초대교회의 발전 과정 가운데서 "유대 기독교에 대해 바울이 세운 이방 기독교가 거둔 승리"(the Triumph of a Pauline Gentile Christianity over a Jewish Christianity)[13]의 증거 가운데 하나라고 보아도 좋다.

---

13 Telford, *The Theology of the Gospel of Mark*, 163.

6 장
마가가 기록한 '이방인의 복음서'
(The Gospel of Mark as a Gentile Gospel)

I. 예수의 친이방적 사역(the pro-gentile Ministry of Jesus)

마태복음에 보면, 예수는 도움을 요청을 이방인 여인을 향해서 "나는 오직 이스라엘의 잃은 양에게로만 보내심을 받았다"(15:24)고, 그래서 "자녀의 떡을 취하여 개에게 던져줌이 옳지 않다"(15:26)고 말씀하시며 이방 여인의 도움을 거절하신 분이다. 그리고 제자들을 전도 파송할 때에도 그들에게 "이방 사람들의 길로도 가지 말고 또 사마리아 사람들의 도시에도 들어가지 말라. 다만 이스라엘 집의 잃은 양에게로 가라"(10:5-6)고 말씀하셨고, "거룩한 것을 개에게 주지 말며 너희 진주를 돼지 앞에 던지지 말라"(7:6)고 말씀하신 분이다. 유대인들에게 있어서 '개'와 '돼지'가 흔히 이방인을 지칭하는 말이었다는 점을 고려할 때, 개와 돼지에게 거룩한 것과 진주를 던져주지 말라는 말씀은 "이방인들을 위한 복음 전도를 금지하는 유대 기독교인의 명령으로 해석될 수 있다."[1]

예수는 또 제자들에게 "내가 진실로 너희에게 이르노니 이스라엘의 모든 도시를 다 다니지 못하여서 인자가 오리라"(10:23)라고 그리고 "내가 진실로 너희에게 이르노니 세상이 새롭게 되어 인자가 자기 영광의 보좌에 앉을 때에 나를 따르는 너희도 열두 보좌에 앉아 이스라엘 열두 지파를 심판하리라"(19:28)고 말씀하신 분이다. 이런 말씀들은 모두 예수의 관심 대상이 오직 '이스라엘 열두 지파'와 '이스라엘의 도시'들에만 한정되어 있는 것처럼 보인다. 예수는 오로지 유대인들만을 위해 오신 분처럼 보인다는 말이다. 마태복음을 가리켜 '유대인의 복음서'(the Jewish Gospel)[2]라고 부르는 이유이기도 하다.

그런데 마가복음에서 만나는 예수의 모습은 아주 다르다. 마가복음에서는 예수가 자신이 오직 이스라엘의 잃은 양에게로만 보내심을 받았다고 말하거나 혹은 제자들을 향해 이방 사람들의 길로도 그리고 사마리아 사람들의 도시에도 들어가지 말라고 명령했다는 이야기들을 전혀 찾아볼 수 없다. 도리어 마가복음의 예수는 놀랍게도 친히 이방인 지역을 찾아 들어가 적극적으로 이방인들을 위해 사역한 분으로 소개되어 있다.

---

1 W. F. Albright and C. S. Mann, *Matthew* (The Anchor Bible, NY: Doubleday, 1981), 84; E. Schweizer, *The Good News According to Matthew* (John Knox Press, 1976), 169-170.

2 일찍이 F. C. Grant는 마태복음을 가리켜 "유대적 복음서, 즉 유대인에게 보내는 복음서"라고, 따라서 "마태복음 연구를 위한 올바른 출발점은 유대교에 대한 고려이다"라고 말한 바 있다. *The Gospels: Their Origin and Their Growth* (London: Favver and Faber, 1957), 134.

과거에 마가복음은 최초로 기록된 복음서(the earliest Gospel)이고, 따라서 시간적으로도 역사적 예수의 상황에 더 가깝기 때문에 예수의 모습을 더 잘 반영해 주는 복음서라고 생각되던 때가 있었다. 그런데 오히려 마가복음보다 20여 년 후에 기록된 것으로 생각되는 마태복음의 예수가 마가복음의 예수보다 더 유대인다운 데 비해서, 마가복음의 예수는 당시 유대인에게서 쉽게 기대하기 어려울 정도로 너무나도 유대인답지 않게 이방인에 대해 아주 호의적인 관심을 보이며, 그들을 위해 사역하는 분으로 드러나고 있다. 우리는 먼저 마가복음에서 예수가 얼마나 이방인 사역에 관심을 가진 분으로 소개되고 있는지 그리고 마가복음에서 우리가 그런 예수의 모습을 만나게 되는 이유가 무엇인지를 알아보기로 하자.

1. 거라사 지방에 들어가 귀신 들린 이방인을 고쳐준 예수(막 5:1-20)

마가복음은 복음서 중에서 가장 최초에, 제일 먼저 기록된 복음서이다. 그런데 이 마가복음에 의하면 예수는 그의 공생애 활동 초기에 제자들과 함께 갈릴리 바다 건너편 거라사 지방으로 들어가신 분이다. 거기서 예수는 더러운 귀신에 사로잡혀 무덤 사이에서 살고 있는 사람을 만나 그를 고쳐주었다. 마가복음에서는 예수가 그의 공생애 활동 중 행하신 첫 이적이 갈릴리 가버나움에서 귀신 들린 사람을 고쳐준 이적이었다(막 1:22-29). 그런데 마가복음의 예수가 그의 전도 여행 중 갈릴리 바다를 건너 이방인들이 사는 지역인 거라사 지방에 들어가서 행했던 첫 이적도 역시 귀신 들린 사람을 고쳐준 이적이었다(5:1-20).

무엇보다도 예수가 그의 공생애 활동 초기에 '갈릴리 바다 건너편 거라사인의 지방'(막 5:1)에 들어갔다는 사실에 우리는 주목할 필요가 있다. '바다 건너편'(the other Side of the Sea)3에 있는 거라사인의 지방은 '이방인들이 많이 사는 지역'이다. 마가가 거라사인의 지방을 가리켜 '데가볼리'(Decapolis) 지방이라고 언급하기도 했는데(5:20), 이 명칭 자체가 로마 제국의 동부 전방을 대표하는 "열 개의 도시 연맹"을 가리키는 용어이다. 더구나 거라사 지방이 이방인들의 거주 지역이라는 점은 귀신들의 이름(로마의 군단 단위를 가리키는 '레기온'), 무덤에서 죽은 사람들 가운데 사는 불결한 생활 그리고 '이천 마리나 되는 돼지들'에 대한 언급들에서 분명히 드러나고 있다.4 그리고 귀신이 예수를 호칭할 때 사용했던 하나님에 대한 명칭, 곧 '지극히 높으신 하나님'도 갈릴리 가버나움의 귀신이 사용했던 '하나님의 거룩한 자'(1:25)와는 달리 이방 지역에서 이방인들에 의해 많이 사용되는 명칭이었다.5

그런데 마가복음에 따르면 유대교 정결법에 따라 무덤과 죽음 그리고 돼지들을 피해야 하는 유대인 예수가 놀랍게도 제자들을 데리고 이방인들의 거주 지역인 거라사 지방에 들어가 무덤 사이를 방황하며

---

3 "the other Side of the Sea" as gentile socio-symbolic Space. Ched Myers, *Binding the Strong Man: A Political Reading of Mark's Story of Jesus* (New York: Orbis Books, 1988), 190.,

4 사 65:4-5에서도 '무덤'과 '돼지'가 패역한 이방인들의 '부정'(Impurity)을 상징하는 말로 사용된 바 있다.

5 행 16:17에서도 바울의 일행이 마게도니아 지방의 두아디라에 들어갔을 때 그곳 사람이 바울의 일행을 가리켜 '지극히 높은 분의 종'이라는 말을 하였다.

귀신 들려 고통을 당하는 사람을 만나 그에게서 귀신을 쫓아내 "정신이 온전하게"(5:15) 돌아올 수 있게 고쳐주었다. "나는 오직 이스라엘 집의 잃은 양을 위해서만 보내심을 받았다"(마 15:24) 말했던 마태복음의 예수에게서는 전혀 기대할 수 없는 일이 아닐 수 없다. 피츠마이어(Fitzmyer)는 예수가 거라사 지방에 들어가 그곳에서 귀신 들린 사람을 고쳐준 이야기를 가리켜 분명히 "이교도들의 땅에서 있었던 병 치료 이야기"(the Episode of Cure in pagan Territory)[6]라고 지적하고 있다. 예수가 이방인들이 사는 지역에 들어가 이방인, 아니 이교도를 고쳐준 이야기라는 말이다. 이처럼 예수는 그의 공생애 활동 초기부터 이방인의 거주 지역에 들어가 이방인에게 은혜를 베푸는 사역을 했다. 마가복음의 예수가 보기에는 유대 땅에 사는 유대인들만이 자신의 사역 대상이 아니라 이방 땅에 사는 이방인들도 당연히 자신의 사역 대상으로 생각되었기 때문일 것이다. 아마도 예수의 이런 사역에 관한 이야기가 나중에 초대교회에서 예수 제자들이 이방 지역을 찾아 복음을 전한 이방인 선교의 전례 혹은 모형이 되었을 것으로 보인다.

2. 게네사렛 땅에 들어가 병자들을 고쳐준 예수(6:53-56)

마가복음 6:53-56은 예수의 병 치료 사역을 전해주는 일종의 '마가의 요약문'(a Markan Summary)이다: "건너가 게네사렛 땅에 이르러 대고 배에서 내리니 사람들이 곧 예수신 줄을 알고 그 온 지방으로

---

6 *The Gospel According to St. Luke*, 735.

달려 돌아다니며 예수께서 어디 계시다는 말을 듣는 대로 병든 자를 침상째로 메고 나아오니 아무 데나 예수께서 들어가시는 지방이나 도시나 마을에서 병자를 시장에 두고 예수께 그의 옷 가에라도 손을 대게 하시기를 간구하니 손을 대는 자는 다 성함을 받더라." 이 요약문이 "게네사렛 땅에 이르렀다"(6:53)는 말로 시작된 것만 보더라도 예수와 그의 일행이 이방인의 땅에 들어가 행한 사역의 요약문임을 금방 알 수 있다.

그런데 마가는 갈릴리에서 시작된 예수의 공생애 활동의 초기에 예수가 베드로의 장모를 열병으로부터 고쳐준(1:29-31) 직후에 '요약문 형태'로 이미 예수의 병 치료 이적 사역을 다음과 같이 전해준 바 있다: "저물어 해 질 때에 모든 병자와 귀신 들린 자를 예수께 데려오니 온 동네가 그 문 앞에 모였더라. 예수께서 각종 병이 든 많은 사람을 고치시며 많은 귀신을 내쫓으시되 귀신이 자기를 알므로 그 말하는 것을 허락하지 아니하시니라"(1:32-34).

1:29-31이 갈릴리 유대 땅에서 있었던 예수의 병 치료 사역에 대한 요약문이라면, 6:53-56은 분명히 예수가 갈릴리 바다를 건너 이방인의 땅인 게네사렛에 들어가 행한 사역에 대한 요약문이다. 마가는 이런 요약문을 유대 땅과 이방 땅에서 각각 반복적으로 소개함으로써 예수의 공생애 사역이 유대인과 이방인, 유대 땅과 이방 땅을 구별하거나 차별하지 않았다는 점을 드러내고 있는 것으로 생각된다.

3. 이방인의 딸을 고쳐준 예수(7:24-30)

마가복음의 예수는 이미 회당장 야이로의 딸을 고쳐준 바 있다(막 5:21-43). 회당장의 딸이라면 분명히 유대인의 딸이다. 그런데 그 예수가 이번에는 갈릴리 주변에 있는 여러 촌으로 두루 다니다가 두로와 시돈 지방에 들어가 이방인인 수로보니게 여인의 딸을 고쳐주셨다. 두로와 시돈은 주로 이방인들이 많이 사는 지역이다. 예수가 "어떤 집에 들어가셔서 아무에게도 알리지 않고 유하려 하셨다"(7:24)고 했는데, 그 말은 예수 자신이 유대인이었기에 자신이 이방인의 집에 들어간 사실과 이방인의 집에서 유하려고 하는 사실이 널리 알려지는 것을 별로 원치 않았다는 의미일 것이다. 당시 "유대인으로서 이방인과 교제하며 가까이하는 것이 위법"(행 10:28)이었을 뿐만 아니라, 유대인이 사마리아인과도 "서로 상종하지 않았고"(요 4:9) 또 유대인이 이방인과 함께 식탁 교제를 나누는 것도 율법으로 엄격히 금지된 일이었기 때문이었다(갈 2:11-14).

그럼에도 예수는 이방인들이 거주하는 지역에 들어가 "유하려 하셨다"고도 했다. 예수가 자신들의 동네로 들어오셨다는 소문을 들은 "헬라인이요 수로보니게 족속"7(7:26)인 한 여인이 예수에게 가까이 나아와 귀신 들려 고통을 당하는 자기의 딸을 고쳐 달라고 간청했다. 이방 여인을 만난 예수, 그녀로부터 딸을 고쳐 달라는 간청을 받은

---

7 "Greek, a Syro-phoenician-in other words, a pagan." Myers, *Binding the Strong Man*, 203.

유대인인 예수가 처음에는 그 여인에게 "자녀로 먼저 배불리 먹게 할지니 자녀의 떡을 취하여 개들에게 던짐이 마땅치 아니 하니라" (7:27)고 말해주었다. 유대인으로서 이방인에게 당연히 해주어야 할 말이었을 것이다. 그리고 예수의 이 말은 분명히 이방인이 듣기에 아주 모욕적인 말일 수밖에 없었다. 당시 유대인들은 이방인들을 "개 와 돼지"처럼 생각했기 때문이다.8 그러나 이 여인은 예수의 그런 말씀에도 불구하고 겸손히 "주여 옳소이다 마는 상 아래 개들도 아이들 의 먹던 부스러기를 먹나이다"(7:28)라는 말을 했고, 결국 예수는 그녀의 반응에 크게 고무되어 "네가 그렇게 말하니 안심하고 집으로 돌아가라. 귀신이 벌써 네 딸에게서 나갔다"(7:29)고 말해주었다. 그 렇게 이방인 수로보니게 여인의 딸이 예수로부터 고침을 받게 되었다.

이 수로보니게 여인은 마가복음에서 예수로부터 자기 딸의 병을 고치는 은혜를 받은 이방인 가운데 하나이다. 마가복음의 예수는 이방 지역에 들어가 이방인들을 만나 그들에게 병 고침의 은혜를 베푸는 데 전혀 아무런 거리낌이 없었던 사람이었다. 그런데 본문 이야기의 문맥을 보면, 마가복음의 예수는 그가 이방인들이 사는 두로와 시돈 지방으로 들어가 수로보니게 여인을 만나기 직전에 이미 "무엇이든지 밖에서 사람에게로 들어가는 것이 능히 사람을 더럽게 하지 못하되 사람 안에서 나오는 것이 사람을 더럽게 하는 것이니라"(7:15)고 말씀 하신 바 있다. 이 말씀은 곧 이방인의 땅이나 이방인과의 외면적인

---

8 "Gentiles are sometimes described as 'dogs' by Jewish writers, generally with reference to their vices." Myers, *Binding the Strong Man*, 203.

접촉이 사람을 불결 혹은 부정하게 만드는 것이 아님을 분명히 밝히는 말씀이고, 따라서 예수가 이방인의 땅에 들어가 수로보니게 여인을 만나는 것이 전혀 문제 될 것이 없다는 점을 사전에 선포하는 역할을 하고 있는 것으로 생각된다.9

더구나 예수는 여기서 "자녀가 먼저 먹고 배불러야 할 떡"을 이방인 수로보니게 여인에게도 나누어주었는데, 이렇게 이방인 여인 한 사람에게 떡을 나눠준 일(막 7:24-30)을 첫 발판으로 삼아 곧바로 마가복음 8:1-10에서는 수많은 이방인 무리에게 떡을 먹여 모두를 "배부르게 해주는" 다음 단계로 발전하게 되었다.10 이런 점에서 수로보니게 여인의 딸을 고쳐준 이야기는 바로 뒤에 나오는 사천 명을 먹인 이야기를 소개하기 위한 중요한 서론 역할을 하고 있다고 보아도 좋을 것이다. 더구나 마가가 이 이야기를 기록하면서 예수가 "자녀로 먼저 배불리 먹게 해야 한다"(7:27)는 말을 했는데, 마가가 이 이야기를 소개하면서 예수가 이 말을 했다고 기록한 이유는 아마도 그가 이방인 선교사인 바울이 "먼저는 유대인에게요 그리고 헬라인에게로다"(to the Jew first and also to the Greek, 롬 1:16)라고 말했던 것을 염두에 두었기 때문이었을 것으로 보인다.

---

9 이것은 마치 베드로가 이방인 고넬료를 찾아 만나기 전에 "하나님이 깨끗하게 하신 것을 속되게 여기지 말라"(행 10:15, 28)는 하늘의 음성이 있었던 이야기와 비슷하다.
10 수로보니게 여인의 딸 이야기(7:23-30)와 이어서 소개된 사천 명을 먹인 이적 이야기 (8:1-10)는 각각 "떡"(artos, 7:27; 8:4)이라는 단어와 "배부르게 되다"(hortazo, 7:27; 8:8)라는 동사를 연결어(Catchword)로 서로 밀접히 연결되어 있다.

4. 이방인 청각 장애자를 고쳐준 예수(7:31-37)

이 이야기는 오직 마가복음에서만 나온다. 그리고 수로보니게 여인의 딸을 고쳐준 이야기에 바로 이어서 소개되고 있다. 물론 이 이야기에서 예수가 고쳐준 사람이 이방인이란 분명한 언급은 나오지 않는다. 그러나 슈바이처(E. Schweizer)가 이 이야기와 관련해서 "갈릴리 주변의 외국 땅 지명들이 모두 거명되고 있는 것은 본문의 메시지가 이방 세계에 유효하다고 말하는 한 방법이라"[11]고 지적한 바 있다. 이 이적 이야기가 이방 땅에서 일어난 사건이라는 말이다. 키(H.C. Kee)는 '수로보니게 여인의 딸을 고친 이야기'와 '청각 장애자를 고친 이야기'와 '사천 명을 먹인 이야기'의 지리적 배경이 모두 이방 영토라고 지적한다. 예수가 이 세 이적 이야기 이후에야 8:11에서 다시금 유대인들을 만나고 있기 때문이라는 이유에서다.[12] 마이어스(Myers)는 이 이야기 앞에 나온 수로보니게 여인의 딸을 고친 이야기와 이 이적 이야기를 합쳐서 "두 이방인 치료"(Healing Two Gentiles)라는 제목 밑에서 다루고 있다.[13] "여행의 설화적 목적이 갈릴리를 에워싸고 있는 헬라적 지역 전체를 상징적으로 받아들이는 것"[14]이기 때문이다. 따라서 이 이적 이야기를 예수가 이방인을 고쳐준 이야기로 읽는 것에는 아무런 문제가 없어 보인다. 이런 마가의 기록에 의하면, 우리

---

11 Schweizer, *The Good News According to Mark*, 154.

12 Kee, *Community of the New Age*, 210, n. 12.

13 Myers, *Binding the Strong Man*, 203.

14 *Ibid.*, 205.

는 예수가 그의 공생애 활동 가운데서 이방인을 상대로 사역한 것이 예외적으로 한 두 번만 있었던 일이 아니라 계획된 그의 여행 일정의 중요한 일부였음을 알 수 있게 되는 셈이다.

그러나 마가가 현재의 문맥에서 이 이적 이야기(7:31-37)를 소개한 중요한 의도는 예수의 이방인 사역을 부각시키는 데 있는 것만이 아니다. 이 이야기는 이어서 소개되고 있는 벳새다의 시각 장애자 치료 이야기(8:22-26)와 함께 예수가 마음이 둔해서 깨닫지 못하는, 즉 "눈이 있어도 보지 못하고 귀가 있어도 듣지 못하는"(8:18) 우둔한 제자들의 귀와 눈을 열어주는 것을 상징하는 사건으로 소개하는 것으로 생각된다.15 마음이 둔해서 눈을 가지고도 보지 못하고, 귀가 있어도 제대로 듣지 못하던 우둔한 제자들이 그나마 베드로의 입을 통해 예수를 메시아로 고백할 수 있게 된 것(8:29)은 예수가 귀와 눈을 열어주었기 때문이라는 메시지를 주려는 의도였다고 생각된다. 마가 복음에서 예수가 갈릴리 바다를 중심으로 유대인 지역과 이방인 지역의 사역을 대충 마친 후에 예수가 메시아라는 베드로의 신앙고백이 나오고 있는 것도 의미 있는 일이다.

---

15 "Sight is a widely used metaphor for understanding... The restoration of hearing in 7:31-37 has the same significance." Ernest Best, *Disciples and Discipleship: Studies in the Gospel according to Mark* (Edinburgh: T. & T. Clark, 1986), 186.

5. 사천 명의 이방인 무리를 먹인 예수(8:1-10)

마가는 그의 복음서에서 예수가 광야에서 수많은 무리를 배불리 먹인 이적 이야기를 전해주고 있다. 물론 이 이야기는 구약에서 모세가 광야에서 출애굽한 이스라엘 백성들의 무리를 먹였던 이적 이야기를 반영하는 것으로 보인다.[16] 그런데 마가는 예수가 광야에서 무리를 먹였다는 이적 이야기 전승을 그의 복음서에서 두 번, 서로 다른 형태의 이야기로 소개하고 있다. 하나는 오천 명의 무리를 먹인 이야기(6:35-44)이고, 다른 하나는 사천 명의 무리를 먹인 이야기(8:1-10)이다. 본래는 하나의 전승 형태로 전해지던 이야기가 마가의 손에 의해 서로 다른 두 이야기 형태로 소개되고 있는 것으로 보인다.[17] 마가의 의도는 예수가 오천 명의 유대인 무리를 먹였을 뿐만 아니라

---

16 모세의 이야기와 예수의 이야기 간에 공통점이 뚜렷하다. 첫째 사건의 무대가 각기 바다를 건넌 후 광야이다. 둘째로 무리는 '떡'과 '물고기'로 배불리 먹었다(출 16:3; 민 11:22). 셋째로 예수가 무리를 먹이기 위해서 "백 명씩 혹은 오십 명씩 떼를 지어 앉게 한 것"도 모세가 출애굽 때 이스라엘을 천 명, 백 명, 오십 명, 열 명씩 조를 나누었던 것과 비슷하다. 넷째로 예수가 제자들에게 너희가 먹을 것을 주라고 했을 때 "우리가 가서 이백 데나리온의 떡을 사다 먹이리이까?"(6:37) 하고 불평했는데, 이스라엘 백성들은 모세에게 애굽에서는 먹을 것이 많은데, 광야로 끌어내어 굶주리게 했다고 불평했다. 다섯째로 두 경우 모두 무리가 다 "먹고 배불렀다."

17 마태복음에서도 마가복음의 경우와 똑같이 두 가지 형태로 소개되고 있지만, 누가복음과 요한복음에서는 각각 오천 명을 먹인 이야기 하나만이 전해지고 있다. 오천 명을 먹인 사건과 사천 명을 먹인 사건이 본래 서로 다른 두 개의 사건이었는지 아니면 본래는 동일한 사건인데 전해지는 과정에서 두 가지 형태로 발전한 것인지에 대한 논란도 제기된 바 있다. 그러나 복음서 기자들은 역사적으로 일어났던 실제의 사건을 그대로 전해주는 데 관심이 있는 사람들이 아니라 그것을 신앙적 목적으로 이용한 사람들이라는 점을 기억해야 한다.

사천 명의 이방인 무리도 먹였다는 것을 증거하기 위한 것으로, 따라서 마가로서는 예수가 유대인의 메시아일 뿐만 아니라 이방인의 메시아이기도 하다는 점을 증거하려고 했을 것으로 생각된다.

이렇게 해석할 수 있는 근거로는 다음과 같은 점들이 지적되고 있다. 첫째로 오천 명을 먹였을 때는 그 대상이 주로 갈릴리 인근 유대인들이었고, 사천 명을 먹였을 때는 그 대상이 갈릴리 바다 남동쪽에 있는 데가볼리 지방, 곧 이방인 지역으로부터 몰려온 이방인들이었다.[18] 둘째로 오천 명을 먹였을 때 사용된 수들, 곧 떡 다섯 개와 오천 명의 '다섯'이라는 수는 모세 오경을 상기시키는 그리고 '열두 광주리'의 '열둘'이라는 수는 이스라엘의 '열두 지파'를 상기시켜주는 유대적인 수이다. 그리고 사천 명을 먹였을 때 사용된 '넷'이라는 수는 천지 사방, 동서남북을 가리키는 우주적 의미의 수이고, 떡 '일곱' 개와 '일곱' 바구니의 '일곱'이라는 수는 히브리 성경어 헬라어 번역인 칠십인역, 사도행전에 나오는 '일곱' 이방 지역 출신 지도자들 그리고 예수가 열두 제자에 이어 파송한 '70인 제자들'(눅 10:1 이하) 등에서 볼 수 있듯이 이방 세계를 상징하는 수이다.

셋째로 오천 명을 먹이고 '열두 바구니'가 남았다고 했을 때 사용된 '바구니'(막 6:43)는 헬라어로 '코피노스'(Kophinos)인데 유대인들이 버들가지로 만들어 음식을 담는 데 사용하는 바구니를 가리키는 것이고, 사천 명을 먹이고 '일곱 광주리'가 남았다고 했을 때의 '광주리'(막 8:8)는 헬라어로 '스푸리스'(Sphuris)인데 흔히 이방인들이 물고기나

---

18 8:3의 "멀리서 온 사람들"이란 문구도 이방인의 존재를 암시해주고 있다.

과일을 담는 데 사용하는 갈대로 만든 광주리를 가리킨다. 마가가 이 두 단어를 의도적으로 구별해서 사용하고 있다는 점은 마가가 8:19-20에서 두 이적 이야기를 언급할 때도 다시 두 단어를 구별해서 사용하는 점에서도 분명히 드러나고 있다. 이런 점들을 근거로 오천 명을 먹인 이야기는 주로 팔레스타인 유대인 교단에서 전해지던 이야기이고, 사천 명을 먹인 이야기는 주로 이방인 교회인 헬레니즘 교단에서 전해져오던 이야기라고 주장한 학자도 있다(B. van Jersell). 더구나 마가는 실제로 예수가 먼저 오천 명의 유대인들을 먹이신 이후에, 이방인인 수로보니게 여인에게 자녀가 먹어야 할 떡을 던져준 이후에 다시 사천 명이나 되는 많은 이방인 무리에게 떡을 먹여 배부르게 해준 것으로 소개하고 있지 않은가?

따라서 마가는 예수가 유대인의 지역에서 귀신 들린 사람을 고쳐주고 또 이방인 지역에 들어가 귀신 들린 사람을 고쳐준 것처럼 그리고 유대인 회당장의 딸을 고쳐주고 또 이방 여인의 딸을 고쳐준 것처럼, 이번에는 무리를 먹인 이적 전승을 두 개의 서로 다른 형태로 유대인 오천 명의 무리를 배불리 먹이고 또 이방인 사천 명의 무리를 배불리 먹였다는 이야기로 소개함으로써 바울처럼 예수의 구원이 "먼저는 유대인에게 그리고 또한 헬라인에게도"(롬 1:16) 주어진다는 점을 드러내려고 했을 것이라는 생각을 하지 않을 수 없게 된다.

6. 이방인을 위해 성전에서 '이방인의 뜰'을 청소하신 예수
(11:15-19)

예수는 갈릴리 사역을 마치고 예루살렘으로 올라가셨다. 예루살렘에 입성하신 예수는 곧바로 성전으로 향했다(11:11, 15). 예루살렘이 아니라 성전이 그의 최종 목적지요 주요 관심 대상이었던 것처럼 말이다. 예수가 성전에 들어가셔서 곧바로 하신 일은 "성전 안에서 매매하는 자들을 내쫓으시며 돈 바꾸는 자들의 상과 비둘기 파는 자들의 의자를 둘러 엎으시며 아무나 물건을 가지고 성전 안으로 지나다님을 허락하지 아니하신"(11:15-16)일이다.

마가의 이 기록은 일반적으로 예수가 상업화된 성전을 청소 혹은 숙정하신 이야기로 이해되기도 했었다. 그래서 흔히 '성전 청소 사건' 또는 '성전 숙정 사건'이라고 불리기도 했다. 그러나 우리는 먼저 본문 가운데서 예수가 장사하는 사람들을 쫓아내고 돈 바꾸는 사람들과 비둘기 파는 사람들의 상과 의자를 둘러 엎으신 곳이 성전의 중심부인 제사 드리는 곳이 아니라 성전의 바깥쪽, 곧 '이방인의 뜰'이라는 사실에 주목해야 한다. 그냥 '성전'에서 있었던 일이 아니라, 좀 더 분명히 말하자면 성전의 바깥쪽에 있는 '이방인의 뜰'에서 있었던 일이라는 말이다.

예수가 성전, 곧 '이방인의 뜰'에서 하신 행동은 유대 종교 지도자들이 허락한 일들을 완전히 뒤집어엎는 일이었다. 유대인의 율법도 이방인들이 예루살렘성전의 바깥쪽 '이방인의 뜰'까지는 들어갈 수 있도록 허락했다. 그리고 그곳에서나마 이방인들이 여호와 하나님의 부스러기 은혜라도 얻을 수 있게 하려는 의도였을 것이다. 그리고 유대 종교 지도자들은 제사를 드리기 위해 성전을 방문하는 사람들에게 편의를 제공하기 위해 제사장들이 '흠과 점이 없는' 그래서 성전 제사용 제물들로 적합하다고 이미 판정받은 소나 양이나 비둘기들을 매매하는 일 그리고 해외에서 성전을 찾는 유대인들의 편의를 위해 그들이 쉽게 성전에서 통용되는 화폐(='세겔')로 바꾸어 성전세를 낼 수 있도록 환전상을 두는 일 등을 공식적으로 허락했다. 그런데 문제는 이런 일들을 할 수 있게끔 허락된 장소가 바로 '이방인의 뜰'이라는 점에 있었다. 아마도 분명히 이런 조치는 이방인들의 성전 출입과 이방인의 뜰에서 이방인들이 예배하는 행위를 늘 못마땅하게 생각하고 있던 성전 당국자들이 암암리에 이방인들이 성전 마당에서 그런 일을 하는 것을 막거나 방해하기 위한 의도적인 조치의 일환이었을 것으로 보인다. 결국 유대 종교 지도자들은 "그런 상업적인 활동들을 성전의 바깥쪽인 이방인의 뜰에서 하도록 허락함으로써 이방인들이 율법에서 그들에게 허락한 성전의 유일한 장소에서 예배를 드리는 일을 방해하고 있었던 것이었다."[19]

이런 관점에서 본다면 예수는 하필 '이방인의 뜰'에서 그런 장사판을 벌이도록 허락한 성전 당국자들의 조치와 그 의도에 대해 몹시 분노하셨던 것이 확실해 보인다. 그래서 "예수는 아무나 물건을 가지고 성전 안으로(곧 이방인의 뜰로) 지나다님을 허락하지 아니하셨다"(11:16). '이방인의 뜰'을 장사판을 벌이는 곳 또는 물건들을 나르며

---

19 Matera, *Passion Narratives and Gospel Theologies*, 67.

지나다니는 통로로 사용하는 것을 아예 막아버린 것으로 보인다. '이방
인의 뜰'은 엄연히 이방인들이 예배하며 기도할 수 있는 곳으로 율법이
보장해준 곳이기 때문에 당연히 이방인의 권리가 보장되어야 한다고
생각되었기 때문일 것이다. 따라서 마가의 이 본문 이야기는 그냥
단순히 '성전 청소' 혹은 '성전 숙정' 이야기로 읽기보다는 오히려 '이방
인의 뜰을 숙정하고 회복시킨 이야기'로, 즉 이방인들을 위해 그들의
성전 예배를 정상화 혹은 정당화해주기 위한 조치로 읽어야 마땅할
것이다. 그리고 이 일이 마가복음에서 예수가 예루살렘에 들어가서
하신 최초의 일이라는 점에도 주목할 필요가 있다. 예수의 예루살렘
방문의 주요 목적 가운데 하나가 이방인들의 성전 예배를 정상화해주
기 위한 것으로도 읽을 수 있기 때문이다.

실제로 예수는 성전에 들어가 '이방인의 뜰'에서 "팔고 사는 사람들
을 쫓아내시며 환전상들의 상과 비둘기 파는 사람들의 의자를 둘러
엎으셨고"(11:15), 이어서 말씀하시기를 "내 집은 만민(pasin tois
ethnesin, for all the Nations)이 기도하는 집이라"(11:17)고 선언하
시지 않았던가?[20] 예수의 이 말씀은 이사야 56:7의 인용이지만, 이
구절을 인용한 마가복음 예수의 의도를 제대로 이해하기 위해서는
이사야 56:6-7을 다시 읽어볼 필요가 있다: "나 여호와에게 연합하여
섬기며, 나 여호와의 이름을 사랑하며, 나의 종이 되며, 안식일을 지켜
더럽히지 아니하며 나의 언약을 굳게 지키는 이방인마다 내가 그를

---

20 그런데 마태의 평행 본문에서는 "만인을 위한"이라는 문구가 삭제된 채, 그냥 "기도하는
집"이라고만 표현되어 있다. 마태로서는 예루살렘 "성전"을 가리켜 "이방인들도"
와서 기도하는 집이라고 말하기 부담스러웠을 것으로 보인다.

나의 성산으로 인도하여 기도하는 내 집에서 그들을 기쁘게 할 것이며 그들의 번제와 희생은 나의 단에서 기꺼이 받게 되리니 이는 내 집은 만민의 기도하는 집이라 일컬음이 될 것임이라." 결국 마가복음의 예수가 했던 일은 이사야가 예언한 여호와 하나님의 말씀대로 이방인이 유대인과 똑같이 하나님의 성전에 참여하여 예배드릴 수 있는 권리를 회복시키려고 했던 것에 지나지 않는 것이었다고 보아야 마땅할 것이다.

마가복음의 예수는 나중에 "손으로 지은 성전을 헐고 손으로 짓지 아니한 다른 성전"을 지으리라고 말했다는 죄목으로 유대 종교 지도자들에게 고소되었다(14:58). 그런데 사실상 예수는 당시 오직 유대인들만을 위해 존재하면서 이방인의 자유로운 출입과 예배를 방해하는 "손으로 지은" 성전을 거부하면서 동시에 "손으로 짓지 않은"(14:58) 새로운 성전을 세우려고 했던 셈이다. 그렇다면 마가복음의 예수가 말하는 "손으로 짓지 아니한" 이 새로운 성전은 곧 유대인과 이방인 모두를 포용하는 새로운 성전인 마가의 신앙 공동체를 언급한다고 생각할 수도 있을 것이다.

7. 포도원을 "다른 사람에게" 넘긴다고 말씀한 예수(12:1-9)

마가는 예수가 예루살렘성전에 들어서서 '이방인의 뜰'을 정상화한 이야기를 소개한 후에 다시 예루살렘성전에 들어가 바로 그 뜰에서 (11:27) 이른바 "악한 포도원 농부 비유"를 말씀하셨다고 전해준다. 이 비유에 보면 어떤 사람이 포도원을 농부들에게 세로 주고 먼 길을 떠났다. 포도 따는 철이 되었을 때 주인이 종을 보내 소출을 받아오게 했는데 농부들은 종을 잡아 때리고 빈손으로 돌려보냈다. 주인이 다른 종을 거듭 보냈지만, 농부들은 계속 주인이 보낸 종들을 잡아 때리고 죽이기까지 했다. 마지막으로 주인이 '사랑하는 아들'을 보냈지만, 그들은 아들까지 죽여 포도원 밖으로 내던졌다. 그러자 이번에는 주인이 직접 나서서 농부들을 다 죽이고 포도원을 '다른 사람에게' 넘겨주게 되었다는 이야기이다.

본래 "악한 포도원 농부 비유"는 현재의 문맥에서가 아니라 다른 비유 교훈 시리즈 가운데 들어있었던 것으로 보인다. 이 점은 비유의 첫 구절에서 "그(예수)가 비유들로 말씀하기 시작하셨다"(12:1)고 비유의 '복수형'이 기록된 사실을 통해서도 알 수 있다. 그런데 이 비유가 마가에 의해서 의도적으로 현재의 문맥에서 무화과나무 저주 사건 및 성전 저주 사건 이야기(11:12-20)와 연결되어 소개되고 있다. 마가에 의한 의도적인 연결 편집이라는 사실은 두 이야기가 각각 '열매'라는 연결어(Keyword 혹은 Catchword)에 의해서 연결되었을 뿐만 아니라(11:14; 12:2), 두 이야기가 거의 동일한 메시지, 동일한 강조점을 보여주고 있다는 점에서도 분명해 보인다. 무화과나무 저주 이적과 성전 저주 사건에서는 모두 '열매'를 맺을 것으로 기대했던 나무와 성전이 아무런 열매를 맺지 못해서 "이제부터는 영원히 네게서 열매를 따 먹을 사람이 없을 것이라"고 저주를 받아 무화과나무는 뿌리째 마르고(11:20) 성전은 돌 위에 돌 하나 남지 않고 다 허물어졌는데(13:2), 이 악한 포도원 농부 비유에서는 '열매'(12:2)를 바칠 것으로 기대했던 포도원 농부들이 끝내 아무런 열매를 바치지 못한 것 때문에 결국 주인으로부터 죽임을 당하고 포도원은 '다른 사람들에게' 넘겨지게 되었다.

현재의 마가복음 문맥에서 포도원을 넘겨받게 될 '다른 사람들'은 분명히 이방인들을 가리키는 것으로 보아야 한다. 마가가 이 비유를 예수가 성전에 들어가 '이방인의 뜰'을 청소 혹은 숙정한 이야기에 바로 이어서 소개한 이유가 바로 그 때문이다.[21] 마가는 성전 숙정 이야기 가운데서 하나님의 집은 '만민(=이방인)이 기도하는 집'이라고 밝힌 바 있다. 유대인의 성전이지만, '이방인들이 기도하는 집'이기도 했다. 하나님에게 아무런 열매를 맺지 못한 유대인들은 버림을 받고, 이제는 다른 사람들, 곧 이방인들이 하나님의 은혜를 받을 수 있는 기회를 얻게 되었다. 결국 악한 농부들을 멸하고 포도원을 '다른 사람들에게' 넘겨준다는 말씀(9절)은 하나님의 구원의 섭리가 유대인들로부터 이방인들에게로 넘어가게 되었다는 것을 뜻하는 것 이외의 다른 것이 아니다. 하나님이 복음 선포를 통해서 이방인들에게로 돌아서는 날이 왔다는 교회 시대를 반영해 주고 있는 것으로 해석해야 마땅할 것이다.[22] 이런 의미에서 9절의 말씀은 사도 바울이 "하나님의 말씀을 마땅히 먼저 너희에게 전할 것이로되 너희가 그것을 버리고 영생을 얻기에 합당하지 않은 자로 자처하기로 우리가 이방인에게로 향하노라"(행 13:46; 행 18:6)고 말했던 것의 또 다른 표현이라고 생각해도

---

21 E. Schweizer, *The Good News According to Mark* (Translated by D. J. Madvig. Richmond, Va.: John Knox Press, 1970), 241.

22 H. Anderson, *The Gospel of Mark* (New Century Bible Commentary; Grand Rapids: Eerdmans, 1981), 271.

좋을 것이다.

II. 마가복음의 반유대적 논쟁(the anti-Jewish polemic of Mark)

마가복음에서 예수의 친이방적 사역(the pro-gentile Ministry)이 강조되고 있는 것은 마가가 그의 복음서에서 반유대적인 입장을 분명히 드러내고 있는 것과 맥을 같이 하고 있다. 마가복음에서 볼 수 있는 친이방적 관점과 반유대적 관점은 같은 동전의 양면이라고 보아도 좋을 것이다. 그래서 우리는 마가복음에서 예수의 친이방적 사역에 대한 강조와 함께 반유대적 논쟁을 만나게 된다. 여기서는 마가가 그의 복음서에서 유대교적인 모든 것, 예를 들어 예수의 유대인 뿌리, 예수의 열두 제자들, 유대인 및 그들의 종교 지도자들 그리고 유대교의 본거지인 예루살렘과 성전에 대해 모두 부정적인 관점을 보여주고 있는 것에 대해 알아보고자 한다.

1. 예수의 친족과 혈육에 대한 부정적 관점

마가복음 3:31-35에 보면, 예수의 공생애 활동 중에 예수의 어머니와 형제들이 예수를 찾아와 사람을 보내어 예수를 불렀을 때, 예수는 "내 어머니와 내 형제들이 누구냐"고 물으면서 도리어 자기를 둘러앉은 사람들을 가리키면서 "보라, 여기 내 어머니와 형제들이 있다. 누구든지 하나님의 뜻을 행하는 자가 곧 내 형제요 자매요 어머니이다"라고 말한 것으로 기록되어 있다. 이 본문은 분명히 예수가 유대인으로서의 뿌리인 자신의 혈육 관계(the blood-relationship) 중요성을 부인하고 오히려 그것을 제자 관계(disciple-relationship)로 대치시키고 있다는 점을 보여주는 본문이라고 생각된다.23 더구나 예루살렘 율법학자들은 예수가 귀신을 쫓아내는 것을 보고 예수 자신이 귀신 들려서 귀신의 힘으로 귀신을 쫓아내는 것이라고 비난했는데, 예수의 친족들까지도 예수가 귀신을 쫓아내는 것과 관련하여 예수가 미친 것으로 알고 그를 붙들러 나서기도 했던 것으로 기록되어 있다(3:21).

또한 마가복음에서 예수는 고향에서 배척받아 고향을 떠나면서 "그들의 불신앙을 이상히 여기셨다"(6:6)고 했고, "예언자가 자기 고향과 친척과 가족을 제외하고는 어디서나 누구에게나 존경을 받는다"고 말했다. 이 말은 결국 예수가 유대인으로서 갖고 있는 인간적인, 혈연적이며 지연적인 관계가 별로 중요하지 않다는 의미이며, 그런 관계에 대해 부정적인 관점을 드러내고 있는 셈이다. 그리고 "예수의 가족에 대한 이런 비방"(the Defamation of the Family of Jesus)24은 "마가복음 저자가 갖고 있는 근본적인 반유대적 명제"(the fundamentally anti-Jewish Thesis of the Author of Mark)25의 일부에 지나지 않으며, 이것이 예수의 유대인 열두 제자에 대한 비판과 공격으로까

---

23 S. G. F. Brandon, *Jesus and the Zealots* (New York: Charles Scribner's Sons, 1967), 275.

24 *Ibid.*, 276.

25 *Ibid.*, 280.

지 이어지고 있다.

2. 열두 제자에 대한 부정적 관점

예수의 열두 제자는 예수가 그의 공생애 활동에 나서면서 "마음에 드는" 자들로 불러내서 "자기와 함께 있게 하시고 또 내보내어 말씀을 전파하게 하시며… 귀신을 쫓아내는 권세"까지 부여한, 그래서 초대 교회 안에서 예수의 뒤를 이어 중요한 역할을 하던 지도자들이었다. 그런데 마가복음에 보면 예수의 열두 제자들이 계속 우둔하여 깨닫지 못한 자들이라고 아주 부정적으로 묘사되어 있다.[26] 열두 제자들에 대한 이와 같은 부정적 견해는 열두 제자의 대표자격인 베드로에 대한 부정적 관점에서 가장 잘 드러나고 있다. 베드로가 예수를 '그리스도'로 고백했지만(8:29), 그는 예수가 고난받아야 할 메시아임을 깨닫지 못해 예수로부터 "사탄아, 물러가라"(8:33)라는 책망과 경고를 받았다. 그래서 브랜든(Brandon)은 가이사랴 빌립보에서의 베드로의 신앙고백 이야기가 마가복음에서 "열두 사도들, 특히 베드로의 권위를 훼손하는 표현을 이해할 수 있는 최상의 열쇠"[27]이며, 그래서 "반베드로적인 논쟁의 분명한 일부"(a definite Piece of anti-petrine

---

26 Th. J. Weeden은 마가복음이 그의 복음서에서 '제자들에 대한 공격'(a vendetta against the disciples)을 퍼붓고 있다고 결론짓는다. *Mark-Traditions in Conflict*, 50.

27 Brandon, *Jesus and the Zealots*, 277("the best clue to understanding this derogatory presentation of the Twelve Apostles, and particularly of Peter").

Polemic)[28]라고 단언한 바 있다.

변화산 사건에 관한 기록을 보더라도 베드로는 산 위에서 예수가 모세와 엘리야와 함께 눈부시게 빛나는 모습으로 변화된 것을 보고는 예수를 향해 "랍비여, 우리가 여기 있는 것이 좋사오니 우리가 초막 셋을 짓되 하나는 주를 위하여, 하나는 모세를 위하여, 하나는 엘리야를 위하여 하사이다"(9:5)라고 말했다. 그런데 마가는 이 말 직후에 "이는… 그(=베드로)가 무슨 말을 할지 알지 못함이라"(9:6)고 부정적인 단서를 첨가함으로써 베드로가 변화산 사건의 의미를 제대로 이해하지 못한 저능아처럼 부정적으로 묘사하였다.[29]

예수가 베드로를 향해서 "오늘 밤 닭이 두 번 울기 전에 너는 세 번 나를 모른다고 할 것이라"고 미리 말해주었을 때, 베드로는 "비록 주님과 함께 죽을지라도 결코 선생님을 모른다고 하지 않겠습니다"(14:31)라고 장담했다. 그러나 그럼에도 불구하고 베드로는 대제사장의 계집종 앞에서 세 번씩이나 거듭 "저주하고 맹세하며" 예수를 모른다고 부인한 사람이었다(14:71).

마가복음의 마지막 빈 무덤 이야기에 보면 무덤을 찾은 여인들을 향해 "흰옷을 입은 젊은이"가 예수는 부활했다고, 그러니 "가서 그의 제자들과 베드로에게 이르라"고 말했다. 그런데 여기서도 오직 마가복음만이 제자들 중에서도 유독 '베드로'의 이름을 거론하고 있다.[30]

---

28 Brandon, *The Fall of Jerusalem and the Christian Church*, 196.

29 Weeden은 막 9:6에 나오는 베드로에 관한 이 언급이 베드로를 '열등생' 혹은 '저능아'(dunce)로 폄하하는 것이고, 결국 베드로에 대한 공격의 일종으로 보고 있다. Weeden, *Mark-Traditions in Conflict*, 123.

그런데 마가복음은 여인들이 "몹시 놀라 떨며… 무서워하여 아무에게
아무 말도 하지 못했다"(16:8)는 말로 끝나고 있다. 이처럼 마가복음의
마지막 결론 부분에서 베드로에게 예수 부활의 소식은 물론이고 부활
하신 예수와의 만남의 기회까지 주어지지 않았음이 강조되고 있는
것의 의미는 베드로를 비롯한 열두 제자들이 부활하신 예수를 만나본
적이 없기 때문에 그로부터 아무런 위임 명령도 받은 것이 없고, 따라서
부활절 이후 교회 안에서 지도자의 역할을 행사할 특별한 권위를 위임
받지도 못했음을 뜻하는 것일 수 있다.[31] 이런 관점에서 볼 때 우리는
복음서 중에서 마가복음이 베드로의 사도적 권위를 근원적으로 부정
하는 가장 반베드로적인 복음서(the most anti-petrine Gospel)라고
말할 수 있다.

3. 예루살렘과 예루살렘성전에 대한 부정적 관점

예루살렘은 유대 나라의 수도이다. 그리고 예루살렘성전은 유대
교 신앙의 본거지이며 또 그 중심지이기도 하다. 그런데 마가복음에서
는 예루살렘과 예루살렘성전이 아주 부정적으로 묘사되고 있다. 마가
복음은 크게 전반부 예수의 갈릴리 사역과 후반부 예루살렘 사역으로

---

30 마태복음의 평행 본문에서는 베드로의 이름이 삭제된 채, "빨리 가서, 그의 제자들에게
   이르라"(마 28:7)로만 기록되어 있을 뿐이다.
31 Telford, *The Theology of the Gospel of Mark*, 149. Weeden은 더 직접적으로 "여인들
   의 침묵이 제자들로부터 그들의 사도적 신임장을 빼앗아 버렸다"고 말하기도 했다.
   Mark-Traditions in Conflict, 117.

구분될 수 있다. 그런데 마가복음에서 예수의 사역은 주로 갈릴리를 중심으로 이루어지고 있다. 예수의 공생애 활동이 시작된 곳이 갈릴리이고, 열두 제자를 불러낸 곳이 갈릴리였으며, 많은 사람으로부터 열렬한 환영을 받았던 곳이 갈릴리였다. 그리고 예수가 부활 이후에 다시 나타나 그의 제자들을 만날 곳도 갈릴리였다(16:7). 그런데 마가복음에서 예루살렘은 예수가 유대교 종교 지도자들로부터 배척받고, 붙잡혀 심문받고, 죽임을 당한 곳이다. 예수가 그를 따르던 제자 중 가룟 유다로부터 배반당한 곳, 베드로가 예수를 모른다고 세 번씩이나 부인한 곳 그리고 로마 총독 빌라도에게 넘겨져 십자가에 처형된 곳이 모두 예루살렘이다. 갈릴리가 예수가 태어난 곳이고, 그의 주요 활동 무대라면, 예루살렘은 예수의 유대 종교 지도자들에게 붙잡혀 고난 당하고 십자가에 못 박혀 죽은 암울한 곳이다. 갈릴리를 가리켜 예수 사역의 성공지라고 말할 수 있다면, 예루살렘은 오히려 실패지라고 말할 수도 있을 것이다.[32]

예루살렘에 대한 마가의 이런 부정적인 관점은 예루살렘성전에 대한 부정적 관점에서 극에 달하고 있다. 예루살렘성전은 유대교 신앙의 본거지이고, 유대교를 대표하는 심장과 같은 곳이다. 그런데 마가복음에서 예루살렘성전은 예수의 공격과 심판의 대상이 되고 있다. 이 점은 예수가 예루살렘에 올라가서 곧바로 성전에 들어가 성전을 뒤집어엎어 놓은 사건에서 가장 잘 드러나고 있다. 흔히 '성전 청소

---

32 마가복음과 관련된 '갈릴리'와 '예루살렘'의 대조적인 성격에 대한 고전적인 연구로는 E. Lomyer, *Galilaea und Jerusalem* (FRLANT 24. Goettingen: Vandenhoeck und Ruprech, 1951)가 가장 유명하다.

사건' 혹은 '성전 숙정 사건'으로 불리고 있지만, 마가복음에서는 그런 명칭이 전혀 어울리지 않는다. 오히려 마가복음에서는 '성전 저주 사건'이라고 불러야 옳다는 지적이 많다.

마가복음 저자에게는 '성전 숙정 혹은 청소 사건'이 아니라 '성전 저주 사건'이었다고 보는 중요한 이유는 마가복음에서 다른 복음서들의 경우와 달리 예수의 성전 숙정 이야기가 예수가 '무화과나무를 저주한 이야기'에 의해 '샌드위치 편집'되어 소개되고 있기 때문이다. 이른바 '샌드위치 편집 방법'은 마가복음 저자의 독특한 문학적 작업이라는 것이 일반적인 견해이다. 그런데 마가는 예수가 무화과나무를 저주하여 말려 죽인 이야기를 가지고 예수가 성전에 들어가 성전을 숙정한 이야기를 샌드위치시켜 소개함으로써 마가는 열매를 맺지 못해 예수로부터 저주받은 무화과나무 이야기와 하나님이 원하시는 참된 열매를 맺지 못하고 있는 성전을 저주한 이야기를 하나의 같은 이야기로 읽게 만들어 버렸다. 그래서 킹스버리(J. D. Kingsbury)는 예수로부터 저주를 받아 말라죽은 무화과나무는 "열매를 맺지 못하는 참된 예배, 그래서 어느 날 멸망하게 될 성전을 상징하는 것"[33]이라고 보았고, 같은 의미에서 켈버(Kelber)도 "무화과나무는 성전을 예증하며 죽은 나무는 성전의 죽음을 상징한다"[34]고 말했다. 닌햄(Nineham)은 "잎만 무성한 무화과나무처럼 유대 백성들도 그들의 수많은 예식과 외면적인 준수로 훌륭한 쇼(show)를 하고 있지만, 메시아가 오셔서

---

33 J. D. Kingsbury, *Conflict in Mark: Jesus, Authorities, Disciples* (Mineapolis: Fortress Press, 1989), 77.

34 Werner Kelber, *Mark' Story of Jesus* (Philadelphia: Fortress Press, 1979), 62.

의의 열매를 구할 때 찾지 못하면, 그 결과는 무화과나무의 경우처럼 유대교를 위한 정죄와 파멸뿐이다"[35]라고 말했다. 이것은 성전 비판의 극대화이며, 이런 의미에서 '성전의 종말'(the Ending of the Temple) 혹은 '성전의 무력화'(the Disqualification of the Temple)라고 불러야 마땅할 것이다.

마가는 이 이야기 이후에 포도원 주인이 열매를 바치지 않는 악한 포도원 농부들을 죽여버리고 포도원을 빼앗아 '다른 사람들'에게 넘겨준다고 말했고 또 이어서 제자들에게 성전 건물을 보여주면서 "이 큰 건물들을 보느냐? 돌 하나도 돌 위에 남지 않고 다 무너뜨려지리라"(13:2)고 말했다. 마가의 반성전적 관점은 예수가 유대 종교 지도자들로부터 '손으로 지은' 성전을 허물고, '손으로 짓지 않은' 성전을 세울 것이라고 말한 것 때문에 고소당했다는 점을 강조하고 있는 점에서도 드러나고 있다. 예수가 언급했다는 '손으로 짓지 않은 성전'이란 곧 유대인과 이방인 모두가 하나가 되어 하나님을 예배하며 섬기는 마가의 공동체를 암시하는 것일 수도 있으며 또 "너희가 하나님의 성전"(고전 3:16)이며, "너희 몸은 너희가 하나님께로부터 받은 바 너희 가운데 계신 성령의 전"(고전 6:19)이라는 바울의 교훈을 반영해주는 것이라고 생각할 수도 있다.

---

35 D. E. Nineham, *The Gospel of St. Mark* (Baltimore: Penquin Books, 1973), 299.

4. 유대 종교 지도자들에 대한 부정적 관점

마가복음에 보면, 예수의 공생애 활동 초기부터 유대교 종교 지도자들인 '바리새파 사람들'이 '헤롯 당원들'과 함께 예수를 잡아 죽이려고 했다(3:6). 예수도 그들의 그런 의도를 잘 알고 있었기 때문에 자신이 장차 유대 종교 지도자들인 "장로들과 대제사장들과 율법학자들에게 배척을 받아 죽임을 당할 것이라"고 거듭거듭 예언한 바 있다(8:31; 9:31; 10:33-34). 예수가 갈릴리 활동을 마치고 예루살렘에 입성한 후에도 계속 "대제사장들과 율법 학자들은 흉계를 꾸며 예수를 잡아 죽일 방도를 찾고 있었다"(14:1). 그리고 예수의 제자인 유다를 이용하여 예수를 체포한 후에 산헤드린 공회를 통해 "일제히 예수는 사형에 해당한다고 정죄하였다"(14:64). 그리고 다음 날 새벽에 예수를 로마 총독 빌라도의 손에 넘겨 십자가에 못 박게 하였다.

그러나 오히려 빌라도는 유대 종교 지도자들이 예수를 시기하여 자기에게 끌어온 것을 알고 있었다(15:10). 그래서 빌라도는 명절마다 사람들의 요청에 따라 죄수 하나를 놓아주는 관례에 따라 예수를 놓아주려고도 했지만, 대제사장들의 선동을 받은 유대 백성들은 "예수를 십자가에 못 박으시오!"라고 외쳤고, 빌라도는 "그가 무슨 나쁜 일을 했소?"(15:14)라고 물으면서도 어쩔 수 없이 예수를 십자가에 못 박도록 내어주고 말았다.

우리는 마가복음의 이런 기록들을 통해 예수의 죽음은 유대 종교 지도자들의 주도면밀한 계획에 의해 이루어졌고, 로마 총독 빌라도는 유대 종교 지도자들의 압력에 밀려 어쩔 수 없이 예수를 처형하게 된 것으로 읽게 된다. 따라서 마가복음에 의하면, 예수 죽음의 책임은 무엇보다도 유대 종교 지도자들과 그들의 선동에 놀아난 유대 백성들에 있는 것이지 로마 당국에 있는 것이 아니다. 이런 기록은 분명히 마가복음 저자가 드러내고 있는 반유대적 관점의 결과라고 생각된다.[36]

III. 나가는 말

앞에서 다루었던 모든 내용은 마가복음을 기록한 저자가 분명히 이방 기독교에 속한 인물이며, 이방 기독교의 대표자인 바울의 신학에 의해 영감을 받은 사람이기 때문이라고 생각할 때 가장 잘 이해할 수 있게 된다. 실제로 브랜든(Brandon)은 마가복음 저자가 "분명히 바울 신학의 영감을 받았다"(clearly inspired by the Theology of Paul)고 주장한 바 있고,[37] 텔포드(Telford)는 마가복음 저자가 "바울의 관점에서 기록했다"(writes from the Pauline Viewpoint)고 지적하기도 했다.[38] 그리고 다른 한편으로 폴크마르(Volkmar)는 "마가복음이 바울의 교훈을 설화적인 형태로 제시했다" 말하기도 했다.[39]

주후 70년경에 유대 나라가 망하고 예루살렘교회가 갑자기 실각

---

36 그러나 Ralph Martin은 마가의 이런 'anti-Jewish polemic'이 그의 'pro-Roman attitudes'와 동시에 나타나고 있다고 말한다. *Mark-Evangelist and Theologian* (Michigan: Zondervan Publishing House, 1973), 76.

37 *The Fall of Jerusalem and the Christian Church* (London: SPCK, 1981), 200

38 *The Theology of the Gospel of Mark*, 161.

39 *Ibid.*, 169.

혹은 붕괴되는 상황에 직면해서 이방 지역에서 바울을 추종하던 많은 이방 기독교인들은 이방인의 사도였던 바울이 기독교 신앙은 유대교의 뿌리와 지배로부터 벗어나야 한다고 가르쳤던 점, 유대인과 선택된 백성이란 민족주의 혹은 인종주의를 넘어서 그리고 거룩한 땅 성지인 팔레스타인과 예루살렘 및 예루살렘성전이라는 지역주의를 넘어서 "유대인이나 헬라인이나, 종이나 자유인이나, 남자나 여자나 그리스도 예수 안에서는 하나이니라"(갈 3:28)고 가르쳤던 점을 상기하며 크게 고무되었을 것이다. 결국 이런 역사적 상황 속에서 기록된 마가복음은 '바울의 명예를 회복시키는 첫 징조'(the first Sign of a Rehabilitation of the Reputation of Paul)[40]라고 말할 수 있고, 따라서 마가복음은 '반유대적이며 친이방적인 복음서'(the anti-Jewish and pro-Gentile Gospel)라고 불리기에 충분하다고 생각된다.

---

40 Brandon, *The Fall of Jerusalem and the Christian Church*, 201.

7 장
마가와 바울

　　마가와 바울의 신학적 연관성에 대한 연구를 시작한 대표적인 인물
은 아마도 독일의 성서학자인 베르너(M. Werner)일 것이다. 그는
아직도 이 주제에 관한 고전적 연구 가운데 하나로 생각되는 그의
연구 저서 가운데서 "마가복음 안에 바울 신학의 영향에 대한 흔적은
거의 찾아볼 수 없다"[1]고 주장했다. 베르너는 마가복음과 바울 서신들
을 비교하면서 두 사람 사이에서 드러나고 있는 유사성은 단지 초대교
회의 공통된 전승에 지나지 않는다고 보았다. 바울에게 볼 수 있는
여러 독특한 사상들, 가령 믿음으로 말미암은 칭의(Justification by
Faith), 믿음으로 그리스도와의 하나됨(Faith union with Christ), 성
령 안에서의 삶(Life in the Spirit)과 같은 사상들이 마가복음에서는
나타나지 않고 있을 뿐만 아니라, 오히려 거의 반대되는 관점에서

1　"there cannot be the slightest idea of an influence of Pauline theology in
　the Gospel of Mark." *Der Einfluss paulinischer Theologie im Markus- evangelium*
　(BZNW, I; Giessen: Alfred Toepelmann, 1923), 247.

다루어지고 있다고 주장하였다.

텔포트(Telford)는 베르너의 이런 연구를 두고 일반적으로 복음서 연구에 편집비평이나 문학비평이 도입되기 이전의 것이라고 지적하면서 평가절하하고 있는 편이다.2 실제로 마르크센(Willi Marxsen)은 베르너가 바울 사상을 마가복음 전체와 비교하고 있을 뿐, 입수했던 이전의 전승 자료를 다시 편집하여 소개하는 과정에서 드러내고 있는 마가의 독특한 신학적 관심들과 비교하고 있지는 않다고 지적한다.3 이런 지적을 토대로 최근의 연구들은 마가의 편집 작업을 통해 드러나고 있는 마가의 독특한 신학적 특징을 바울 신학과 비교해보는 가운데 베르너의 과거 주장과는 아주 다른 결론에 이르고 있다.

브랜든(Brandon)은 마가복음 저자가 그의 복음서를 "분명히 바울 신학의 영감을 받아서"(clearly inspired by the Theology of Paul),4 "바울의 관점으로부터 기록했다"(writes from the Pauline Viewpoint)5 고 주장한 바 있다. 그런데 나중에 텔포드도 거의 같은 의미에서 마가복음 저자가 그의 복음서를 "바울의 관점에서 기록했다"(writes from the Pauline Viewpoint)고 다시 지적하기도 했다.6 다른 한편 풀러(R.

---

2 W. R. Telford, *The theology of the Gospel of Mark* (The New Testament Theology: Cambridge University Press, 1999), 169.

3 W. Marxsen, *Mark the Evangelist. Studies on the Redaction History of the Gospel* (Nashville, TN and New York: Abingdon Press; London: SPCK, 1969), 213.

4 S. G. F. Brandon, *The Fall of Jerusalem and the Christian Church* (London: SPCK, 1981), 200

5 S. G. F. Brandon, *Jesus and the Zealots* (New York: Charles Scribner's Sons, 1967), 278.

6 W. R. Telford, *The Theology of the Gospel of Mark* (The New Testament

H. Fuller)는 "마가는… 바울의 십자가 케리그마를 '예수의 생애' 형태로 다시 강력하게 주장하고 있다"고 말하는가 하면,7 폴크마르(Volkmar)는 "마가복음은 바울의 교훈을 설화의 형태로 알레고리칼하게 제시한 것"(an allegorical Presentation of Pauline Teaching in the Form of a Narrative)이라고 말하기도 했다.8 또 마르크센은 "바울은 서신이라는 직접적인 형태 가운데서, 마가는 이야기라는 간접적인 형태 가운데서 각자의 신학을 표현하고 있는데", 특히 마가는 "바울의 근본 가르침들(the Pauline Fundamentals)을 그대로 받아들인 것으로 보인다"고 말한다.9 마가가 바울의 영향을 받아 그의 복음서를 기록했다고 보는 마가복음 연구가들의 이런 주장들은 과거 베르너가 주장했던 것과는 달리, 마치 마가가 바울의 신실한 제자 혹은 충실한 추종자였다는 인상을 주고 있다. 우리는 여기서 마가복음의 어떤 부분들이 마가복음 연구가들에게 이런 생각을 갖게 만드는지 그리고 마가가 그런 소리를 들을 수 있을 정도로 마가복음 기록이 바울 사상에 치우치게 된 역사적 배경은 실제로 어떠했는지에 대해 알아보고자 한다.

우리는 먼저 마가복음의 본문과 관련하여, 다른 복음서들과 달리 마가의 독특한 신학적 관심사를 반영해 주고 있는 몇 가지 주제들을 중심으로, 그런 것들이 실제로 어떻게 바울의 교훈과 연관되고 있는지

Theology: Cambridge University Press, 1999), 161.

7 Telford, *The Theology of the Gospel of Mark*, 168..

8 *Ibid.*, 169.

9 *Idem*.

를 살펴보고자 한다.[10]

I. '복음'(Euaggelion)에 대한 관심

마가는 그의 복음서를 "하나님의 아들 예수 그리스도의 복음
(Gospel)의 시작"(1:1)이라는 말로 시작한다. 그가 사용한 '복음'
(Gospel)이라는 말은 복음서 저자들 가운데 최초로 마가에 의해 사용
되었고, 다른 복음서들에서는 많이 사용되지도 않은 용어이다. 마가복
음에서는 모두 8번 사용된 반면에(1:1; 1:14,15; 8:35; 10:29; 13:10;
14:9; 16:15), 마태복음에서 4번(4:23; 9:35; 24:14; 26:13) 사용되었
을 뿐이고, 그 외 누가복음이나 요한복음에서는 한 번도 사용된 적이
없다. 예외적으로 베드로전서 4:17과 요한계시록 14:6에서 각 한
번씩 사용되었을 뿐이다. 그러나 신약성서에서 마가복음 이전에 '복음'
이라는 용어를 가장 많이 사용했던 사람은 바울이었다.[11] 그러니까

---

10 W. R. Telford는 "마가복음에서 볼 수 있는 일곱 개의 주요 편집적인 특징들, 강조점들
혹은 주제들"(seven Key redactional Features, emphases or motifs in the
Gospel)로 다음의 7개를 두 번에 걸쳐 강조하고 있다: 1) 예수의 정체성과 관련된
secrecy motif, 2) 예수의 수난에 대한 관심과 그것이 기독론을 위해 갖는 의미,
3) 갈릴리에 대한 관심, 4) '복음'이라는 용어의 사용, 5) 갈릴리와 이방 선교에 대한
관심, 6) 박해, 고난 및 순교에 대한 관심과 제자직의 참된 본질, 7) 유대 지도자
그룹, 예수의 가족, 특히 그의 처음 제자들에 대한 가혹한 비판. *The Theology of
the Gospel of Mark*, 28, 153-154.

11 바울의 이름으로 기록된 모든 서신을 포함할 경우, '복음'이라는 말이 모두 59번이나
사용되고 있다: 로마서에서 9번(1:1, 9, 16; 2:16; 10:16; 11:28; 15:16, 19, 29;

기독교 문서 역사상 최초로 '복음'이라는 말을 가장 많이 사용했던 사람은 바울이고, 그 이후 복음서를 기록한 사람들 가운데서 최초로 '복음'이라는 말을 가장 많이 사용한 사람은 마가인 셈이다. 바울이 자주 사용했던 '복음'이라는 말을 마가가 그대로 받아들여 자기도 "하나님의 아들 예수 그리스도의 복음"(1:1), "하나님 나라의 복음"(1:14)이라는 말로 사용했다. 마가가 사용한 '복음'이라는 용어는 당연히 바울에게서 온 것이라고 생각하는 것이 옳다. 바울 이외에는 마가 이전에 '복음'이라는 용어를 사용한 다른 사람을 찾아보기 어렵기 때문이다.

더구나 마가는 복음서 서두에서 자신이 전하는 복음이 "하나님의 아들 예수 그리스도의 복음"(1:1), 달리 말하자면 "예수 그리스도는 하나님의 아들" 혹은 "예수가 그리스도이며 하나님의 아들"이라는 복음이라는 점을 밝히고 있다.[12] 이것은 곧 마가가 유대 기독교의

16:25), 고린도전서에서 7번(4:15; 9:12, 14, 18, 18, 23; 15:1), 고린도후서에서 8번(2:12; 4:3,4; 8:18; 9:13; 10:14; 11:4,7), 갈라디아서에서 7번(1:6, 7, 11; 2:2, 5, 7, 14), 에베소서에서 4번(1:13; 3:6; 6:15, 19), 빌립보서에서 9번(1:5, 7, 12, 17, 27, 27; 2:22; 4:3, 15), 골로새서에서 2번(1:5, 23), 데살로니가전서에서 6번(1:5; 2:2, 4, 8, 9; 3:2), 데살로니가후서에서 2번(1:8; 2:14), 디모데전서에서 1번(1:11), 디모데후서에서 3번(1:8, 10; 2:8), 빌레몬서에서 1번(13절)이다.

12 헬라어 대문자 사본 막 1:1의 띄어쓰기를 어떻게 해서 읽느냐에 따라 다음과 같은 두 가지 독법, 즉 하나는 "Jesus Christ is the Son of God", 다른 하나는 "Jesus is the Christ, the Son of God"이 가능하다. 최근 마가복음 연구가 중에서는 "예수가 그리스도이며 하나님의 아들이란 복음의 시작"(The Beginning of the Gospel of Jesus, Christ, the Son of God)이라고, 즉 "예수"와 "그리스도"를 분리시키고, "그리스도"와 '하나님의 아들'을 동격으로 병치시켜 읽어야 한다는 주장이 이미 제기된 바 있다. 이진경, "마가복음 1장 1절에 나타난 두 개의 기독론 칭호 연구", 「신약논단」 제20권 제2호 (2013): 409-442.

"예수는 그리스도이다"라는 신앙고백을 넘어서 "예수는 그리스도이 며 하나님의 아들이라"는 이방 기독교의 신앙고백을 받아들이고 있다 는 것을 의미하는데, 바로 여기서도 우리는 예수를 하나님의 아들로 선포했던 바울의 영향을 엿볼 수 있다. 텔포드(Telford)가 "마가복음 의 저자는 예수를 하나님의 아들로 보고 있는 바울의 영향을 받은 이방 기독교의 대변자(a representative of a Pauline-influenced Gentile Christianity)로서 (마가복음을) 기록하고 있다"[13]고 말한 이 유이기도 하다.

II. 예수의 수난에 대한 관심

복음서들 가운데 예수의 고난과 십자가 죽음에 대해 제일 많이 관심을 기울이고 있는 복음서는 마가복음일 것이다. 일찍이 켈러 (Martin Kaehler)는 "우리는 복음서들을 확대된 서론이 첨부된 수난 설화라고 부를 수 있다"고 말한 바 있다.[14] 물론 그는 네 복음서 모두를 두고 그런 말을 했던 것으로 보인다. 그러나 아마도 복음서들 가운데서 수난 설화가 가장 중심을 이루고 있는 복음서는 마가복음이라고 말하 는 것이 옳을 것이다. 마가복음 16장 전체의 문학적 구조를 말할 때, 일반적으로 크게 두 부분으로, 즉 전반부 이적 설화(1-8장), 후반부

---

13 Telford, *The Theology of the Gospel of Mark*, 53.
14 Martin Kaehler, *The So-called Historical Jesus and the Historic, Biblical Christ* (Trans. by Carl E. Braaten, Philadelphia: Fortress Press, 1964), 80, n. 11.

수난 설화(8-16장)로 구분하고 있는 데서도 우리는 수난 설화가 마가복음 안에서 차지하고 있는 비중이 얼마나 막중한지를 금방 헤아릴 수 있다.

28장으로 구성된 마태복음은 마가복음과 달리 예수의 '말씀' 중심으로 '오경적 구조'로 구성되어 있고, 거기에 마치 예수의 족보와 탄생 이야기가 1-2장에서 복음서의 서론 역할을 하는 것처럼, 예수의 수난 이야기는 26-28장에서 단지 마태복음의 결론 역할을 하는 것처럼 구성되어 있을 뿐이다. 누가복음의 경우도 전체 24장 중에서 예수의 수난 이야기는 19장에서 예수가 예루살렘에 입성 이후에 소개되고 있고, 요한복음의 경우도 전체 21장 중에서 예수의 수난 이야기는 주로 18-19장에서 소개되고 있을 뿐이다. 이런 점에서 예수의 수난 설화에 상당히 많은 분량과 중요성을 부여하고 있는 마가복음은 분명히 다른 복음서들과 크게 다르다. 따라서 켈러의 말은 마가복음에만 가장 잘 적용되는 말이라고 생각하는 것이 옳을 것으로 보인다.

마가복음에서는 갈릴리에서 시작된 예수의 공생애 초기부터 예수의 수난과 죽음의 그림자가 짙게 드리워 있다. 복음서의 초반에서부터 유대 종교 지도자들인 '바리새파 사람들과 헤롯 당원들'이 예수를 처치할 음모를 꾸미기 시작했기 때문이다(3:6; 11:18; 12:1-9; 14:1, 64 등등). 그래서 예수는 갈릴리 사역 가운데서 이미 자신이 "많은 고난을 받고 장로들과 대제사장들과 서기관들에게 버린 바 되어 죽임을 당할 것"을 세 번에 걸쳐 반복하여 예고하기도 했다(8:31; 9:31; 10:33-34). 그리고 실제로 예수는 예루살렘에 입성한 이후부터 가룟 유다라는 제자로부터 배반당하고(14:10-11), 베드로로부터는 부인당하고

(14:66-72), 모든 제자로부터는 버림을 받은 채(14:50), 유대 종교 지도자들과 빌라도의 결정에 따라 마지막으로 십자가에 못 박혀 죽임을 당한 것으로 기록되어 있다. 슈라이버(Johannes Schreiber)가 마가복음을 가리켜 "확대된 서론이 첨가된 수난사"[15]라고 말한 것만 보더라도 마가복음에서 예수의 수난 이야기가 차지하는 중요성을 잘 이해할 수 있다.

불트만(R. Bultmann)은 마가의 목적이 바울이 말했던 '그리스도 신화'(빌 2:6 이하), 곧 "그는 근본 하나님의 본체시나 하나님과 동등됨을 취할 것으로 여기지 아니하시고 오히려 자기를 비워 종의 형체를 가지사 사람들과 같이 되셨고, 사람의 모양으로 나타나서 자기를 낮추시고 죽기까지 복종하였으니 곧 십자가의 죽음이라, 이러므로 하나님이 그를 지극히 높여 모든 이름 위에 뛰어난 이름을 주셨다"는 그리스도에 관한 헬라적 케리그마를 예수의 이야기 전승과 결합시키는 것이라고 말한 바 있다.[16] 이와 거의 같은 관점에서 루츠(U. Luz)는 바울과 마가가 똑같이 영광의 신학(Theologia Gloriae)에 맞서 십자가의 신학(Theologia Crucis)을 내세우고 있다고 지적한다.[17] 이런 점들 때문에 베이컨(B. W. Bacon)은 마가복음에서 드러나고 있는 "십자가와 부활의 교리는 바울에 대한 언급 없이는 설명될 수 없다"고 말한다.[18]

---

15 Johanness Schreiber, "Die Christologie des Markusevangeliums," *ZThK* 58 (1961), 156.

16 Telford, *The Theology of the Gospel of Mark*, 167.

17 *Idem*.

18 *Ibid.*, 168.

마가복음에 관한 한, 바울의 영향력이 절대적이라는 말이 아닐 수 없다.

III. 갈릴리, 이방인들 그리고 이방 선교에 대한 관심

마가가 소개한 예수의 사역은 대부분 갈릴리에서 있었던 일이다. 예수의 예루살렘 사역은 마치 고난 주간 한 주간에 있었던 일에 지나지 않는 것처럼 보인다. 그런데 우리가 주목해야 할 사실은 예수가 갈릴리 사역을 하는 동안에도 자주 갈릴리 바다를 건너 이방인들이 거주하는 지역들에 들어가 이방인들을 대상으로 똑같은 사역을 벌였다는 점이다(5:1-20; 6:53-56; 7:24-30; 8:1-10). 그리고 마가복음에서 예수가 지나간 혹은 다녀간 이방인 거주 지역들에 대한 여러 언급[19]과 그곳에서 있었던 예수의 사역에 대한 기록은 예수의 갈릴리 사역 가운데서 적지 않은 비중을 차지하고 있기 때문에 쉽게 간과해버릴 수 없을 정도이다.

더구나 예수가 수시로 이방인의 거주 지역에 들어갔을 뿐만 아니라, 두로와 시돈 지방에 갔을 때는 그곳에 사는 사람의 "집에 들어갔다"(7:23)는 언급까지 나온다. 마태복음의 예수가 제자들에게 "이방인의 땅이나 사마리아인의 도시에도 들어가지 말라"(마 10:5-6)고

---

19 '두로와 시돈'(막 3:8; 7:24, 31); '거라사'(막 5:1); '게네사렛'(막 6:53); '데가볼리'(막 5:20; 7:31) 등등. 나중에 마태복음과 누가복음도 마가복음에 나오는 이런 지역들에 언급을 평행 본문들에서 그냥 반복해서 소개하고 있을 뿐이다.

명했던 점을 염두에 둘 때, 마가복음에 나오는 이런 기록은 좀 놀라운 일이 아닐 수 없다. 마가복음의 예수는 전혀 이방 땅이나 이방인을 구별하지 않는 것처럼 보인다. "유대인이나 헬라인이나… 다 그리스도 예수 안에서 하나"(갈 3:28)라고 말한 바울의 말을 상기시켜주는 대목이라고 말하지 않을 수 없다.

특히 마가는 그의 복음서 후반부인 예루살렘의 수난 설화 한가운데서(14:28) 그리고 또 수난 설화 및 복음서의 마지막 부분인 빈 무덤 이야기 가운데 '흰옷 입은 청년'[20]의 입을 통해 '제자들과 베드로'가 갈릴리에 가서 부활하신 예수를 뵐 것이라고(16:7), 그래서 갈릴리를 예수 부활 현현의 장소로 강조하고 있다.[21] 갈릴리가 예수의 부활 이전과 이후를 막론하고 예수 사역의 중요한 지리적 무대라는 것을 암시하는 것으로 보인다. 실제로 마가복음은 갈릴리에 대한 언급(1:9)에서 시작하여 갈릴리에 대한 언급(16:7)으로 끝나고 있는 것이 사실이다. 이는 마가복음을 가리켜 흔히 '갈릴리 복음'이라고 부르는 이유이기도 하다.

마가복음에서 갈릴리가 이토록 중요시되고 있는 이유는 무엇일까? 대부분의 마가복음 연구가들은 마가복음에서 '갈릴리'는 단지 지리적 혹은 문학적인 의미를 갖고 있는 지명이기보다는 오히려 신학

---

20 마태복음의 평행 구절에서는 '천사'로 바뀌어 표현되고 있다(28:5). 누가복음의 평행 구절에서 '빛나는 옷을 입은 두 사람'(눅 24:4)이라고 했지만, 눅 24:23에서는 그 두 사람을 가리켜 '천사들'이라고 표현하였다.

21 누가복음과 요한복음에서는 '갈릴리'가 아니라 '예루살렘'이 예수 부활 현현의 장소로 강조되고 있는 것과 대조된다.

적인 의미를 갖고 있는 중요한 주제라는 점에 의견을 같이하고 있다. 그리고 특히 "마가에게 있어서 갈릴리는 이방 세계에 대한 상징"(a Symbol of the Gentile World)22이라는 점에 주목해야 한다. 실제로 마가복음이 기록되던 당시 갈릴리는 이방인과 유대인이 혼합되어 살던 곳이었다. 당시 유대인들이 잘 알고 있던 구약성서의 이사야서 9:1에 보더라도 갈릴리는 이방 땅이었다. 그래서 마태복음도 갈릴리를 가리켜 '이방의 갈릴리'(4:15)라고 말하기도 했다. 바로 이런 의미에서 마가가 그의 복음서 마지막 부분에서 빈 무덤에 등장했던 흰옷 입은 청년의 입을 통해 독자들에게 "예수가 너희보다 먼저 갈릴리로 가시나니 전에 너희에게 말씀하신 대로 너희가 거기서 뵈오리라" (16:7)는 말을 강조하고 있는 점은 매우 중요하다. 그 이유는 결국 마가복음 저자가 "그의 독자들에게 예수가 그의 제자들에게 자기가 이방인들 가운데서 나타나실 것이라고 약속했었음을 말해주는 것"23 으로 이해될 수도 있기 때문이다.

따라서 마가복음 16:7은 결과적으로 '이방인 선교'를 예고해 주는 것일 수도 있다.24 역사적 예수는 제자들을 파송할 때, 오히려 "이방인의 길로도 가지 말고 사마리아인의 도시에도 들어가지 말고 오히려 이스라엘 집의 잃은 양에게로 가라"(마 10:5-6)고 명령했던 분이다.

---

22 Telford, *The Theology of the Gospel of Mark*, 149.

23 *Idem*.

24 Telford는 예수가 "제자들보다 먼저 갈릴리로 가겠다"고 약속한 말씀(14:28; 16:7)을 '이방 선교에 대한 예고'(a Gentile mission prediction)라고 말한다. *The Theology of the Gospel of Mark*, 150.

그리고 자신도 "나는 이스라엘 집의 잃어버린 양 외에는 다른 데로 보내심을 받지 아니하였노라"(마 15:24)고 말씀했던 분이다. 그런데 마가는 부활하신 예수가 역사적 예수가 그러했듯이 이방 땅인 '이방인의 갈릴리'에서 다시 나타나실 것이라고 선포한다. 역사적 예수 이후에 벌어질 이방 선교를 염두에 둔 말씀이라고 생각된다. 마가가 미리 역사적 예수의 입을 통해 "복음이 먼저 만국에(to all Nations) 전파되어야 할 것이니라"(마 13:10)고 강조하고 있는 이유 그리고 역사적 예수가 자신의 몸에 향유를 부어 예수의 장례를 미리 준비했던 일이 "온 천하에(into the whole World) 어디서든지 복음이 전파되는 곳에서는 이 여자가 행한 일도 말하여 그를 기억하리라"(14:9)고 말씀하셨던 것을 강조하는 이유도 바로 거기에 있다고 생각된다. 복음서들 가운데 최초로 기록된 마가복음에서 이방인 및 그들에 대한 선교에 대한 관심이 이렇게 드러나고 있는 것은 마가 이전에 '이방인의 선교사'로서 그리고 '이방적 기독교의 대표적인 지도자'로 활동했던 바울이 있었기 때문에 가능한 일이었다고 보아야 할 것이다.

주후 70년경에 기록된 마가복음이 이처럼 다른 복음서들과 달리, 아니 그것들에 앞서서 이방인에 대한 관심과 함께 그들에 대한 선교를 강조하고 있는 이유는 무엇일까? 이 대답을 찾아보기 위해서는 먼저 마가가 그의 복음서를 기록하던 역사적 상황부터 살펴볼 필요가 있다. 마가복음이 기록되던 70년경에 유대 나라와 예루살렘성전은 유대 전쟁의 결과로 완전히 멸망 당했다. 이로 인해 초대교회 안에서는 그때까지 열두 사도들을 중심으로 영향력을 행사하던 유대 기독교가 그 힘을 잃어가기 시작했다. 반면에 박해와 유대 전쟁의 와중에서 예루살렘과 팔레스타인을 버리고 이방인의 땅으로 피신해갔던 많은 사람들 때문에 그리고 이전부터 시작된 바울의 활발한 이방인 상대의 선교 활동의 결과로, 바울이 주도하던 이방 기독교는 오히려 다시 활발하게 발전하기 시작하던 때였다.

모세의 율법을 고집하는 유대적인 종교, 유대인의 민족주의와 지역주의에 집착하는 유대적인 종교, 이것이 초기에 예루살렘을 중심으로 발전하던 유대적 기독교의 주요 특징 가운데 하나였다면, 당시 바울이 로마 세계에 전파한 기독교는 유대교의 민족주의와 지역주의의 편협성을 벗어나서 세상의 모든 백성에게 개방된 세계적인 종교였다. 당시 로마 세계도 선민사상으로 배타적이었던 민족주의적인 유대적인 기독교(the Jewish Christianity)보다는 유대적인 특징들로부터 자유하려는 바울의 이방적 기독교(the Gentile Christianity)를 더 선호할 수밖에 없었을 것이다.

이런 상황 속에서 마가는 초대 기독교가, 아니 자신의 신앙공동체가 민족주의적이며 지역주의적인 한계를 뛰어넘어 탈유대화해야 하는 시대적 소명 앞에서 당연히 바울이 지향하는 방향을 따라 나갈 수밖에 없다고 생각했을 것이다. 바울이 보여주었던 이방 선교에 대한 열정 그리고 50년대에 기록된 바울 서신들 가운데서 나타나고 있는 이방인의 구원에 대한 관심이 70년경에 기록된 마가복음 안에서 그대로 이어지고 있다고 보아야 할 것이다.

IV. 반유대적 혹은 탈유대적 관심

주후 70년경에 유대 전쟁의 결과로 유대 나라가 망하면서 예루살렘을 중심으로 영향력을 행사하던 유대 기독교도 함께 갑자기 실각 혹은 붕괴되는 것을 보았다. 당시 많은 바울의 추종자들은 이방인의 사도였던 바울이 그토록 강조했던 점, 즉 기독교 신앙이 유대교의 뿌리와 지배로부터 벗어나야 한다는 그 위대한 가르침을 더욱 강하게 상기했을 것이다. 더구나 당시 대다수의 이방인 출신 기독교인들은 자신들이 믿는 신앙이 그토록 미움과 멸시를 받고 있는 유대인들로부터 유래되었다는 사실, 특히 자기들이 믿는 주님이 유대인이었다는 사실에 대해 매우 불편한 감정을 갖고 있었고, 마가가 이 점을 잘 이해하고 있었던 것으로 보인다.[25] 이런 분위기가 마가복음 여기저기에서 여러 형태로 드러나고 있다.

유대적인 것을 부정하고 거기로부터 탈피하려는 경향 가운데서 대표적인 것은 유대교의 중심인 예루살렘성전에 대한 비판과 저주이다. 이 점은 예수가 예루살렘성전에 들어가 성전을 위해 제도화된 제사용 제물들을 판매하는 일을 허락하지 않은 일(11:15-17)[26]에서

---

25 Brandon, *Jesus and the Zealots*, 265.
26 특히 11:16에서 "아무나 물건을 가지고 성전 안으로 지나다님을 허락하지 않았다"고 했을 때의 '물건'(Skeuos)은 히 9:21(Skeuos)에서 알 수 있듯이 '제사용 그릇'들을 의미하는 것이기에 Werner H. Kelber가 올바로 지적했듯이 이 구절은 "성전이 가지고 있는 상업적이며 종교적인 기능의 폐쇄"(the shutting down of the Business and religious Functions of the Temple)를 뜻한다. *Mark's Story of Jesus* (Philadelphia: Fortress Press, 1979), 62.

잘 드러나고 있다. 흔히 이 이야기가 '예수의 성전 청소 이야기'라는 형태로 읽히고 기억되고 있지만, 마가복음에서는 이 이야기가 열매를 맺지 못하는 무화과나무를 저주한 이야기와 맞물려서("샌드위치되어"), 예수가 열매를 맺지 못한 무화과나무를 저주했듯이 하나님이 원하시는 열매를 맺지 못하는 성전과 성전 제사 제도를 저주한 이야기로 읽혀야 한다는 것이 마가복음 연구가들의 일반적인 지적이다. 그래서 켈버는 "무화과나무는 성전을 예증하며, 죽은 나무는 성전의 죽음을 상징한다"고 말한다.[27]

예루살렘성전에 대한 비판과 공격과 더불어 마가복음에서 성전 지도자들인 대제사장과 장로들과 서기관들에 대해서도 아주 부정적인 평가가 주어진다는 점에도 주목해야 한다. 마가복음에서는 유대 종교 지도자들, 곧 성전 지도자들은 예수의 사역 초기부터 예수를 죽이려고 했고, 끝내 예수를 성전모독죄(14:58)와 신성 모독죄(14:64)로 정죄하여 빌라도에게 넘겨 처형하게 했던 장본인들이었다. 로마의 총독 빌라도는 오히려 유대 종교 지도자들이 "예수를 시기하여 자기에게 넘겨준 줄을 알"(15:10) 명절이 되면 백성들이 요구하는 대로 죄수 한 사람을 놓아주는 전례를 따라 예수를 놓아주려고도 했던 것으로 보인다. 그러나 '바라바'라는 죄수를 놓아주고 예수를 십자가에 못 박으라고 백성들을 선동했던 사람들이 바로 대제사장들이었다(15:6-13). 이로써 마가는 예수의 십자가 죽음의 최종 책임을 로마의 총독으로부터 유대교 종교 지도자들에게로 분명히 돌리고 있다.

---

27 W. H. Kelber, *Mark's Story of Jesus* (Philadelphia: Fortress Press, 1979), 62.,

유대인들의 민족주의로부터의 탈피하려는 경향, 다른 말로 해서 유대적 기독교의 색채를 벗겨내려는 마가복음의 경향은 예수의 열두 제자들에 대한 평가절하 혹은 그들에 대한 비판과 공격에서도 드러나고 있다. 유대교의 중심지인 예루살렘에서 시작된 초대 기독교회가 주로 유대인들로 구성된 유대적 기독교(the Jewish Christianity)였고, 그곳의 최초 지도자들이 예수의 열두 제자들이었기에 예루살렘으로부터 멀리 떨어진 곳에서 살고 있던 이방인들을 위해 기록된 마가복음에서 그들이 긍정적인 관점에서 소개되기는 쉽지 않았을 것으로 보인다. 더구나 로마에 끝까지 대항하며 싸웠던 유대인 열심 당원들에 대한 좋지 않은 기억을 갖고 있던 로마의 이방 기독교인들로서는 예루살렘에 뿌리를 두고 있는 유대 기독교와 그 지도자들에 대해 긍정적인 감정을 가질 수 없었을 것이다. 그래서 마가복음에서는 "예루살렘교회 지도자들에 대한 반감의 분명한 조짐들"(clearer Signs of an antip-athy towards the Leaders of the Jerusalem Church)이 드러나고 있다."[28]

따라서 마가복음에서는 예수의 열두 제자들이 계속 아주 부정적이며 경멸적인 관점에서 묘사되고 있다. 그들은 예수의 교훈과 그의 정체에 대해 깨닫지 못하는 우둔한 사람들이었고(4:13, 40-41; 6:52; 7:17-18; 8:17-21; 9:32 등등), 베드로는 예수를 '그리스도=메시아'로 고백한 후 '사탄'이라고 책망받았으며(8:31-33), 가룟 유다는 예수를 배반한 자(14:10-11), 베드로는 예수를 모른다고 부인한 자(14:66-72), 열두 제자들은 예수가 체포될 때 "모두 예수를 버리고 달아났

---

28 *Ibid.*, 201.

던"(14:50) 자들이다. 마지막으로 마가는 그의 복음서 마지막에서 빈 무덤에 나타난 "흰옷 입은 청년"이 무덤을 찾은 여인들에게 "제자들과 베드로에게" 가서 예수가 부활했고, 그를 갈릴리에서 뵐 것이라고 말했음에도 불구하고 여인들은 "아무에게도 아무 말도 하지 못했다"(16:8)고, 그래서 결국 '제자들과 베드로'는 예수의 부활 소식을 전해 받지 못한 사람들, 그래서 사도로서의 권위가 의심되는 자들이란 의미로 부각시키며 그의 복음서를 끝맺고 있다.

위덴(TH. J. Weeden)은 이런 마가복음을 가리켜 "제자들에 대한 논쟁"(a polemic Against the Disciples),[29] "열두 제자들에 대한 공격"(a vendetta Against the Disciples)[30]이라고 그리고 브랜던 (Brandon)은 거기서 더 나아가 베드로가 예수를 '그리스도=메시아' 라고 유대인의 민족적이며 정치적인 의미로 고백한 것을 관련하여 예수로부터 '사탄'이라고 꾸짖음을 당한 점 등을 토대로 열두 제자의 대표자에 해당하는 베드로에 대해서도 '아주 부정적이며 경멸적인 묘사'(a very Uncomplimentary and derogatory Picture)를 하는 등 '반베드로적 경향'을 보이고 있는데,[31] 이런 점들은 분명히 유대 기독교 지도자들에 대한 폄하와 비판의 의도를 반영하고 있는 것으로 보아야 마땅하다. 그리고 이런 점들은 역시 마가가 그의 복음서를 이방

---

29 TH. J. Weeden, *Mark-Traditions in Conflict*, 26.

30 *Ibid.*, 50.

31 "derogatory presentation of the Twelve Apostles, and particularly of Peter." Brandon, *Jesus and the Zealots*, 277. Brandon은 마가가 소개하는 가이사랴 빌립보에서의 베드로 신앙고백을 가리켜 "a definite piece of anti-Petrine polemic"이라고 말하기도 했다. *The Fall of Jerusalem and the Christian Church*, 196.

기독교의 관점에서, 즉 '바울의 관점에서' 기록하고 있다고 생각할 때 가장 잘 이해될 수 있는 점이라고 생각된다.

　　마지막으로 마가복음의 유대적인 것에 대한 반대 경향은 마가복음에서 예수의 유대적 혈연의 뿌리인 친족들에 대한 부정적인 관점에서도 드러나고 있다. 마가복음에서 예수의 가족들은 분명히 부정적으로 묘사되고 있다.[32] 예수가 그의 고향 나사렛에서 배척받은 일(6:1-6), 예수의 친족들이 예수가 미쳤다고 생각하여 그를 붙들려고 했다는 언급(3:21), 예수의 모친과 형제자매들이 그를 만나보고자 했을 때, "누구든지 하나님의 뜻을 행하는 자가 곧 내 형제요 자매요 어머니이다"(3:35)라고 말함으로써 혈연관계보다는 오히려 제자 관계나 영적 관계가 더 중요하다고 말하고 있는 점 등에서 우리는 그런 부정적 관점을 읽을 수 있다. 이처럼 마가가 "혈연관계를 배격하고 제자 관계로 대치하는 것을 그토록 단정적으로 말하는 것은 정말로 놀라운 일이다."[33] "예수의 가족에 대한 이런 비방"(the Defamation of the Family of Jesus)은 "마가복음 저자가 갖고 있는 근본적인 반유대적 명제"(the fundamentally anti-Jewish Thesis of the Author of Mark)[34]의 일부에 지나지 않는 것으로 보인다. 그러나 이것 역시 예수의 유대적인 뿌리를 드러내지 않으려는 혹은 그것의 중요성을 폄하하려는 마가의

---

32 "obvious disparagement of the Lord's kinsfolk"(Brandon, *the Fall of Jerusalem and the Christian Church*, 195); "Defamation of the Family of Jesus" (Brandon, *Jesus and the Zealots*, 276); "harsh Treatment of the... Jesus' Family"(Telford, *The Theology of the Gospel of Mark*, 28, 153).

33 Brandon, *Jesus and the Zealots*, 275.

34 *Ibid.*, 280.

의도이고, 그것이 바로 바울이 그토록 강조했던 점이기도 하다.[35]

따라서 마가가 유대적인 것들, 즉 예루살렘, 성전 및 유대 종교 지도자들 그리고 초기 예루살렘을 중심으로 발전하던 유대 기독교의 처음 지도자들인 열두 사도들, 심지어 예수의 유대 뿌리인 예수의 친족들에 대해서까지 드러내고 있는 부정적인 관점과 반감은 그가 이방인에 대해서 갖고 있는 긍정적이며 호의적인 관심의 또 다른 면이라고 보아도 좋을 것이다. 마가의 반유대적(the anti-Jewish) 관점과 친이방적(the pro-Gentile) 관점은 동전의 양면과 같다는 말이다. 그리고 이런 마가의 관점은 분명히 주후 70년경 이후 이방 기독교의 관점에서 읽을 때 가장 잘 이해될 수 있을 것이다. 이와 관련하여 브랜던(Brandon)이 지적했던 다음과 같은 말이 우리에게 큰 도움이 될 수 있을 것으로 생각된다: "일반적으로 이(마가의) 복음서는 주후 40년과 70년간의 암흑 기간(tunnel Period) 동안에 막강한 권력과 영향력을 행사하면서 이방 선교를 저지하거나 공동체 안에 이방인들을 받아들이는 문제와 관련하여 엄격한 규율을 정해놓기도 했던, 유대 기독교를 향한 논박(a polemic Against the Jewish Christianity)이다."[36] 바로 이런 점 때문에 우리는 마가복음이 바울의 영향 아래 있던 이방 기독교가 유대 기독교를 점차로 이겨나갔던 과정의 초기에 나타난 문학적인 첫 단계(an early literary Step in the Process which even-

---

35 바울은 예수 이외에 예수의 부모인 요셉이나 마리아 또는 예수의 형제자매들에 대해 전혀 아무런 관심도 보이지 않고 있다. 예수의 탄생과 관련해서도 다만 "여인에게서 나게 하셨다"(갈 4:4)고 언급할 정도이다.

36 Telford, *The Theology of the Gospel of Mark*, 161에서 재인용.

tually saw the Triumph of a Paulinist Gentile Christianity over a Jewish Christianity[37])를 보여주고 있다고 말할 수도 있을 것이다. 그리고 같은 맥락에서 우리는 마가복음이 "바울의 명성을 되살리는 첫째 징조"(the first Signs of a Rehabilitation of the Reputation of Paul)[38]가 되었을 것이라고 말할 수 있을 것이다. 분명히 마가는 바울이 걸어갔던 길을 따라갔던 사람이며, 그래서 바울 신학의 옹호자라고 말할 수도 있을 것이다.

---

37 *Ibid.*, 163.

38 Brandon, *The Fall of Jerusalem and the Christian Church*, 201. "바울의 명성 회복"은 그 이후 누가의 문서, 특히 사도행전에서 더 분명히 드러났고, 그 이후 바울 서신들의 수집(the corpus Paulinum) 작업이 완성됨으로 마무리된 것으로 생각된다.

8 장
마태와 바울

마태와 바울은 둘 다 초대교회 안에서 무시할 수 없는 중요한 인물이라는 점에 대해서는 이론의 여지가 없다. 무엇보다도 마태가 기록한 '마태복음'이나 바울이 기록한 그의 '주요 서신들'은 기독교의 경전인 신약성서 27권 가운데서 너무나도 중요한 문서들이 아닐 수 없다. 마태가 예수의 역사적 전승들을 근거로 기독교인들을 위한 대표적인 '신앙 교과서'(a Textbook of the Christians)를 기록했다면, 바울은 예수의 교훈을 신학화하여 기독교의 교리의 기초를 수립한 사람이라고 볼 수도 있다. 그런데 루츠(Ulrich Luz)는 이런 마태와 바울을 두고 "마태와 바울은 비록 그들이 서로를 알았다고 하더라도 분명히 친밀한 우호 관계를 맺지는 않았을 것이라"(Matthew and Paul, had they known one another, would certainly not have struck up a strong friendship)고 말한 바 있다.[1] 두 사람이 처해 있었던 그들의 역사적

---

1 Ulrich Luz, *The Theology of the Gospel of Matthw* (New Testament Theology,

상황과 특히 두 사람 간의 신학적 차이가 너무나도 크다는 사실을 잘 알고 있었기 때문일 것이다. 우리는 여기서 두 사람 간의 신학적 차이가 어떤 것들이고 또 어느 정도인지 그들이 남겨놓은 문서들을 통해 살펴보고자 한다.

마태와 바울을 비교하면서 두 사람의 신학적 차이가 무엇인지 알아보고자 할 때, 우선 우리는 바울의 서신들이 먼저 기록되었고 마태복음이 아주 나중에 기록되었다는 점을 기억할 필요가 있다. 바울의 주요 서신들은 주후 50년대에 그리고 마태복음은 주후 90년경에 기록되었다고 보는 것이 복음서 연구가들의 거의 일치된 견해이다. 마태와 바울 두 사람 간에 신학적 차이가 분명히 드러나고 있다면, 이것은 초대 기독교의 역사적 발전 과정에서 나중에 기록된 마태복음이 먼저 나타난, 그래서 이미 널리 알려진 바울의 교훈에 대해 이의를 제기하거나 혹은 반대하는 견해를 밝히는 것으로 보아도 좋을 것으로 생각된다.

I. '율법'에 관한 상이한 관점

바울의 서신들은 이천 년 기독교 역사상 최초로 기록된 기독교 문서들이다. 기독교 신앙의 뿌리라고 말할 수도 있는 '유대교'의 율법에 대해 초대 기독교의 일부인 바울의 이방 기독교 쪽에서 어떤 입장을 보이고 있었는지를 알려주는 최초의 중요한 문서라고 말할 수도 있을

Cambridge University Press, 1995), 148.

것이다. 초대 기독교회를 구성하고 있던 주류 멤버들의 대부분이 유대교인 출신들이었기에 그들에게 있어서 하나님이 모세를 통해서 그들에게 준 것으로 알고 있는 율법(Torah)은 아주 중요한, 결코 소홀히 다룰 수 없는 그들의 신앙과 생활을 위한 절대적인 규범이었고, 이 점에서 초대 기독교는 유대교의 입장과 별다른 차이를 보이지 않았다. 그런데 바울 서신들에 보면, 바울은 아주 달랐다. 우리는 바울에게서 그 당시 대부분의 유대인이 갖고 있던 율법에 대한 일반적인 이해와는 아주 상이한 견해를 만나게 된다. 유대인 출신으로, 그것도 "히브리인 중의 히브리인이요 율법으로는 바리새인이요… 율법의 의로는 흠이 없는 자"(빌 3:5-6)라고 자처하던 바울이 다른 유대인들과는 달리 율법에 대해 아주 다른, 그것도 매우 부정적인 태도를 보이고 있기 때문이다.

바울에게 있어서 "율법은 우리를 그리스도에게로 인도하는 초등교사"[2](갈 3:24)일 뿐이다: "믿음이 오기 전에 우리는 율법 아래에 매인 바 되고 계시될 믿음의 때까지 갇혔느니라. 이와 같이 율법이 우리를 그리스도로 인도하는 초등교사가 되어 우리로 하여금 믿음으

---

2 다른 영어 번역본들에 따르면, "율법은 아이를 학교 선생님의 집에 데려다주는 노예"(the Slave who leads a child to the house of the Schoolmaster; *The Epistles of Paul*, by W. J. Conybeare); "그리스도를 위해 우리를 훈련시키는 가정교사"(a Tutor to discipline us for Christ; *The New Testament in Modern Speech*, Richard Francis Weymouth); "율법은 우리가 그리스도의 학교에 가기까지 우리를 책임 맡은 엄격한 여자 가정교사와 같다"(the Law was like a strict Governess in charge of us until we went to the school of Christ, *The New Testament in Modern English* by J. B. Phillips).

로 말미암아 의롭다 함을 얻게 하려 함이라. 믿음이 온 후로는 우리가 초등교사 아래에 있지 아니하도다"(갈 3:24-25). 바울에 의하면 이제 그리스도가 왔고, 믿음의 때가 되었기 때문에 더 이상 율법 아래 매인 바 될 수 없다는 것이었다. 바울은 이것을 로마서에서는 그리스도가 오심으로 인해서 이제 "그리스도는… 율법의 마침(End)이 되셨다"[3] (롬 10:4)고, 다른 말로 하자면 예수가 오심으로써 율법은 끝장났고, 그래서 믿는 자들은 더 이상 이제 "율법 아래에 있지 아니하고 은혜 아래 있다"(롬 6:14)고 말한다. 더구나 바울은 율법이 주어진 목적 자체가 "약속된 후손이 오실 때까지 죄를 드러내시려고 덧붙여 주신 것"(갈 3:19, 새번역)이기에 "약속된 후손"인 그리스도가 오실 때까지 만 한시적으로 필요하고 유효하다고 말한다. 더구나 "율법은 천사들을 통하여 중개자의 손을 거쳐 제정된 것"(갈 3:19)이라고 말함으로써, 즉 하나님이 직접 주신 것이 아니라는 의미의 간접성을 언급함으로써 율법의 가치를 부정적으로 평가절하하고 있는 것으로도 보인다.

바울에 의하면 율법은 하나님으로부터 직접 받은 것이 아니라 '천사들을 통하여', '모세라는 중재자를 통해' 주어진 것이며, 그리스도가 올 때까지 '초등교사의 역할'을 하는 한시적인 것인 데다가 '죄를 드러내려고 덧붙여 주신' 부수적인 것일 뿐 적극적으로 우리의 구원을 위해 주신 것은 아니라는 의미에서 제한적이며 소극적인 역할을 할

---

3 영어의 다른 번역본들에 의하면, "그리스도는 율법을 종식시켰다"(Christ has superseded the Law, *The New Testament* in the Translation of Monsignor Ronald Knox); "그리스도는 율법의 완성이다"(consummation of the Law, *The New Testament in Modern Speech*, by Richard Francis Weymouth).

뿐이다. 따라서 그리스도가 오신 이후에는 더 이상 율법이 필요하지도 않고, 율법의 지배 아래 있을 필요가 없다는 아주 부정적인 입장이기도 하다.

그러나 우리는 율법에 대해 부정적인 바울의 주장과 달리 마태복음에서는 율법에 대한 이런 바울의 견해와는 아주 다른 전통적인 유대교의 율법관을 만나게 된다. 마태복음에서 예수는 다음과 같이 주장한다: "내가 율법이나 선지자를 폐하러 온 줄로 생각하지 말라. 폐하러 온 것이 아니요 완전하게 하려 함이라. 진실로 너희에게 이르노니 천지가 없어지기 전에는 율법의 일점일획도 결코 없어지지 아니하고 다 이루리라"(마 5:17-18). 한마디로 마태는 마치 "그리스도가… 율법의 마침(end)이 되셨다"(롬 10:4)는 바울의 말을 직접 겨냥한 것처럼 율법은 그리스도 오심으로 끝장난 것이 아니라, 천지가 없어지기 전까지 계속 영구적으로 타당성을 갖는다고 강조한다. 또 마태는 외식하는 서기관과 바리새인들이 박하와 회향과 근채의 십일조는 드리면서 율법 가운데 가장 중요한 정의, 자비, 신의는 소홀히 하고 있다고 지적하면서 예수의 입을 빌려 "이것도 해야 하지만, 저것도 소홀히 해서는 안 된다"(마 23:23)고 강조하고 있는데, 이것은 "율법의 일점일획도 결코 없어지지 않고 다 이루어질 것이다"라고 했던 말의 반복이며, 결국 율법의 철저한 이행을 명령하고 있는 셈이다.

더구나 마태는 예수의 입을 통해 "계명 중에 가장 작은 것 하나라도 어기거나 또 어기도록 가르치는 사람은 하늘나라에서 가장 작은 사람"(마 5:19)이라고 말함으로써 마치 바울을 가리켜 율법 계명을 지키지 않아도 된다고 가르치는 사람이라고, 그래서 "하늘나라에서 가장 작은 사람"이라고 직접 바울을 비난하며 공격하는 것 같은 인상을 주고 있기도 하다.4 이런 마태의 교훈들이 다른 복음서들에서는 전혀 찾아 볼 수 없는, 오직 마태복음에서만 읽을 수 있는 주장들이기 때문에 우리는 이런 말씀들이 마태만의 독특한 관점을 반영해 주는 것이라고 생각할 수 있다.

바울의 경우에는 율법의 권위와 그 타당성 문제가 더 이상 핵심적인 관심사가 되지 않고 있지만, 마태에게 있어서는 교회가 여전히 모세 율법의 영향 아래 있는 것으로 생각된다. 그리고 율법에 대한 입장과 관련하여 마태의 견해가 전통적인 유대교의 견해에 더 가까운 반면에 바울의 견해는 전통적인 유대교 견해와의 좀 더 극단적인 단절을 보여 주고 있다는 결론이 우세하다.5 이처럼 율법에 관해 마태와 바울이 보이는 서로 다른, 아니 서로 상충되는 차이점은 두 사람이 신학적으로 얼마나 다른지를 보여주는 대표적인 사례 가운데 하나일 것이다. 루츠 가 말했던 것처럼, 마태와 바울은 서로 만났더라도 서로 우호적인 친밀한 관계를 유지하기는 어려웠을 것으로 생각된다.

---

4 고전 15:9에서 바울은 자신을 가리켜 사도 중에서 '지극히 작은 자'(the least)라고 말한 바 있다. 그런데 마태는 마 5:19에서 똑같은 헬라어 표현을 사용하여 "누구든지 이 계명 중의 지극히 작은 것 하나라도 버리고 또 그같이 사람을 가르치는 자는 천국에 서 지극히 작은 자(the least)라 일컬음을 받을 것이라"고 말함으로써 바울을 암시하고 있는 것으로 보인다.

5 R. Mohrlang, *Matthew and Paul: a Comparison of Ethical Perspectives* (Cambridge University Press, 1984), 42-47. France, *Matthew: Evangelist and Teacher*, 239.

II. 구원에 관한 상이한 관점

바울은 우리가 하나님 앞에서 의롭다 함을 얻고 구원받는 문제와 관련하여 자신의 입장을 다음과 같은 그의 교훈 가운데서 분명히 밝히고 있다: 우리 믿는 자들은 "그리스도 예수 안에 있는 구속으로 말미암아 하나님의 은혜로 값없이 의롭다 하심을 얻은 자 되었다"(롬 3:24), "사람이 의롭다 하심을 얻는 것은 율법의 행위에 있지 않고 믿음으로 되는 줄 우리가 인정하노라"(롬 3:28), "사람이 의롭게 되는 것이 율법의 행위로 말미암음이 아니요 오직 예수 그리스도를 믿음으로 말미암은 줄 알므로 우리가 그리스도 예수를 믿나니 이는 우리가 율법의 행위로가 아니고 그리스도를 믿음으로 의롭다 함을 얻으려 함이라. 율법의 행위로써는 의롭다 함을 얻을 육체가 없다"(갈 2:16).

이처럼 율법 문제에 대해서만 아니라 구원에 관해서도 바울은 마태와 큰 차이를 보인다. 바울은 인간이 "율법의 행함"으로 우리가 하나님 앞에 의롭다 함을 얻고 구원을 받는 것이 아니라, "오직 믿음"으로 그리고 "값없이" 주시는 "하나님의 은혜"로 구원을 받는다고, 이른바 은총의 교리를 강조한다. 바울은 "너희는 은혜로 구원을 받은 것이라"(엡 2:5), "너희는 그 은혜에 의하여 믿음으로 말미암아 구원을 받았으니 이것은 너희에게서 난 것이 아니요 하나님의 선물이라. 행위에서 난 것이 아니니 이는 누구든지 자랑하지 못하게 함이라"(엡 2:8-9)고 말한다. 이처럼 우리 인간의 구원과 관련하여 바울은 "은혜 가운데서 믿음을 통하여", "값없이" 받는 "선물"임을 강조하면서 인간의 "행위", 특히 "율법의 행함"에서 난 것이 아니라(갈 2:16)고 말한다.

그런데 마태복음에서는 우리가 바울의 것과는 아주 다른 교훈을 만나게 된다. 마태는 "너희 빛을 사람 앞에 비추어 사람들이 너희 착한 행실을 보고 하늘에 계신 너희 아버지께 영광을 돌리게 하라"(마 5:16) 그리고 "너희 의가 율법 학자들과 바리새파 사람들의 의보다 낫지 못하면 결코 하늘나라에 들어가지 못할 것이라"(마 5:20)고 말한다. 더구나 마태에 의하면 하늘나라에 들어갈 수 있는 사람은 입으로 "주여, 주여 하는 자"가 아니라 다만 "하늘에 계신 아버지의 뜻대로 행하는 자"(마 7:21)이다. 여기서 입으로만 "주여, 주여" 하면서 아무런 행함이 없는 사람은 '오직 믿음만'을 내세우면서 도덕 폐기론이나 율법 무용론을 내세우는 것 같은 바울의 교훈을 추종하는 사람을 암시하는 것일 수도 있다. 또 마태가 사람은 '열매'로 알아볼 수 있다고 '열매'를 강조하고 있는 것도[6] '행함'을 강조하기 위한 것에 지나지 않는 것으로 해석된다. 바울이 오직 '오직 믿음'과 '값없이 주시는 하나님의 은총'을 강조하고 있는 데 비해 오히려 마태는 야고보와 마찬가지로 '행함'과 선행을 강조하고 있는 셈이다.[7] 그래서 일반적으로 바울이 신약성서에서 '오직 믿음'을 강조하면서 순수한 은총의 신학(a Theology of pure Grace)을 옹호하는 대표적인 인물이라면, 마태는 신약성서에서 행함을 강조하면서 공로의 의(a Rightousness of Works), 즉 행함의

---

6 마태는 "그들의 열매로 그들을 알 것이다"(you will know them by their fruits)라는 말을 7:16과 7:20에서 반복적으로 사용하고 있다.

7 신약성서 27권 가운데 마태복음과 야고보서가 대표적인 유대 기독교의 산물이라는 점을, 그래서 마태복음과 야고보서에서 똑같이 "행함"이 강조되고 있는 점을 기억할 필요가 있다.

신학(a Theology of Deeds)을 옹호하는 대표적인 인물로 알려진다. 마태와 바울의 신학적 차이가 너무나도 분명하다는 점을 다시 확인할 수 있다.

마태와 바울 간의 심오한 차이점은 '의'(義, dikaiosune)에 대한 그들의 이해에서 더 분명히 드러나고 있는 것으로 보인다. 바울은 의를 그리스도 중심적(christo-centric)으로 이해하고 있다. 우리 인간들이 '하나님의 의'가 무엇인지를 깨닫게 되는 때는 곧 하나님께서 그리스도를 통해서 우리 인간에게 어떻게 행동하시는가를 경험할 때이다. 하나님께서 그리스도 안에서 그 자신의 의를 드러내셨다고 말하는 것은 그가 자신을 그리스도를 통해서 정의 하신다는 것을 뜻한다. 그러나 마태는 의를 인간 중심적으로(anthropo-centric) 이해하고 있다. 즉, 마태에게 있어서 의는 하나님께서 그의 사랑 가운데서 우리 인간들에게 요구하시는 내용이다. 의는 곧 예수의 제자들이 예수로부터 가르침과 인도함을 받고 그와 더불어 살면서 마땅히 행하여야 할 덕목이다.

스트렉커(Strecker)에 의하면, 마태의 경우 '의'(義)를 뜻하는 헬라어 'dikaiosune'가 윤리적인 자질(an ethical Quality)이며 생활 방법(a way of Life)이라는 점에서 'dikaiosune'를 하나님의 구원 행동으로 보고 있는 바울의 용법과 같은 각도에서 해석되어서는 안된다고 말한다. 마태에게 있어서 'dikaiosune'는 인간에 대한 요구(a Demand upon Man)이지 하나님으로부터의 은사(a Gift from God)는 아니다.[8] 모랑(R. Mohrlang)도 마태와 바울의 의 개념 차이를 비교하면서 결론짓기를 마태에게 있어서 'dikaiosune'는 존재와 행동

(Being and Doing)을 포함한다. 'dikaiosune'는 내적인 동기이며 외적인 성취의 문제이기도 하다. 그러나 율법의 가장 심오한 의도에 대한 철저하고도 결단력 있는 복종을 내포하고 있는 철저히 윤리적인 개념이지, 바울의 경우처럼 법정적인 구원론적 용어(a forensic soteriological Term)는 아니다.9 이런 분명한 차이점들 때문에 루츠는 다음과 같이 말한다: "요약컨대 나는 마태와 바울 사이에는 심오한 갈등이, 아마도 심연(Abyss)이 있음을 보게 된다. 그들이 동일한 예수 그리스도로부터 나왔으나, 그를 아주 다른 방법으로 해석하고 있다."10

III. 이방인 선교에 관한 상이한 관점

마태와 바울은 율법의 타당성에 대한 문제와 믿음이냐 행함이냐 하는 문제 이외에도 이방인 혹은 이방 선교와 관련해서도 큰 차이를 보인다. 바울은 "난 지 팔 일 만에 할례를 받았고, 이스라엘 민족으로서 베냐민 지파에서 태어났고, 히브리 사람 중의 히브리 사람이며, 율법에 있어서는 바리새파 사람이었고, 열심에 있어서는 교회를 박해한

---

8 G. Strecker, *Der Weg der Gerechtigkeit: Untersuchung zur Teheologie des Matthaeus* (Goettingen: Vandenhoeck & Ruprecht, 1971), 149-158, 179-181, 187. R. T. France, *Matthew: Evangelist and Teacher* (London: The Pternoster Press, 1992), 266에서의 재인용.

9 R. Mohrlang, *Matthew and Paul; A Comparison of Ethical Perspectives* (Cambridge University press, 1984), 45, 98-99.

10 Luz, *The Theology of the Gospel of Matthew*, 149.

자며, 율법의 의에 있어서는 흠 없는 사람"(빌 3:5-6)이었다. 그런데 그런 바울이 다메섹 도상에서 부활하신 그리스도를 만나 개종하면서 하나님으로부터 "내가 너희 멀리 이방인에게로 보내리라"(행 22:21) 는 소명을 받은 사람이 되었다. 특히 부활하신 주님께서는 바울을 두고 "이 사람은 내 이름을 이방인과 임금들과 이스라엘 자손들에게 전하기 위하여 택한 나의 그릇이라"(행 9:15)고 말한 바 있기도 하다.

유대교로부터 개종하여 새로운 소명을 받은 바울은 이방인에 대해 그리고 이방인 선교에 대해 아주 적극적인 태도를 보이고 있다. "베드로를 할례자의 사도로 삼으신 이가 또한 내게 역사하사 나를 이방인의 사도로 삼으셨다"(갈 2:8)고 주장하면서 하나님은 유대 사람만의 하나님이 아니라 이방 사람의 하나님도 되신다(롬 3:29), "유대인이나 헬라인이나 차별이 없다"(롬 10:12; 갈 3:28), "주께서는 모든 사람의 주가 되신다", 그래서 "누구든지 주의 이름을 부르는 자는 구원을 받으리라"고 말한다(롬 10:12-13). 또 바울은 "내가 내 백성 아닌 자를 내 백성이라, 사랑하지 아니한 자를 사랑한 자라 부르리라"(롬 9:25)는 호세아서의 말을 인용하는 가운데 이방인들도 이제는 하나님의 사랑을 받는 하나님의 백성이라고 강조한다. 당시 보통의 유대인으로부터는 결코 기대하기 어려운 아주 다른 주장이며, 놀라운 관점이 아닐 수 없다.

유대인 바울이 이런 관점을 갖게끔 바뀌게 된 배경에는 바울이 다메섹에서의 회심과 개종의 경험이 큰 영향을 미쳤을 것으로 보인다. 백성이 아닌 자를 내 백성이라고, 사랑하지 아니한 자를 사랑한 자라고 부르시는(롬 9:25) 하나님을 새롭게 만날 수 있게 되었기 때문이다. 주님을 핍박하고(행 9:4), 교회를 박해했던(갈 1:13; 빌 4:6) 자신을 불러 "이방인의 사도로 삼으신"(갈 2:8) 하나님의 은혜와 섭리를 직접 경험하게 되었다. 아울러 이방인들에 대한 하나님의 사랑과 관심을 다시 깨닫게 되었다. 하나님은 진정 "모든 사람의 주"가 되셔서 "유대인이나 헬라인에 차별을 두지 않으시는 분"(롬 10:12)이라는 사실을 알게 된 것이다. 결국 바울은 다메섹 도상의 경험을 통해서 "그리스도를 박해하던 바리새인"으로부터 "그리스도를 전파하는 이방인의 사도"로, 즉 새로운 관점과 시각을 갖게 된 "새 사람"으로 거듭나게 된 셈이다. 바로 이런 점에서 루츠(Ulrich Luz)가 "바울의 신학은 그의 자서전을 떠나서는 이해될 수 없을 것이다"[11]라고 말한 것은 중요한 지적이라고 생각된다. 이처럼 바울은 다메섹 도상의 경험을 통해 "이방인의 사도"로서 다시 태어나 이제 "헬라인이나 야만인이나 지혜 있는 자나 어리석은 자에게 다 내가 빚진 자"(롬 1:14)라고 자신의 소명을 고백하며 이방 선교에 헌신하는 사람이 되었다. 비록 "먼저는 유대인에게요, 다음은 헬라인에게"(롬 1:16)라고 유대인에 대한 우선권을 인정하면서도 말이다.

이방인들과 이방 선교에 대한 바울의 이런 관심과 관점은 제이 바울 서신으로 알려진 에베소서[12]에 나오는 다음과 같은 말씀들에서도 잘 드러나고 있다:

---

11 "His theology cannot be understood apart from his biography." Luz, *The Theology of the Gospel of Matthew*, 149.

12 '에베소서'와 '골로새서' 등은 바울이 직접 기록한 문서가 아니라 후에 바울의 추종자들 혹은 바울의 제자들에 의해 기록된 문서라는 의미에서 "The second Pauline Epistles" 혹은 "The post-Pauline Epistles"라고 불린다.

이방인들이 복음으로 말미암아 그리스도 예수 안에서 함께 후사가 되고 함께 지체가 되고 함께 약속에 참여하는 자가 됨이라(엡 3:6).

그는 우리의 화평이신지라 둘로 하나를 만드사 원수 된 것, 곧 중간에 막힌 담을 자기 육체로 허시고 조문들로 된 계명의 율법을 폐하셨으니 이는 이 둘로 자기 안에서 한 새 사람을 지어 화평하게 하시고, 또 십자가로 이 둘을 한 몸으로 하나님과 화목하게 하려 하심이라(엡 2:14).

그런데 우리는 바울 서신들보다 훨씬 뒤에 기록된 마태복음에서 바울과는 아주 다른 교훈을 만나게 된다. 예수 당시 그리고 1세기 팔레스타인에서는 "유대인으로서 이방인과 교제하며 가까이하는 것이 위법"(행 10:28)이었고, 그래서 "유대인이 사마리아인과 상종하지 아니하였다"13(요 4:9)는 점을 고려할 때, 마태복음에서 철저한 '유대적 민족주의'(The Jewish Particularism)와 함께 이방인들에 대한 강력한 배타주의가 강하게 드러나고 있는 것은 오히려 당연한 일이라고 생각될 수 있다. 실제로 마태복음 10:5-6에 보면, 마태복음의 예수는 열두 제자들을 사도로 택한 후에 그들을 전도 파송하면서 그들에게 이방인에 대한 선교는 물론 이방인과의 접촉도 금지하고 있다: "이방인의 길로도 가지 말고, 사마리아인의 도시에도 들어가지 말고 오히려 이스라엘 집의 잃어버린 양에게로 가라"(마 10:5-6).

---

13 헬라어 원문의 본래 의미는 *The New English Bible*(NEB)이 올바로 번역했듯이 "Jews and Samaritans... do not use vessels in Common"(유대인과 사마리아인들은… 같은 그릇을 함께 사용하지 않았다)이다.

그뿐만 아니라 마태복음의 예수는 자신이 이스라엘만을 위해 보냄을 받았지, 이방인을 위해 보냄을 받은 것이 아니라고 말한다. 예를 들어 마태복음 15:24에 보면, 예수는 자신을 찾아와 도움을 요청하는 이방인 가나안 여인을 향해서 "나는 이스라엘 집의 잃어버린 양 외에는 다른 데로 보내심을 받지 아니 하였노라"고 말하면서 "자녀의 떡을 취하여 개들에게 던짐이 마땅하지 아니하니라"(마 15:26)라는 모욕적인 말까지 덧붙인다. 이 말은 마치 마태복음의 예수가 "거룩한 것을 개들에게 주지 말고 진주를 돼지에게 던지지 말라"(마 7:6)고 말한 것을 상기시킨다. 유대인들에게 있어서 '개'와 '돼지'가 흔히 이방인들을 지칭하는 말이었다면, 이 구절의 말씀은 "이방인들을 위한 복음 전도를 금지하는 유대 기독교인의 명령으로 해석될 수 있다."[14]

또 마태복음의 예수는 제자들을 향해서 "내가 진정으로 너희에게 말한다. 너희가 이스라엘의 도시를 다 다니기 전에 인자가 올 것이다"(마 10:23), "내가 진정으로 너희에게 말한다. 새 세상에서 인자가 영광스런 자기의 보좌에 앉을 때에 나를 따른 너희도 열두 보좌에 앉아 이스라엘 열두 지파를 심판할 것이다"(마 19:28)라고 말한다. 이런 예수의 말씀들은 제자들의 복음 전도 활동의 범위가 "이스라엘의 도시들"과 "이스라엘의 열두 지파"에만 한정된 것 같은 인상을 주고 있다. 그런데 이런 예수의 말씀들이 오직 마태복음에서만 나타나고 있다는 점에서 오로지 마태복음 저자 자신의 유대적 관점을 반영하고

---

14 W. F. Albright and C. S. Mann, *Matthew* (The Anchor Bible, New York: Doubleday, 1981), 84; E. Schweizer, *The Good News According to Matthew* (John Knox Press, 1975), 169-170.

있는 것으로 보아야 마땅하다. 초대교회의 한편에서 바울이 이방인과 그들에 대한 선교 활동을 강조하고 있는 것과는 확연히 큰 차이를 보이는 점이 아닐 수 없다.

IV. 유대교와의 관계에 대한 상이한 관점

마태와 바울은 유대교를 바라보는 관점에서도 큰 차이를 보인다. 바울에게 있어서 실제의 유대교(갈 1:13-14)는 기독교 신앙과 날카롭게 대립되는 종교이다. 한 마디로 유대교는 율법에 기초한 종교, 따라서 행함과 공로의 원리에 의해서 지배되는 종교이다. 그리고 그런 원리에서 본다면 율법이 요구하는 것을 다 지키는 사람만이 의인이며, 살 수 있다(레 18:5; 갈 3:10-12; 롬 10:5). 이 행함의 원리, 곧 공로의 원리는 믿음으로 오는 의(義), 항상 우리 가까이 있는 의를 은혜로 받아들이는 사람만이 산다는 원리(롬 10:5-8)와는 완전히 대립된다. 그리스도는 인간을 공로의 원리로부터 해방시켰다. 따라서 바울은 유대교로부터 기독교로 통하는 길에는 분명한 단절이 있다고 보았다. 그래서 과거 유대교인 시절에 그에게 값지다고 생각되었던 것들이 이제 기독교인이 되어서는 모두 배설물로 생각되게 되었다(빌 3:7-9). 결국 바울에게 있어서 유대교와 기독교는 "근본적으로 서로 다른 그리고 서로 반대되는 두 개의 원리들"(Two Fundamentally opposing Principles)[15]일 뿐이다.

그러나 마태의 생각은 아주 다르다. 그는 유대교와 기독교 간에 어떤 괴리가 있다고 생각하지 않는다. 그는 다른 유대교 그룹들과의 논쟁, 특히 바리새인들과의 논쟁 가운데서 누가 참 이스라엘인가를 두고 논쟁하는 것으로 보고 있다. 마태 공동체는 자기들이 '참 이스라엘' 혹은 '새 이스라엘'이라는 그런 자기 이해를 갖고 있었다. 마태 공동체는 결코 자신들을 바울의 교회들이 그러했던 것처럼 이스라엘과는 완전히 구별된 새로운 실체로, 즉 유대인과 이방인 모두를 포함하는 그리스도의 몸으로 생각하지 않았다. 결과적으로 마태에게 있어서 유대교 신앙과 기독교 신앙 사이에, 성경과 그리스도 사이에 혹은 율법과 복음 사이에 근본적인 단절이 있는 것이 아니었다. 다만 예수의 가르침대로 행하지 않는 옛 이스라엘 지도자들과의 사이에 갈등과 괴리가 있을 뿐이다.

바울과 마태 간의 이런 분명한 차이들을 두고 루츠(Ulrich Luz)는 바울과 마태, "그들이 같은 예수 그리스도로부터 나왔지만, 그를 아주 다른 방법으로 해석하고 있다"고 말하면서 "마태와 바울 사이에는 심오한 긴장, 아마도 심연"(a profound Tension, perhaps even an Abyss)이 있다고 결론짓는다.16

---

15 Luz, *The Theology of the Gospel of Matthew*, 148.
16 Luz, *The Theology of the Gospel of Matthew*, 149.

V. 바울과 마태가 처해 있던 삶의 자리(Sitz-im-Leben)

이 같은 마태와 바울 간의 차이와 갈등은 도대체 어디에서 오는가? 물론 두 사람에게 영향을 준 전승들이 아주 다르다. 마태의 경우, 그것은 예수 전승이다. 즉, 마태에게 영향을 준 것은 예수, 그의 이야기 그리고 그의 가르침이다. 그런데 바울의 경우, 그의 신학적 사고의 근거를 이루고 있는 것은 예수의 십자가와 부활이다. 무엇보다도 두 사람의 개인적인 경험이 아주 다르다. 우리가 잘 알고 있는 바울에 의하면 그의 신학은 그의 생애와 구분돼서 이해될 수 없다. 다메섹 도상에서의 경험은 그의 신학 전체에 큰 흔적을 남겼다. 바울에게 있어서 그리스도는 유대인으로서의 자신의 과거 생애가 도대체 무엇이었는가를 묻게 만든 아주 새로운 것이었다. 분명히 그의 신학이 그와 같은 개인적인 경험으로부터 나왔기 때문에 그의 신학은 아주 개인적인 신학(a highly individual Theology)이라고 말할 수 있다. 바울은 거듭해서 자신이 어떻게 기독교인이 되었는지를 그의 신학 가운데서 상세히 설명하고 있다.

그러나 다른 한편으로 마태에 대한 우리의 지식이 좀 제한되어 있기는 하지만, 그래서 완전하지는 않지만, 그의 복음서는 결코 개인적인 경험에 의해 제한을 받고 있는 것이 아니라 오히려 그의 공동체의 경험에 의해 영향을 받고 있다. 그는 자신의 유대교 신앙과의 단절을 결코 느끼지 않았다. 마태 신학은 예수를 받아들이지 않으려는 다른 유대인들과의 논쟁과 그들의 증오심으로 인해 유발되었으며, 그의 공동체의 경험, 즉 믿음이 점차로 약화되는 것, 용기를 가지고 기도하지 못하는 것 그리고 의의 길에서 뒷걸음을 치는 것 등에 의해 유발되기도 했다. 마태의 끊임없는 관심은 어떻게 참된 기독교인으로 남느냐는 것이지 바울의 경우처럼 어떻게 기독교인이 되는가가 아니었다. 따라서 마태는 바울의 경우보다 더 '공동체의 신학자'(a Theologian of the Community)[17]라고 말할 수 있을 것이다.

결국 그들의 신학은 그들의 삶, 그들의 경험, 그들의 생애와 그들이 처해 있었던 상황으로부터 나온 것이다. 이런 의미에서 그들의 신학은 결국 상황적인 신학(a Contextual Theology)이라고 말할 수 있을 것이다. 이것을 달리 바울이 이방 기독교의 대표자인 데 비해서 마태는 유대 기독교의 수호자였다는 관점에서 두 사람의 차이를 이해할 수도 있을 것이다. 바울이 주로 상대했던 대상 그리고 그의 서신들의 주요 독자들은 아직 복음을 전해 받지 못한 이방인들이거나 이방 땅에서 그리스도를 믿기 시작한 이방인들이었던 반면에, 마태가 마태복음을 기록할 때 염두에 두었던 대상자들은 주로 유대교 전통 안에서 자라왔던 유대인 출신 기독교인들이었다. 무할례자들을 대상으로 복음을 전하는 이방인의 사도인 바울과 주로 할례자들을 대상으로 '기독교인들을 위한 신앙 교과서'를 기록하는 마태에게서 똑같은 설교나 교훈을 기대하기는 어려울 수밖에 없을 것이다. 마태는 1세기 말경 초대 기독교 안에서 이방 기독교를 통해 바울의 영향력이 너무 강화되고, 그가 마치 초대 기독교의 대표적인 대변자처럼 인식되는 것에 대한 반발의 일환으로, 유대 기독교의 입장에서 바울보다는 오히려 베드로가 더

---

17 Luz, *The Theology of the Gospel of Matthew*, 150.

중요한 사도임을[18] 그리고 예수의 전승을 토대로 바울의 교훈을 반박
하면서 억제하려고 했던 것으로 보인다.[19]

　　그러나 나중에 정경화 과정에서 초대교회 지도자들이 '바울의 서신
들'과 함께 '마태복음'을 각각 '기독교의 성경'으로 받아들이기로 확정
했다는 사실은 오히려 두 사람 간의 차이에도 불구하고 두 사람의
서로 다른 주장과 교훈이 모두 중요하고 필요했다는 것을 반증해 주고
있는 셈이다. 이렇게 볼 때 마태와 바울 간에는 오히려 유익하고도
생산적인 갈등이 있다고 보는 것이 옳을 것이다. 비록 그들이 서로
가까운 친구가 될 수는 없다고 할지라도 그들은 서로 정반대 입장에
서 있는 대적자들도 아니고, 오히려 같은 기독교의 복음을 서로 다른
관점에서 증거하고 있는 사람들이기 때문이다. 그들은 다만 서로 다른
기독교 공동체를 배경으로 그리고 서로 다른 신앙 전통에 속해 있는
기독교인들을 위해서 그리스도의 복음을 증거하며 해석하고 있는
것이라고 보아야 할 것이다. 따라서 우리로서는 그들이 각자 그들의

---

18 마태는 열두 제자의 명단을 소개하면서 다른 복음서들의 경우와 달리 베드로의 이름
　　앞에 'protos'(first)라는 단어를 첨가하여(마 10:2) 베드로의 우위성(the primacy
　　of Peter)을 강조했다. 또 가이사랴 빌립보에서 베드로가 신앙고백을 했을 때 예수가
　　베드로를 축복하고 그에게 '교회의 반석'이라고 말하면서 천국 열쇠를 맡겼다고 전함
　　으로써(마 16:17-19) 베드로가 가장 중요한 사도(the apostle par excellence)임
　　을 강조하고 있다. 마태의 이런 기록들은 마태가 바울을 의식하고 그를 폄하하기
　　위한 목적이었다고 생각할 때 가장 잘 이해될 수 있을 것이다.
19 마태복음의 기록 목적이 반바울주의(the anti-Paulinism)라는 주장이나 그 주제
　　에 대한 논란을 위해서는 W. D. Davies, *The Setting of the Sermon on the Mount*
　　(Cambridge University Press, 1977), 316-340; S. G. F. Brandon, *The Fall
　　of Jerusalem and the Christian Church*, 231-236 등을 참조할 수 있다.

능력과 형편에 따라 상대방의 약점을 지적함으로써 오히려 상대방을 보충-보완해주고 있다고 생각하는 것이 옳을 것이다.

9 장

예루살렘을 떠나는 예수
(Jesus' Departure from Jerusalem)

(눅 23:26-31)

예루살렘은 복음서에서 단순한 지명이 아니라 지리적으로나 신학적으로 아주 중요한 의미를 갖는 명칭이다. 특히 누가의 경우에서는 예루살렘의 중요성이 다른 어떤 복음서들보다 더욱 돋보이게 드러나고 있다. 예를 들어 누가복음에서는 예수의 복음이 갈릴리에서 예루살렘으로 그리고 사도행전에서는 다시 예루살렘에서 로마까지 전해지는 것으로 구성되어 있는 점에서 보듯이, 누가에게 있어서는 예루살렘이 지리적으로나 신학적으로 예수의 사역과 복음서 기록의 아주 중요한 축을 이루고 있다. 그래서 드러리(J. Drury)는 "예루살렘은 누가의 두 문서 전체의 움직임과 행동을 결정짓는 지리적 자석이다"라고 말했고,[1] 굴더(M. D. Goulder)는 "예루살렘은 누가의 신학적 우주의 중심

---

1 *Tradition and Design in Luke's Gospel* (Atlanta: John Knox Press, 1976), 52.

이다"라고 말한 바 있다.2 이런 점에서 '예루살렘'이라는 용어의 사용 빈도수가 누가복음의 경우 다른 복음서에 비해 아주 많다는 사실도 전혀 놀라운 일이 아니다.3 따라서 우리로서는 예수가 그의 공생애 사역과 관련하여 갈릴리 사역을 마치고 드디어 예루살렘에 들어가는 장면(Entry)과 예수가 마지막으로 예루살렘을 떠나는 장면(Departure)에 대한 기록이 누가복음에서는 다른 복음서들의 경우보다 신학적으로 더 중요한 의미를 갖는 사건으로 구성되어 소개되었을 것이라는 기대를 해보지 않을 수 없다.

예수가 갈릴리 사역을 마치고 마지막으로 예루살렘에 들어가던 때의 일은 모든 복음서에서 아주 의미 있는 사건으로 비교적 상세히 중요하게 다루어지고 있다('예수의 예루살렘 입성', 막 11:1-11; 마 21:1-11; 눅 19:28-44; 요 12:12-19). 마가복음에 의하면, 예수가 예루살렘에 입성할 때 많은 사람이 나와서 자기들의 겉옷을 길 위에 펴고 또 어떤 사람들은 들에서 생나무 가지를 꺾어다가 길 위에 깔아놓았고, 그 길 위로 예수가 나귀를 타고 대대적으로 환영받으며 예루살렘에 들어간 것으로 전해지고 있다(막 11:7-8). 그리고 그때 앞서가는 사람들과 뒤따라오는 사람들이 모두 큰 소리로 "호산나, 주의 이름으로 오시는 이여, 복이 있으라. 다가오는 우리 조상 다윗의 나라여, 복이 있으라.

---

2 *Type and History in Acts* (SPCK, 1964), 69.
3 '예루살렘'이라는 용어가 마가복음에서 11번, 마태복음에서 12번, 요한복음에서 13번 사용된 것에 비해서 누가복음에서는 32번, 사도행전에서는 60번 사용된 것만 보더라도 누가에게 있어서 '예루살렘'이 다른 복음서들에 비해 아주 중요한 관심사였음을 알 수 있다.

지극히 높은 곳에 계신 하나님, 호산나"라고 외치며 예수를 환영했던 것으로 전해지고 있다(막 11:10). 비록 무리가 예수를 향해 외쳤던 소리의 내용이 복음서마다 다소 차이를 보이고 있기는 하지만,4 예수가 많은 무리의 대대적인 환영을 받으면서 화려한 모습으로 예루살렘에 입성했다고 전해주는 점에서는 거의 아무런 차이가 없다고 말할 수 있다.5

예수의 예루살렘 입성 이야기가 이처럼 모든 복음서에서 어느 정도 신학적으로 아주 의미 있고 화려하게, 비교적 상세히 소개되고 있는 편이기는 하지만, 특히 누가복음에서는 이 이야기가 다른 복음서들에 비해서 좀 더 길고 상세하게 소개되고 있는 점이 다르다고 말할 수 있다. 예루살렘 입성 이야기를 위해 마가복음이 10구절(11:1-10), 마태복음이 9구절(21:1-9), 요한복음이 8구절(12:12-19)을 할애한 반면, 누가는 모두 16구절(19:28-44)을 할애하고 있다. 누가복음에서는 다른 복음서들에서 언급되지 않은 내용들이 더 첨가되어 소개되고 있기 때문이다. 누가가 더 첨가하여 기록한 내용은 다음의 두 가지이다. 첫째는 바리새파 사람들이 예수에게 환호하는 제자들을 꾸짖어

---

4 마태복음에서는 "호산나, 다윗의 자손이여, 찬송하리로다. 주의 이름으로 오시는 이여, 가장 높은 곳에서는 호산나"(마 21:9); 누가복음에서는 "찬송하리로다. 주의 이름으로 오시는 왕이여, 하늘에는 평화요 가장 높은 곳에서는 영광이로다"(눅 19:38); 요한복음에서는 "호산나, 찬송하리로다. 주의 이름으로 오시는 이 곧 이스라엘의 왕이시여"(요 12:13).

5 예수가 예루살렘에 입성하는 이야기가 네 복음서 모두에서 일반적으로 '승리적 입성'(the Triumphal Entry)혹은 대관식으로 행하는 '왕의 행진'(the Royal Procession)이라는 명칭으로 소개되고 있다.

잔잔케 하라는 요구에 대해 예수는 오히려 "내가 너희에게 말하노니 만일 이 사람들이 침묵하면 돌들이 소리 지르리라"고 말씀하신 내용(19:39-40)이고, 둘째는 예수가 예루살렘을 보며 우시면서 예루살렘의 멸망에 대해 예언하신 말씀(19:41-44)이다. 누가가 이런 내용들을 더 첨가하여 발전시킨 것은 분명히 그가 다른 복음서 기자들과 달리 예수의 예루살렘 입성 이야기에 더 많은 관심을 갖고 있었기 때문일 것이다. 그중에서도 특히 예수가 예루살렘에 들어가면서 예루살렘의 멸망에 대해 예언한 말씀을 첨가하여 기록한 것이 주목할 만하다. 복음서 기록들 간에 이런 몇 가지 중요한 차이점들이 있기는 하지만, 우리가 여기서 특별히 다루려고 하는 것이 예수의 입성 장면이 아니라, 예루살렘의 출성(Departure) 장면이기 때문에 예루살렘 입성 장면에 대해서는 더 이상 여기서 논의하지 않고자 한다.

우리가 여기서 집중하고자 하는 문제는 다음의 두 가지이다. 하나는 예수가 무리의 대대적인 환영 속에 예루살렘에 입성했다는 기록을 읽은 후 얼마 지나지 않아서, 곧바로 예수가 종교 지도자들에 의해 배척받고, 끝내 빌라도에게 넘겨져 사형 언도 받고, 군인들에 이끌려 처형장인 골고다로 나가기 위해 예루살렘을 떠나는 장면(Jesus' departure from Jerusalem)을 만나게 되는데, 이 장면에 대한 기록이 예수가 예루살렘에 입성할 때의 장면(Jesus' Entry into Jerusalem)과는 너무나도 대조적으로 그리고 너무나도 초라하게 아주 간단히 소개되고 있다는 점이다. 그리고 다른 하나는 그럼에도 불구하고 예수가 예루살렘을 떠날 때의 장면에 대한 누가복음의 기록이 다른 복음서 기록들과 너무나도 다르게 아주 의미 있게 보다 확대된 형태로 상세히 다루어지고 있다는 점이다.

　다른 복음서들에서는 예수가 예루살렘을 떠날 때의 장면에 대해 특별한 관심을 보이는 것 같지 않다. 특히 예수가 예루살렘을 떠나는 장면에 대해 전혀 아무런 관심도 기울이지 않은 것으로 보이는 대표적인 복음서는 아마도 요한복음일 것이다. 요한복음은 다음과 같은 언급 한마디로 예수가 예루살렘을 떠나는 장면을 아주 간단히 소개하고 있을 뿐이다: "그들(군인들)이 예수를 맡으매 예수께서 자기의 십자가를 지시고 해골(히브리 말로 골고다)이라 하는 곳에 나가셨다"(19:17). 요한은 예수가 군인들에 이끌리어 예루살렘을 떠나 처형장인 골고다로 나갔다고만 말하고 있을 뿐이지, 다른 복음서들에서 흔히 볼 수 있는 경우처럼 예수가 십자가를 지고 예루살렘을 떠날 때 구레네 시몬이 동행했다는 점에 대해서도 전혀 아무런 언급이 없다.

　다른 한편 마가복음은 "그들(=군인들)은 예수를 십자가에 못 박으려고 (예루살렘 밖 골고다로) 끌고 나갔습니다"(15:20)라는 말에 이어서 그때 마침 그곳을 지나가던 구레네 사람 시몬을 붙들어 그로 하여금 예수의 십자가를 지고 가게 했다는 이야기를 첨가하는 등 예수가 예루살렘을 떠나는 장면과 관련하여 요한복음과는 다르게 조금 확대된 형태를 보여주고 있다(막 15:21-22). 마가는 요한복음과 달리 예수가 죄인의 모습으로 예루살렘을 떠날 때 구레네 시몬이 그의 십자가를 지고, 마치 예수처럼 죄인의 모습으로 동행했다는 이야기를 첨가하여 전해주고 있다는 말이다. 마태복음과 누가복음도 이런 점에서는 마가복음의 기록과 크게 다르지 않다(마 27:32; 눅 23:26).

　물론 예수가 예루살렘을 떠나 처형장인 골고다로 가는 길이 종교 지도자들 및 다른 많은 사람으로부터 배척받고, 빌라도 총독의 사형 언도를 받아 죄인의 모습으로 처형장으로 끌려가는 길이기 때문에 그때의 이야기가 예수가 화려하게 승리적인 모습으로 또는 '왕의 행진' 처럼 예루살렘에 입성하던 때처럼 크게 부각되거나 강조될 필요가 없었을 것이라는 생각을 할 수도 있다. 그러나 그런 점을 고려한다고 하더라도 예수가 예루살렘에 입성할 때의 장면이 신학적으로 중요한 의미를 담은 채 화려하게 승리적인 모습으로 비교적 상세하게 기록되어 있는 점에 비한다면, 예수가 십자가 처형을 위해 예루살렘성을 떠날 때의 장면에 대한 이야기는 너무나도 간단하고 아주 초라하게, 상당히 비극적인 형태로 소개되고 있다는 사실을 부인할 수가 없다.

그러나 우리는 여기서 예수가 예루살렘을 떠날 때의 장면에 대한 기록과 관련하여 누가복음의 기록이 다른 복음서들의 경우와 확실히 다르다는 점에 먼저 주목할 필요가 있다. 무엇보다도 예수가 예루살렘을 떠나 처형장으로 가는 도중에 있었던 것으로 널리 알려져 있었던 일, 즉 구레네 시몬이 예수의 십자가를 대신 짊어지고 따랐다는 이야기에 덧붙여서 누가는, 아니 누가만이 별도로, 다른 복음서들에서는 전혀 찾아볼 수 없는 이야기들 몇 개를 더 소개하고 있기 때문이다. 누가만이 더 첨가하여 소개한 내용들 가운데 첫째는 여인들이 수많은 사람과 함께 예루살렘을 떠나 처형장으로 향하는 예수를 뒤를 따라가며 예수를 위해 슬피 울며 통곡했다는 이야기이다(23:27). 둘째는 예수가 이 여인들을 향해 "나를 위해 울지 말고 너희와 너희 자녀를 위해 울라"면서 장차 올 재앙의 날, 곧 예루살렘 멸망에 대해 예언하는 말씀들을 주셨다는 기록이다(눅 23:28-31). 그리고 셋째는 예수가 예루살렘을 떠나 처형장인 골고다로 향할 때 "또 다른 두 행악자도 사형을 받게 되어 예수와 함께 끌려 가니라"(23:32)는 기록이다.[6]

이 세 첨가문 중에서도 특히 누가만이 예수가 예루살렘을 떠나며 예루살렘 멸망에 대한 예언의 말씀을 주셨다는 이야기를 읽으면서, 우리는 오직 누가만이 다른 복음서 기자들과는 달리 예수가 예루살렘에 입성할 때의 이야기를 전해 줄 때도 예수가 예루살렘 멸망에 대해 예언한 말씀을 첨가했다는 사실을 기억하지 않을 수 없다. 결국 누가복음에서는 예수의 예루살렘 멸망에 대한 예언의 말씀이 예수가 예루살렘에 들어갈 때(Entry)와 예수가 예루살렘을 떠날 때(Departure)에 맞추어 반복적으로(19:41-44와 23:28-31) 소개됨으로써 입성과 출성 두 이야기를 이어주는 중요한 연결고리(a Keywords 혹은 a Catchwords)가 되고 있는 것을 볼 수 있다. 이처럼 누가가 예루살렘의 멸망에 대한 예수의 예언을 예수가 예루살렘에 들어갈 때와 떠날 때를 이용하고 강조하고 있는 것은 결국 누가에게 있어서는 예수가 예루살렘에 들어가서 십자가 처형 언도를 받고 또 십자가 처형을 위해 예루살렘을 떠나는 일이 예루살렘의 멸망과 관련하여 아주 중요한 의미를 갖는 사건이라고 생각했기 때문인 것으로 생각된다.

그리고 이와 함께 누가는 예수가 예루살렘을 떠날 때 있었던 이야기(눅 23:27-31)를 의도적으로 예수가 예루살렘에 들어갈 때 있었던

---

6 다른 복음서들에서는 다른 죄수 두 사람이 예수와 함께 사형장으로 끌려갔다는 언급은 전혀 없다. 다른 죄수 두 사람에 대한 언급이 마가복음에서는 골고다에서 예수와 함께 십자가에 달렸다는 언급에서 처음 나타나고 있을 뿐이고(막 15:17), 이것은 마태복음에서도 마찬가지이다(막 27:38).

이야기(눅 19:28-38)와 평행시켜 나란히, 대조적으로 소개하고 있다는 점에 대해서도 주목할 필요가 있다. 이것이 누가의 독특한 의도적 구성으로 보이기 때문이다. 이런 점은 무엇보다도 먼저 다음과 같이 같은 단어, 같은 주제 그리고 구약 인용이 똑같이 두 이야기에서 반복되어 나타나고 있는 사실에서 어느 정도 확인될 수 있다.

예루살렘 입성(入城) (눅 19:37-44) (Jesus' entry into Jerusalem)	예루살렘 출성(出城) (눅 23:26-31) (Jesus' departure from Jerusalem)
"예루살렘"(19:28, 41)	"예루살렘"(23:26, 28)
"제자의 온 무리"(19:37)	"여자의 큰 무리"(23:27)
"(예수가)·울다"(19:41)	"(여인들이)·울다"(23:28)
"날이 이를지라"(19:43)	"날이 이르면"(23:29)
"너와 네 자녀"(19:44)	"너와 네 자녀"(23:28)
"예루살렘 멸망에 대한 예언"(19:41-44)	"예루살렘 멸망에 대한 예언"(23:28-31)
구약(시 118:26) 인용(19:38)	구약(호 10:8) 인용(23:30)

둘째로 누가복음에서 예수가 예루살렘에 들어갈 때와 떠날 때의 이야기가 이처럼 서로 대조적으로 평행을 이루며 소개되고 있다는 점은 다음과 같은 사실들에서도 더 잘 드러나고 있다. 우선 예수가 예루살렘에 들어갈 때는 왕의 모습이었지만, 예루살렘을 떠날 때는 죄인의 모습이다. 즉, 예루살렘에 들어갈 때는 마치 왕으로 즉위하기 위한 대관식 행렬처럼 화려한 장면으로 소개되고 있다. 그래서 무리도 "기뻐하며 큰 소리로 하나님을 찬양하면서"(19:37) 예수를 향해 "찬송

하리로다 주의 이름으로 오시는 왕(King)이여"라고 외치고 있다.[7]
무리가 예수를 환영하며 찬양하는 이런 장면들이 예수가 왕으로서
예루살렘에 입성하는 모습을 더욱 돋보이게 만들고 있다. 반면에 예루
살렘을 떠나 처형장으로 향할 때의 예수는 십자가를 짊어진 채 로마
군인들에 의해 이끌려 가는 죄인의 모습이었고, 그 행렬은 대관식
행렬이 아닌 장례식 행렬과 같은 것이었다. 여인들이 "가슴을 치며
슬피 울면서"(23:27) 예수의 뒤를 따르는 모습이 침울한 장례 행렬의
분위기를 아주 잘 반영해 주고 있다.[8] 마치 개선장군처럼 왕의 모습으
로 예루살렘에 입성하던 예수와는 달리 이제는 예수가 죄인의 모습으
로 처형장을 향해 예루살렘을 떠나는 것으로 묘사되고 있다.

　셋째로 예수가 예루살렘에 입성할 때 그를 환영하던 무리는 시편
118:26을 인용하여 "주의 이름으로 오시는 왕이여, 복이 있으라"(눅
19:38)고 외치며 왕의 오심을 환영했는데, 예수가 예루살렘을 떠날
때는 호세아 10:8을 인용하여 예루살렘의 멸망을 예언하고 있는 것도
아주 대조적이다. 특히 호세아는 10장의 같은 문맥에서 이스라엘에
"왕이 없음"을 탄식했는데(호 10:3), 누가는 호세아 10:8의 인용을

---

7 마가복음에서는 "주의 이름으로 오시는 이" 혹은 "오는 우리 조상 다윗의 나라"라는
　호칭을(11:9-10) 그리고 마태복음에서는 "다윗의 자손이… 주의 이름으로 오시는
　이"라는 명칭을 사용했을 뿐이다. 그러나 요한복음에서는 누가의 경우와 비슷하게
　"주의 이름으로 오시는 이, 곧 이스라엘의 왕(King)"이라는 명칭을 사용하고 있다.
8 R. E. Brown은 예수가 예루살렘에 입성할 때와 떠날 때의 장면을 다음과 같이 대조
　적으로 묘사하고 있다: "예수는 19:37-44에서 제자들의 온 무리가 즐거워하며 왕을
　축복하는 노래를 부르는 가운데 예루살렘에 입성하였다. 그런데 이제 그는 그의 죽음
　을 애통해하는 수많은 무리의 백성들과 여인들이 뒤따르는 가운데 (예루살렘) 성으
　로부터 끌려 나가고 있다." *The Death of the Messiah*, 920.

통해서 예수의 십자가 처형으로 인해 왕으로 오신 분이 이제 왕의 자리를 잃고 퇴장하는 것을 탄식하고 있는 것처럼 보인다. 아마도 누가는 과거 이스라엘에 왕이 없어져 무정부 상태가 되었던 상황을 지금 이스라엘이 그들이 기대하며 소망하던 마지막 왕을 십자가에 못 박는 비극적 상황과 연관시켜 생각하고 있는 것으로 보인다.9 왕의 모습으로 예루살렘에 들어선 예수가 이제 예루살렘을 떠날 때는 로마 군인들에 의해 왕의 자리로부터 폐위된 죄인의 모습으로 처형장으로 끌려가고 있기 때문이다.

넷째로 예수가 예루살렘에 들어갈 때는 예루살렘의 멸망을 내다보며 "예수"가 눈물을 흘리며 "울었다"(눅 19:41). 그런데 예수가 예루살렘을 떠날 때는 예수의 죽음을 내다보며 "백성과 여자의 큰 무리"가 "슬피 울고 있다"(눅 23:27). 그런데 예수는 자기를 위해 슬피 울고 있는 여인들을 향해서 "나를 위하여 울지 말고 너희와 너희 자녀를 위하여 울라"고 말한다. 예루살렘이 멸망될 때는 여인들과 그들의 자녀들 모두가 다 예수처럼 죽임을 당하게 될 것이기 때문이다. 예수는 자신의 죽음에 대해 관심을 기울이고 있는 예루살렘의 딸들에게 예루살렘의 멸망에 더 관심을 가지라고 말하고 있다.

이처럼 우리는 예수가 예루살렘을 떠날 때의 장면에 대한 누가복음의 기록이 다른 복음서들과는 완전히 다르다는 점을 확인하게 된다. 즉, 누가만이 다른 복음서들에서 읽을 수 없는 내용(23:27-31), 곧

---

9 "They had cut off their nose to spite their face." F. W. Danker, *Jesus and the New Age: A Commentary on St. Luke's Gospel* (Philadelphia: Fortress Press, 1988), 372.

예수가 십자가에 처형당하기 위해 예루살렘성 밖으로 끌려 나갈 때 있었던 이야기를 소개하고 있고 또 그것이 예수가 예루살렘에 입성할 때의 이야기와 대조적으로 소개되고 있기 때문이다. 누가만이 다른 복음서들과 달리 예수가 예루살렘을 떠날 때의 장면과 관련하여 더 첨가하여 소개하고 있는 이야기는 다음과 같은 세 가지이다. 첫째는 로마 군인들이 예수를 사형에 처하려고 예루살렘 밖 골고다로 끌고 나갈 때, "백성과 및 그를 위하여 가슴을 치며 슬피 우는 여자들의 큰 무리가 따랐다"(23:27)는 점이다. 둘째는 예수가 그 여자들을 향하여 "예루살렘의 딸들아, 나를 위하여 울지 말고 너희와 너희 자녀를 위하여 울라. 보라 날이 이르면 사람이 말하기를 잉태하지 못하는 이와 해산하지 못한 배와 먹이지 못한 젖이 복이 있다 하리라. 그때에 사람이 산들을 대하여 우리 위에 무너지라 하며, 작은 산들을 대하여 우리를 덮으라 하리라. 푸른 나무에도 이같이 하거든 마른 나무에는 어떻게 되리요 하시니라"(23:28-31)고 말씀하셨다는 점이다. 그리고 셋째는 "또 다른 두 행악자도 사형을 받게 되어 예수와 함께 끌려가니라"(눅 23:32)는 언급이다.

누가복음에서만 읽을 수 있는 이런 내용은 누가가 자기만의 특수 자료에서 인용한 것일 수도 있고 또 자신이 직접 구성하여 삽입한 것일 수도 있다. 그러나 여하간 누가가 이런 내용을 다른 복음서들과 달리 그의 복음서에 첨가하여 기록했다는 점에서 이런 첨가 내용들은 누가의 특수한 신학적 관심사를 반영하고 있다고 보아야 할 것이다. 첫째로 누가는 다른 복음서들과는 달리 예수가 예루살렘을 떠나 처형 장으로 갈 때, 예수의 십자가를 지고 뒤따르는 구레네 시몬 이야기에 이어서, 아니 그것과 함께 예수를 뒤따르며 슬피 울며 통곡하는 여인들의 이야기를 별도로 첨가하여 대조시키고 있는 점에 주목할 필요가 있다.[10] 아마도 이 두 이야기를 함께 대조시켜 소개하는 의도는 예수를 따르기 위해서는 여인들의 경우처럼 단순히 감정적인 반응만 필요한 것이 아니라, 도리어 구레네 시몬의 경우처럼 예수의 십자가를 짊어지는 일, 즉 예수가 당하는 모욕과 고통까지 모두 짊어지는 일이 필요하다는 점을 함께 강조하기 위한 것이라고 생각할 수도 있다.

둘째로 누가만이 "또 다른 두 행악자도 사형을 받게 되어 예수와 함께 끌려 가니라"(23:32)라는 언급을 첨가했는데, 이것은 베드로가 주님과 함께 나눈 마지막 만찬 자리에서 "주여 내가 주와 함께 옥에도, 죽은 데에도 가기를 각오하였나이다"(눅 22:33)라고 말한 것을 상기시키기도 한다. 두 행악자가 베드로와 대조가 되기 때문이다. 실제로 마지막 죽음의 길에 예수를 '동행'한 것은 베드로가 아니라, '두 행악자'가 아닌가 말이다. 그러나 오히려 누가는 이 기록을 통해 누가복음 22:37에서 예수가 이사야 53:12을 인용하여 말했던 것, 즉 "그가 불법자의 동류로 여김을 받았다"는 예언이 그의 생애 마지막 순간에서도 '사실'로 드러나고 있다는 점을 밝히려고 했던 것이라고 생각된다.

셋째로 우리가 더 관심을 가져야 할 점은 누가가 "예수를 위해 통곡하고 있는 여인들"과 "예루살렘을 위해 통곡하고 있는 예수"를

---

10 E. Earle Ellis는 누가가 예수가 예루살렘을 떠나 처형장으로 가는 이야기와 관련하여 구레네 시몬의 이야기와 예수의 뒤를 따르며 슬피 우는 여인들의 이야기를 의도적으로 대조시키고 있다고 말한다. *The Gospel of Luke* (The New Century Bible Commentary, Wm.B. Eerdmans: Grand Rapids, 1987), 266.

대조시키고 있는 것이다. 이 점은 오직 누가만이 소개하고 있는 다음의 예루살렘에 대한 예언의 말씀에서 잘 드러나고 있다: "예루살렘의 딸들아, 나를 위하여 울지 말고 너희와 너희 자녀를 위하여 울라"(23:28). 누가의 기록에 의하면, 마치 예수에게 있어서는 여인들이 (그리고 누가복음의 독자들이) 정말로 통곡해야 할 일은 예수의 십자가 처형과 죽음이 아니라, 도리어 예루살렘의 멸망이었던 것으로 보인다. 누가가 13:33-35에서 그리고 다시 19:41-44과 21:20-24에서도 거듭 예루살렘이 멸망할 날에 대한 경고를 반복하는 이유가 바로 거기에 있는 것으로 보인다.[11]

　예수에게 있어서 그리고 누가에게 있어서도 예루살렘의 멸망이야말로 예루살렘의 딸들이 (그리고 누가복음의 독자들이) 자신들과 자신들의 자녀를 위하여 울어야 할 일이다. 그래서 이미 앞에서 예수는 "그날에는 아이 밴 자들과 젖먹이는 자들에게 화가 있을 것이라"(21:23)고 말한 바 있고, 여기서 다시 예루살렘이 멸망하는 날이 오면 오히려 "사람이 말하기를 잉태하지 못하는 이와 해산하지 못한 배와 먹이지 못한 젖이 복이 있다 하리라"(23:29)고 말하고 있다. 그리고 같은 의미에서 "그때에 사람들은 산을 향하여 나 위에 무너지라고 말하며 언덕을 향하여 우리를 덮으라고 말할 것이라"(23:30)고 언급한다. 이 말은 호세아 10:8에서 "이스라엘의 죄 곧 아웬의 산당은

---

11 누가복음에서는 예루살렘의 멸망에 대한 예언의 말씀이 여러 번 반복되고 있을(눅 13:33-35; 19:41-44; 21:20-24) 뿐만 아니라, 그와 함께 예수가 예루살렘에 올라가 고난을 받고 십자가에 못 박혀 죽을 것에 대한 예언의 말씀도 이른바 예수의 수난 예고 형태로 반복되고 있다(눅 9:22-27; 18:31-34).

파괴되어 가시와 찔레가 그 제단 위에 날 것이니 그때에 그들이 산더러 우리를 가리라 할 것이요, 작은 산더러 우리 위에 무너지라 하리라"는 말씀을 반영하는 것으로서 하나님의 엄청난 진노의 재앙을 가리키는 것으로 생각된다. 그러면서 누가복음 23:31에서 예수는 "푸른 나무에도 이같이 하거든 마른 나무에는 어떻게 되리요"라고 말씀하고 있는데, 이 말의 뜻은 "만약 그들(유대 지도자들과 백성들)이 (로마 사람들이 강제하지 않는) 좋은 때에도 이같이 나를 대하거든 하물며 (로마 사람들이 그들을 억압하는) 좋지 않은 시절에는 얼마나 더 나쁘겠느냐?"는 의미일 것으로 보인다.[12]

우리는 여기서 누가가 이처럼 예루살렘을 떠나 십자가 처형장 골고다로 가는 예수가 자신의 죽음을 위해 슬피 우는 예루살렘의 딸들을 향해서 예수의 죽음보다는 오히려 예루살렘의 멸망을 위해 울어야 한다는 점을 강조하는 가운데 '예수의 죽음'과 '예루살렘의 멸망'을 계속 대조시키고 있는 점에 특별히 주목해야 한다. 예수가 배척받고 죽임을 당한 곳이 바로 예루살렘이다. 예수의 예루살렘 입성(Entry)이 십자가의 죽음을 향한 길이었듯이 예수의 예루살렘 출성(Departure)도 죽음을 향한 길이었다. 그런데 예수는 예루살렘에 입성할 때 그리고 예루살렘을 출성할 때에도 예루살렘의 파괴와 멸망을 예언하고 있다.

---

12 R. E. Brown, *The Death of the Messiah: From Gethsemane to the Grave* (New York: Doubleday, 1994), 927. Frank J. Matera는 달리 다음과 같은 의미로 해석하고 있다: "만약 이런 일들이 무죄한 내게 일어났다면, 죄 있는 너희에게는 무슨 일이 일어나리요." *Passion Narratives and Gospel Theologies* (New York: Paulist Press, 1986), 183.

누가에게 있어서는 예수의 죽음이 예루살렘의 멸망과 불가분리의 관계에 있어 보인다. 따라서 누가에게 있어서는 예수가 예루살렘을 떠나는 사건이 결국 하나님의 영광이 예루살렘을 떠나는 일이며, 그래서 예수가 십자가에 처형되는 사건이 예루살렘이 "돌 위에 돌 하나 남지 않고 무너지는"(21:6) 사건과 밀접히 연관되어 있는 것으로 생각된다. 이 때문에 누가는 예수의 죽음에 못지않게 예루살렘의 멸망에 대해 큰 관심을 가지면서 그 둘을 서로 연관시켜 강조하고 있는 것이라고 생각된다.

따라서 우리는 누가복음에서 예수가 예루살렘에 들어갈 때 그리고 예루살렘을 떠날 때, 각각 예루살렘의 멸망에 대한 예언의 말씀이 반복적으로 소개되고 있는 이유는 누가에게 있어서 한편으로는 예수의 십자가 죽음이 예수를 배척한 예루살렘과 직접 연관되어 있기 때문이고, 또 다른 한편으로는 예수의 죽음과 예루살렘의 멸망이 서로 밀접히 연관되어 있기 때문이라고 보아야 할 것이다. 예수가 예루살렘으로 올라가는 것 자체가 그곳에서 죽임을 당하는 것과 관련되어 있었고(눅 18:31-33), 어떤 의미에서는 예수의 죽음이 곧 예루살렘의 멸망을 예고하는 것이기도 했다. 누가는 19:44에서 이미 예루살렘이 "돌 하나도 돌 위에 남기지 않고" 멸망한 이유를 가리켜 "하나님께서 너를 찾으신 때(the Time of your Visitation)를 네가 알지 못했기 때문"이라고 말했는데, 예수야말로 하나님이 직접 그의 백성을 돌보기 위해 찾아오신 구체적 계시의 현현이 아닌가?[13] 따라서 누가에게 있어서

---

13 눅 7:16에 의하면, "예수는 그의 백성들을 돌보시기 위해 오신 큰 선지자"이다. "예수

예루살렘의 멸망은 예루살렘이 예수를 알아보지 못하고 그를 받아들이지 못한 결과인 셈이다. 다시 말해서 누가에게 있어서 예루살렘의 멸망은 "예수를 죽인 것에 대한 하나님의 보복 행위"(an Act of divine Vengeance for the slaying of Christ)[14]에 지나지 않는 것이었다. 이렇게 볼 때 누가에게는 예수의 죽음 자체가 곧 예루살렘의 멸망을 상징하는 것일 수도 있으며, 결국 예수가 예루살렘을 떠나는 것은 하나님이 예루살렘을 떠나는 것, 곧 하나님이 예루살렘을 포기하고 버리는 것을 상징하는 것이라고 이해하는 것이 마땅할 것으로 생각된다. 누가가 다른 복음서 기자들과 달리 예수가 예루살렘을 떠나는 장면을 더 상세히 기록하면서, 특히 예수가 자기 뒤를 따르며 슬피 우는 여인들을 향해 "예루살렘의 딸들아, 나를 위하여 울지 말고 너희와 너희 자녀를 위하여 울라"(눅 23:28)고 말했음을 전하는 이유가 바로 여기에 있는 것으로 보인다.

자신이 하나님의 돌보심의 현현이다"(Jesus is the manifestation of God's visitation). F. W. Danker, *Jesus and the New Age: A commentary on St. Luke's Gospel* (Philadelphia: Fortress Press, 1973), 315.

14 S. G. F. Brandon, *The Fall of Jerusalem and the Christian Church* (London: SPCK, 1981), 207.

1 0 장
'바라바'라는 인물 다시 보기

(마 27:16-17)

복음서에 나오는 예수의 수난 이야기에 보면, 빌라도가 마지막으로 예수를 십자가에 처형하도록 결정하는 과정에서 명절에 백성들이 원하는 죄수 한 명을 석방해주는 관례에 따라 백성들에게 "너희는 내가 누구를 너희에게 놓아주기를 원하느냐? 바라바냐? 그리스도라 하는 예수냐?"(마 27:17)라고 묻는 장면 가운데서 '바라바'라는 이름이 처음으로 등장한다.[1] 그런데 바라바라는 인물에 대해 최초로 증언해준 마가복음에 의하면 바라바는 "민란을 꾸미고 그 민란 중에 살인하고 체포된 자"(막 15:7) 가운데 한 사람이다. 누가복음도 마가복음과 거의 비슷하게 바라바를 가리켜 "성 중에서 일어난 민란과 살인으로 말미암아 옥에 갇힌 자"(23:19)라고 말한다. 다른 한편으로 마태복음에서는

---

1 '바라바'라는 이름이 복음서들에서 모두 10번 나오는데, 마태복음에서 5번(27:16, 17, 20, 21, 26), 마가복음에서 3번(15:7, 11, 15), 누가복음(23:19)과 요한복음 (18:40) 각 한 번씩이다.

"유명한 죄수"(27:16) 그리고 요한복음에서는 "강도"(18:40)라고만 지적한다. 복음서들이 증거해 주는 이런 부류의 인물이라면, 바라바는 복음서를 읽는 독자들에게는 별로 관심의 대상이 될 만한 사람이 아닐 것으로 생각된다. 예수와 함께 십자가에 못 박혔다는 다른 두 강도보다도 오히려 더 관심거리가 될 수 없는 사람일 수도 있다.

그러나 복음서를 읽는 독자들이 '바라바'에 대해 계속 관심 갖게 되는 중요한 이유 가운데 하나, 다시 말해서 바라바와 관련해서 마음속에서 계속 사라지지 않는 의문 가운데 하나는 빌라도가 예수를 십자가에 처형하면서 오히려 바라바를 풀어주었다는 사실이다. 빌라도가 바라바는 풀어주고 예수를 십자가에 못 박은 그 이유가 전혀 분명하게 이해되지 않고 있기 때문이다. 마가복음은 바라바를 가리켜 "민란을 꾸미고 그 민란 중에 살인하고 체포된 자"(막 15:7)라고 말했는데, 그가 개입했다는 '민란'이라면 아마도 분명히 유대인들이 로마의 지배에 반항하던 투쟁 운동이었을 것이고, 그 민란 가운데 '살인'을 했다면 그 대상은 분명히 유대인이 아니라 로마 군인이거나 로마에 협력하는 반역자들이었을 것이다.[2] 또 요한복음이 바라바를 가리켜 '강도'(λησ τής)라고 말했지만, 그가 사용한 '강도'라는 말의 헬라어가, 요세푸스가 이미 그런 의미로 사용했던 바와 같이,[3] 흔히 '열심 당원'을 가리키는

---

2 Ched Myers는 여기서 말하는 '살인'은 시카리(Sicarii)파, 즉 단도 칼을 품속에 감추고 다녔던 극단파 '열심 당원들'의 행동 양식("characteristic of the modus operandi of the Sicarii... or dagger men")을 가리키는 것으로 보고 있다. *Binding the Strong Man*, 380.

3 Josephus, *Ant*. XX. 161; *War* II. 253.

용어였다면,4 분명히 바라바는 로마에 저항하는 반항 운동을 주도했던 열심 당원의 지도자 가운데 한 사람이었을 가능성이 많아 보인다. 이런 점을 염두에 둘 때 로마 총독인 빌라도가 예수를 십자가에 처형하면서 어떻게 바라바와 같은 인물을 풀어줄 수 있었을까 하는 의문을 쉽게 걷어낼 수 없는 것이 사실이다.

로마의 통치에 대한 반항 운동이 끊임없이 일어나고 있던 유대 땅에서, 그 땅을 다스리고 있는 로마 총독의 입장에서는 바라바와 같은 인물이라면 아무리 백성들이 원한다고 하더라도, 아니 백성들이 원하기 때문에 더욱 석방해서도 안 될 뿐만 아니라, 석방할 수도 없는 일이라는 생각이 들 수밖에 없다. 총독이라는 직책의 가장 중요한 임무 가운데 하나가 통치 지역 내에서 반항 운동이 일어나지 않도록 잘 관리하여 정치-사회적으로 안정을 꾀하는 일이 아닌가 말이다. 이런 관점에서 본다면 빌라도가 바라바를 풀어준 것은 어쩌면 총독으로서 할 수 없는 일, 해서도 안 될 일이고, 따라서 그가 바라바를 풀어준 일이 총독으로서의 직무 유기일 수도 있어 보인다.

그런데 복음서에 보면 빌라도가 예수를 십자가에 처형하고 오히려 바라바는 풀어주었다. 빌라도의 이런 결정을 우리는 어떻게 이해해야 하는가? 빌라도가 예수를 처형하고 바라바를 풀어준 진짜 이유는

---

4 Brandon, *Jesus and the Zealots*, 40, 108-109. K. H. Rengstorf도 *TDNT* 4, 258-229에서 'lestai'를 사실상 열심당원들과 동일시하고 있다. R. E. Brown에 의하면, "요 18:40b의 본문 증거들 가운데는 archilestes 또는 chief lestai로 표기된 것도 있으며," W. H. Davis는 '바라바'를 '군대를 이끌고 있는 자칭 메시아'로 보고 있기도 하다. *The Death of the Messiah: A Commentary on the Passion Narratives in the Four Gospels* (Doubleday: 11994), 797, n. 19.

도대체 무엇일까? 우리는 이 문제를 아주 다른 관점에서 읽어볼 필요가 있다. 가령 빌라도의 입장에서는 오히려 예수가 누구보다도, 아니 바라바보다도 더 경계해야 할, 그래서 우선적으로 제거해야 할 위험인물이라고 생각했기 때문이었다는 생각 말이다. 그 당시 예수가 활동하던 때는 바로 로마의 압제 밑에서 유대 백성들이 자기들을 로마로부터 해방시켜 줄 '메시아'를 간절히 기다리고 있던 때였다. 그리고 예수가 등장하자 많은 백성이 실제로 그를 메시아로 알고 열심히 추종하며 환영하고 있었다. 실제로 그를 따르던 유대 백성 중에 "우리는 이 사람이 이스라엘을 구속할 자라고 바랐노라"(눅 24:21)고 생각했던 사람들이 많이 있었다. 안드레도 "우리가 메시아를 만났다"(요 1:41) 라고 베드로에게 말해주었고, 그 이후 베드로는 실제로 예수를 메시아로 고백하기도 했다(막 8:29). 수많은 무리가 그렇게 믿고 예수를 따랐다.

"호산나, 다윗의 자손5이여"(마 21:9), "찬송하리로다 주의 이름으로 오시는 왕(King)이여"(눅 19:38), "호산나, 주의 이름으로 오시는 이6에게 복이 있으라. 이스라엘의 왕(King)에게 복이 있으라"(요 12:13)라고 외친 것이나 예수가 당시 유대 당국의 정치적 종교적 중심지인 예루살렘성전을 공격한 일들은 빌라도 총독으로 하여금 예수를 백성들이 고대하던 '메시아'이며, 그들이 기대하던 '왕'(King)이라고

---

5 '다윗의 자손'이라는 명칭 자체가 '메시아'를 가리키는 또 다른 명칭이기도 했다. 당시 '메시아'는 마땅히 '다윗의 자손' 가운데서 나온다는 믿음이 있었기 때문이다.
6 '오시는 이' 혹은 '오실 이'(He that Cometh)라는 표현 자체도 당시 유대인들 가운데서는 '메시아'를 가리키는 명칭으로 사용되고 있었다.

생각하게 만들기에 충분했을 수가 있다. 로마 총독 빌라도로서는 단순히 '살인자'나 '강도'로 생각되는 바라바 또는 "민란 중에 살인하고 체포된 자"(막 15:7)라는 바라바보다는, 오히려 예수가 정치적으로 더 두려워해야 할, 그래서 마땅히 먼저 제거해야 할 위험인물이라고 생각했을 수 있고, 그래서 예수를 십자가에 처형하고 바라바를 놓아주기로 결정했다고 볼 수도 있다.

물론 복음서들의 기록에 따르면, 빌라도가 예수에게 아무런 죄가 없다는 것을(눅 23:4, 14, 22; 요 18:38; 19:4, 6) 그리고 유대 종교 지도자들이 '시기' 때문에(막 15:10) 예수를 죽이려고 자기에게 넘겼다는 것을 잘 알고 있었다는 말이 나온다. 그래서 빌라도는 예수를 풀어주려는 의도를 거듭 드러내며(눅 23:16, 22) 석방하려고 힘쓰기도 했다(요 19:13)고도 전해진다. 그래서 복음서들에 보면, 대제사장들과 그들에 의해 선동된 백성들이 예수를 죽이려고 애썼던 반면에 오히려 로마 총독 빌라도는 예수의 무죄를 알고 풀어주려고 했다는 기록들이 나오고 있는 것이 사실이기도 하다.

그러나 복음서의 이런 기록들은 일반적으로 복음서 저자들이 반유대적(anti-Jewish)이며 친로마적(pro-Roman) 관점에서 예수의 죽음에 대한 책임을 로마로부터 유대인들에게로 돌리려는 의도에서 나온 것으로 해석되기도 한다.[7] 복음서들이 기록될 당시의 상황, 즉 초대 기독교인들이 유대 당국으로부터 그들의 주님이 당했던 것과

---

7 이 주제와 관련해서는 필자의 책, 『주요 주제를 통해 본 복음서들의 신학』(서울: 한들출판사, 2006), 125-156, "제5장 수난 설화에 나타난 반유대교적-친로마적 변증"를 참조할 수 있다.

똑같은 박해를 받으면서 복음을 로마 황제의 깃발이 휘날리고 있는 로마 세계를 향해 널리 전파하는 상황에서 예수가 로마 당국에 의해 십자가형이라는 극형에 의해 처형된 자라는 사실은 분명히 초대교회의 복음 선교에 큰 장애물로 생각될 수밖에 없었을 것이다. 로마 당국에 의해 정치적으로 처형된 자를 '주님'으로 또는 '구세주'로 믿으라고 전파하는 것이 마치 로마에 저항하며 반대하는 인상을 줄 수 있었기 때문이다. 그래서 복음서 저자들이 선교적 목적을 위해 예수가 그리고 그가 전한 복음이 로마 당국에 정치적으로 아무런 위협이 되지 않는다는 점을 보여주기 위해서 의도적으로 예수에 대한 유대 당국과 유대인들에 대한 반감과 함께 예수에 대한 빌라도 총독의 호의적인 입장을 강조했고, 결과적으로 로마와 기독교의 관계가 결코 적대적인 것이 아니라 우호적인 것이었음을 보여주려고 했던 것으로 해석되고 있다.

빌라도가 유대 백성들에게 "내가 바라바를 풀어주랴? 아니면 예수를 풀어주랴?"라고 물었다고 하지만, 실제로 이 질문은 빌라도 자신에게 주어진 아주 중요한 질문이라고 볼 수도 있다. 바라바와 예수 중 누구를 풀어주어야 하는가 하는 문제는 당시 유대 땅 안에서 로마에 대한 반항 운동이 들끓고 있는 상황에서 빌라도 총독 자신에게 아주 중요한 결정일 수밖에 없었을 것이기 때문이다. 그런데 우리가 보기에는 놀랍게도 그리고 의아스럽게도 빌라도는 바라바를 풀어주고 예수를 십자가에 처형하는 결정을 했다. 우리로서는 빌라도가 왜 그리고 어떻게 해서 이런 결정을 내리게 되었는지에 대해 궁금하지 않을 수 없고, 따라서 그 이유가 무엇인지 좀 더 알아볼 필요가 있다.

우리는 이런 의문의 실마리를 '바라바'가 그 사람의 본래 이름이 아니라 그 사람의 명칭 혹은 별명이고, 그의 본명이 또한 '예수'였다는 고대 사본 증거를 근거로 풀어볼 수 있을 것이라고 생각한다.[8] '바라바'라는 인물에 대한 언급이 최초로 나타나고 있는 마가복음 15:7에 보면, '바라바'를 가리켜 "바라바라 하는 자", 즉 "바라바라고 불리는 자"(ὁ λεγόμενος Βαραββᾶς one who is called Barabbas)라고 기록되어 있다. 이것은 그의 이름이 따로 있었고, 흔히는 "바라바라고 불리기도 했던 사람"이었다는 말로 이해할 수도 있다. 더구나 '바라바'라는 말 자체는 'bar'(아들)와 'abba'(아버지)의 합성어이고, 그 의미는 "아버지의 아들"(Son of the Father)이라는 뜻이다.[9] 따라서 그가 그의 본연의 이름보다는 오히려 마치 별명처럼 '바라바', 곧 '(하나님) 아버지의 아들'이라고 불렸다는 의미일 수도 있다. 베드로를 가리켜 예수가 '바요나 시몬'(Simon Bar-Jona), 즉 '요나의 아들 시몬'이라고 불렀을 때(마 16:17)처럼 말이다.[10]

우리는 마태복음 27:16의 헬라어 사본들 가운데 "바라바 예수(Jesus Barabas)라고 불리는 유명한 죄수"라고 표기된 것들도 있다는 사실에 다시 주목할 필요가 있다.[11] 바라바가 '바라바 예수'라고 불리

---

8 우리말 개역개정의 마 27:17의 난외주에 보더라도 "어떤 사본에 바라바라 하는 예수"라고 되어 있다는 설명이 첨가되어 있다.

9 동일한 이름을 가진 사람들을 구별하기 위해 아버지의 이름을 사용하는 경우가 많이 있다(patronymic). 예를 들어 영어에서도 "Johnson"이라는 이름이 "son of John"이라는 의미를 갖듯이 말이다.

10 예수가 예루살렘에 입성하기 직전에 여리고에서 고쳐준 맹인을 가리켜 "바디매오"라고 불렀는데, "바디매오"(Bartimimaeus)도 "디매오의 아들"이라는 뜻이다(막 10:46).

11 R. E. Brown은 마태복음의 원문이 'Jesus Barabbas'로 표기되어 있다고 주장하는

기도 했었다는 것은 그의 본래 이름이 '예수'였다는 것을 의미할 수 있기 때문이다. '예수'라는 이름이 구약 히브리어 '여호수아'의 헬라어 이름이기도 하기 때문에 예수 당시에 유대인들 가운데 '예수'라는 이름을 사용한 사람들이 많이 있었을 것이라고 생각하는 것은 그리 어려운 일이 아니다.12 더 흥미로운 사실은 초대 교부 가운데 한 사람인 오리겐 (Origen)이 자기가 알고 있던 가이사랴 사본에 대한 여러 증거들을 근거로 마태복음 27:16-17에 대한 주석을 쓰는 가운데서 다음과 같은 기록을 남기고 있다는 점이다: "많은 사본들 가운데서는 바라바가 예수라고 불리기도 했다는 점이 언급되고 있지 않고 있는데, 아마도 (그렇게 언급되지 않은 것이) 옳다." 그리고 오리겐은 계속되는 글 가운데서 자신이 "바라바라는 예수"(Jesus Barabbas)라는 독법이 옳지 않다고 보는 이유에 대해 "우리는 성서 전반에 걸쳐 죄인인 그 어느 누구도 예수라고 불릴 수 없다는 것을 알기 때문이라"고 언급한 바 있다.13 우리는 오리겐의 이런 기록 가운데서도 바라바의 본래 이름이 예수였을 가능성, 따라서 그가 '바라바 예수'라고 불리기도 했고, 그래서 '바라바 예수'라고 표기된 사본들이 존재하게 되었다는 사실을 확인

학자들의 이름을 구체적으로 밝히고 있다(Allen, Bertram, Burkitt, Goguel, Grundmann, Klostermann, Lohmeyer, Moffatt, Streeter, Trilling 등등). *The Death of the Messiah*, 799, n. 22.

12 Josephus는 1세기 팔레스타인에 예수라는 이름을 가진 사람이 열두 명이나 있었다고 언급한 바 있다. Brown, *The Death of Messiah*, 798. 만일 나사렛에 예수라는 이름을 가진 또 다른 사람들이 있었다면 아마도 예수는 'Jesus Barioseph'(son of Joseph: 요 1:45; 6:42)이라고 불렸을 것이다.

13 Bruce M. Metzger, *A Textual Commentary on the Greek New Testament* (United Bible Societies, 1971), 67.

할 수 있게 된다.

그래서 10세기에 기록된 대문자 사본 가운데 하나(S)와 열한 개가 량이나 되는 소문자 사본들에 보면, 마태복음 27:16-17과 관련한 난외 주석 가운데에는 다음과 같은 설명이 붙어있기도 하다: "내가 만난 많은 고대 필사본들 가운데서 나는 바라바 자신이 예수로 불리기도 했음을 발견했다. 즉 빌라도가 제기했던 질문은 "너희는 내가 둘 중 누구를 놓아주기 원하느냐? 바라바라는 예수냐 아니면 그리스도라는 예수냐?"는 것이었다.[14] 이것은 결국 그 당시 빌라도 앞에는 '바라바라고 불리는 예수'라는 인물과 '그리스도라고 불리는 예수'라는 인물 두 사람이 서 있었다는 말이기도 하다.

빌라도로서는 좀 당황스럽고 혼란한 상황이기도 했을 것이다. 빌라도로서는 예수라는 같은 이름을 가진 두 인물, 곧 '(하나님) 아버지의 아들'이라고 불리는 예수와 '그리스도'라고 불리는 예수라는 두 사람을 놓고 누구를 풀어주어야 하는가 하는 문제 앞에 직면했던 셈이다. 그리고 유대 나라의 문화와 풍습에 대해 제대로 된 올바른 이해를 갖지 못했던 빌라도로서는 '(하나님) 아버지의 아들' 예수가 좀 더 '종교적인 인물'로 생각되었고, 그에 비해 메시아라는 의미를 가진 '그리스도라고 불리는 예수'가 더 '정치적인 인물'로, 그래서 그가 정치적으로 더 위험한 존재라고 생각했을 가능성도 있다. 그리고 바로 이런 생각이 결국 그로 하여금 끝내 '아버지의 아들'이라고 불리는 바라바를 놓아주고 '그리스도'라고 불리는 예수를 처형하는 결정을

---

14 Metzger, *A Textual Commentary on the Greek New Testament*, 67.

내리게 만들었을지도 모른다.

빌라도가 예수를 심문하면서 "네가 유대인의 왕(King)이냐?"(막 15:2)고 물었고, 무리가 대제사장들의 선동을 받아 차라리 바라바를 놓아달라고 요청했을 때 빌라도가 "그러면 너희가 유대인의 왕(King)이라 하는 이를 내가 어떻게 하랴?"(막 15:12)라고 말했고, 끝내 십자가 위에 '유대인의 왕(King)'이라고 쓴 죄패를 달아 예수를 처형한 것을 보더라도 빌라도는 처음부터 끝까지 예수를 '유대인의 왕(King)'으로, 즉 정치적으로 위험한, 그래서 바라바보다 먼저 제거해야 할 인물이라고 판단했을 수 있다. 그리고 이런 판단이 바로 빌라도가 끝내 바라바를 놓아주고 예수를 처형한 결정적인 이유라고 생각해볼 수 있다.

또 빌라도가 바라바를 풀어주는 결정을 하게 된 배경에는 당시 자신들의 현상 유지(status quo)를 위해서, 즉 로마와의 평화적인 관계를 유지하기 위해서 적극적으로 로마 총독에 협조하던 대제사장 계급들[15]의 강력한 요청도 크게 작용했을 것으로 보인다. 대제사장 계급들은 자기들의 권위에 도전하는 것으로 생각되는 예수를 계속 죽이려고 했었고(막 14:55; 마 27:1,20), 누가복음에 의하면 그들이 빌라도에게 예수를 고소한 내용도 "백성을 미혹하고 가이사에게 세금 바치는 것을 금하며 자칭 왕 그리스도라 했다"(23:2)는 정치적 죄목이

---

15 당시 로마 총독이 대제사장의 임명권을 갖고 행사하기도 했다는 점을 기억할 필요가 있다. 시리아의 행정장관으로 있던 구레뇨(Quirinius)는 대제사장 요아자르(Joazar)가 로마에 상당히 협조적이었음에도 불구하고 그를 폐위시킨 것이 좋은 실례이다 (*Ant*. xviii.26).

었다. 그리고 마지막에 빌라도가 "바라바와 예수 중 누구를 놓아주기 원하느냐?"고 물었을 때, "대제사장들이 무리를 충동하여 도리어 바라바를 놓아 달라 하게"(막 15:11) 했기 때문에 빌라도로서는 더 쉽게 그들의 요청을 받아들여 예수를 처형하고 바라바를 풀어주는 결단을 내릴 수 있었을 것으로 생각된다. 결국 예수가 처형되고 바라바가 풀려난 것은 바라바의 정체, 특히 그의 이름에 대한 빌라도의 잘못된 오해와 예수를 제거하려고 했던 대제사장 계급들의 음모가 결합하여 만들어 낸 결과물이라고 보는 것이 옳을 것이다.

11장
예수의 무덤을 지킨 경비병들의 이야기

(마 27:62-66; 28:11-15)

복음서 중에서는 오직 마태복음만이 "예수의 무덤을 지킨 경비병들의 이야기"를 전해주고 있다. 그 내용은 다음과 같다. 대제사장들과 바리새인들은 예수가 십자가에 처형당하고 아리마대 요셉의 무덤에 매장된 직후에 빌라도를 찾아가 혹시 예수의 제자들이 예수의 시신을 훔쳐 가서 예수가 다시 살아났다고 백성들을 미혹할지 모르니 무덤을 단단히 지키게 하라고 말했다. 빌라도는 너희에게 경비병이 있으니 가서 지키라고 허락했다. 그러나 안식일 후 첫날 여인들이 무덤을 다녀간 후에 무덤이 비어있는 것을 발견한 경비병들은 그 사실을 대제사장에게 즉각 보고했다. 그러자 대제사장들과 장로들은 경비병들을 돈으로 매수하여 자기들이 잠든 사이에 예수의 제자들이 밤중에 와서 시신을 훔쳐 갔다고 말하라고 사주했다는 이야기이다(마 27:62-66; 28:11-15).

그런데 마가복음에 의하면, 예수가 "막달라 마리아와 요세의 어머니 마리아"가 지켜보는 가운데 아리마대 요셉의 무덤에 매장된 날이 "준비일, 곧 안식일 전날"(막 15:42), 곧 성금요일(the Holy Friday)이었다. 그리고 예수가 무덤에 매장된 이후 "막달라 마리아와 야고보의 어머니 마리아와 살로메"가 예수의 빈 무덤을 찾았던 날이 "안식 후 첫날"(막 16:2)인 일요일, 곧 '주님의 날'(the Lord's Day)이었다. 그러니까 예수는 '안식일 전날'인 금요일에 매장되었고, '안식일 후 첫날'인 일요일, 곧 '주님의 날'(the Lord's Day)에 부활한 셈이다. 그런데 예수가 매장된 금요일과 부활한 일요일 사이, 즉 토요일 하루 동안에 있었던 일에 대해서는 전혀 아무런 이야기도 전혀 전해지는 것이 없다.

그런데 오직 누가복음만이 예수의 매장이 있었던 금요일과 예수가 부활한 일요일 사이에 있었던 일에 대해 다음과 같이 아주 간략하게 진술해주고 있다: "그들(여인들)이 돌아가 향품과 향유를 준비하더라. 그리고 안식일에는 계명을 따라[1] 쉬느라"(눅 23:56). 결국 누가는 마가가 아무런 이야기도 전해주지 않고 있는 매장(the Holy Friday)과 부활(the Lord's Day) 사이에 있었던 일에 대해 여인들이 안식일 전날에 향품과 향유를 준비해 놓은 채, "안식일에는 아무 일도 하지 말고 거룩하게 지키라"는 계명(출 20:8-10)을 잘 지키며 쉬고 있었다고 전해주고 있는 셈이다.[2]

---

1 "계명을 따라"(according to the Commandment)라는 누가복음의 이 문구가 베자 사본(Codex Bezae)에는 빠져 있는데, 이것은 아마도 예수를 믿는 사람들이 안식일 법에 매여 있다는 인상을 주지 않기 위한 것으로 보인다.

2 예수와 그의 추종자들이 율법을 잘 지키고 있었음을 전해주는 누가의 이런 관점은 누가복음의 서두에서 예수가 "모세의 법대로"(눅 2:22) 정결 예식을 받았고, "관례를 따라"(눅 2:42) 열두 살 때 예루살렘성전을 찾았다고 전하는 데서도 잘 드러나고 있다.

그런데 오직 마태복음에서만 예수가 매장된 이후 부활할 때까지, 즉 안식일 전날인 성금요일(the Holy Friday)과 안식일 이후 첫날인 '주님의 날'(the Lord's Day) 사이에 '대제사장들과 바리새인들'의 요청과 빌라도의 허락에 따라 경비병들이 예수의 무덤을 지키고 있었다는 이야기가 제법 길게 전해지고 있다. 그것도 두 부분(마 27:62-66과 마 28:11-15)으로 나뉘어서 말이다.[3] 오직 마태복음에서만 전해지고 있다는 점에서 이 이야기는 '완전히 마태적인'(Thoroughly Matthean)[4] 이야기라고 생각되며, 따라서 여기에서 우리는 예수의 부활에 관한 그 당시 유대 당국 적대자들의 비판적이며 논쟁적인 평가에 대한 마태복음 저자의 특별한 신학적 관심사를 엿볼 수 있게 된다. 그것이 무엇인지 살펴보기 이전에 먼저 우리는 거의 같은 내용을 전해주고 있는 외경 「베드로 복음서」의 내용부터 알아보기로 하자.

---

3 R. E. Brown은 마태가 복음서 마지막 부분에서 무덤 경비병의 이야기를 두 부분으로 나누어 기록한 것을 그가 복음서 시작 부분에서 헤롯왕의 유아 학살 명령을 두 부분(마 2:1-12와 마 2:16-18)으로 나누어 기록한 것에 비유하고 있다. *The Death of the Messiah: A Commentary on the Passion Narratives in the Four Gospels* (N.Y.: Doubleday, 1994), 1302. 예수의 탄생 설화에서 헤롯과 대제사장과 율법 학자들(2:4)이 예수를 죽이려 했으나 죽이지 못했듯이, 매장과 부활 설화에서 빌라도와 대제사장과 바리새인들(27:62)이 예수를 무덤에 가두려 했으나 가두지 못했음을 보여주고 있는 것이다.

4 이 이야기에 나오는 어휘와 문체가 '마태적'이라는 점에 대해서는 R. H. Gundry의 마태복음 주석(*Matthew: A Commentary on his Literary and Theological Art*, Grand Rapids, 1981)의 해당 본문을 살펴보면 잘 알 수 있다. R. H. Fuller는 마태가 마가복음에 나오는 매장 이야기에 무덤을 지키는 경비병 이야기를 '첨가'한 것으로 보고 있다. *The Formation of the Resurrection Narratives* (Philadelphia: Fortress Press, 1980), 72.

I. 외경 「베드로 복음서」에 나오는 무덤을 지킨 경비병의 이야기

마태복음에서만 읽을 수 있는 '무덤을 지킨 경비병 이야기'(마 27:62-66; 28:11-15)가 외경 가운데 하나인 「베드로 복음서」 8:28-11:49에서는 훨씬 더 상세히 소개되고 있다. 마태복음에서는 경비병 이야기가 비교적 간단히 그리고 부활 이전(마 27:62-66)과 부활 이후(마 28:11-15)로 나뉘어 두 번에 걸쳐 소개되고 있는 데 비해서 「베드로 복음서」에서는 무덤을 지킨 경비병 이야기가 8:1에서 11:7까지 다음과 같이 상세하게 마치 하나의 연속된 이야기처럼 아주 길게 비교적 상세히 소개되고 있는 것이 다르다.[5]

> 8장 ¹율법학자들과 바리새인들과 제사장들이 함께 모였다. 그리고 그들은 모든 백성들이 애통하며 가슴을 치고 있다는 말을 듣고는 말했다: "만약 그의 죽음이 이런 놀라운 표징들을 만들어낸 것이라면, 그는 전적으로 무죄하였음에 틀림없을 것이다!" ²그들은 놀라서 빌라도에게 가서 그에게 요청했다. ³"우리에게 군인들을 보내주어서, (우리로) 그의 무덤을 삼일 동안 지키게 하옵소서. 혹시 그의 제자들이

---

5 「베드로 복음서」는 2세기 전반 이후에 경전 복음서들을 토대로 구성되었다는 것이 대다수 학자의 공통된 의견이다("most scholars agreed that Peter was dependent on the canonical gospels and composed no earlier than the first half of the second century"). R. J. Miller(ed.), *The Complete Gospels* (A Polebridge Press Book, 1992), 399. 따라서 「베드로 복음서」에 기록된 '무덤을 지키는 경비병들의 이야기'는 분명히 마태복음을 근거로 발전된 형태일 것이라고 보아야 할 것이다.

와서 그의 시신을 훔쳐가서, 사람들이 그가 죽은 자 가운데서 부활하여 우리에게 해를 끼칠 것이라고 생각할지 모릅니다."⁴그래서 빌라도가 그들에게 군인들과 함께 백부장 페트로니우스를 보내주어 무덤을 지키게 하였다. 그래서 장로들과 율법 학자들은 그들과 함께 무덤으로 갔다. ⁵그리고 백부장과 군인들의 도움을 받아 그곳에 있던 모든 사람들이 큰 돌을 굴려 무덤 입구를 막았다. ⁶그들은 무덤에 일곱 개의 봉인을 했다. 그리고 그들은 그곳에 장막을 치고 계속 지켰다.

9장 ¹안식일 일찍이 첫 번째 빛이 비칠 때, 예루살렘과 주변 지역으로부터 한 무리가 봉인된 무덤을 보러 왔다. ²그러나 주님의 날이 밝기 전 밤 동안에, 군인들이 교대 시간마다 둘씩 경계를 서고 있을 때, 하늘로부터 큰 소리가 들렸다. ³그리고 그들은 하늘이 열리고 두 사람이 환한 빛 가운데 하늘로부터 내려와 무덤으로 다가가는 것을 보았다. ⁴입구를 막아놓았던 돌이 스스로 구르기 시작하여, 한쪽으로 옮겨졌다. 그래서 무덤이 열렸고, 두 젊은이가 안으로 들어갔다.⁶

10장 ¹군인들이 이것을 보고는 장로들과 함께 백부장을 잠에서 깨웠다. (장로들도 그곳에서 계속 지키고 있었음을 기억해야 한다.) ²그들이 자기들이 본 것을 설명해주고 있을 때, 그들은 세 사람이 무덤을

---

6 '두 젊은이'를 언급하고 있는데, 정경 복음서의 경우 마가복음에서는 "흰옷을 입은 한 젊은이"(16:5), 누가복음에서는 "찬란한 옷을 입은 두 천사", 요한복음에서는 "흰옷 입은 두 천사"(20:12)라고 기록되어 있는 점들로 볼 때, '젊은이'라는 표현은 '천사'를 의미하는 것으로 보인다.

떠나는데, 두 사람이 세 번째 사람을 엄호하고 있고, 십자가가 그들을 따르고 있는 것을 보았다. [3]두 사람의 머리는 하늘까지 도달했는데, 그들이 손을 잡고 인도하던 세 번째 사람의 머리는 하늘 위까지 도달했다. [4]그리고 그들은 하늘로부터 이런 음성을 들었다. "너희는 잠자는 자들에게 전파했느냐?" [5]그리고 십자가로부터 대답이 들려왔다: "네, 그렇게 했습니다."

11장 [1]이 사람들은 이런 것들을 빌라도에게 가서 보고를 해야 할지에 대해 서로 논의하였다. [2]그들이 여전히 이것에 대해 생각하고 있을 때, 다시 하늘이 열리고 사람과 같은 존재가 내려와 무덤으로 들어가는 것이 보였다. [3]백부장의 일행들이 이것을 보고는 그들이 지켜야 할 것으로 생각되는 무덤을 떠나 밤길로 빌라도에게 달려갔다. 그리고 그들이 보았던 모든 것을 설명할 때, 그들은 몹시 혼란스러워져서 소리 질렀다. "진실로 그 사람은 하나님의 아들이다!" [4]빌라도가 응답하여 말하였다. "나는 하나님의 아들의 피에 대해 깨끗하다. 이것은 모두 너희들이 한 짓이다." [5]그러자 그들 모두가 빌라도 주변에 모여들어, 백부장과 그의 군인들에게 그들이 본 것을 아무에게도 말하지 못하도록 명령을 내리라고 요청했다. [6]그들이 말했다. "보시오, 우리가 유대 백성들의 손에 잡혀 돌에 맞기보다는 도리어 하나님 앞에 가장 큰 죄를 짓는 것이 더 좋을 것입니다." [7]그러자 빌라도가 백부장과 그의 군인들에게 아무 말도 하지 말라고 명령했다.

이와 같은 「베드로 복음서」의 상세한 내용에도 불구하고 한 가지 흥미로운 사실은 「베드로 복음서」에서는 로마 군인들이 돈을 받고 자기들이 잠든 사이에 밤중에 제자들이 와서 예수의 시신을 훔쳐 갔다고 거짓 소문을 냈다는 마태복음의 언급(28:11-15)을 전혀 찾아볼 수 없다는 점이다. 따라서 대제사장과 장로들이 경비병들에게 많은 돈을 집어주며 예수의 제자들이 예수의 시체를 훔쳐 갔다고 말하게 시킨 일 역시 마태가 구성하여 '첨가'한 것으로 생각된다. 마태는 이미 26:3에서 '대제사장들과 장로들'이 함께 모여 예수를 죽이기로 의논하고 가룟 유다에게 은전(argyrion)을 주어 예수를 넘기게 했었는데, 28:12에서도 '대제사장들과 장로들'이 함께 모여 의논한 끝에 경비병들에게 은전(argyrion)을 주어 예수의 제자들이 예수의 시신을 훔쳐 갔다고 말하게 했다. 가룟 유다도 그리고 경비병들도 대제사장들이 시킨 그대로 이행했다는 말이다. 이미 대제사장은 예수를 죽이려고 그에 대한 거짓 증거를 찾은 바 있었는데(마 26:59), 여기서도 그들은 경비병들에게 거짓말을 하도록 사주함으로써 마태는 대제사장으로 대표되는 유대 당국자들이 예수를 죽이기 위해 계속 일관성 있는 태도를 취해 왔음을 강조하고 있다.

반면에 「베드로 복음서」에서는 마태복음의 기록과는 달리 장로들과 율법 학자들도 경비병들과 함께 무덤을 지켰다고 전한다. 그리고 당시 무덤을 지켰던 로마 군인의 백부장 이름이 페트로니우스였다는 점도 밝혀주고 있고 또 밤에 하늘로부터 두 사람이 내려와 무덤에 들어갔다가 세 번째 사람(=예수?)을 데리고 나와 하늘로 올라갔다고, 예수가 부활하여 하늘로 올라간 것에 관한 설명까지 해준다. 「베드로

복음서」의 기록 연대가 2세기 중엽으로 추산되고 있기 때문에[7] 「베드로 복음서」에 기록된 이런 내용들은 대부분 마태복음의 본문을 기초로 나중에 더 확대 발전된 것으로 생각된다.

II. 무덤을 지킨 경비병 이야기의 역사성 문제

일반적으로 이 이야기의 역사성은 의심받았고 부인되어 왔다. 그런 판단의 근거로 여러 가지가 지적되어 왔다. 이 이야기에서는 역사적 사실로 이해하기 어려운 '놀라운 특징' 여러 가지가 드러나기 때문이다.

첫째, 마태복음 27:62에 의하면, 대제사장들과 바리새인들이 빌라도를 찾아가 예수의 무덤에 돌을 인봉하고 경비병들을 세워 단단히 지키게 해달라고 요청했던 날이 '이튿날 곧 예비일 다음 날'이었다고 한다. 즉, 그날이 '안식일'이라는 말이다. 더구나 외경 「베드로 복음서」에 의하면, 율법 학자들과 장로들이 군인들과 함께 무덤으로 달려가 함께 무덤을 지켰던 것으로 전해지고 있다(8:4; 10:1). 이런 일은 율법 학자들이나 장로들이 안식일에 절대로 할 수 없는, 해서는 안 되는 '반율법적 행동'이다.

---

7 "most scholars agreed that Peter was dependent on the canonical gospels and composed no earlier than the first half of the second century," R. J. Miller(ed.), *The Complete Gospels* (Santa Rosa, California: A Polebridge Press, 1994), 399.

둘째, 유대 종교 지도자들이 빌라도에게 "그 무덤을 사흘까지 굳게 지키게 하소서"라고 요청했는데, 그 요청 자체가 예수가 '사흘 만에' 다시 살아났다는 초대교회의 케리그마(고전 15:4)를 반영하고 있을 뿐만 아니라, 나중에 여인들이 예수의 매장 이후 '사흘 만에' 빈 무덤을 찾아갔다고 전하는 복음서 전승을 반영해 주고 있다. 더구나 예수의 수난 이야기 가운데서는 전혀 등장하지 않고 있는 '바리새인들'[8]이 여기에 예외적으로 대제사장들과 함께 등장하고 있는데, 바리새인들이 복음서에서 예수의 죽음에 적극적으로 참여하지 않았던 점을 고려할 때, 여기에서 바리새인들이 등장한 것은 바리새인들이 기독교인들의 주요 적대자들로 활동하던 70년 이후의 역사적 상황을 반영하는 것으로 보인다.

셋째, 27:63에 보면, '대제사장들과 바리새인들'이 예수가 살아있을 때 "내가 사흘 후에 다시 살아나리라"고 말했던 것을 기억한다고 했는데, 이 부활 예고는 예수가 열두 제자 앞에서, 그들에게만 했던 말이기에(마 16:21; 17:23; 20:19) '대제사장들과 바리새인들'이 직접 듣고 기억할 수 있는 말이 아니다. 그래서 브라운(Brown)은 다음과 같이 말한다: "이 이야기 가운데서 정말로 놀라운 것은 대제사장들과 바리새인들이 예수가 하신 말씀의 내용뿐만 아니라 그것이 그의 부활을 가리키는 것이라는 점을 정확하게 이해하고 있었다는 것이다."[9]

---

8 경전 복음서 수난 설화들에서는 여기 이외에 오직 요 18:3에서만 '바리새인'이 등장할 뿐이다. 마태복음에서는 수난 설화가 아닌 예수의 비유(악한 포도원 농부 비유) 가운데서 다시 '바리새인들'이 대제사장들과 함께 예수의 주요 적대자로 언급되고 있다(마 21:45).

더구나 "예수 자신의 부활 예고가 부활절 이후에 예수 전승에 첨가된 것이라고 생각할 수 있는 충분한 이유가 있기 때문에, 이 이야기가 부활절 이후에 생겨난 것이라는 또 다른 증거일 수 있다."[10]

넷째, 유대 당국자들이 예수를 가리켜 "저 미혹자"(that Imposter)[11]라고 말하면서 27:64에 보면, "나중 미혹이 처음 미혹보다 더 크다"(the last fraud will be worse than the first)라는 말이 나오는데, 여기서 '처음 미혹'은 예수가 메시아라는 주장이요, '나중 미혹'은 예수가 부활했다는 주장을 가리키는 것으로 보인다.[12] 그런데 유대 당국자들이 예수가 메시아라는 주장을 가리켜 '처음 미혹'이라고 그리고 그가 죽은 지 사흘 만에 다시 살아났다는 주장을 가리켜 '나중 미혹'이라고 말하면서 초대교회의 신앙을 공격하는 이런 상황은 예수의 부활 이후 초대교회 안에서 마태 공동체와 유대인 회당 간에서 벌어졌던 논쟁과 관련된 것이기에 역사적 예수의 상황을 반영하는 것이라고 보기 어렵다. 따라서 27:63은 부활 이후의 마태 공동체의 케리그마를 그리고 그것에 대한 유대교 회당 당국 반발을 전제하고 있는 것으로 생각된다.[13] 이런 점들이 모두 이 이야기가 예수의 부활 이후 초대교회 안에서

---

9 Brown, *The Death of the Messiah*, 1291.

10 Fuller, *The Formation of the Resurrection Narratives*, 72-73.

11 요 7:12에 보면, 유대 사람들 가운데서 예수를 가리켜 "백성을 미혹한다"고 말하는 사람들이 있었다는 말이 나온다. 그리고 바벨론 탈무드(Sanhedrin 43a)에서는 예수가 "a deceiver or beguiler of the people"로 묘사되고 있다. Frank J. Matera, *Passion Narratives and Gospel Theologies: Interpreting the Synoptics Through Their Passion Stories* (N.Y.: Paulist Press, 1986), 119.

12 J. C. Fenton, *The Gospel of Saint Matthew* (The Pelican Gospel Commentary, Balimore Pelican Books, 1963), 448.

생겨난 역사적 상황을 가리키고 있다.[14] 그래서 불트만도 마태복음 27:62-66에 나오는 무덤 경비병 이야기를 나중에 "변증적인 이유로 첨부된 전설"(the Legend... for apologetic Reasons)이라고 말한다.[15]

이 이야기의 역사성에 대해 의문을 제기하는 또 다른 이유 가운데 하나는 이 이야기를 27:62에서 28:15까지를 하나의 단위로, 즉 경비병 이야기를 부활 혹은 빈 무덤 이야기와 연결시켜 읽을 경우 이 이야기에 초역사적인 내용들이 많이 포함되어 있다는 점 때문이기도 하다. 즉, 예수가 매장된 무덤에 하늘로부터 천사가 내려와 입구를 막았던 돌을 굴렸다(28:2-3)는 등등의 이야기는 분명히 역사적인 사건에 대한 증언으로 보기 어렵다. 또한 본문 이야기에 담겨 있는 변증적인 내용과 성격도 이 본문의 이야기를 역사적인 것으로 보기 어렵게 만드는 요인이라고 생각할 수 있다. 그렇지만 다른 한편으로는 변증적인 것과 역사적인 것이 꼭 배치되는 것도 아니라는 점에서 그리고 또 역사적인 이야기에 나중에 초역사적인 내용이 일부 첨가되었다고 볼 수도 있다는 점에서 위의 두 가지 이유가 이 본문 이야기의 역사성을 부인하기 위한 설득력 있는 근거로 받아들이기 어렵다는 지적도 있기는 하다.

그렇지만 브라운은 이 본문의 역사성을 인정하기 어려운 근거를

---

13 Fuller, *The Formation of the Resurrection Narratives*, 72.

14 Fuller, *The Formation of the Resurrection Narratives*, 72-73.

15 R. Bultmann, *History of the Synoptic Tradition* (N.Y.: Harper & Row, 1968), 274; Nils Alstrup Dahl도 마 27:62-66, 28:2-4, 28:11-15를 가리켜 "the apologetic legend"라고 말한다. "The Passion Narrative in Matthew," *The Interpretation of Matthew*, ed. by G. Stanton (Philadelphia: Fortress Press, 1983), 43.

오히려 다른 데서 찾고 있다. 다른 복음서들에서는 무덤에 경비병을 세워 지키게 했다는 이야기가 전혀 나오지 않기 때문이다. 더구나 무덤에 경비병이 있었다는 것을 사실로 받아들이게 되면 오히려 예수의 무덤에 관한 복음서 기록들을 이해하기가 더 어려워진다는 문제가 있다. 경전 복음서들의 기록에 의하면, 부활절 아침에 여인들이 무덤을 찾아갔다고 전한다. 그런데 그 여인들은 무덤에 들어가기 위해 "누가 우리를 위하여 무덤 문에서 돌을 굴려 주리요?"(막 16:3)라는 걱정은 했어도 무덤을 지키는 경비병들을 어떻게 피할 수 있을 것인지에 대한 걱정은 하지 않았다. 무덤의 입구를 막았던 돌에 대한 걱정보다는 오히려 경비병들에 대한 걱정이 더 컸을 터인데도 말이다. 만약 다른 사람들, 특히 예수의 제자들의 접근을 막기 위해서 경비병들을 무덤 앞에 세운 것이 정말 사실이라면, 분명히 복음서 기자들은 여인들이 어떻게 경비병들을 피해 무덤에 들어가려고 했었고, 실제로 어떻게 들어갔는지에 대해 설명이 있어야만 했다. 마태복음에서 여인들이 무덤에 도착했을 때 천사가 내려와 무덤을 막고 있는 돌을 굴려냈다고 말하고 있기는 하지만(마 28:2), 그때도 무덤을 지키던 경비병에 대한 언급은 없다. 이런 점들 때문에 브라운은 다음과 같이 말한다: "내적인 증거와 외적인 증거가 모두 우리로 하여금 역사성을 받아들일 수 없게 만든다"(there is neither internal nor external evidence to cause us to affirm historicity).[16] 따라서 우리로서는 이 이야기 역시 역사적

---

16 Brown, *The Death of the Messiah*, 1312; Davies and Allison도 같은 점을 지적한다: "마가, 누가 그리고 요한이 모두 예수의 무덤을 방문한 사람들에게 돌이 장애물이 될 것을 알고 있었지만, 그러나 경비병에 대해서는 아무 말도 없다. 그 밖에 우리는

사실에 대한 기록이기보다는 오히려 초대교회의 신앙적인 고백의 한 형태라고 생각해야 옳을 것이다.

III. 무덤을 지킨 경비병 이야기의 '삶의 자리'와 그 신학적 의도

마태가 전하는 이 이야기 가운데는 분명히 마태복음이 기록될 당시 유대인들 가운데서 돌고 있는 유언비어, 곧 예수의 제자들이 예수의 시신을 훔쳐 가서는 예수가 부활했다고 전파한다는 악의적인 소문이 있었고, 그런 소문과 비판을 논박하기 위한 마태 공동체의 신앙적 관심이 내포되어 있는 것으로 보아야 한다. 아마도 이와 같은 논쟁적인 요소는 이 이야기의 최근 혹은 마지막 단계, 즉 유대교 논쟁가들이 예수를 '미혹하는 사람'(27:63)이라고 공격하던 단계, 즉 마태 공동체의 기독교인들과 유대교 회당 당국자들 간에 계속적으로 논쟁이 벌어지던 상황을 반영하는 것으로 생각된다. 데이비스와 엘리슨(Davies and Allison)은 좀 더 구체적으로 예수의 부활을 믿는 마태 공동체와 예수의 부활을 믿지 않는 유대인 회당 공동체 간에 다음과 같은 논쟁이 있었을 것이고, 그런 논쟁이 '무덤을 지킨 경비병 이야기'로 발전되어 전해진 것으로 가정하고 있다.[17]

유대 당국자들이 예수의 부활 선포를 예견하고 있었다는 것에 대해 의심하게 된다." *A Critical and Exegetical Commentary on the Gospel according to Matthew*, III (Edinburgh: Clark, 1991), 653.

마태 공동체: 예수는 죽은 자들 가운데서 부활하셨고 그의 무덤은 비어
　　있었다(28:6).

유대인 적대자들: 그렇다면 예수가 실제로 죽었던 것이 아닐 수 있지
　　않은가?

마태 공동체: 그렇지 않다. 예수가 십자가에 처형되었을 때 로마 군인
　　들이 곁에 있었고, 예수가 숨을 거두자 빌라도가 예수의 시신을
　　내어주라고 명령하여(27:58) 아리마대 요셉이 자기 새 무덤에 모
　　신 다음에 큰 돌로 무덤 문을 막았다.

유대인 적대자들: 그렇다면 무덤 안에서 시체 간에 혼동이 생긴 것은
　　아닌가?

마태 공동체: 그렇지 않다. 예수를 따르던 여인들이 예수께서 매장되
　　던 자리를 직접 목격한 바 있다(27:61).

적대자들: 그렇다면 제자들이 예수께서 "삼일 후에 다시 부활할 것이
　　라"는 예언을 확인시켜주기 위해서 예수의 시신을 훔쳐 간 것이
　　다.

마태 공동체: 그럴 수 없다. 제자들은 예수께서 체포되었을 때 이미 다
　　도망갔고, 그 이후 예수 근처에는 예수의 제자들이 없었다
　　(26:56).

적대자들: 그렇다면 다른 사람들이 예수의 시신을 훔쳐 간 것이다.

마태 공동체: 무덤은 큰 돌로 막혀 있었고, 또 봉인되어 있었을 뿐만 아
　　니라, 로마 군인들이 지키고 있었다(27:62-66).

---

17 Davies and Allison, *Matthew* III, 652-653.

유대인 적대자들: 그러나 로마 군인들은 잠들어 있지 않았는가?

마태 공동체: 그들은 돈을 받고 그렇게 말하고 있는 것뿐이다(28:12-15).

따라서 무덤을 지킨 경비병 이야기는 예수의 부활을 두고 마태의 신앙 공동체와 유대 회당 당국자들 간에 벌어졌던 심각한 논쟁의 산물이었다고 보는 것이 옳을 것이다. 이런 점에서 볼 때, "군인들이 돈을 받고 가르친 대로 하였으니, 이 말이 오늘날까지 유대인 가운데 두루 퍼지니라"(28:15)는 이 마지막 언급은 마태복음이 기록되던 1세기 말경에 예수의 부활을 두고 마태 공동체와 지역 회당 당국자들 간의 관점이 얼마나 날카롭게 서로 대립되어 있었는지를 그리고 예수의 추종자들이 대부분 유대인 출신임에도 불구하고 이제는 자신들을 더 이상 자신들을 유대인으로 생각하고 있지 않았음을, 따라서 당시 마태 공동체와 회당 공동체 간의 장벽이 얼마나 넘을 수 없을 정도로 높았었는지를 다시 한번 더 강조해주고 있는 것으로 생각된다.[18]

---

18 Graham N. Stanton, *A Gospel for a New People: Studies in Matthew* (Westminster/ John Knox Press, Louisville, Kentucky, 1993), 179.

1 2 장
'땅끝까지'의 의미(행 1:8)

　　누가는 사도행전 1:8에서 부활하신 예수가 제자들에게 나타나 "성령이 너희에게 임하시면 너희는 권능을 받고 예루살렘과 온 유대와 사마리아와 땅끝까지(ἕως ἐσχάτου τῆς γῆς)[1] 이르러 내 증인이 되리라"고 말씀했다고 전한다. 복음 전파의 최종 목적지를 '땅끝까지'로 규정한 것처럼 보인다. 그런데 이 누가는 복음이 먼저 예수에 의해서 갈릴리에서 예루살렘까지(누가복음) 그리고 그 후에 다시 그의 제자들, 특히 바울에 의해 예루살렘에서 로마까지(사도행전) 전해졌음을 기록으로 남기고 있다.[2] 더구나 사도행전 1:8은 복음 전파의 세 단계를

1　'땅끝까지'(ἕως ἐσχάτου τῆς γῆς)라는 문구는 신약성경에 행 1:8과 13:47에서 두 번만 사용되었다. 그런데 행 13:47의 경우는 구약 이사야서 49:6의 인용 형태로 나타나고 있다.

2　누가복음의 제목을 간혹 "갈릴리에서 예루살렘까지" 혹은 "예루살렘으로 가는 길"이라고 그리고 사도행전의 제목을 "예루살렘에서 로마까지" 혹은 "로마로 가는 길"이라고 부르기도 하지만, 누가의 지리학에서는 갈릴리나 로마보다는 예루살렘이 중심이 되고 있는 것이 사실이다.

지리적으로 '예루살렘과 유대', '사마리아' 그리고 '땅끝'으로 보고 있는데, 사도행전에 따르면 '예루살렘과 유대'는 예수의 뒤를 이어 열두 사도들에 의해서, '사마리아'는 스데반의 순교에 뒤이어 빌립에 의해서 복음이 전파되었고, 그 이후에 바울이 복음을 들고 '땅끝'이라고 생각되는 '로마'에 들어간 것으로 끝나고 있다. 이처럼 누가 문서가 갈릴리-예루살렘-로마라는 지리적 구도 아래 기록되어 있는 데다가 그 당시 로마가 정치적으로 광범위하게 세계를 지배하고 있던 이 세상의 중심지로 생각되고 있었기 때문에 복음이 로마에 전해진다는 것이 곧 복음이 '땅끝까지' 전해진 것이라는 생각을 가능하게 해주었던 것으로 보인다. 더구나 사도행전에서 바울의 선교 여행이 실제로 그가 로마에 들어가서 바울이 "주 예수 그리스도에 관한 모든 것을 담대하게 거침없이 가르치더라"(행 28:31)라는 말로 끝나고 있지 않은가? 그래서 사도행전 1:8에서 언급된 '땅끝'(the end of the earth)이라는 말이 로마를 상징한다고 생각하는 것이 아주 자연스러워 보인다.

더구나 사도행전 19:21에서 바울이 그의 전도 여행 가운데서 "내가 거기(=예루살렘) 갔다가 후에 로마도 보아야 하리라"고 말했고, 23:11에서는 환상 가운데서 "밤에 주께서 바울 곁에 서서 이르시되 담대하라. 네가 예루살렘에서 나의 일을 증언한 것 같이 로마에서도 증언하여야 하리라 하셨다"는 말씀이 있고, 더 나아가 27:24에서는 바울이 주님으로부터 "바울아, 두려워하지 말라. 네가 가이사 앞에 서야 하겠다"는 말씀을 들었다는 것 때문에 바울의 선교 여행의 최종 목표지가 결국 로마라고 또는 로마여야 한다고 흔히들 생각했던 것이 사실이다.

그러나 실제에 있어서는 사도행전에서 로마가 지명으로서 그리고 특히 바울의 선교 대상 지역이나 특히 바울 선교의 최종 목적지로 그렇게 중요하게 부각되어 있는 것도 아니다. 이런 점은 '누가 문서'에서 '로마'라는 단어의 사용 빈도수에서도 어느 정도 엿보인다. 즉, '로마'라는 단어는 사도행전에 오직 6번만 사용되고 있을 뿐이다(행 2:10; 18:2; 19:21; 23:11; 28:14; 28:16). '예루살렘'이라는 단어가 사도행전에서만 60번 사용되고 있는 것과는 아주 대조적이다. 더구나 6번 사용된 '로마'에 대한 언급 중에서도 2:10과 18:2는 단순한 지명에 대한 언급이었고, 19:21과 23:11은 바울의 선교 여행 중 가보아야 할 경유지로 언급된 것들이고, 나머지 28:14와 28:16은 단순히 바울이 로마에 도착한 것에 대한 언급일 뿐이다. 로마가 바울의 선교 최종 목적지란 의미로 사용된 것이 아닐 수 있다는 말이다. 이런 점들 때문에 우리는 누가 문서의 지리학에서는 오히려 예루살렘이 중요한 중심축으로 복음 선교의 출발점이고 종착점이지 로마가 선교의 최종 목적지로 강조되고 있는 것은 아니라고 생각된다. 그래서 실제로 브로울리(Brawley)는 "비록 사도행전이 예루살렘에서 시작하여 로마에서 끝나고 있기는 하지만… 사도행전의 이야기는 실제로 예루살렘과 확대된 선교 활동 사이의 왕복 운동이다… 사도행전의 지리학에서 강조점은 처음부터 끝까지 반복적으로 (로마가 아니라) 예루살렘에 떨어지고 있다"라고 말한 바 있다.[3]

무엇보다도 우리는 로마가 분명히 바울의 선교 여행의 최종 목적지

---

3 R. L. Brawley, *Luke-Acts and the Jews: Conflict, Apology, and Conciliation* (SBL Monograph Series, Atlanta. Georgia: Scholars Press, 1987), 35-36.

가 아니었다는 점을 기억할 필요가 있다. 바울 자신이 로마서 15:28에서 로마에 있는 교인들을 향해 "너희에게 들렀다가 서바나로 가리라"라고 말했던 점으로 미루어 볼 때 그리고 15:23에서 "서바나로 갈 때에 너희에게 가기를 바라고 있었다"고 언급한 점으로 볼 때, 바울의 복음 전도 활동과 관련해서 로마는 분명히 그의 선교 여행 가운데 '중요한 경유지' 가운데 하나였을 뿐, 그의 선교의 '최종 목적지'는 아니었던 것이 분명해 보인다. 더구나 바울이 예루살렘에서 유대 사람과 이방 사람들 앞에서 자신의 선교 활동에 대해 언급하면서 "하늘에서 보이신 것을 내가 거스르지 아니하고 먼저 다메섹과 예루살렘에 있는 사람과 유대 온 땅과 이방인에게까지 회개하고 하나님께로 돌아와서 회개에 합당한 일을 하라"(행 26:20)고 전했다고 증거할 때에도[4] 로마에 대해서는 직접적으로 전혀 아무런 언급도 하지 않은 채, 도리어 "이방인에게까지"라고만 말했을 뿐이다. 이것은 바울의 선교 여행 가운데서 로마가 최종 목적지가 될 만큼 그렇게 중요하지 않았기 때문이라고 생각할 수 있다.

또한 바울이 복음을 들고 로마에 들어갔을 때, 로마에는 이미 복음을 받아들인 믿음의 형제들이 있었다는 점에도 주목할 필요가 있다. 로마는 바울 이전에 이미 다른 누군가에 의해서 복음화되어 있었다는 말이다. 오순절 성령 강림 때 세계 각 곳으로부터 예루살렘에 모여든

---

4 행 1:8에 나오는 예수의 선교 명령과 행 26:20에서 바울이 자신의 선교 활동을 요약한 말씀은 복음의 지리적 확장과 관련해서 상당히 비슷하다("apparent parallels between Acts 1:8 and Paul's resume of his mission in 26:20"). Brawley, *Luke-Acts and the Jews*, 31.

사람 중에는 "로마로부터 온 나그네 곧 유대인과 유대교에 들어온 사람들"(행 2:10)이 있었다고 했는데, 아마 바로 이런 사람들을 통해서 복음이 초기에 로마에 전해졌을 것이라고 생각할 수도 있다. 글라우디오 황제가 칙령을 내려 유대인들을 로마로부터 축출할 때, 아굴라와 그의 아내 브리스길라가 로마를 떠나 고린도로 옮겨왔던 것으로 전해지는데, 로마에 맨 처음 복음을 전해준 사람이 바로 이 부부일 수도 있다(행 18:2).5 이것이 사실이라면 바울이 로마에 들어가기도 전인 주후 48년에 이미 로마에 기독교인들이 있었다는 것을 의미할 것이며, 이것은 또한 로마가 바울의 복음 선교의 최종 목적지가 될 수 없다는 것을 의미할 수 있다. 사도행전은 바울이 로마에 들어갔을 때, 로마에 있는 믿음의 형제들이 아피온 광장과 트레스 막사까지 바울의 일행을 맞으러 나왔었다고 전해주고 있기 때문이다(행 28:14-15). 따라서 로마 교회는 분명히 바울이 아닌 다른 누군가에 의해서 이미 복음을 전해 받았고, 이처럼 로마 교회는 바울이 로마에 이르기 전에 이미 존재하고 있었기에 새로운 복음 선교의 대상지 혹은 최종 목표지가 될 필요도 없었던 셈이다. 바울 자신이 로마서 15:20에서 "내가 그리스도의 이름을 부르는 곳에는 복음을 전하지 않기로 힘썼노니 이는 남의 터 위에 건축하지 아니하려 함이니라"고 말한 점을 보더라도 로마가

---

5 '브리스길라와 아굴라' 부부는 이미 주의 도를 배워서 열심히 예수에 대한 사실을 가르치던 알렉산드리아 태생의 아볼로를 데려다가 하나님의 도를 더 자세히 설명해준 사람이며(행 18:25-26), 고린도에 있던 그의 집이 교회로 사용되기도 했고(고전 16:19), 고린도에서 바울을 만나 그를 도와준 일로 바울로부터 '나의 동역자'라고 인정받기도 했던(롬 16:3), 초대교회의 중요한 선교사들 가운데 하나였던 것으로 알려지고 있다.

바울의 선교 대상 지역은 물론, 선교의 최종 목적지라고 생각하기는 어려워 보인다. 이런 여러 가지 이유 때문에 누가에게 있어서 '땅끝까지'라는 말이 바울의 선교 최종 목적지인 로마를 가리키는 것이라는 생각을 받아들이기는 어려워 보인다.

그렇다면 누가가 사도행전 1:8에서 '땅끝까지'(ἕως ἐσχάτου τῆς γῆς)라는 말을 사용했을 때 그는 이 문구를 어떤 의미로 사용했다고 보아야 할 것인가? 우선 우리는 누가가 '땅끝까지'라는 말을 '지리적인 의미'보다는 오히려 '인종적인 의미'로 사용했다고 생각해 볼 필요가 있다. 누가가 사도행전 1:8에서 "땅끝까지(ἕως ἐσχάτου τῆς γῆς) 이르러 내 증인이 되리라"고 말한 이후에 다시 13:47에서 바울과 바나바가 "주께서 우리에게 '내가 너를 세워 이방 사람들에게 비치는 빛이 되게 하여 땅끝까지(ἕως ἐσχάτου τῆς γῆς) 구원하게 하리라'고 명령하셨습니다"라는 구약 이사야 49:6의 말씀을 인용했을 때, 누가에게 있어서 '땅끝까지'(to the end of the earth)라는 말은 결코 지리적인 의미에서 '로마'를 가리키는 상징(a symbol)이 아니라,[6] 오히려 그 앞에 언급된 '이방 사람들'을 가리키는 문구로 해석하는 것이 더 옳을 것으로 보이기 때문이다.

바울과 바나바가 사도행전 13:47에서 인용했던 이사야 49:6의 본문에서도 '땅끝까지'(ἕως ἐσχάτου τῆς γῆς)라는 말이 '이방 사람들에게 비치는 빛'(a light for the Gentiles)이라는 말과 거의 동의어처럼

---

6 "13:47 does not... designate Rome as a symbol of the end of the earth." Brawley, *Luke-Acts and the Jews*, 33.

사용되는 것으로 생각된다는 점에도 주목할 필요가 있다. 그뿐만 아니라 윌슨(Stephen G. Wilson)이 지적했던 바와 같이, 사도행전 1:8에 나오는 "예루살렘으로부터… 땅끝까지"라는 문구는 누가복음 24:47에서 부활하신 예수가 이방 선교와 관련하여 "예루살렘에서 시작되어 모든 민족에게"(눅 24:47)라고 말씀한 문구와 평행을 이루고 있다는 점에도 주목해야 한다.7 또한 바울이 사도행전 26:23에서 "그리스도가 고난을 받으실 것과 죽은 가운데서 먼저 다시 살아나사 이스라엘과 이방인들에게 빛을 전하시리라 함이니라"고 말한 본문에서도 "이스라엘과 이방인에게"라는 말이 대조적으로 언급되었을 뿐 '땅끝까지'라는 표현이 사용되지 않은 점만 보더라도 '땅끝까지'라는 문구는 지리적으로 이 세상의 어떤 장소나 지명을 가리키기보다는 오히려 던(James D. G. Dunn)이 지적했듯이, "이방인들에 대한 선교", 곧 "확실히 전 세계적 선교(the world-wide mission)를 염두에 둔 것"8이라고 보아야 할 것이다. 따라서 우리는 누가에게 있어서 중요한 것은 '이방인들에 대한 선교' 혹은 '전 세계적 선교'이지, 지리적인 의미에서 '땅끝'이나 '로마'는 아니었다고 생각하는 것이 옳을 것으로 보인다. 윌슨은 심지어 사도행전 1:8에서 볼 수 있는 기본 패턴은 결국 바울이 로마서 1:16에서 "먼저는 유대인에게 그리고 헬라인에게(Jew first and then

---

7 "Further, v. 8 is parallel to εἰς πάντα τὰ ἔθνη ἀρξάμενοι ἀπὸ Ἰερουσαλήμ in Lk 24:47, where the reference to the Gentile mission is uneqivocal." Stephen G. Wilson, *The Gentiles and the Gentiles Mission in Luke-Acts* (Cambridge At the University Press, 1973, 91.

8 James D. G. Dunn, *The Acts of the Apostles* (Narrative Commentaries: Pennsylvania: Trinity Press International, 1996), 11.

Greek)라고 말했던 것과 똑같은 패턴이라"고 지적하고 있다.9

따라서 우리는 브로울리(Brawley)의 주장대로 다음과 같이 결론 지을 수 있다고 생각한다: "땅끝까지(ἕως ἐσχάτου τῆς γῆς)라는 문구 는 '이방인의 빛으로'(εἰς φῶς ἐθνῶν)라는 문구와 동의어처럼 일치한 다."10 "누가에게 있어서 땅끝까지(ἕως ἐσχάτου τῆς γῆς)라는 문구는 지리적인 언급이라기보다는 오히려 인종적인 언급(ethnic refer-ence)이다."11 "더구나 사도행전의 지리학에서 로마의 위치가 비교적 명확하게 드러나지 않는 점만 보더라도 로마가 땅끝을 상징하는 것이 라고 보기는 어렵다."12 누가에게 있어서 복음이 로마에 전파되었다는 것보다 더 중요한 것은 이방인의 사도인 바울이 그 당시 이방 세계의 중심지로 생각되던 로마에 들어갔다는 사실이었을 것이다. 그러나 사도행전에서 바울이 로마에 들어갔다는 사실보다 더 중요하게 강조 되고 있는 것은 역시 이방 지역에서 이방인들을 상대로 한 선교 활동이 다. 이 점은 사도행전 후반부 대부분이 바울의 이방 지역 선교 활동에 대한 이야기들로 가득 채워져 있을 뿐만 아니라, 마지막에는 바울이 이방 지역의 가장 중요한 중심지인 로마에서 "하나님의 나라를 전파하 며 주 예수 그리스도에 관한 모든 것을 담대하게 거침없이 가르치더라" 라는 말로 사도행전이 끝나고 있는 사실에서도 확인된다.

"예루살렘과 온 유대와 사마리아와 땅끝까지"(행 1:8)라는 말이

---

9 Wilson, *The Gentiles and the Gentile Mission in Luke-Acts*, 95.

10 Brawley, *Luke-Acts and the Jews*, 32.

11 Brawley, *Luke-Acts and the Jews*, 33.

12 Brawley, *Luke-Acts and the Jews*, 34.

누가에 의해서 "예루살렘에서 시작하여 모든 족속에게"(눅 24:47)라는 말 그리고 "먼저 다메섹과 예루살렘에 있는 사람과 유대 온 땅과 이방인에게까지"(행 26:20)라는 말과 거의 같은 의미로 반복되고 있는 점만 보더라도 우리는 누가에게 있어서 '땅끝'이라는 말은 지리적인 의미보다는 오히려 인종적인 의미에서 '모든 족속' 혹은 '이방인'을 가리키는 또 다른 문구에 지나지 않을 뿐이라고 말하는 것이 더 타당하다고 생각된다.

13장
세계 선교의 첫 선구자는 누구인가?

1. 들어가는 말

　초대교회에서 맨 처음으로 세계 선교의 비전을 가졌던 그리고 처음으로 세계 선교 혹은 이방 선교를 위한 초석을 놓았던 사람이 누구였는 가고 묻는다면 아마도 많은 사람은 아무런 주저함 없이 사도 바울이라고 대답할 것이다. 물론 그렇게 대답하는 데에도 일리가 없는 것은 아니다. 사도행전에 의하면 바울은 일찍이 부활 승천하여 하늘 높은 곳에 계신 주님으로부터 "그(=바울)는 내 이름을 이방 사람들과 임금들과 이스라엘 자손들 앞에 가지고 갈 나의 그릇이라"(행 9:15)는 인정을 받은 사람이었고, 그래서 사도행전도 바울을 대표적인 이방인 선교사로 생각하여 그의 세계 전도 여행에 대해 많은 지면을 할애하고 있는 것이 사실이기 때문이다. 또한 실제로 바울은 로마, 고린도, 에베소 등 이방 땅의 주요 지역에 기독교 교회를 세운 바 있는, 이름 그대로 기독교의 대표적인 '이방인의 사도'로 알려지고 있는 것이 사실이기도

하다. 그래서 바울이 초대 기독교 안에서 세계 전도 여행에 앞장을 섰던 그리고 세계 선교를 위해 누구보다도 애썼던 세계 선교의 최초 선구자처럼 알려져 있는 것도 무리는 아니다. 더구나 갈라디아서 2:7-8에 의하면 바울 자신이 베드로를 "할례자의 사도로 삼으신 이가 또한 내게 역사하사 나를 이방인에게 사도로 삼으셨느니라"고 증거하고 있기도 하다. 그러니 초대교회에서 맨 처음으로 세계 선교의 비전을 가졌던 사람 그리고 실제로 세계 선교에 앞장을 섰던 사람이 바울이었다고 생각하는 것에 잘못이 있다고 보기 힘들다.[1]

그러나 바울을 세계 선교의 선구자 혹은 개척자로 생각하는 것은 결코 옳지 않은 그리고 정확하지도 않은 생각이다. 물론 베드로가 유대인, 곧 할례자의 사도였고, 바울은 무할례자의 사도, 곧 이방인의 사도로 부름을 받은 자이며(갈 2:7-8), 바울이 초대교회에서 가장 훌륭한 대표적인 이방인 선교사였고, 이방 지역 선교에서 가장 큰 공헌을 했던 사람임에 틀림없는 것으로 알려지고 있다. 그러나 바울이 다메섹에서 아나니아에 의해 개종되어 세례를 받은 후(행 9장), 안디옥교회에 의해 이방 지역 선교사로 파송되기(행 13:2-3) 이전에 이미 이방인을 개종시켜 이방인 선교를 위한 초석을 놓은 사람이 있었던 것으로 사도행전은 전하고 있다. 사도행전 10장에 보면, 그 사람이 바로 베드로이다. 베드로가 바울의 등장과 활동에 앞서서 이미 "이달리야 대라 하는 군대의 백부장"(행 10:1)이였던 고넬료의 집을 찾아가

---

1 Martin Hengel은 바울을 가리켜 "the one true missionary to the Gentiles"라고 말하기도 한다. *Between Jesus and Paul: Studies in the Earliest History of Christianity* (Philadelphia: Fortress Press, 1983), 3.

고벨료와[2] 그의 온 가족은 물론 "그의 친척들과 가까운 친구들"(행 10:24)까지, 곧 "이방인들"(10:45)에게 복음을 전하고 성령의 선물을 부어주었다. 이런 기록을 근거로 우리는 "고넬료의 이야기에서 사도행전의 저자는 바울이 아닌 베드로를 이방인의 사도로 만들려는 의도를 갖고 있었다"[3]는 사실을 확인할 수 있다.

그러나 그렇다고 우리가 베드로를 가리켜 '최초의 이방인 선교사'라고 말할 수 있을까? 정말로 베드로가 초대 기독교 역사 가운데서 맨 처음으로 이방인에게 복음을 전해주었던 사람인가? 우리로서는 거기에 대해서도 쉽게 동의할 수가 없다. 왜냐하면 성경 자체의 증거만 보더라도 초대 기독교의 발전 가운데서 베드로에 앞서서 이미 이방인에게 관심을 보였고, 이방인에게 복음을 전해준 사람이 있었기 때문이다. 누구인가? 우리는 먼저 사도행전 6장에서 처음으로 등장하는 "일곱 사람들"에 주목할 필요가 있다. 그들에 의해서 처음으로 이방 선교가 시작되었다고 보아야 하기 때문이다. 그렇다면 이 "일곱 사람들"은 도대체 어떤 사람들인가?

---

2 고넬료는 분명히 사도행전에서 '이방인'으로 소개되고 있다(행 10:35, 45; 11:1). 로마 군대는 로마 제국 안에 있는 여러 나라로부터 광범위하게 징집되었기 때문에 고넬료가 구체적으로 어느 나라 사람인지 알 수는 없으나, '이달리야 대'라는 말에서 우리는 그가 본래 이탈리아 사람이었을 것으로 가정할 수 있다. James D. G. Dunn, *The Acts of the Apostles* (Pennsylvania: Trinity Press International, 1996), 135. 또 그가 '하나님을 경외하는 자'(the fearer of God, 행 10:2)였다는 말은 그가 이방인으로서 아직 율법을 다 받아들이고 실제적으로 '개종자'가 되지는 않았지만, 회당 예배에 참석할 수 있는 자격은 갖고 있었던 것으로 보인다.

3 Ernst Haenchen, *The Acts of Apostles* (Philadelphia: the Westminster Press, 1971), 356.

사도행전 6장에 등장하는 이 "일곱 사람들"이 이방 선교와 관련하여 초대교회의 역사적 발전 가운데서 중요한 역할을 했던 아주 중요한 인물들이었음에도 불구하고 교회는 그리고 심지어 신약성서를 연구하는 학자들조차도 이들에게 진지한 관심을 충분히 기울이지 못했다.[4] 그래서 이들에 대한 중요한 연구도 아직 별로 없는 것이 사실이기도 하다. 따라서 이들에 대한 오해가 아직까지도 교회 안에 많이 남아있는 것 또한 사실이다. 흔히 교회 안에서는 이 "일곱 사람들"이 '일곱 집사들'로 알려져 왔다. 그러나 이것은 분명히 어떤 확실한 증거에 근거되어 있지 않은 잘못된 이해이다. 성경의 증언 자체만 보더라도 이들은 결코 '집사'가 아니기 때문이다. '집사'로 불릴 수 있는 사람들이 아니기 때문이다. 무엇보다 성경 어느 곳에서도 이들을 가리켜 '집사'라고 말한 적이 없다는 사실을 기억해야 한다.

---

4 Gunter Wagner(ed.), *An Exegetical Bibliography of the New Testament* (Georgia: Mercer University Press, 1985)의 사도행전 6장 부분에 보더라도 Martin Hengel, "Zwischen Jesus and Paulus. Die 'Hellenisten,' die 'Sieben' und Stephanus(Apg 6,1-15; 7,54-8,3)," *ZThK* 72 (1975): 151-202; D. J. Dupont, *The Salvation of the Gentiles* (New York, 1979), 94; "Diakonie" *Theologische Realenzyklopaedie* 8(1981), 621, 622만 소개되고 있을 뿐이고, E. Haenchen, *The Acts of the Apostles: A Commentary*의 행 6:1-7의 Bibliography에서도 M. Simon, *St. Stephan and the Hellenists in the Primitive Church* (London, 1958), 130과 E.C. Blackman, "The Hellenists of Acts 6:1," *Exp.Tim.* 48 (1936-1937), 524f.와 C. F. D. Moule, "Once More, Who were the Hellenists?," *Exp.Tim.* 70(1959), 100-102 정도만 소개되고 있을 뿐이다. 오히려 최근에 나온 Martin Hengel, *Between Jesus and Paul: Studies in the Earliest History of Christianity* (Philadelphia: Fortress Press, 1983)의 제1장 "Between Jesus and Paul; The 'Hellenists,' the 'Seven' and Stephen(Acts 6.1-15; 7.54-83)"과 그 책에서 소개된 몇 건의 참고 문헌들이 좋은 연구 자료가 될 수 있다.

그럼에도 많은 기독교인이 이들을 '집사'라고 오해하게 된 데에는 두어 가지 이유가 있는 것으로 보인다. 그 이유 가운데 하나는 우리나라 개역성경에서, 특히 사도행전 21:8을 번역할 때 일곱 사람들 중의 하나인 빌립을 가리켜 원문대로 "일곱 중 하나"라고 정확히 번역하지 않고, "일곱 '집사' 중 하나"라고 원문에도 없는 '집사'라는 말을 삽입하여 잘못 번역한 데서 비롯된 것으로 생각된다.5 개역성경 사도행전 21:8에 대한 이 같은 잘못된 번역을 그대로 받아들이면서 곧바로 6:5에 등장하는 일곱 사람은 모두 '집사'라는 오해를 불러일으키게 되었던 것으로 생각된다. 나중에 우리나라 표준새번역에서 개역의 이 같은 잘못된 번역을 원문 대로 정확하게 "일곱 중 하나"라고 올바로 수정해 놓은 것은 그나마 다행한 일이 아닐 수 없다. 둘째로 "일곱 사람들"을 '집사'로 오해하고 오역하게 만든 또 다른 이유 가운데 하나는 사도행전 6:1에서 '일곱 사람'의 선택과 관련하여 그들의 역할로 언급한 구제(diakonia)라는 헬라어 단어가 나중에 빌립보서 1:1과 디모데전서 3:8 등에서 언급되고 있는 집사(deacon)를 가리키는 헬라어 단어(diakonous)와 어근이 같다는 사실 때문에 쉽게 생겨났을 것으로 생각된다. 이런 오해와 오역 때문에 주로 개역성경에 의존해서 신앙생활을 해온 많은 한국의 기독교인들의 머릿속에는 이미 "일곱 사람들"이 "일곱 집사들"로 잘못 입력되어 오해될 수밖에 없었다. 이런 오해 때문에 "일곱 사람들"이 일반적으로 '집사'로만 생각되고 있지,

---

5 외국어 번역 성경 중에서는 *The New Testament: A New Translation* (Olaf M. Norlie)에서도 행 21:8을 "one of the seven deacons"라고 잘못 번역하였다.

초대교회의 헬라파 사람들 가운데서 새로 등장하여 그 능력을 인정받은 지도자 혹은 헬라파 사람들에게 복음을 전해주고자 했던 '전도자' 혹은 '선교사'로 정확히 이해되지는 않았던 것으로 생각된다.

II. 스데반과 빌립을 비롯한 "일곱 사람들"의 정체

그렇다면 사도행전 6장에서 처음으로 언급되고 있는 이 "일곱 사람들"은 도대체 어떤 사람들인가? 이들은 일반적으로 알려져 있듯이 그리고 앞에서 지적한 바와 같이 일곱 '집사'가 아니다! 비록 사도행전 6:1-4에서 열두 사도의 말씀을 전하는 일에 전념하기 위해서 "구제하는 일을 담당시키기 위해"6 "일곱 사람들"을 선택한 것처럼 기록되어 있기는 하지만, 브루스(F. F. Bruce)가 지적하고 있는 바와 같이 "(구제하는) 이 일은 그들의 유일한 역할이 아니었으며, 아마도 그들의 가장 중요한 역할도 아니었던 것이 분명하다."7 이들의 선택과 관련된 사도

---

6 1세기 유대교에서는 가난한 사람들에게 구제금을 분배하는 두 가지 종류의 제도가 있었다. tamhuy와 quppah였다. tamhuy는 거지처럼 떠돌아다니는 사람들에게 매일 음식(빵, 콩과 과일 그리고 유월절에는 포도주)을 배급해주는 것이고, quppah는 도시 안의 가난한 자들에게 음식과 의복을 매주 일종의 실업 수당처럼 지급해주는 것이다. Gerd Luedemann, *Early Christianity accordking to the Traditions in Acts: A Commentary* (Minneapolis: Fortress, 1989), 74. 행 6:1에서 언급된 "매일 구제하는 일"은 이 둘에 속하지 않는 것으로 아마도 초대 기독교회는 가난한 자들을 구제하기 위해 이미 유대교와는 다른 제도를 도입했던 것으로 보인다. 회당으로부터 분리되어 나오면서 어쩔 수 없이 발전된 제도였을 것으로 보인다. E. Haenchen, *The Acts of the Apostles*, 261-262.

행전 본문에서도 이 점은 분명히 드러나고 있다. 즉, 스데반과 빌립 등 "일곱 사람들"은 (열두 사도들과 똑같이) "성령과 지혜가 충만한 사람들"(6:3)이며, 스데반의 경우는 "은혜와 권능이 충만하여… 큰 기사와 표적을 행하였을"(6:8)뿐만 아니라 열두 사도와 마찬가지로 "설교"를 했으며(사도행전 7장 전체), 빌립의 경우도 "사마리아 도시로 내려가 사람들에게 그리스도를 전했고"(행 8:5), "더러운 귀신을 쫓아 내며 중풍 병자와 불구자들을 고쳐주는"(행 8:7) "큰 기사와 표적을 행했으며"(행 8:13), 에디오피아 여왕 간다게의 내시이며 그 여왕의 모든 재정을 맡은 고관에게 성경을 해석해주며 예수의 복음을 전파했 고(행 8:26-35), 나중에는 그에게 성례(곧 세례)를 집행하기도 했다 (행 8:38). 결국 "일곱 사람들"은 열두 사도들이 했던 일과 똑같은 일을 했던 사람들이다. 일곱 사람의 대표로 등장하는 스데반과 빌립의 행적을 소개하는 부분에서 그들이 그들의 선택과 관련하여 주요 임무 로 언급되었던 '공궤하는 일'을 했다는 이야기는 오히려 전혀 언급되고 있지도 않다. 성경 본문 어느 곳을 보더라도 이들이 '공궤하는 일' 혹은 '구제하는 일'을 담당하는 '집사'들이었다는 암시는 전혀 없다. 일곱 사람 가운데 대표자의 한 사람으로 등장하고 있는 "스데반은 구제하는 일(diakonia, 행 6:2)을 하는 자로 묘사되어 있지 아니하고 오히려 사도들과 마찬가지로 권능 있는 설교자요 기적을 베푸는 자로 묘사되어 있을 뿐이다(6:2; 4:33; 5:12)."[8]

---

7 F. F. Bruce, *Peter, Stephen, James and John: Studies in Non-Pauline Christianity* (Wm Eerdmans: Grand Rapids, Michigan, 1979), 50.

8 Gerhard Krodel, *Acts: Proclamation Commentaries* (Philadelphia: Fortress

그렇다면 이들은 도대체 누구인가? 어떤 사람들인가? 이들의 진정한 정체는 무엇인가? 우선 우리는 그들의 이름이 모두 헬라어 이름인 점에 주목할 필요가 있다. 물론 헬라어 이름 자체가 결정적인 요인일 수는 없다. 왜냐하면 예수의 열두 제자 가운데도 안드레와 빌립은 분명히 헬라어 이름을 갖고 있었기 때문이다. 그러나 일곱 사람 중 하나를 가리켜 "유대교인이 된 안디옥 사람 니골라"(행 6:5)라고 말한 것으로 보아서9 니골라는 분명히 '유대교로 개종한 이방인'이었고,10 이 일곱 사람들 중 나머지 사람들도 히브리말을 사용하는 본토박이 유대인들이 아니었다는 점은 분명해 보인다. 이들은 헬라말을 사용하는 이방 지역 출신의 유대인들, 곧 디아스포라 유대인들이었다. 안디옥과 알렉산드리아에는 여러 세대에 걸쳐 헬라말을 사용하는 유대인들이 많이 살고 있었다. 그뿐만 아니라 팔레스타인 안에서조차도 헬라말을 사용하는 유대인들이 이미 제2 돌레미 통치 시대 초기에(주전 285-246) 많이 살고 있었다는 사실은 제논의 파피루스들을 통해서도 입증되고 있다.11

Press, 1981), 30.

9 니골라가 분명히 '개종자'이기 때문에 나머지 여섯 사람은 아마도 유대인 태생이었을 것으로 보인다. 더구나 이 개종자를 본래 안디옥 사람이라고 말한 것으로 미루어 이방 지역 출신임을 암시하려고 했던 것으로 보이기도 한다. 초대 교부인 이레니우스에 의하면 이 니골라가 나중에 초대교회 안에 등장한 니골라 당의 창시자와 선생 이름의 유래가 되는 인물이었다. Irenaeus, *Against Heresies* 1.23 (ed. W. W. Harvey I, 214).

10 James D. G. Dunn, *The Acts of the Apostles* (Pensylvania: Trinity Press International, 1996), 83.

11 제논(Zenon)은 돌레미의 재무장관이었던 아폴로니우스의 집사로서 주전 260-

일반적으로 팔레스타인 안에 살고 있던 많은 유대인은 두 나라 말을 사용하고 있었다. 하나는 자기들 본래의 언어인 아람어(혹은 히브리어)이고, 다른 하나는 헬라어였다.[12] 초대교회 당시 예루살렘에 거주하는 기독교인들 가운데도 히브리말 곧 아람어를 사용하는 유대 기독교인과 헬라말을 사용하는 이방 지역 출신 기독교인들이 함께 섞여 살고 있었다. 이 두 부류 간의 차이를 구태여 구별하여 지적한다면, 헬라파 기독교인들은 오직 헬라어만을 사용할 수 있는 사람들이었고, 히브리파 기독교인들은 오직 아람어만을 말하는 기독교인이거나 아니면 혹시 바울이나 다른 사람들처럼 아람어와 헬라어를 동시에 말할 줄 아는 사람들이었을 것이다.[13] 그런데 예루살렘교회 안에 헬라말만 사용하는 기독교인들과 히브리말만 사용하는 기독교인들 간에 언어 소통의 문제점이 심각했었고 또한 그것과 함께 구제금의 분배와 관련하여 여러 가지 불평과 불만, 곧 열두 사도가 모두 히브리말을 하는 지도자들이라서 히브리말을 하는 유대인 기독교인들에게 구제금이 더 후하게 주어진다는 헬라파 기독교인들로부터의 불만과 불평이 터져 나오는 등(행 6:1) 교회 내의 갈등과 균열의 징조가

258년에 주인을 위해서 팔레스타인 전역에 걸쳐 광범위하게 여행했던 사람이다. *Peter, Stephan, James and John*, 50.

12 Martin Hengel, *Judaism and Hellenism* (Philadelphia: Fortress Press, 1974), 105; F. F. Bruce, *Studies in Non-Pauline Christianity*, 50.

13 F. F. Bruce, *Peter, Stephen, James and John: Studies in Non-Pauline Christianity* (Eerdmans, 1979), 51; James D. G. Dunn, *The Acts of the Apostles* (Pensylvania: Trinity Press Internation, 1996), 81; William Neil, *The Acts of the Apostles* (New Century Bible Commentary: Eerdmans, 1981), 102.

드러나고 있었다.[14]

던(James Dunn)에 의하면 헬라파 기독교인들은 아마도 언어 소통의 문제점 때문에 다른 기독교인들, 곧 히브리말을 사용하는 유대 기독교인과 더불어 함께 살지 못하고 오히려 그들로부터 따로 떨어져서 살았고, 신앙생활도 자기들끼리만 모이는 다른 회당을 사용하며 살았던 것으로 보인다.[15] 그렇지 않다면 어떻게 헬라말을 하는 기독교인 과부들이 그것도 그들 중 일부가 아닌 전부가 그처럼 철저히 구제금 배당에서 무시당하며 차별당할 수 있었겠는가? 결국 이런 사실은 히브리파 기독교인들과 헬라파 기독교인들이 어느 정도 서로 격리되어 살고 있었고, 헬라파 기독교인들은 예루살렘의 어느 특정 구역 내에서 심지어는 거의 게토와 같은 환경 속에서 살고 있었다는 점을 강하게 암시해주고 있다는 것이다.[16] 오직 헬라파 기독교인들이 살고 있는 지역에서만 히브리파 기독교인들에게 배당되는 것과 같은 구제금이 제대로 잘 분배되지 않고 오히려 구제금 분배에서 차별을 당하고

---

14 Martin Hengel은 행 6:1 이하에 소개된 히브리파 기독교인들과 헬라파 기독교인들 간의 긴장이 F. C. Baur 이후 많은 학자로부터 "초대 기독교 발전에서의 새롭고도 중요한 단계"(a new and decisive stage in the development of the earliest community)로 이해되고 있음을 지적하고 있다. *Acts and the History of Earliest Christianity* (Philadelphia: Fortress Press, 1979), 71. 다른 한편으로 James Dunn은 이 두 계파의 분열을 가리켜 "교회 역사상 최초의 신앙고백적 분열"(the first confessional schism in church history)이라고 말하고 있다. *Unity and Diversity in the New Testament*, 268.

15 행 6:9에 보면 스데반과 변론한 사람들이 다른 곳에 있는 회당에 출석하는 사람들임을 언급하고 있다.

16 James D. G. Dunn, *Unity and Diversity in the New Testament: An Inquiry into the Character of Earliest Christianiy* (London: SCM Press, 1990, 2nd edition), 269.

있었고, 그 때문에 "헬라파 유대인들이 자기의 과부들이 그 매일 구제에 빠지므로 히브리파 사람을 원망"(행 6:1)하기에 이르렀던 것으로 보아야 할 것이다.

이런 상황에 직면해서 초대교회의 지도자들이었던 열두 사도는 초대교회 내의 평화와 계속적인 발전을 위해서 일단은 업무 분담의 형식으로, 즉 열두 사도는 말씀을 전하는 일과 기도하는 일에만 힘쓰고, "일곱 사람"은 구제금을 분배하는 것과 같이 이른바 '공궤하는 일'을 맡기기 위해서, 이방 지역 출신 기독교인들 가운데서 '성령과 지혜가 충만한' 그래서 지도력이 있다고 생각되는 일곱 사람을 별도로 선택하여 그들의 지도자로 안수하여 세웠던 것으로 전해지고 있다. 따라서 이 일곱 사람은 팔레스타인 출신이었던 본토박이 열두 사도와는 달리 이방 지역 출신으로 헬라말만을 사용하는 기독교인들의 실제적인 지도자들로 새로이 등장한 셈이다. 즉, 마치 '열두 사도'가 예루살렘을 중심으로 주로 유대인 출신 히브리파 기독교인들을 위해 지도력을 발휘했던 '유대 기독교인들의 지도자들'이었듯이, 이 "일곱 사람"은 주로 이방 지역 출신인 헬라파 기독교인들을 상대로 지도력을 발휘하고 있었던 '헬라파 기독교인들의 지도자들'이었던 것으로 생각된다. 그래서 던(Dunn)은 다음과 같이 말한다: "일곱 사람들은 모두 헬라파 기독교인들이고, 그들은 마치 열두 제자가 히브리파 기독교인들을 대표하듯이 헬라파 신도들을 위한 대변인으로 선택되었을 것이며… 그들은 이미 헬라파 기독교인들의 사실상 지도자들이었고, 아마도 헬라파 가정 그룹들 가운데서 등장하기 시작한 신흥 지도자들이었을 것이다."[17]

헬라파 사람들 가운데서 그들의 지도자 오직 '일곱 사람'만을 선택한 것은 이미 유대 기독교인들의 지도자로 일하고 있는 '열두 제자'에 맞먹게 이방 기독교인들의 지도자로 "일곱 사람들"이 적절했기 때문일 수 있다. '열둘'이라는 수가 유대적인 수라면, '일곱'이라는 수는 보편성을 뜻하는 이방적인 의미의 수로 이해될 수 있기 때문이다(예: 계시록에 나오는 소아시아의 "일곱 교회들").18 그러나 던은 이런 가능성을 배제하지 않으면서도 "오직 일곱 사람만을 선택하게 된 것은 헬라말을 하는 교회가 일곱 개 있었음을 가리키는 것일 수 있다"고 가정하기도 한다.19 그렇다면 이 "일곱 사람들"은 예루살렘에 이미 존재하고 있던 일곱 개의 헬라파 기독교인 공동체들의 실질적인 지도자들이었을 것으로 보인다.

III. "일곱 사람"의 신학적 특징

그런데 이들 일곱 사람이 이방 지역 출신들인데다가 헬라 문화의 영향 속에서 교육을 받으며 자라난 사람들이라서 예루살렘의 유대계

---

17 Dunn, *Unity and Diversity*, 270; E. Schwartz도 '일곱'을 '열둘'과 같은 명칭으로 이해하고 있다. 그에 의하면 '열둘'이 이스라엘을 위한 명칭이듯이, '일곱'은 개종자들을 위한 명칭이었다. Gerd Luedemann, *Early Christianity according to the Traditions in Acts: A Commentary* (Minneapolis: Fortress, 1989), 79.

18 "it is difficult not to think that... it was also recognized as having Gentile associations." Neil, *The Acts of the Apostles*, 103.

19 Dunn, *The Acts of the Apostles*, 84.

기독교 지도자들인 열두 사도와는 신학적으로 적지 않은 차이를 보이고 있었던 것이 사실이다.[20] 이들이 열두 사도가 갖고 있었던 신학과 분명히 달랐던 중요한 차이점 가운데 하나가 스데반의 설교와 빌립의 행적에서 아주 분명히 나타나고 있는데, 그것을 한마디로 말한다면 곧 세계주의적 경향(universalism) 또는 강한 이방 지향적인 경향이다. 이것이 한편으로는 부정적으로 탈예루살렘화 혹은 탈성지화로 나타나고 있고, 다른 한편으로는 적극적으로 이방인을 향한 적극적인 선교 활동으로 나타나고 있다. 우리는 스데반의 설교(행 7장)와 빌립의 행적(행 8장)에서 나타나고 있는 그들의 신학적 관심의 특징이 무엇인지를 살펴보기로 하자.

1. 스데반의 반성전적 보편주의 신학

사도행전 7장에 소개되고 있는 스데반의 설교는 사도행전에 나오는 여러 설교[21] 중에서 가장 긴 설교 그리고 가장 중요한 설교 가운데

---

20 Martin Hengel도 예루살렘의 헬라파와 히브리파 사람들 간에 "교리상의 차이"(dif-ferences in doctrine)가 있었음을 지적하고 있고(*Between Jesus and Paul: Studies in the Earliest History of Christianity*, Fortress Press, 1983, 55), James D. G. Dunn은 이것을 가리켜 "교회사에 나타난 최초의 신앙 고백적 분열"(the first con-fessional schism in church history)이라고 말하고 있다. *Unity and Diversity in the New Testament*, 268.

21 사도행전은 "사도들의 행적들"(the Acts of the Apostles)이라는 이름에 걸맞지 않게 '행적들'보다는 오히려 '설교들' 혹은 연설문들을 많이 소개하고 있다. 모두 24개의 설교나 연설문들이 수집되어 있는 것으로 알려져 있는데, 이 중에 베드로의 설교가 9개(1:16-22; 2:14-36; 3:12-26; 4:8-12; 5:29-32; 8:20-25; 10:34-43;

하나이다. 만일 우리가 베드로를 유대인 기독교의 대표적인 지도자로 그리고 바울을 이방인 기독교의 대표적인 지도자로 생각한다면, 스데 반은 헬라적 유대인 기독교의 대표적 지도자라고 생각할 수 있기 때문 에 이 경우 우리는 스데반의 설교를 신약성서가 소개해주는 헬라적 유대 기독교 혹은 디아스포라 유대 기독교 지도자의 대표적인 설교로 받아들일 수 있을 것이다.

스데반의 설교는 크게 두 부분으로 나눌 수 있다고 본다. 첫째 부분은 이방 땅에도 현존해 계시는 하나님을 강조해주는 1-34절까지 의 본문이고, 둘째 부분은 이스라엘의 우상 숭배를 공격하면서 "손으 로 만든" 성전을 "손으로 만든" 우상과 동일시하면서 성전에 대한 공격을 하고 있는 35-53절까지의 본문이다. 스데반은 7장에 나오는 그의 설교 전반부에서 하나님은 성지인 팔레스타인에만 계시고 팔레 스타인에서만 나타나시는 하나님이 아님을 강조한다. 곧 하나님은 이방 땅에도 계시고, 이방 땅에서도 나타나시는 분임을 역설하고 있다. 스데반은 이 점을 구약성서의 이야기를 가지고 상세히 예증하고 있다. 즉, 하나님은 아브라함이 아직 메소포타미아에 있을 때 그곳에서 "그 에게 나타나셨으며"(행 7:2), 여러 조상이 요셉을 애굽에 팔았을 때도 그곳에서 "하나님이 저와 함께 계셨으며"(7:9), 모세가 애굽에서 태어 났을 때 "하나님이 보시기에 아름다웠으며"(7:20), 하나님은 "시내 산 광야 가시나무 떨기 불꽃 가운데서"(7:30) 모세에게 나타나서 그곳

11:5-17; 15:7-11)이고, 바울의 설교가 9개(13:16-41; 14:15-17; 17:22-31; 20:18-35; 22:1-15; 24:10-21; 26:2-23; 27:21-26; 28:17-20)이다.

을 "거룩한 땅"이라고 말씀하신 분이다. 따라서 스데반의 설교에서는 하나님이 가나안땅, 예루살렘 혹은 성전에만 현존해 계신 분이 아니라 이방 땅 어느 곳에서 현존해 계신 분이며, 어느 곳이든 하나님께서 나타나시는 모든 곳이 다 "거룩한 땅"이요 성지임이 강조되고 있다. 팔레스타인만을 성지로 보는 시각을 배격하고 있는 것이다.

스데반의 이런 설교는 성지 팔레스타인과 예루살렘에만 집착하는 다른 초대 기독교인들, 특히 히브리파 기독교인들의 편협한 민족주의 혹은 편협한 지역주의에 대한 예리한 비판이었고, 그것을 넘어서려는 강한 의지의 표현이었다. 온 세상을 하나님의 현현과 계시의 영역으로 보고 있는, 그래서 하나님의 우주 편재 사상(Omni-presence of God) 을 보여주고 있는 스데반의 이런 열린 사상 때문에 초기 기독교는 편협한 유대인 기독교의 편협한 민족주의, 편협한 지역주의를 극복할 수 있었고 또한 더 이상 유대교 내의 종파적인 형태를 벗어나서 세계 종교로의 발전을 내다볼 수 있게 되었다.

다음으로 스데반은 거기서 더 나아가 설교의 후반부에서 성전에 대한 우상 숭배를 강하게 배격하고 있다. 스데반은 이스라엘 백성들이 출애굽하여 시내 광야에 이르렀을 때, 그곳에서 "손으로 만든" "금송아지"를 섬겼던 사실을 언급하면서 "손으로 만든" 것이[22] 우상이라고

---

22 스데반이 성전을 가리켜 표현한 바 있는 "손으로 만든"(cheiropoiethos)이라는 이 단어는 많은 헬라 사상가들이 우상 숭배를 비판할 때 사용한 단어였다. 그러나 더 중요한 것은 헬라적인 유대인들이 이교주의를 정죄할 때마다 거의 규칙적으로 사용하던 단어였고, 칠십인역 성경 시대로부터 우상 그 자체를 나타낼 때는 물론 유대인들이 우상 숭배를 멸시할 때마다 흔히 사용하던 단어였다. 그런데 스데반이 이 단어를 예루살렘의 성전에 대해 사용하면서 그 성전을 우상이라고 부르고 있는

지적한다(7:41). 그런데 나중에 이스라엘 백성이 가나안에 들어와 솔로몬을 통해서 예루살렘에 성전을 건축했는데, 그 성전도 "손으로 만든" 것이라고 지적한다. 이렇게 말함으로써 스데반은 결국 "손으로 만든" 예루살렘성전도 우상이라고 규정하고 있다. 그러면서 하나님은 손으로 만든 집에 거하지 않는 분이라고 역설한다(7:48). 다른 한편으로 스데반은 광야 시대의 '장막'과 예루살렘의 '성전'을 대비시키고 있다. 장막은 이스라엘의 '광야 교회'(7:38)가 생명의 도를 받고 하나님의 천사가 함께하던 광야 시대를 대표하고 있다. 장막은 하나님이 시내 산에서 모세에게 일러준 대로 만든 것이며(7:44), 이스라엘이 가나안을 정복할 때까지 하나님이 늘 이스라엘과 동행하셨던 것을 상징하고 있다. 그러나 성전은 솔로몬이 하나님을 위해 지어준 집으로(7:47) 예루살렘의 어느 한 장소에 고정되어 있을 뿐이다. 그러나 하나님은 "손으로 지은"(7:48) 집에 계시는 분이 아니다. 즉, 사람의 손으로 만든 작은 건물이 하나님께서 '안식할 처소'는 되지 못한다(7:49). 왜냐하면 "하늘이 그의 보좌요 땅은 그의 발등상"이기 때문이다. 곧 이 우주와 세계가 모두 하나님의 거처이기 때문이다. 그래서 하나님은 "너희가 나를 위하여 무슨 집을 짓겠느냐?"(7:49)고 반문하시기까지 한다.

스데반에게 있어서는 분명히 "손으로 만든" 예루살렘성전보다는 오히려 조상들이 광야에 있을 때 하나님께서 모세에게 일러주신 그대로, 하나님께서 보여주신 모형 그대로 만들었던 '증거의 장막'이 훨씬

것이다. Dunn, *Unity and Diversity in the New Testament*, 271.

더 하나님 예배에 적절한 형태였다. "지극히 높으신 분은 사람의 손으로 만든 집에 계시지 않습니다"(행 7:48)라는 말로 스데반은 성전을 건축한 솔로몬의 행동은 폄하하며 거부하고 있다. 물론 신약성서 안에서는 성전 제도가 이제 좀 더 나은 것에 의해서, 곧 영적인 성전과 영적인 제사직과 영적인 제사에 의해서 종결되고 대치되었다는 메시지가 일반적으로 여러 곳에서 나타나고 있기는 하다(롬 12:1; 히 13:15f.; 벧전 2:5 등). 그러나 스데반의 설교에서 보듯이 성전 자체가 애초부터 잘못이었다는 생각은 신약성서 안에서 그 유례를 찾아볼 수 없다.[23] 예루살렘성전에 대한 스데반의 이런 비판과 거절은 결국 예루살렘성전에 집착하고 있는 그 지역 기독교인들, 곧 히브리파 기독교인들의 성전 관을 배격하고 거절하는 것을 의미하는 것이었다.[24] 그리고 분명히 스데반의 이 예루살렘성전에 대한 비판과 부정은 그가 온 세계, 온 우주를 하나님의 집으로 내다보고 있는 그의 보편주의적 사상 때문이었다. 하나님의 집인 예루살렘성전에 대한 스데반의 폄하와 비판 때문에 스데반이 히브리파 유대인들에 의해 죽임을 당하게 되었지만, 중요한 사실은 성전에 대한 스데반의 견해가 마가복음

---

23 Bruce, *Studies in Non-Pauline Christianity*, 55.

24 예루살렘성전에 대한 이런 부정적인 견해가 사마리아인들의 예루살렘성전관(觀)과 연관되어 있기 때문에 스데반을 사마리아 사람이라고 주장하는 학자도 있다. A. Spiro, "Stephen's Samaritan Background," J. Munck, *The Acts of Apostles*, rev. by W. F. Albright and C. S. Mann, AB 31, 1967, Appendix VI, 301-304. 그리고 C. H. H. Scobie는 스데반의 설교에 사마리아적인 영향이 분명히 나타나 있다고 주장한다. "The Origin and Development of Samaritan Christianity," *NTS* 19 (1972-1973): 391-400.

14:58과 요한복음 2:19와 같은 예수의 말씀에 의해서 직접적으로 크게 영향을 받았다는 점이다. 즉, 예수 자신이 이미 "손으로 지은 이 성전을 헐고 손으로 짓지 아니한 다른 성전을 사흘에 지으리라"(막 14:58)고 말씀하시면서 "손으로 지은" 성전을 부정하고 거절하셨기 때문이다. 따라서 "손으로 지은" 성전을 우상으로 보고 있는 스데반의 성전관은 바로 예수의 성전관을 그대로 이어받은 것에 지나지 않는다고 보는 것이 옳을 것이다.[25]

비록 예루살렘 중심주의, 성전 중심주의, 팔레스타인 중심주의에 대한 이 같은 강한 비판 때문에 스데반이 그 당시 보수적인 유대인들에 의해 돌에 맞아 죽는 불행을 겪기는 했지만, 스데반이 갖고 있던 이런 탈팔레스타인, 탈예루살렘, 탈성전적인 세계주의적인 보편주의 (universalism) 혹은 탈유대적인 이방 지향적 경향 때문에 초대 기독교는 드디어 예루살렘을 넘어 온 유대와 사마리아로 그리고 땅끝까지 복음을 전파하며 성장하는 세계적인 종교로 발전할 길을 열어 놓을 수 있게 된 것으로 보아야 할 것이다. 이런 의미에서 "헬라파 사람들과 특히 스데반이 사도 바울의 선구자"라고 말한[26] 그리고 예루살렘에 있던 이 헬라파 사람들이야말로 "예수와 바울 사이"(Between Jesus and Paul)에서 교량 역할을 했던 "바울 이전의 헬라적 공동체"(the pre-Pauline Hellenistic community)였다고 말한[27] 헹엘(Hengel)의

---

25 Dunn, *Unity and Diversity*, 272.

26 Martin Hengel, *Between Jesus and Paul: Studies in the Earliest History of Christianity* (Philadelphia: Fortress Press, 1983), 2.

27 Hengel, *Between Jeus and Paul*, 29.

말에 분명히 일리가 있다고 보인다.

2. 빌립의 이방 지향적인 선교 신학

스데반의 신학 사상이 주로 반성전적인 관점에서 세계주의적인 보편주의적 경향을 강하게 보여주고 있다면, 빌립의 독특한 신학적 관점은 이방 선교와 관련해서 더 잘 나타나고 있다. 던에 의하면 처음부터 예루살렘 지역 기독교인들은 복음을 들고 밖으로 나갈 생각을 거의 하지 않기 때문에[28] 스데반의 신학적 관점은 예루살렘의 열두 제자와는 아주 다른 "선교에 대한 상이한 태도"(a different attitude to mission)라고 지적하고 있다. 그에 의하면 열두 사도들은 어쩌면 그들이 예수께 받았던 선교 명령, 곧 "이방 사람의 길로도 가지 말고 또 사마리아 사람들의 도시에도 들어가지 말라. 다만 이스라엘 집의 잃은 양에게로 가라"(마 10:5-6)는 말씀에[29] 충실하여 지역적으로는 오직 유대 땅 예루살렘에만 그리고 인종적으로는 오직 이스라엘 사람들에게만 집착했는지 모른다.

우리는 그 점을 초대교회의 주요 지도자들이었던 베드로와 요한이

---

28 Dunn, *Unity and Diversity in the New Testament*, 270.
29 예수께서 자신의 선교 활동과 관련하여 "나는 이스라엘 집의 잃어버린 양 외에는 다른 데로 보내심을 받지 아니하였노라"(마 15:24)고 하신 말씀과 제자들에게 준 선교 명령 가운데서 "이 동네에서 너희를 핍박하거든 저 동네로 피하라 내가 진실로 너희에게 이르노니 이스라엘의 모든 동네를 다 다니지 못하여서 인자가 오리라"(마 10:23)고 하신 말씀 등은 모두 이방인 선교에 대한 문이 아직 열려 있지 않음을 반영해 주고 있다.

제9시 기도 시간에 (예루살렘) 성전을 찾아 올라가고 있었다는 사도행전 3:1의 진술에서도 엿볼 수 있다. 유대교가 정해놓은 기도 시간과 또한 유대교인들의 기도와 경건의 중심이었던 성전이 여전히 그들의 신앙생활의 중심으로 남아있다는 사실에서 열두 제자의 주도 아래 있던 초대교회는 여전히 유대교의 테두리를 크게 벗어나지 못한 상태에 머물러 있었음을 알 수 있다. 이런 단계에서는 그들이 '유대적 기독교인들'(the Jewish Christians)이었다기보다는 오히려 '기독교적인 유대인들'(the Christian Jews)이었다고 말하는 것이 더 옳을 것으로 보인다. 따라서 만일 초대 기독교가 계속 열두 사도의 지배와 주도 아래서만 발전했다면 어쩌면 기독교는 유대교적 기독교 혹은 유대교 내의 한 섹트(sect), 다시 말해서 팔레스타인을 중심으로 발전하던 지역주의적 혹은 민족주의적 유대인 기독교의 범위를 벗어나지 못했을는지도 모른다. 그러나 하나님께서는 초대교회에 성령의 역사를 통해 이미 많은 이방인이 몰려들 수 있게 문을 열어 놓으셨다. 그래서 사도행전 2:9-11에 보면 예루살렘교회의 성령 강림 때 모였던 사람들의 출신 국가들이 지루할 정도로 계속 길게 열거되고 있다.[30] 그리고 그 광범한 지역들로부터 온 사람들 가운데서도 나중에 "일곱 사람들"처럼 '성령과 지혜가 충만한 사람들'이 많이 생기게 되었다. 그리고 그들에 의해서 이방 선교, 곧 세계 선교의 꿈은 태동되고 이루어지기

---

30 여기에 언급되고 있는 지명 목록은 "천하 각국"(행 2:5)을 나타내고 있으며, "넓게 말한다면 이 목록은 동쪽으로부터 서쪽으로 옮겨가고 있으며 그 중간 부분에서 먼저 북쪽 땅들이 그리고 나서 남쪽 땅들이 거명되고 있다." E. Haenchen, *The Acts of the Apostles* (Philadelphia: the Westminster Press, 1971), 169-170.

시작하였다.

우리는 여기서 잠깐 헹엘이 지적했던 한 가지 사실, 곧 많은 사람이 주목하지 못했고 무시했던 초대교회 역사의 '한 가지 놀랄만한 현상'에 관심을 가질 필요가 있다. 그것은 곧 십자가에 달려 죽었다가 부활한 나사렛 예수의 메시지가 예수의 부활 이후 그리고 초대교회가 형성된 직후 수년 안에 그렇게도 빨리 헬라말을 하는 많은 유대인에게 받아들여졌다는 사실이다. 그 이유는 무엇일까? 즉, 특히 헬라말을 하는 유대인들이 초대교회가 전하는 구원에 대한 새로운 종말론적 메시지에 그렇게도 매혹당한 이유는 무엇일까? 헹엘의 대답에 의하면, "이런 사실을 합리적으로 설명할 수 있는 유일한 길은 예수의 선포 자체가 특별히 디아스포라 유대인들에게 매력을 주는 특징들을 갖고 있었다는 점이다. 처음부터 예수의 메시지는 헬라말이 통하는 보편주의적 세계(the Universalist Greek-speaking World) 및 헬라 사상에 나오는 몇몇 보편성의 주제들과 유사성을 갖고 있었다"는 점 때문이다.[31]

이런 관점에서 본다면 사도행전 6장에 처음으로 등장하는 이 "일곱 사람들"은 헬라 사상의 보편주의적 경향에 이미 젖어있던 사람들이었고, 이것이 결국 그들로 하여금 이방 선교, 곧 세계 선교의 발판을 놓게 만든 주요 요인으로 작용했을 것으로 보인다.[32] 성경의 증언에

---

31 Hengel은 이것을 E. Kaesemann이 "the call of freedom"이라는 문구로 묘사했던 universality라고 지적하고 있다. *The Acts and the History of Earliest Christianity*, 71-72. 헬라파 사람들이 예루살렘의 히브리파 사람들과 신학적으로 차이를 보일 수밖에 없었던 이유에 대한 Hengel의 설명을 알아보기 위해서는 *Between Jesus and Paul: Studies in the Earlist History of Christianity* (Philadelphia: Fortress Press, 1983, 57-58.

의한다고 하더라도 실제로 기독교 역사상 최초로 유대 땅 예루살렘을 벗어나 사마리아 지역에 들어가 복음을 전파한 사람이 일곱 사람들 가운데 하나인 빌립이라는 사실에 주목할 필요가 있다(행 8:5).[33] 6:5에 나오는 일곱 사람의 명단에서 빌립은 스데반 다음으로 두 번째 자리에서 그 이름이 언급되고 있다. 그리고 21:8에 보면, 빌립에게는 분명히 '전도자'(evangelist)라는 명칭이 주어져 있다. 분명히 빌립은 이 일곱 사람을 중심한 헬라파 기독교들 가운데서 아주 중요한 역할을 했던 인물이었던 것으로 보인다.

누가가 전해주고 있는 선교의 역사 가운데서 한 가지 주목해야 할 특징은 빌립의 사마리아 선교가 마태복음 10:5에 나오는 예수의 선교 명령과 아주 대조되고 있다는 사실이다. 즉, 예수는 10:5에서 제자들에게 "이방 사람들의 길로도 가지 말고 또 사마리아 사람들의 도시에도 들어가지 말라"고 명령했는데, 사도행전에서 빌립은 곧바로 "사마리아 도시로 들어갔고"(행 8:5), 나중에 다시 천사가 그를 "이방 인의 길로" 내보냈다고 했다(행 8:26). 일곱 사람 가운데서 스데반에

---

32 "they paved the way towards a mission to the Gentiles." Hengel, *The Acts*, 75.

33 물론 이런 주장은 사마리아지역에 대한 복음 전도가 이미 예수에 의해서 그리고 사마리아 여인에 의해서 이루어졌다고 전하는 요한복음 4장의 기록과 배치된다. 그러나 요한복음 4장의 기록은 후대에 이루어진 사마리아 복음 전도를 예수에게까지 소급시키려는 요한복음 저자의 의도 때문인 것으로 해석된다. 이런 해석은 첫째 요한복음을 기록한 저자가 사마리아인이었을 가능성, 둘째 요한의 공동체가 사마리아지역에 뿌리박고 성장하던 공동체였을 가능성, 셋째 요한복음의 기록 목적이 사마리아인들에 대한 선교였을 가능성 때문에 뒷받침되고 있다. 김득중, 『요한의 신학』 (서울: 컨콜디아사, 1994), 230-236.

이어 두 번째로 등장하는 인물인 빌립이 이처럼 사마리아 도시와 이방인의 길에 대한 선교의 길에 나선 것은 그가 나름대로 그리스도의 교훈을 잘 이해했기 때문으로 생각하는 것이 옳다. 분명히 그는 예수께서 사마리아 사람들에 대해 긍정적이며 적극적인 태도를 취했던 것을 기억했을 것이다(눅 9:52 이하; 10:30 이하; 17:16; 요 4장 등). 그리고 또 예수께서 이방인들에 대해서도 긍정적인 태도를 보여주었던 것을 기억했을 것이다(마 8:10-12; 마 28:19-20; 눅 7:2-10; 눅 24:47 등). 더구나 부활하신 예수께서 승천하시기 전에 "예루살렘과 온 유대와 사마리아와 땅끝까지 이르러 내 증인이 되라"(행 1:8)는 말씀 그리고 "너희는 가서 모든 족속으로 제자를 삼으라"(마 28:19)는 명령을 기억했을 것이다. 빌립은 그런 본문들의 말씀들 가운데서 마태복음 10:5-6의 명령과는 달리 '이스라엘 집의 잃은 양'에 대한 전형적인 본보기를 보았을 것이다. 이렇게 생각한다면 빌립은 마치 스데반이 성전관에 있어서 예수의 교훈 정신을 그대로 잘 이어받았듯이, 사마리아와 이방 선교에 있어서 예수의 교훈 정신, 특히 예수의 선교 명령에 아주 충실했던 사람으로 이해될 수밖에 없을 것이다.

사도행전 8장에 나오는 빌립의 행적은 크게 두 부분으로 나뉠 수 있다. 첫째 부분은 빌립이 사마리아 지역에 복음을 전파한 활동에 대한 것이고(8:4-25), 둘째 부분은 에디오피아 여왕의 내시에게 복음을 전파한 활동에 대한 것이다(8:26-40). 한마디로 말해서 첫째 부분은 사마리아인에 대한 전도이고, 둘째 부분은 이방인에 대한 전도인 셈이다. 첫째 부분에서 빌립은 사마리아 사람들에게 복음을 전했으며, 그 결과 많은 사마리아 사람들이 예수를 믿고 세례를 받아(8:12) 성령까지 받았을 뿐만 아니라(8:17), 사마리아 사람들을 미혹하던 마술사였던 시몬까지 "믿고 세례를 받았다"(8:13). 이 시몬은[34] 사마리아 사람들로부터 "큰 능력자로 알려진 하나님의 능력"(새번역 행 8:10)으로, 곧 최고의 신(the highest god)의 성육신으로 알려졌던 점을[35] 감안한다면, 빌립에 의한 복음 전도에 의해 사마리아 지역에서 시몬까지 "믿고 세례를 받았다"는 기록은 빌립의 사마리아 지역 복음화가 아주 성공적이었음을 웅변적으로 증거해주는 것이 아닐 수 없다.[36]

그런데 빌립은 사마리아 사람들에게 성공적으로 복음을 전해서 옛 이스라엘에 의해 멸시받던 그들을 새 이스라엘의 공동체 안으로

---

34 이 시몬은 일반적으로 the Simon Magus 혹은 Simon the Sorcerer로 생각되고 있으며, 2세기 기독교 변증가들의 작품들 가운데서는 영지주의의 창시자이며 베드로의 최대 적수였던 최초의 이단자로 알려진 인물이다. 그 자신이 사마리아 출신이었던 순교자 저스틴은 이 시몬이 사마리아 지역에서만 아니라 나중에는 안디옥과 로마에서도 기독교 신앙에 큰 해악을 끼쳤던 사람이라고 보고 있다. Neil, *The Acts of the Apostles*, 121.

35 "Simon declared that this deity had come to earth in his person for the redemption of men." E. Haenchen, *The Acts of the Apostles*, 303.

36 Gerd Luedemann은 행 8:4-13에 나오는 빌립과 시몬 간의 분명한 평행 본문들을 통해서 기독교 이적사이며 설교자인 빌립이 마술사인 시몬보다 우월함, 곧 시몬의 능력이 시몬의 능력보다 훨씬 더 우월함을 나타내고자 했다고 지적한다. 즉, (1) 빌립이 사마리아에 들어왔으나(5절), 시몬은 이미 사마리아에 있었으며(9절), (2) 빌립은 그리스도와 하나님 나라를 전했으나(5절과 12절), 시몬은 자신을 능력의 사람으로 나타냈고(9절), (3) 빌립이 큰 기사와 표적들을 행했으나(6절과 13절), 시몬은 마술을 행했고(9절), (4) 온 백성이 빌립의 말을 듣고 그의 행동을 보고 그를 따랐으나(6절과 12절), 온 백성이 미혹되어 시몬을 따랐으며(9절과 11절), (5) 빌립으로 인해 백성들 가운데 큰 기쁨과 믿음과 세례가 있었으나(8절과 12절), 시몬은 빌립이 행한 큰 기사와 표적들을 보고 놀랐다(행 8:13). *Early Christianity According to the Traditions in Acts*, 95-96.

받아들였을 뿐만 아니라, 더 나아가 또 다른 장벽을 허물고 이방인에 속하는 에디오피아 사람(여왕 간다게의 내시)에게까지 복음을 전하고 세례를 주어 기독교 공동체 안으로 받아들였다. 이 에디오피아 여왕 간다게의 내시는 예배를 드리기 위해서 예루살렘에까지 순례를 왔다가 돌아가는 '하나님을 경외하는 이방인'(God-fearing Gentile), 곧 유대교 신앙을 신봉하되 아직 온전한 개종자가 되지는 않았던 사람이었다.[37] 결국 빌립은 사마리아인에게만 아니라 기독교 역사상 최초로 이방인에게까지 성공적으로 복음을 전해주었던 인물인 셈이다.

그러나 8장에 나오는 빌립의 행적은 7장에 나온 스데반의 성전에 대한 설교와 주제적으로도 상당히 연관되어 계속되는 것으로 보인다. 보편주의적 사상 때문이기도 하지만 특히 성전 주제 때문이기도 하다. 사마리아인들은 예루살렘성전의 출입이 금지된 그래서 예루살렘성전과 단절된 관계에 있는 사람들이었다면, 에디오피아 여왕의 내시는 설혹 '하나님을 경외하는'(God-fearing) 개종자라고 하더라도 육체적인 결함 때문에 예루살렘성전의 출입이 금지된 그래서 성전에 들어갈 수도 없는 사람이었다. 여기에 함축되어 있는 요점은 스데반의 성전 비판 때문에 예루살렘으로부터 쫓겨난 초대 기독교 공동체가 점점 확장하면서 그런 인간적 결함과 차별과 구분을 완전히 극복할 수 있게 되었다는 점이다.[38] 결국 빌립에 의한 사마리아 전도와 에디오피아 여왕의 내시에 대한 전도로 말미암아 기독교 복음은 드디어 예루

---

37 Neil, *The Acts of the Apostles*, 124.
38 Dunn, *The Acts of the Apostles*, 102, 113.

살렘을 벗어나 사마리아로 그리고 다시금 이방인에게까지 곧 땅끝까지 전파되게 되었다. 이렇게 사도행전에서 빌립에 의한 사마리아와 이방인 전도 이야기(8장)가 나온 뒤에 비로소 베드로에 의해 이방인 백부장 고넬료와 그의 가족들이 개종되는 이야기(10장)가 계속되어 나오는 사실에 주목할 일이다. 이런 사도행전의 편집과 기록으로 보건대 어쩌면 "누가는 빌립을 베드로의 선구자 혹은 개척자로 묘사하고 싶었을는지도 모른다."[39]

IV. 나가는 말

사도행전의 증언에 따르면 스데반과 빌립으로 대표되는 일곱 지도자의 이방 지향적인 보편주의적 신학 사상이 그 후에 나타난 베드로에 의한 이방인 백부장 고넬료의 개종과 또한 바울에 의한 이방 선교의 초석이 되었음을 알 수 있다. 예수에게 세례 요한과 같은 선구자가 있었듯이, 초대교회의 대표적인 이방인의 선교사로 알려지고 있는 바울에게 있어서도 이미 스데반과 빌립과 같은 선구자들이 있었던 셈이다. 바로 이런 점에서 우리는 초대교회 역사 가운데서 스데반과 빌립 등 일곱 지도자가 가지고 있었던 이방 지향적이며 보편주의적인 신학 사상이 우리 기독교를 세계 종교로 발전시킬 수 있었다. 또한 그들이 가지고 있었던 이방 지역 선교에 대한 비전과 꿈이 그리고

---

39 Dunn, *The Acts of the Apostles*, 103.

그들의 구체적인 이방 지향적 선교 노력이 오늘날 우리 기독교의 세계 선교의 씨앗이 되었다고, 그들이야말로 우리 기독교의 역사 가운데서 세계 선교의 초석을 놓았던 첫 세계 선교의 선구자들이요 개척자들이 었다고 말할 수 있을 것이다. 그리고 이것은 그들이 처음부터 이방 지역 출신이고 이방 지역 문화에 익숙한 사람들이었다는 점 때문에, 즉 이방 땅과 이방인들에 대해 열린 이해와 배려가 있는 사람들이라는 점 때문에 가능했을 것으로 보인다. 헹엘(Hengel)이 지적한 바와 같이 "유대 지역을 벗어난 (이방) 선교가 국외자들(outsiders)에 의해 서, 곧 헬라파 사람들과 바울에 의해서 시작되고 종결되었다"[40]는 점이 중요하다. 오늘날에도 마찬가지일 것이다. 세계 선교는 오직 세계에 대한 폭넓은 이해와 배려가 있는 사람들에 의해서만 그리고 다른 나라와 다른 민족들에 대해 열린 마음을 가진 사람들에 의해서만 실현되고 열매 맺을 수 있게 될 것이다.

---

40 M. Hengel, *Between Jesus and Paul*, 55

14 장
페미니즘의 선구자 예수
(Jesus the Feminist)

유대 사회는 분명히 남성 중심의 사회, 즉 가부장적 사회였다. 여성의 사회적 지위가 남성들과 결코 동등할 수가 없는 사회였고, 그래서 남자처럼 대우받을 수도 없는 사회였다. 그 점은 다음과 같은 사실에서 아주 분명해진다. 첫째로 유대인들이 그토록 중요시하는 모세 오경 중 하나인 창세기의 인간 창조에 관한 이야기를 보면, "사람(man)이 독처하는 것이 좋지 못하니 내가 그를 돕는 배필(로)… 아담을 깊이 잠들게 하시고 그의 갈빗대 하나를 취하여… 그 갈빗대로 여자(woman)를 만드셨다"(창 2:18-25)는 말이 나온다. 처음부터 여자는 독처하는 남자를 위해(for man), 남자로부터(from man) 만들어진 것으로 되어 있다.[1] 둘째로 유대교 십계명의 열째 계명인 "네

---

1 영어에서 '여인'(woman)이라는 단어 자체도 '남자'(man)라는 단어로부터 그리고 '여성'(female)이라는 말도 '남성'(male)이라는 말로부터 유래되었다.

이웃의 집을 탐내지 말라"고 하는 계명에는 다음과 같은 부연 설명이 첨가되어 있다: "네 이웃의 아내나 그의 남종이나 그의 여종이나 그의 소나 그의 나귀나 무릇 네 이웃의 소유를 탐내지 말라." '아내'인 여성이 남종과 여종, 소와 나귀 등과 함께 탐내서는 안 될 '이웃의 소유물' 가운데 하나로 언급되고 있다. 셋째로 유대인 남자가 하루에 세 번씩 드리는 기도문 가운데 하나가 "이방인으로 태어나지 않고 유대인으로 태어난 것에 대한 감사", "종으로 태어나지 않고 자유인으로 태어난 것에 대한 감사"와 더불어 "여자로 태어나지 않고 남자로 태어난 것에 대한 감사"였다.

이런 기조는 예수 시대 그리고 신약 시대에 와서도 마찬가지였다. 우리는 다음과 같은 사실에서 그런 점을 다시 확인할 수 있다. 첫째로 가장 유대적 복음서 가운데 하나로 알려진 마태복음에 의하면, 예수가 광야에서 오천 명을 배불리 먹였을 때, "먹은 사람은 여인과 어린이들 외에 남자가 오천 명가량 되었다"(마 14:21)고 그리고 사천 명을 먹였을 때에도 "먹은 사람은 여인과 아이들 외에 남자가 사천 명이었다"(마 15:39)고 기록되어 있다. 이처럼 '여자와 어린아이'를 사람들의 수에 포함시키지 않은 경향은 출애굽한 이스라엘 자손을 계수할 때 "여호와께서 시내 광야 회막에서 모세에게 말씀하여 이르시되 너희는 이스라엘 자손의 모든 회중 각 남자의 수를 그들의 종족과 조상의 가문에 따라 그 명수대로 계수할지라"(민 1:1-2)고 했던 것을 그대로 반영하는 것으로 생각된다. 둘째로 고린도전서 11:3에 보면, "하나님은 그리스도의 머리이고, 그리스도는 남자의 머리이고, 남자는 여자의 머리"라고 말하고 있는데, 이것은 여자를 서열상 남자 밑에 종속시키고 있는 당시 문화를 그대로 반영해 주고 있다. 셋째로 고린도전서 14:34-35에서는 "여자는 교회에서 잠잠하라. 저희의 말하는 것이 허락함이 없다"고 희랍 문화권에서와 똑같이 여성의 '침묵'을 강요하고 있고(딤전 2:12-14), '가정 법전'으로 알려진 본문들에서도 일률적으로 여인의 '순종'을 요구하고 있기도 하다(골 3:18-4:1; 엡 5:22-6:9; 벧전 2:13-3:7; 딛 2:1-10).

이런 모든 사실은 예수 시대에도 여인들이 여전히 아무런 차별 없이 남자와 동등하게 대접을 받던 그런 사회 속에서 살고 있지 않다는 점을 잘 보여주고 있다. 그러나 이런 사회-문화적 전통에도 불구하고 우리는 신약성경, 특히 복음서 기록들을 통해 예수에게서 그리고 이어서 초대교회 안에서도 여인을 바라보는 관점과 여인을 대하는 태도가 분명히 다르게 나타나고 있는 사실을 여러모로 확인할 수 있게 된다. 우선 예수는 여인들을 만나는 일, 공공의 장소에서 여인들과 대화하는 일 등에서 남녀를 구별하거나 차별하는 모습을 전혀 보이지 않았다. 여인들도 남자들과 똑같이 예수 사역의 똑같은 대상이었다. 여자라고 해서 피하거나 차별하지 않았다. 자기를 찾아온 백부장의 믿음을 칭찬하면서 "네 믿음대로 되리라"고 말하면서 그의 종을 고쳐주었듯이(마 8:5-13), 자기를 찾아온 죄 많은 여인을 향해 "네 믿음이 너를 구원했다"고 축복해주기도 했다(눅 7:36-50). 베드로 장모의 열병을 고쳐주었고(막 1:29-31), 야이로의 딸을 찾아가 살려주었으며(막 5:35-43), 회당에서 18년 동안 귀신 들려 앓으며 꼬부라져 허리를 펴지 못하는 여인을 고쳐주기도 했다(눅 13:10-17). 마르다와 마리아라는 여자 자매들만 사는 집을 찾아 들어가 말씀 나누는 것을 조금도 개의치 않았으며(눅 10:38-42), 비유를 말씀하실 때에도 수시로 여인들을 일종의 모델로 거론했고("열 처녀 비유", "졸라대는 과부 비유", "잃은 은전을 찾은 비유" 등), 십자가 처형장으로 끌려갈 때는 "예루살렘의 딸들아 나를 위하여 울지 말고 너희와 너희 자녀를 위하여 울라"(눅 23:28)고 특별히 여인들만을 대상으로 설교 말씀을 주시기도 했다. 예수에게 있어서 여인들은 남자와 '똑같이' 그의 사역의 대상이었고, 구원의 대상이었을 뿐이다. 거기에는 아무런 차별도 없었다.

비록 예수가 동역자로 제자들을 선택할 때, 여성을 열두 제자의 무리 가운데 포함시키는 그런 혁명적인 일을 하지는 않았지만, 우리는 열두 제자들보다도 더 많은 여인이 예수의 곁에서 열두 명의 남자 제자들에 못지않게 아주 중요한 역할을 감당하며 그 이름을 남기고 있다는 사실에 주목할 필요가 있다. 우리는 흔히 예수가 그의 공생애 활동 기간에 주로 열두 제자를 데리고 전도 여행을 다녔던 것으로만 알고 있다. 그러나 예수가 열두 제자를 이끌고 전도 여행할 때, 그 일행 속에는 분명히 열두 제자 이외에 그들과 동행한 여러 명의 '여인들'이 있었다. "막달라 마리아와 헤롯의 시종 구사의 아내 요안나2와 수산나"와 같이 그 이름이 밝혀진 여인들도 있었지만, 이름이 밝혀지지 않은 '다른 여인들'도 여러 명 더 있었다(눅 8:1-3). 그 당시 여성들로서 다른 남자들과 함께 여행하는 것이 결코 쉽지 않았던 문화 속에서 이 여인들은 남자 제자들과 함께 예수의 전도 여행에 참여하여 동행했

---

2 눅 24:10에 보면, '요안나'는 막달라 마리아와 함께 빈 무덤을 찾았던 여인들의 이름 가운데서 다시 나타나고 있다.

을 뿐만 아니라, 예수 일행의 전도 여행에 드는 비용을 위해 모든 재정 지원을 담당한 장본인들이기도 했다.

전통적인 가부장적 문화 때문인지는 몰라도 비록 이름이 구체적으로 밝혀지지는 않았지만, 예수를 만나 한동안 예수와 함께 많은 신학적 대화를 나눈(4:9-26) 뒤에 예수를 "주님"(4:15)으로 그리고 "그리스도"(4:30)로 고백했던 이름 없는 사마리아 여인이 있었다. 그리고 이 여인은 예수와 만나 대화를 나눈 후에 곧바로 자기 동네 사람들에게 나아가 예수를 전하여 많은 사람으로 하여금 예수를 믿게 만들었다(요 4:39, 41). 이 여인은 사마리아 동네에 예수를 전했던 최초의 '전도자'(the Evangelist)였다.

예수께서는 잡히시기 전날 밤에 제자들의 발을 씻기시면서 "내가 주(Lord)와 또는 선생(Teacher)이 되어 너희의 발을 씻었으니 너희도 서로 발을 씻어주는 것이 옳으니라. 내가 너희에게 행한 것 같이 너희도 행하게 하려 하여 본을 보였노라"(요 13:14-15)고 말씀하신 적이 있다. 그런데 예수가 친히 제자들의 발을 씻어주는 본을 보여준 이 행동은 흥미롭게도 베다니의 마리아가 이미 비싼 향유를 예수의 발에 붓고 자기 머리털로 예수의 발을 씻은(요 12:1-3) 행동 직후에 있었다. 결국 요한복음에서는 베다니의 마리아라는 여인이 예수에 앞서 먼저 발을 씻겨주는 본을 보여주었던 인물로 부각되고 있는 셈이다.

부활하신 예수를 맨 처음 목격한 사람이 '게바', 즉 베드로라는 사실이 전통적으로 전해지던 증거(고전 15:5)였다. 그러나 요한복음에 의하면 오히려 빈 무덤을 찾아가서 거기서 부활하신 예수를 맨 처음 만나서 그와 대화를 나누었던 사람은 막달라 마리아라는 여인이었다(20:1-17). 더구나 막달라 마리아는 예수의 명령에 따라 자신이 부활하신 주님을 만난 일을 다른 믿음의 형제들에게 전해준 최초의 인물이었다(20:18). 다른 제자들, 사도들까지도 주님의 부활 소식을 막달라 마리아로부터 처음 전해 들었을 뿐이다. 그래서 막달라 마리아를 가리켜 '사도들에게 보내진 사도'라고 말하기도 한다.

더구나 외경 가운데 하나인 「마리아 복음서」에 보면 막달라 마리아는 다른 남성 제자들에 못지않게 주님으로부터 사랑과 인정을 받은 아주 중요한 제자였던 것으로 전해지고 있다. 가령 베드로가 막달라 마리아에게 "당신이 알고 있지만 우리가 들어보지 못한 주님의 말씀들을 우리에게 말해 달라"고 부탁했을 때, 막달라 마리아는 "내가 당신들이 모르는 것을 기억나는 대로 말해주겠소" 하면서 자기가 주님으로부터 들었던 말씀을 전해 주었다(제6장). 또 예수의 제자 레위가 베드로에게 "지금도 당신은 마치 그녀(막달라 마리아)가 당신의 적이나 되는 것처럼 그 여인을 의심하면서 그렇게 성을 내고 있소. 만일 구세주께서 그녀를 훌륭하게 생각하셨다면 당신이 누구기에 그녀를 무시한다는 말이오?"라고 말했는데(제10장), 이것은 막달라 마리아가 베드로에게 견제와 시기의 대상이 될 정도의 존재였음을 말해주는 단서가 아닐 수 없다.[3] 더구나 초대교회 안에 막달라 마리아를 추종하는 공동체가

---

3 외경 복음서인 「도마복음서」 말씀 114에 보면 "시몬 베드로가 그들에게 말했다. 여성들은 생명에 합당치 않으니 마리아로 하여금 우리를 떠나게 하자. 예수께서 말씀하셨다. 보라. 내가 그녀가 남성이 되도록 그녀를 인도하겠다"는 말씀이 나오는데, '말씀 114'는 베드로가 여성에 대해 부정적 관점을 갖고 있었을 뿐만 아니라, 막달라 마리아를 제자들의 무리 가운데서 견제 혹은 제거하려 했음을, 그러나 예수는 그런 막달라 마리아를 옹호하고 지지하고 있음을 보여주고 있다.

있었고, 「마리아 복음서」가 바로 이 공동체의 산물이라는 사실은 초대교회 안에서 그리고 예수의 제자들 가운데서 실제로 막달라 마리아를 추종하는 무리가 있었다는 사실과 함께 초대교회 안에서 그녀의 중요성과 수월성이 어떠했는지를 잘 반영해 주는 증거라고 생각된다.

예수 사역의 마지막 클라이맥스라고 말할 수 있는 십자가 처형 장면에서 다시금 여러 여성이 아주 중요하게 부각되고 있다. 남자 제자들은 예수가 겟세마네 동산에서 체포될 때 이미 다 도망해서(막 14:50), 예수가 십자가에 처형될 때 그 주변에 남자 제자들은 거의 찾아볼 수 없었다. 그러나 갈릴리로부터 예루살렘까지 예수를 따라왔던 여성 제자들은 예수가 십자가에 "처형되고 매장되는" 마지막 순간까지 멀리서나마 지켜보면서 예수와 함께했다(막 15:41, 47). 그리고 안식 후 첫날 빈 무덤을 찾아 예수의 부활을 확인했던 것도 바로 이 여성 제자들이었다(막 16:1).

더구나 예수가 십자가에서 숨을 거둘 때 멀리서나마 그 장면을 지켜보고 있었던 많은 여성 제자들 가운데 특별히 세 여인의 이름이 "막달라 마리아와 젊은 야고보와 요세의 어머니 마리아와 살로메"(막 15:40)라고 기록되어 있다. 예수가 아리마대 요셉의 무덤에 묻힐 때는 그것을 지켜보고 있었던 여성 제자들 두 사람의 이름도 "막달라 마리아와 요세의 어머니 마리아"(막 15:47)라고 전해지고 있다. 안식 후 첫날 예수의 빈 무덤을 찾았던 여성 제자들 세 사람의 이름이 다시 "막달라 마리아와 야고보의 어머니 마리아와 살로메"(막 16:1)로 알려지고 있다. 그러나 예수의 십자가 처형의 목격자로 그 이름이 거론된 이런 여인들만 있었던 것은 아니었다. 복음서들에 보면, "또 이 외에 예수와 함께 예루살렘에 올라온 여자들도 많이 있었다"(막 15:41, 눅 23:49, 55)고 전해 주고 있기 때문이다.

여성이 완전히 무시되던 당시 유대 사회와 문화권 속에서 여인들이 예수의 사역에 이토록 많이 적극적으로 참여하여 그 이름을 남겼고 또 이토록 여러모로 중요한 역할을 담당하였다는 것은 정말로 주목할 만한 일이 아닐 수 없다. 남자와 여자를 구별하지 않고, 여성을 적극적으로 받아들이고 인정해준 예수 때문에 가능한 일이라고 생각된다. 그런데 예수의 이런 영향은 예수의 죽음 이후 초대교회 안에서도 분명히 이어져 왔음을 확인할 수 있다. 우리는 그 구체적 실례를 역사상 최초의 기독교 문서라고 말할 수 있는 바울의 서신들, 특히 그중에서도 「로마서」4 16장 마지막 부분, 바울이 로마에 있는 형제들에게 문안하고 있는 글 가운데서 그 점을 잘 확인할 수 있다. 바울이 구체적으로 이름을 거론하며 문안하는 여러 인물 가운데는 남자들보다 오히려 여자의 이름들이 더 많이 나오고 있기 때문이다. 예를 들면 제일 먼저 바울은 겐그레아 교회의 집사인 뵈뵈의 이름을 거론하고 있다. 뵈뵈는 바울의 후원자였고, 다른 많은 사람을 도와준 여인이었다. 그래서 바울은 뵈뵈를 교회에 강력히 추천하고 있는 것이다(롬 16:1-2).

그리고 곧바로 다시 브리스길라의 이름을 언급한다. 그것도 그녀의 남편 아굴라의 이름에 앞서서 말이다(16:3; 행 18:26). 이 브리스길라는 그의 남편 아굴라와 함께 복음을 전파하던 여인이었고, 자기

---

4 바울이 쓴 「로마서」는 예수가 십자가에 처형된 이후 불과 20여 년 후에 그리고 복음서들이 기록되기도 훨씬 전인 주후 50년대 후반에 기록된 것으로 알려지고 있다.

집을 성도들이 모이는 교회로 내어놓았으며, 바울의 목숨을 살리기 위해서 남편과 함께 목숨을 내놓은 여인이기도 했다. 그래서 바울은 물론 다른 이방인들의 모든 교회가 브리스길라와 아굴라에게 늘 감사한 마음을 갖고 있는 그런 인물이었다(16:4-5). 더구나 브리스길라라는 이름이 그의 남편 아굴라보다 먼저 언급되고 있는데, 그 이유는 분명히 그녀의 역할과 중요성이 아굴라를 앞섰기 때문일 것으로 보인다.

여러 여인의 이름이 거론되는 가운데 많은 수고를 했다는 마리아(16:6)와 유니아(16:7)의 이름도 거명되고 있는데, 특히 '유니아'라는 여인은 그녀의 남편으로 추정되는 안드로니고와 함께 바울보다도 먼저 그리스도를 믿은 사람이었고, 특히 "사도들에게 존중히 여겨지고 있는 자들"(개역개정)이라고 했다.[5] 드루배나와 드루보사 그리고 버시라는 여인들도 언급되고 있고(16:12), 그 외에도 율리아와 루포의 어머니와 네레오의 자매도 언급되고 있다. 이 여인들은 모두 그들이 속해 있던 신앙 공동체 안에서 그 이름이 기억되고 거론될 정도로 중요한 역할을 하고 있었던 것으로 보인다(16:13, 15). 바울의 문안 인사 가운데 이처럼 남자들보다 오히려 여자들의 이름이 더 많이 거론되고 있다는 사실은 그만큼 그 신앙 공동체 안에서 여인들이 남자들에 못지않게,

---

5 개역에서는 "사도에게 유명히 여김을 받는 자"라고, 새번역에서는 "사도들에게 좋은 평을 받고 있는 자"라고 번역되었고, 개역개정에서 "사도에게 존중히 여김을 받는 자들"이라고 번역되었지만, 헬라어 원문 ἐπίσημοι ἐν τοῖς ἀποστόλοις는 본래 "사도들 가운데서도 **특출한 사람들이라**"(they are men of outstanding among the apostles)는 의미이다.

아니 남자들보다 더 활발하게, 더 중요한 역할들을 하고 있었기 때문이라고 생각된다.

　이런 사실들은 분명히 이미 예수께서 이제 곧 오게 될 하나님 나라에서는 남성이나 여성이 모두 다 똑같이 동등하고 평등할 것이라고 했던 말씀들과 또한 남자와 여자를 아무런 차별 없이 대했던 그의 행동의 영향을 받은 결과라고 생각된다. 예수는 이미 나사렛 회당에서의 첫 설교를 통해 이사야 61장을 인용하는 가운데 자신의 소명을 "포로 된 자에게 해방을 선포하는 일" 그리고 "눌린 자들을 놓아주는 일"이라고 언급한 바 있었다(눅 4:18). 그런데 실제로 예수는 그의 사역을 통해서 당시 가부장적 문화 전통에 포로가 되어 남성 위주의 사회 속에서 눌려 지내던 여인들을 풀어주고 해방시키는 일을 했던 것이 사실이다. 그리고 예수의 이런 사역의 결과 때문에 바울은 나중에 「로마서」에 이어 「갈라디아 교인들에게 보내는 편지」 가운데서 "너희는 유대인이나 헬라인이나, 종이나 자유인이나, 남자나 여자나 다 그리스도 안에서는 하나이니라"(갈 3:28)고 말함으로써 인종과 신분의 차별은 물론이고, 남녀 간의 성차별까지도 넘어서는 주장을 하기에 이르렀던 것으로 보인다. 이런 모든 점 때문에 우리는 결국 예수가 그 당시 여성이 남성에 비해 무시되고 경시되는 그런 문화권 속에서 남녀평등과 여성 인권 확장을 위해 큰 씨앗을 뿌린 인물, 그래서 요즘 말로 '여성 인권의 옹호자' 혹은 '여성 해방 운동가'였다고 말할 수 있는 것이다.

1 5 장
뱃세다 맹인을 고친 이야기

(막 8:22-26)

I. 이 이적 이야기의 독특성

마가복음에서는 예수가 맹인을 고쳐준 이적 이야기가 두 번 나온다. 한 번은 전반부에서 베드로의 신앙고백(막 8:27-30) 직전에 벳세다의 맹인을 고쳐준 이적 이야기(막 8:22-26)의 형태로 그리고 또한 번은 복음서의 후반부에서 예수가 예루살렘에 입성하기 직전에 맹인 거지 바디매오를 고쳐준 이적 이야기(막 10:46-52)의 형태로 소개되고 있다. 그런데 예수가 맹인을 고쳐준 이 두 이적 이야기들 가운데 맹인 거지 바디매오를 고쳐주는 이적 이야기는 공관복음에 모두 나오는 반면(마 20:29-34; 눅 18:35-43),[1] 벳세다의 맹인을 고쳐

---

1 그러나 마태복음에서는 맹인 바대매오 한 사람을 고쳐준 이야기가 아니라, 바디매오
　라는 이름이 언급되지도 않은 가운데 '맹인 두 사람'을 고쳐준 이야기로 그리고 누가
　복음에서도 마태와 똑같이 '맹인 두 사람'을 고친 이야기로 소개되고 있다. 그러나

주는 이 이야기는 네 복음서 중 오직 마가복음에서만 나온다. 그런데 예수의 다른 이적들은 물론이고 맹인의 눈을 뜨게 해준 다른 이적 이야기들[2] 가운데에서도 마가복음에만 나오는 이 벳세다의 맹인을 고쳐주는 이적 이야기는 다른 이적 이야기들과 여러 가지 점에서 아주 다르며 또 그 이적 이야기가 주는 메시지 역시 아주 독특하다.

우선 이 이적 이야기의 독특성으로는 다음과 같은 몇 가지 점을 지적할 수 있다. 첫째로 이 이적 이야기는 복음서 중 오직 마가복음에서만 나온다. 그러니까 다른 복음서 기자들은 이 이적 이야기에 대해 별다른 관심을 보이지 않았고, 그래서 이 이적 이야기가 그들의 복음서에서는 소개되지 않은 것으로 보인다. 결국 마가만이 이 이적 이야기에 특별한 관심을 갖고 있었다고 보아야 할 것이다.

둘째는 이 이적 이야기에서 예수는 다른 복음서들에 나오는 다른 이적 이야기들의 경우와는 아주 달리 병자를 고치시면서 물질적인 재료를 사용하고 있는 점이 독특하다. 대부분의 다른 이적 이야기들을 살펴보면, 예수는 흔히 '말씀' 혹은 '명령'으로 병자를 고치셨다. "일어나라"든가, "걸으라"든가 혹은 귀신을 향해 "그 사람에게서 나오라"고 명령하는 경우들이 다 그러하다. 또 다른 경우라면 예수는 접촉(touch)에 의해서 병자를 고치셨다. 머리에 손을 얹어 안수하거나 손을 만지거

마태와 누가의 본문이 모두 마가복음의 경우처럼 예수가 예루살렘에 입성하기 직전에 여리고에서 행한 이적으로 소개되고 있고, 마가의 본문을 거의 그대로 소개하고 있다는 점에서 평행 본문이라고 볼 수 있다.

2 예수가 맹인의 눈을 뜨게 해준 '다른 이야기들'이 복음서들에 더 소개되고 있다: 고침 받은 두 사람의 맹인 이야기(마 9:27-31), 눈멀고 벙어리 된 사람을 고친 이야기(마 12:22), 나면서부터 맹인이 된 사람을 고친 이야기(요 9:1-7) 등이 그러하다.

나 붙잡아 일으키는 경우들이다. 그런데 아주 드물게 병자를 고치기 위해서 예수가 물질적인 재료를 사용한 경우가 없는 것도 아니다. 가령 요한복음 9장에 보면 예수는 맹인을 고쳐줄 때 "진흙과 침"(9:6)을 사용한 것으로 전해지고 있다. 그런데 여기 마가복음에서는 예수가 오직 침만을 사용한 것으로 기록되어 있다(8:22).

셋째로 이 이적 이야기는 복음서에 나오는 이적 이야기들 가운데서 아주 예외적으로 그리고 아주 특이하게도 예수께서 병자를 한 번에 고치지 못하고 두 번에 걸쳐 점진적으로 고치신 이야기, 즉 일차 시도에 완전히 성공하지 못하고, 이차 시도에서 완전히 성공하는 이른바 점진적인 병 치료(gradual healing) 이야기 형태란 점에서 아주 독특하다. 아마도 이 둘째와 셋째 특징 때문에 나중에 다른 복음서 기자들은 각자 자기 복음서에서 이 이적 이야기를 소개하지 않았을 것으로 보인다. 다른 복음서 저자들의 경우 예수가 병자를 고치기 위해서 물질적인 재료를 사용했다는 것이나 그럼에도 한 번에 성공하지 못해서 다시금 이차 시도를 감행하여 겨우 병 치료에 성공했다는 이런 이야기를 소개하는 것이 예수의 명성에 결코 도움이 되지 않는다고 생각했을 수 있다.

II. 이 이적 이야기가 소개되고 있는 문맥의 독특성

이 이적 이야기 자체가 갖고 있는 이런 독특한 특징들과는 별도로 우리는 이 이적 이야기가 소개되고 있는 문맥의 독특성에도 주목할 필요가 있다. 문맥 자체가 본문을 이해할 수 있는 열쇠가 될 수 있기 때문이다. 이 이적 이야기는 마가복음의 전반부에서 제자들의 무지와 몰이해가 강조된 본문(막 8:14-21) 바로 직후에 그리고 베드로가 제자들을 대표해서 예수를 메시아로 고백하는 이야기(막 8:27-30) 바로 직전에 편집되어 있다. 즉, 이 이적 이야기가 제자들의 무지와 몰이해에 대한 언급과 베드로의 신앙고백 사이에 편집되어 있어 그 둘의 연결고리 역할을 하고 있다는 말이다. 이런 문맥 설정 자체가 마가복음에만 볼 수 있는 독특한 형태이기에 마가 자신의 의도적 구성이라고 보아야 할 것이다. 따라서 우리는 마가가 왜 다른 복음서 기자들이 소개하려고 생각하지도 않았던[3] 이 이적 이야기를 현재의 문맥에서, 즉 왜 하필이면 제자들의 무지와 둔함을 강조한 직후에 그리고 베드로의 위대한 신앙고백 이야기 직전에 소개하고 있는지를 주의 깊게 살펴볼 필요가 있다.

마가복음은 크게 두 부분으로 구성되어 있다. 전반부에서는 주로 갈릴리를 중심 무대로 행해진 예수의 '이적 이야기들'이 소개되어 있고, 후반부에서는 주로 예루살렘을 중심으로 벌어질 또는 벌어진 예수의 '수난 이야기들'이 소개되고 있다. 그래서 마가복음의 문학적 구조 자체가 전반부는 '이적의 복음', 후반부는 '수난의 복음'이라는 형태로 구성되어 있다고들 말하기도 한다. 그런데 이런 마가복음의 이중 구조

---

3 마태와 누가는 모두 마가복음을 문서 자료로 사용했던 것으로 알려지고 있다. 그렇다면 마태와 누가는 분명히 벳세다 맹인을 고친 이야기를 알고 있었음에 틀림없다. 그럼에도 그들이 이 이야기를 그들의 복음서에 소개하지 않았다는 것은 이 이야기를 소개할 의도가 전혀 없었다고 보아야 할 것이다.

의 관점에서 볼 때, 벳세다의 맹인을 고친 이적 이야기는 전반부에 나오는 '이적의 복음'의 마지막 이적 이야기이면서 전반부의 마지막 클라이맥스를 이루고 있다. 그런데 마가는 그의 복음서 전반부에서 예수의 여러 이적 이야기들을 전하면서 이런 이적을 행하는 예수를 "능력이 많으신 이"(막 1:7), 곧 "하나님의 아들 그리스도(=메시아)" (막 1:1)라는 점을 그리고 또한 이런 이적들이 곧 메시아의 도래를 증거 해주는 이적들이라는 점을 강조하고 있는 것으로 생각된다.

더구나 마가는 그의 복음서 전반부인 '이적의 복음'에서 5,000명을 먹인 이적 이야기(6:30-44)로부터 시작해서 귀머거리를 고친 이적 이야기(7:31-37)로 끝나는 이적 시리즈와 4,000명을 먹인 이적 이야기(8:1-10)로부터 시작해서 벳세다의 맹인을 고친 이적 이야기 (8:22-26)로 끝나는 이적 시리즈의 '이중 평행'(double paralell) 구조 의 마지막 끝부분에서 각각 귀머거리와 맹인을 고친 이야기를 소개함 으로써 예수의 이런 이적 시리즈가 예수를 메시아로 전하기 위한 의도 임을 드러내고 있다. 메시아의 날을 기다리는 유대인들의 기대에 의하 면 귀머거리가 듣게 되고, 맹인이 보게 되는 것은 이사야 35:5-6에서 약속되었던 바와 같이 메시아 도래의 증거이기 때문이다: "그때에 소경의 눈이 밝을 것이며, 귀머거리의 귀가 열릴 것이며, 그때에 저는 자는 사슴 같이 뛸 것이며, 벙어리의 혀는 노래하리니…" 결국 예수가 귀머거리를 고치고(막 7:31-37), 벳세다 맹인을 고친 것(막 8:22-26) 도 "메시아의 행동이며, 구약 예언의 성취"[4]이며, 따라서 메시아의

---

4 R. H. Fulller, *Interpreting the Miracles* (London: SCM Press, 1963), 60-61.

도래를 증거해 주고 있는 셈이다.

그런데 마가는 베드로의 신앙고백에 앞서서 예수가 귀머거리로 하여금 듣게 해주고 또 맹인으로 하여금 눈을 떠서 보게 해주는 이적 이야기를 소개하고 있다. 이렇게 마가는 그의 '이적의 복음'에서 예수가 귀머거리를 고친 이야기와 벳세다 맹인을 고친 이야기를 나란히 '한 쌍'으로 소개한 것5은 그 예수의 이적들이 '메시아의 행동이며, 구약 예언의 성취'라는 점을 강조하려는 목적 때문이었을 것이다. 따라서 마가가 그의 복음서 전반부 마지막 클라이맥스에서 그것도 베드로가 예수를 향해 "당신은 메시아이십니다"라고 고백하는 이야기 바로 앞에서 예수가 벳세다 맹인의 눈을 뜨게 해주었다는 이적 이야기를 소개하는 것은 바로 뒤에 나오는 베드로의 신앙고백을 염두에 둔 의도적인 포석이라고 보아야 마땅하다. 제자들이 이런 이적들을 눈으로 직접 보았고 또 이런 이적들이 메시아 시대에 메시아에 의해서나 가능한 이적들이라는 점을 알고 있었기 때문에 결국 베드로가 예수를 두고 메시아 곧 그리스도라고 고백할 수 있었다는 의미이다. 따라서 이 이적 이야기야말로 홀스트만(M. Horstmann)이 이미 지적했던 것처럼 "베드로 신앙고백의 서론적, 예비적 서문"6 역할을 하고 있는 셈이다.

그러나 다른 한편으로 우리는 마가가 벳세다의 맹인을 고친 이적

---

5 이미 오래전에 R. H. Lightfoot도 "the close parallels between 8:22-26 and 7:27-30"을 지적한 바 있다. *History and Interpretation in the Gospels* (London, 1935), 90-91.

6 M. Horstmann, *Studien zur Markinische Christologie* (Muenster, 1969), 8.

이야기를 현재의 문맥에 편집한 또 다른 더 중요한 의도에 주목할 필요가 있다. 이미 잘 알려진 바와 같이 마가복음의 전반부에서 마가는 예수의 계속되는 이적 활동을 소개하면서 동시에 제자들의 무지와 어리석음을 계속 강조해 왔다(4:13, 41; 6:37, 49, 52; 7:18):

또 가라사대 너희가 이 비유를 알지 못할진대 어떻게 모든 비유를 알겠 느뇨(4:13).

저희가 심히 두려워하여 서로 말하되 저가 뉘기에 바람과 바다라도 순 종하는고 하였더라(4:41).

제자들이 그의 바다 위로 걸어오심을 보고 유령인가 하여 소리 지르니 (6:49).

제자들이 마음에 심히 놀라니 이는 저희가 그 떡 떼시던 일을 깨닫지 못하고 도리어 그 마음이 둔하여 졌음이니라(6:51-52).

예수께서 이르시되 너희도 이렇게 깨달음이 없느냐?(7:18)

더구나 마가는 예수가 벳세다의 맹인을 고쳐주기 바로 직전에도 다시금 제자들의 우둔함과 깨닫지 못함을 집중적으로 반복해서 언급한 바 있다(8:16-21): "아직도 알지 못하고 깨닫지 못하느냐? 아직도 마음이 둔하냐? 너희는 눈이 있어도 보지 못하고 귀가 있어도 듣지 못하느냐? 잊어버렸느냐?"(8:17-18), "너희가 아직도 깨닫지 못하느냐?"(8:21).

이렇게 우둔해서 "깨닫지 못하던" 제자들이 갑자기 가이사랴 빌립보에서 베드로의 입을 통해 예수를 두고 메시아라고 고백했다(8:29)는 것은 좀 의외이고 놀라운 일이라고 생각할 수 있다. 그들은 들어도 듣지 못하고 눈이 있어도 보지 못한 자들이 아니었던가? 따라서 그들이 예수를 "밝히 보고"(8:25) 메시아로 고백하기 위해서는 최소한 예수가 그들의 보지 못하는 눈을 고쳐줄 필요가 있지 않았을까? 예수를 제대로 알지 못하고 깨닫지 못한 그리고 눈이 있어도 보지 못하고 귀가 있어도 듣지 못한 이들이 바로 제자들(8:17-18)이었기 때문이다. 마가에게 있어서 그들은 실제로 귀머거리들이었고, 맹인들에 지나지 않았다. 이렇게 생각할 경우 눈먼 맹인의 치료 이야기는 눈이 먼 제자들의 눈을 뜨게 해주는 이야기에 지나지 않는다고 보아야 마땅하다. 바로 이런 이유 때문에 마가는 벳세다 맹인을 고친 이적 이야기를 현재의 문맥 속에 편집해 넣었고, 그렇게 함으로써 우둔했고 무지했던 제자들이었지만 예수가 그들의 눈을 뜨게 해주어서 끝내 예수를 바로 알아보고 예수를 메시아로 고백하게 되었다고 말하려고 했던 것이다.

다른 말로 표현한다면 마가는 벳세다 맹인의 눈을 고여주는 이적 이야기를 현재의 위치에서 소개함으로써 "그렇게도 우둔했고 무지해서 늘 깨닫지 못한 상태에 있던 제자들이 어떻게 예수가 메시아인지 밝히 보고 그를 메시아로 고백할 수 있게 되었느냐?"는 의문에 대한 설명을 제시하려고 했던 것으로 보인다. 마가로서는 예수의 메시아 되심에 대한 신앙고백(8:27-30)을 제자들의 무지와 우둔함에 대해 강조한 말씀(8:14-21)에 바로 이어서 소개하는 데는 분명히 문제가 있다고 생각했을 것이다. 그래서 마가는 벳세다의 맹인을 고쳐준 이적 이야기를 제자들의 무지에 대한 언급과 베드로의 신앙고백 사이에 편집함으로써 이 문제를 해결하려고 했다. 우둔해서 깨닫지 못했던 제자들이 예수를 메시아로 고백할 수 있게 된 것은 바로 예수께서 그들의 멀었던 눈을 뜨게 해주셔서 그들이 비로소 예수의 정체를 밝히 볼 수 있게 되었기 때문이라는 의미인 셈이다. 그래서 <u>그룬트만</u>(W. Grundmann)도 일찍이 벳세다 "맹인의 치료는 마땅히 제자들에게 일어나야만 할 사실에 대한 표적이다"[7]라고 말한 바 있다.

마가의 이런 의도는 다른 복음서 기자들이 소개하고 있는 베드로 신앙고백 본문의 전후 문맥을 마가의 것과 비교해 볼 때 좀 더 잘 이해될 수 있다. 먼저 누가복음에 보면 벳세다 맹인을 고친 이적 이야기가 소개되고 있지 않을 뿐만 아니라, 마가가 그 이적 이야기로써 해결하려고 했던 문제들 자체가 전혀 나타나지 않고 있다. 즉, 누가가 마가복음을 자료로 사용했음에도 불구하고 마가가 6:51-52와 7:17-18 그리고 8:14-21에서 그토록 강조했던 제자들의 우둔함과 무지함에 대한 언급을 전부 삭제해버렸다는 사실에 주목할 필요가 있다. 누가가 제자들이 우둔했고 무지했다는 생각 자체에 동의할 수가 없어서 그런 구절들을 모두 삭제해버린 것인지의 여부에 대해서는 확실한 결론을 내릴 수 없지만, 한 가지 분명한 사실은 누가가 그런 구절들을 모두 삭제해 버림으로써 적어도 누가복음에서는 맹인의 눈을 뜨게 해주는

---

7 W. Grundmann, *Das Evangelium nach Markus* (Berlin, 1959), 165.

이야기 같은 것의 도움이 없이도, 별다른 문제 없이 베드로의 신앙고백 이야기를 소개할 수 있다는 점이다. 결국 누가는 제자들의 우둔함이나 무지함에 대한 언급을 모두 삭제해 버렸기 때문에 마가처럼 일부러 벳세다 맹인을 고친 이적 이야기를 소개할 필요가 없었을 것이다.

다른 한편 마태의 경우는 누가와 좀 다르다. 누가와는 달리 마태는 16:5-12에서 제자들의 우둔함과 무지함을 강조한 마가의 자료(막 8:14-21)를 그대로 소개하고 있기 때문이다. 그러나 마태는 베드로의 신앙고백 직전에 제자들의 무지를 강조하고 있는 마가복음 8:17-18만은 삭제하였다. 즉, "아직도 알지 못하고 깨닫지 못하느냐? 아직도 마음이 둔하냐? 너희는 눈이 있어도 보지 못하고 귀가 있어도 듣지 못하느냐? 잊어버렸느냐?"라는 말씀을 삭제했다. 이렇게 함으로써 마태는 제자들이 예수의 메시아 되심을 고백하기 직전에 그토록 우둔하고 무지한 상태에 있었던 것이 아니라는 점을 보여주고 있는 셈이다. 제자들의 무지를 탓하는 대신에 마태는 단지 그들의 '믿음의 적음'(마 16:8)만을 탓하고 있을 뿐이다.[8] 그리고 마태는 베드로의 신앙고백 직전에 마가와는 달리 제자들이 끝내는 '깨달음'에 이르렀음을 밝히고 있다: "그제서야 제자들이… 깨달으니라"(마 16:12). 마태는 이처럼 제자들의 무지에 대한 언급(마 8:8-11)과 베드로의 신앙고백(마 16:13-20) 사이에 16:12("tote sunekan hoti…")을 삽입해 첨가함으

---

8 "마가는 제자들이 이해하지 못하고 있음을 말하나… 마태에 의하면 그들은 이해했고 다만 믿음에 결함이 있었음"을 말한다. G. Bornkamn, G. Barth and H. J. Held, *Tradition and Interpretation in Matthew* (Philadelphia: The Westminster Press, 1963), 183.

로써 그 두 본문을 별다른 무리가 없이 연결시킬 수 있게 된 셈이다.

이렇게 마태는 제자들이 예수의 메시아 되심을 고백하기 전에 이미 '깨달음'(마 16:12)의 상태에 있었음을 분명히 밝히고 있다. 이런 식으로 마태는 16:12을 베드로 신앙고백을 소개하기 위한 준비 작업의 일환으로 첨가한 셈이다. 이렇게 생각할 경우 마태가 첨가한 16:12은 마태복음의 현재 문맥 가운데서 마가복음 8:22-26에 나오는 벳세다 맹인을 고친 이적 이야기 자체를 대신하는 효과를 발휘하고 있다고 말할 수도 있다. 마가가 벳세다 맹인 치료 이야기(8:22-26)를 가지고 말하려고 했던 것을 마태는 그 이야기 대신에 16:12을 가지고 똑같은 일을 해낸 것이라고 볼 수 있기 때문이다.

다른 복음서들의 경우와 비교해서 더욱 분명해진 사실은 마가에게 있어서 만약 벳세다 맹인을 고친 이적 이야기가 현재의 문맥에 편집되지 않았다면, 분명히 제자들의 무지와 둔함을 강조했던 8:14-21의 본문과 베드로의 신앙고백 본문인 8:27-30을 직접 연결시켜 소개하는 데에는 내용적인 연결에 무리가 있었을 것이라는 점이다. 즉, 무지한 그리고 눈을 가지고도 보지 못하던 제자들이 어떻게 예수를 보고 메시아라고 신앙고백을 할 수 있게 되었는지에 대한 의문이 남을 수밖에 없기 때문이다. 그런데 마가는 벳세다의 맹인을 고치는 이적 이야기를 현재의 문맥에 편집해 넣음으로써 제자들이 무지했던 것과 그들이 예수를 메시아로 알고 고백하게 된 것, 즉 "눈을 가지고도 보지 못하던"(막 8:18) 눈뜬장님과 같이 어리석은 제자의 모습과 예수를 메시아로 알고 신앙 고백을 한(8:29) 제자의 모습 사이에 교량을 놓으려고 했다. 그렇게도 어리석고 둔한 제자들이었는데 마가복음 8:22-26에서 눈을 고쳐주어 "밝히 보게 해준" 이적이 끝나자마자 베드로는 예수를 메시아로 고백하였다. 이런 점을 고려할 때 우리는 마가에게 있어서 8:22-26을 편집해 넣을 위치로 현재의 위치보다 더 적절한 곳은 없었을 것이라고 생각할 수 있다. 눈을 뜨게 해주는 이적이 있기 전에는 제자들이 "둔했고", "알지 못했고", "깨닫지 못했고", "눈이 있어도 보지 못했고 귀가 있어도 듣지 못했다"(8:17-18). 그런데 예수께서 맹인의 눈을 고쳐서 보게 해주자마자 제자들이 대변인 격인 베드로의 입을 통해서 예수를 메시아로 고백하게 되었다. 이런 의미에서 벳세다 맹인을 고친 이적 이야기(8:22-26)는 제자들의 무지와 그들의 신앙고백을 무리 없이 순탄하게 연결시키기 위한 일종의 보조적 연결 본문이라고, 그래서 홀스트만(Horstmann)도 "베드로 신앙고백의 서론적, 예비적 서문"이라고 말했던 것이라고 생각한다.

III. 벳세다 맹인을 고쳐준 예수

우리가 이 이야기에서 또 주목해야 할 점은 예수의 주도적인 이니시어티브에 의해 벳세다의 맹인이 눈을 뜨게 되었다는 점이다("예수께서 맹인의 손을 잡고 마을 밖으로 데리고 나가서 그의 두 눈에 침을 뱉고 그에게 손을 얹으시고," 8:23). 이것은 곧 제자들이 눈을 떠서 예수를 밝히 보고 메시아로 고백할 수 있게 된 것이 그들 자신의 각성이나 내적 능력에 의한 것이 아니라, 오직 예수의 주도적인 이니시어티브에 의한 것임을 암시해주고 있다. 이런 의도는 마태복음에서 더욱 분명히 드러나고 있다. 즉, 마태복음 16:17에 보면, 베드로가 제자들을 대표해서 예수를 메시아로 고백한 것을 두고 예수는 "이를 네게 알게 한 이는 혈육이 아니요, 하늘에 계신 내 아버지시니라"고 말하고 있기 때문이다. 이런 점을 염두에 둘 때 우리는 예수가 벳세다의 맹인을 고쳐주신 이적 이야기가 예수께서 제자들로 하여금 자신을 메시아로 바로 보고, 바로 이해할 수 있도록 그들의 멀어버린 눈을 열어주는 이야기로 소개되고 있는 것이라고 보아야 옳을 것이다.

그리고 이와 관련해서 우리는 앞에서 말했던 것처럼 예수께서 맹인을 고치기 위해 두 번에 걸쳐 거듭 치료했던 점을 다시 기억할 필요가 있다. 예수가 벳세다의 맹인을 치료하는 과정에서 예수는 먼저 맹인의 두 눈에 침을 바른 후에 그에게 손을 얹으시고 "무엇이 보이느냐?"고 물으셨을 때, 맹인의 대답은 "사람들이 보이나이다. 나무 같은 것들의 걸어가는 것을 보나이다"(8:23-24)라는 것이었다. 맹인의 대답은 그의 시력이 완전히 치료가 되지 못했다는 것을 의미할 뿐이다. 그래서 예수는 "이에 그 눈에 다시(eita palin) 안수"(8:25)하시는 두 번째 시도를 하셨고, 그 후에야 그 맹인은 "나아서 모든 것을 밝히 보게" (eneblepen telaugos) 되었다(8:25).

벳세다의 맹인 치료가 이렇게 두 번에 걸친 시도로 이루어졌다고 말하는 이 이적 이야기 본문을 근거로 예수의 치료 행위가 실제로 그처럼 점진적인 것이었다고 말할 수는 없다. 예수가 실제로 일차 시도에 실패하고, 두 번째의 시도를 통해서 드디어 맹인의 눈을 뜨게 해주셨다고 생각하기 어렵기 때문이다. 복음서에 나오는 대부분의 다른 이적 이야기들은 언제나 예수의 말씀(=명령)이나 행동(=접촉이나 안수)에 의해 '즉시' 또는 '곧' 이루어졌다. 이런 즉각적인 치료는 특히 마가의 경우 번번이 '즉시'(euthus)라는 말을 통해서 강조되고 있다. 그러므로 우리는 복음서에 나오는 거의 모든 병 고침의 이적이 예수의 뜻대로 아무런 문제 없이 즉각 이루어짐으로써 예수의 능력이 더욱더 강조되고 있는 것으로 이해해야 한다. 그렇다면 마가는 왜 여기서 그리고 오직 여기서만 예수가 즉각적인 치료를 통해서가 아니라 점진적인 치료를 통해서, 즉 이중적인 시도를 통해서 병을 고쳐주었다는 이적 이야기를 소개하고 있는 것일까?

예수 당시 이방인 떠돌이 이적사들(Miracle-Workers)의 병 고침 이적 이야기들 가운데에는 점진적인 치료 이야기 또는 단번에 치료가 끝나지 않아서 재차 치료를 반복하는 이야기가 많이 전해지는 것으로 알려지고 있다. 그러나 복음서에서는 그런 치료 이야기가 거의 나타나지 않고 있다. 초대 기독교에서는 예수의 병 치료 능력의 불완전성을 드러내는 그런 이야기들이 예수와 이적 이야기로 전해질 수는 없었을 것으로 보인다. 그런데 단 한 번 마가만이 바로 여기에서 예수가 두 번에 걸친 시도를 통해 맹인을 고쳐준 이적 이야기를 소개하고 있다. 그러나 그렇다고 예수가 실제로 두 번에 걸친 시도 끝에 벳세다 맹인을 고쳐주는 데 성공했다고 생각할 필요는 없다. 복음서 저자들에게 있어서는 늘 실제의 이적 그 자체보다는 오히려 이적 이야기가 갖고 있는 메시지가 더 중요했기 때문이다.9 따라서 우리는 마가가 이 이적 이야

---

9 마태복음의 이적들을 '편집비평 방법'으로 연구했던 Heinz Joachim Held가 했던 다음과 같은 말을 염두에 둘 필요가 있다: "it is plain that the miracles are not important for their own sakes but by reason of the message they contain."

기를 소개하면서 예수가 두 번에 걸친 시도 끝에 맹인을 고쳐주었다는 이런 이야기 형태로 전해주는 의도가 무엇인지에 대해 관심을 가질 필요가 있다. 그리고 마가가 이런 이야기 형태로 전해주는 그의 의도와 메시지를 제대로 알아보기 위해서는 벳세다의 맹인을 고쳐준 이야기가 바로 뒤이어 소개되는 베드로의 신앙고백 이야기와 관련하여 어떤 형태로 구성되어 소개되고 있는지를 비교해서 살펴보는 일이 중요하다. 벳세다 맹인을 고쳐준 이야기가 베드로의 신앙고백 이야기를 위한 서론적인 이야기로 편집되었다고 생각되기 때문이다.

IV. 벳세다 맹인을 고친 이야기와 베드로 신앙고백 이야기 간의 구조적 유사성

우리는 먼저 벳세다의 맹인을 고친 이야기(8:22-26)와 베드로가 예수를 메시아로 고백한 이야기(8:27-30)가 아주 비슷한 문학적 구조로 구성되어 있다는 사실에 주목할 필요가 있다. 그리고 이런 문학적인 평행 구조는 분명히 마가에 의한 의도적인 구성이라고 보아야 마땅하다.

"Matthew as Interpreter of the Miracle Stories," G. Bornkamm, G. Barth and H. J. Held, *Tradition and Interpretation in Mattew* (Philadelphia: The Westminster Press, 1963), 210.

벳세다 맹인 치료(8:22-26)	베드로의 신앙고백(8:27-30)
〈벳세다에서〉	〈가이사랴 빌리보에서〉
1차 시도 : 눈에 침 뱉고 안수하다. ▶ 결과 : 나무 같은 것들이 보인다.	1차 질문 : 사람들이 나를 누구라 하느냐? ▶ 대답 : "세례 요한, 엘리야, 선지자."
2차 시도 : 눈에 다시 안수하다. ▶ 결과 : 모든 것을 밝히 보다.	2차 질문 : 너희는 나를 누구라 하느냐? ▶ 대답 : "당신은 메시아이십니다."
금지 명령 : "마을에 들어가지 말라."	금지 명령 : "아무에게도 말하지 말라."

예수가 벳세다의 맹인을 고치기 위해서 두 번에 걸쳐 시도한 것과 베드로의 신앙고백이 있기 위해서 예수가 제자들에게 두 번에 걸쳐 질문한 것 사이에는 아주 분명한 유사성이 드러나고 있다. 벳세다의 맹인을 치료하기 위해 예수께서 첫 번째 시도를 마치셨을 때 맹인의 시력은 불완전했고("사람들이 보이나이다. 나무 같은 것들의 걸어가는 것을 보나이다"), 그래서 예수께서 다시금 두 번째 시도를 하셨을 때에야 비로소 시력이 완전해졌다("나아서 만물을 밝히 보는지라").

그런데 베드로의 신앙 고백 본문 역시 거의 똑같은 구조로 구성되어 있다. 가이사랴 빌립보에 이르러 예수가 제자들에게 첫 번째로 자기의 정체에 관해 "사람들이 나를 누구라고 하느냐?"고 질문했을 때, 그들의 대답은 불완전했다("가로되 세례 요한이라 하고, 더러는 엘리야, 더러는 선지자 중의 하나라고 하나이다"). 그래서 예수께서는 다시금 제자들에게 두 번째 질문을 했다: "너희는 나를 누구라 하느냐?"(8:29) 그제야 제자들을 대표해서 베드로가 "당신은 그리스도(=메시아)이십니다"라고 분명한 그리고 완전한 대답을 한다. 그리고 완전히 시력을 회복한 맹인에게 "마을에 들어가지 말라"고 명령한 것과 예수를 메시아로 고백한 제자들에게 "아무에게도 말하지 말라"고 명령한 것도 똑같은 패턴으로 나타나고 있다. 아마도 마가는 예수가 당시 사람들에게 단지 병 고치는 이적사로 알려지는 것을 원치 않았고 또 예수가 당시 백성들이 기대하던 그런 메시아로 알려지는 것도 원하지 않았던 것으로 보인다. 예수의 진정한 정체는 나중에 후반부 예루살렘의 수난 이야기를 통해서 좀 더 올바로 알려질 수 있을 것이기 때문이다.

이와 같은 문학적인 구조적 유사성을 염두에 둘 때 우리는 마가가 점진적으로 시력을 회복하는 맹인의 이야기를 가지고 예수의 정체에 대한 이해를 점진적으로 회복해간 제자들을 상징하려고 했던 것이라고 생각하지 않을 수 없다.[10] 마가는 예수를 바라보며 예수가 누구인지를 알아보게 되는 제자들의 눈도 마치 벳세다 맹인의 눈처럼 점차적으로 시력을 회복한 것으로 생각했을 것이다. 마가는 제자들이 예수를 메시아로 인식하게 된 것이 어느 한순간에 갑자기, 일시에 일어났던 일이 아니라 예수를 따라다니면서 예수께서 하시는 말씀과 일들을 듣고 보면서 점차적으로 깨달아 알게 된 결과였다는 것을 말하려고 했던 것으로 생각된다.

이렇게 생각한다면 맹인이 눈을 뜨게 되는 이야기는 곧 예수가

---

10 일찍이 A. Kuby도 벳세다 맹인이 점진적으로 고침을 받은 것과 제자들이 점진적으로 이해하게 된 것 간의 공통성에 대해 지적한 바 있다. "Zur Konzeption des Markus-Evangeliums," *ZNW* 49 (1958), 53.

메시아인 것을 바로 보게끔 제자들이 예수에 대해 눈을 뜨게 되는 이야기를 상징하는 것이라고 보아야 마땅하다. 그래서 실제로 라차드슨(A. Richardson)은 "벳세다의 맹인은 가이사랴 빌립보에서 눈을 뜨게 된 베드로 이외의 다른 아무도 아니었다"[11]고 말한 바 있다. 그리고 그런 해석은 벳세다가 베드로의 고향이라는 사실(요 1:44) 때문에 더욱더 힘을 얻게 된다. 마가가 구태여 벳세다 맹인을 고친 이야기를 소개하면서 첫 구절에서 "그리고 그가 벳세다로 가셨습니다"라고 기록하면서 벳세다를 언급한 이유도 바로 뒤에서 신앙고백을 하게 될 벳세다 출신인 베드로를 의식했기 때문이며, 이 맹인이 베드로임을 암시하려고 했던 것이라는 생각을 하게 된다. 더구나 마가가 맹인 치료 이야기를 베드로의 신앙고백 이야기와 밀접히 연관시키면서 베드로의 신앙고백 직전에 맹인이 눈을 뜨는 이야기를 소개하고 있는 것도 결국은 맹인의 눈을 뜨게 해줌으로써 제자들의 멀었던 눈도 뜨게 해주었다는 것을 말하려고 했던 것으로 생각된다. 베드로가 예수를 메시아로 고백하게 된 것도 결국 베드로의 능력 때문이 아니라 예수께서 그의 눈을 뜨게 해주었기 때문이라는 의미가 강하게 담겨 있다고 보아야 할 것이다.

이렇게 마가는 중요한 사건을 소개하기에 앞서서 맹인의 눈을 뜨게 해주는 이야기를 소개함으로써 제자들이나 마가복음을 읽는 독자들 자신이 눈을 뜨고 난 후에 그 중요한 사건을 똑바로 올바로 볼 수

---

11 Alan Richardson, *The Miracle Stories of the Gospels* (London: SCM Press, 1972), 86.

있게 해주려고 했던 것으로 보인다. 이 때문에 마가복음에 나오는 또 다른 맹인 치료 이적도 예수께서 예루살렘에 입성하시기 직전에 소개되고 있는 것으로 생각된다. 즉, 예루살렘에 들어가 벌어질 예수의 수난 이야기, 예수의 죽음과 부활 사건 등은 다시금 눈을 크게 뜨고 바로 보아야 할 사건들이기 때문이었다. 그렇다면 마가는 마가복음을 읽는 독자들이 눈을 크게 뜨고 똑바로 보아야 할 중요한 사건들을 소개할 때마다 그 직전에 예수께서 맹인의 눈을 뜨게 해주는 이적 이야기를 소개하고 있는 것으로 보아야 한다. 따라서 독자들의 경우에는 마가복음을 읽다가 맹인이 눈을 뜨는 이야기가 나오면 마땅히 독자들도 다시 한번 더 눈을 크게 뜨고 그다음에 기록된 내용을 똑바로 보고 바로 읽어야 한다는 의미란 말이다. 마가의 본문에서 예수가 메시아란 사실을 올바로 이해하기 위해서 눈을 떠야 할 사람이 벳세다의 맹인, 곧 벳세다 사람 베드로였다면 그리고 이처럼 마가복음 저자의 의도에서는 눈을 떠야 할 사람이 제자들이지만, 마가복음을 읽는 오늘날의 독자들의 입장에서는 눈을 떠야 할 사람이 바로 마가복음을 읽는 독자 자신들이라고 보아야 마땅할 것이다.

1 6 장
마태가 전해주는 광풍 진압 이적 이야기

(마 8:23-27)

마태가 마태복음을 기록할 때 그는 마가복음을 문서 자료 가운데 하나로 사용했다.[1] 따라서 마태가 소개한 "광풍의 바다를 잔잔케 한 이적 이야기"(마 8:23-27) 역시 마가복음 4:35-41에 나오는 같은 이적 이야기를 문서 자료로 이용한 것이라고 생각하는 것이 옳을 것이다. 그런데 마태가 소개하는 이 이적 이야기의 본문은 마가가 소개했던 같은 이적 이야기 본문과 상당히 다르다는 점에 주목해야 한다. 물론 마가와 마태가 처해 있었던 역사적 상황과 또 그들이 염두에 두었던 독자들이 서로 달랐기 때문에 자연히 본문 내용이 달라질 수밖에 없었을 것이다. 그러나 정말로 더 중요한 것 그래서 우리가 더 주목해야 할 점은 마태가 이 이적 이야기를 가지고 독자들에게 주려고 했던

---

1 마태가 그의 복음서를 기록할 때 그가 사용했던 문서 자료로는 첫째, 마가복음, 둘째, Q 자료, 셋째, 마태만이 입수한 특수 자료(M 자료)가 있었다는 것이 거의 정설이다.

메시지 자체가 마가가 본래 이 이적 이야기를 가지고 전하려고 했던 메시지와 완전히 다르다는 점이다. 따라서 결과적으로 마태가 전하는 본문 이야기와 마가가 전하는 본문 이야기는 결코 같은 이야기가 아니라 전혀 다른 이야기라는 말이다. 우리는 여기서 다시 복음서 저자들은 단순히 자기에게 전해진 전승을 그대로 전해주는 사람이 아니라 전해진 전승을 자기 입장에서 새롭게 해석하여 자기에게 전해진 이야기의 본래 메시지와는 다른 새로운 메시지를 만들어 전하기도 했던 사람이라는 점을 기억할 필요가 있다. 우리는 이제 마태가 마가복음 4:35-41에 나오는 이적 이야기를 마가와 달리 어떻게, 얼마나 다른 메시지를 만들어 전해주고 있는지를 살펴보고자 한다.

I. 마가가 이 이적 이야기를 소개한 의도

마가복음에서 예수가 광풍의 바다를 잔잔케 했던 이적 이야기(막 4:35-41)는 전형적인 이적 이야기 형태이며, 그중에서도 바다에서 일어난 이적이라는 의미에서 흔히 '바다 이적'(sea miracle) 혹은 배(ship 또는 boat)와 관련하여 혹은 배 안에서 행한 이적이라는 의미에서 '배 이적 이야기'(boat miracle)라고도 불린다. 그러나 마가가 주후 70년경에 이 이야기를 그의 복음서에 기록할 때, 과거 예수의 삶의 자리(주후 30년경)에서 예수가 실제로 행했던 이적 이야기를 그대로 전해주고 있는 것이 아니다. 마가는 마가 나름대로 마가복음이 기록되던 당시 마가교회 교인들이 처해 있던 상황을 염두에 두고 거기에 적합한 일종의 예화 설교의 형태로 소개하고 있다. 마가도 이 이적 '사건' 자체보다는 도리어 이 이적 이야기가 갖고 있는 '의미'에 더 관심이 있었기 때문이었다고 보아야 할 것이다. 그래서 마가복음에서 도 이 이적 이야기는 이미 더 이상 예수가 과거에 행했던 이적 이야기들 가운데 하나로 소개되고 있는 것이 아니라, 주후 70년경에 마가복음을 읽게 될 독자들에게 주는 일종의 설교 예화 가운데 하나로 소개되고 있는 것으로 생각된다.

초대교회에서 그리고 그 이후 교회 전통 가운데서는 오래전부터 '배'가 흔히 '교회'를 상징하는 것으로 해석되기도 했다. 그렇게 해석되는 가장 중요한 이유는 마가복음에서 이미 '배'는 언제나 예수와 제자들만이 함께 하는 공간이었고, 그래서 '배' 안에 다른 '무리들'이나 '적대자들'이 있는 경우는 전혀 찾아볼 수가 없다. 이 때문에 이 이적 이야기가 마가 시대 교인들에게는 갑자기 교회에 들이닥친 박해의 광풍 때문에 생명의 위협을 당하고 있던 마가 시대의 교회와 그 교인들에게는 그런 위험으로부터 제자들을 구원해 주는 예수의 이야기로 이해되었고, 그렇게 읽혔을 것으로 생각된다.

이렇게 이해할 경우 마가복음 6:45-51에 나오는 또 다른 '배' 이적 이야기의 경우도 마찬가지였을 것이다. 결국 마가는 4장에 나오는 첫 번째의 배 이적 이야기(4:35-41)를 통해서 그의 제자들이 탄 배가 제자들의 교회가 박해의 광풍을 맞아 위험에 처했을 때, 예수는 도와달라는 제자들의 호소와 간구를 듣고 일어나 그들을 구원해 주실 것이라는 점을 그리고 6장에 나오는 두 번째 배 이적 이야기(6:45-51)를 통해서는 비록 예수께서 제자들과 같은 배에 타고 있지 않더라도,

제자들이 도와달라고 기도하지 않더라도 또는 기도하지 못한다고 하더라도 예수께서는 그의 제자들이 고난을 당하는 것을 멀리서 보셨을 때, 스스로 그들에게 다가와 그들을 구원해 주신다는 것을 전해주는 위로와 격려의 메시지였을 것으로 생각된다. 첫 번째 배 이적(4:35-41)이 "구하라, 그러면 주실 것이요, 찾으라, 그리하면 찾을 것이라"는 말씀을 상기시키는 예화라면, 두 번째 배 이적(6:45-51)은 "너희가 구하기 전에 너희의 필요한 것을 아시고 주신다"는 말씀을 상기시키는 예화라고 생각할 수 있다.

II. 마태의 수정 작업

마태가 그의 복음서에서 마가복음에 나오는 예수의 광풍 진압 이적 이야기를 소개하고 있지만, 그러나 마태가 소개하는 이 이적 이야기는 마가복음에 소개된 이적 이야기와 그 소개 의도와 목적이 아주 다르다. 결국 마태는 본문의 형태와 구성을 아주 달리함으로써 마가복음 본문과는 아주 다른 메시지를 전해주는 완전히 다른 이야기로 만들어 놓은 셈이다.[2] 마태가 마태복음을 기록하던 시기와 상황이 마가의 경우와

---

2 이 점을 최초로 밝힌 것은 G. Bornkamm의 논문, "The Stilling of the Storm in Matthew," G. Bornkamm, G. Barth and H. J. Held, *Tradition and Interpretation in Matthew* (Philadelphia: The Westminster Press, 1963), 52-57이다. 이 논문이 마태복음에 편집비평(the redaction criticism) 연구 방법을 적용했던 최초의 논문으로 알려지고 있다.

달랐고 또한 기록 대상들과 기록 목적도 달랐기 때문에 마가와 똑같은 본문과 똑같은 의도와 목적으로 전해질 수는 없었을 것이다.

마태는 마가와는 아주 다른 역사적 상황에서, 아주 다른 목적과 의도를 가지고 이 이적 이야기를 소개하고 있는데, 이 점을 제대로 이해하기 위해서는 우선 마태가 마가의 본문 이야기에 어떤 편집적인 수정을 가해서 얼마나 다른 본문 형태를 만들어 소개하고 있는지부터 살펴보는 것이 중요하다. 본문 상의 차이점들이 편집 의도의 차이를 알아볼 수 있는 중요한 열쇠가 되기 때문이다. 광풍의 바다를 잔잔케 한 이적 이야기를 전해주는 마태의 본문과 마가의 본문을 면밀히 비교해보면, 우리는 다음과 같은 중요한 차이점이 있음을 발견할 수 있게 된다.

첫째로 마가복음에서 이 이적 이야기는 "(예수가) 그들에게3 이르시되 우리가 저편으로 건너가자 하시니 저희가 무리를 떠나 예수를 배에 계신 그대로 모시고 갔다"(4:35-36)는 말로 시작되고 있다. 그런데 마태가 수정한 이 시작 구절은 마가의 것과는 이렇게 달라졌다: "(예수가) 배에 오르시매 그의 제자들이 쫓았다"(마 8:23). 특히 "여기서는 마가복음에 나오는 설명과는 달리 예수가 앞서(ahead)가고, 제자들은 그를 따르고 있다."4 마가 본문에서는 제자들이 이니시어티

---

3 헬라어 원문에서 "그들에게"라고만 기록되어 있다. 우리말 성경 번역에서 "그들을"을 "제자들"이라고 번역하였다. 헬라어 원문에서는 이 이적 이야기(4:35-41) 가운데 "제자들"이라는 말이 한 번도 사용된 바 없다. 그런데 마태는 이 이야기를 소개하면서 첫 구절에서 분명히 '그의 제자들'을 언급하고 있고, 그래서 마태복음에서 이 이야기는 분명히 '제자들' 혹은 '제자직'에 관한 이야기로 바뀌어 소개되고 있다.
4 Bornkamm, "The Stilling of the Storm in Matthew," 54.

브를 쥐고 있는 것처럼 보인다("저희가… 예수를… 모시고 갔다"). 그러나 마태의 본문에서는 예수가 그 이티시어티브를 쥐고 있는 것으로 보인다("(예수가) 배에 오르시매 제자들이 쫓았다"). 마태에게 있어서 제자들의 올바른 도리는 예수를 뒤에서 따르며 좇는 것이지, 결코 예수에 앞서서 주도하는 것이 아니라는 의미를 드러내 주고 있다고 생각된다.

둘째로 마가복음에 보면, 바다 물결이 배에 가득하게 되었을 때 제자들이 고물에서 주무시고 계신 예수를 깨우면서 "선생님이여" (Didaskale)라는 호칭을 사용했다(4:38). 그러나 마태는 그 호칭을 "주여"(kyrie)라는 호칭으로 수정했다(8:25). 마가복음의 경우 "선생님이여"가 단순히 '인간적인 존경의 호칭'(a Human title of Respect)으로 사용된 것이라면, 마태복음의 경우는 "주여"가 '신적인 속성의 위엄'(a Divine Predicate of Majesty)을 가진[5] 일종의 '신앙 고백적 호칭'처럼 사용되고 있다. 마태로서는 제자들이 예수를 부르는 호칭으로 '선생님'보다는 분명히 '주님'이 더 적절하다고 생각했을 것이다. 그래서 실제로 마태복음에서 예수를 가리켜 "주여"라고 부르는 사람은 대부분 예수를 믿는 사람, 예수를 따르는 사람이고, 예수를 믿지 않고 따르지도 않는 사람은 대체로 "선생님이여" 혹은 "랍비여"라고 부르고 있다.[6]

---

5 Bornkamm, "The Stilling of the Storm in Matthew," 55.
6 이것과 관련해서 한 가지 흥미로운 사실은 마태복음의 마지막 만찬 석상에서 예수가 제자들에게 너희 중 하나가 나를 팔리라고 말했을 때, 다른 제자들은 각각 여짜오되 "주여 나는 아니지요"라고 말했지만(26:22), 예수를 배반한 유다만은 별도로 "랍비

셋째로 마가복음에서는 제자들이 예수를 향해 "우리의 죽게 된 것을 돌아보지 아니하시나이까?"(4:38)라고 불평 형태의 말로 물었지만, 마태는 그것을 "구원하소서. 우리가 죽겠나이다"(8:25)라는 간구문 형태로 수정했다. 제자들이 마땅히 보여주어야 할 가장 적절한 신앙적 기도문 형태라고 생각했기 때문일 것이다. 우리는 마태가 이런 수정 작업을 통해 제자들을 더 긍정적인 모습으로 소개하고 있는 것을 볼 수 있다.

넷째로 마가복음에서는 예수가 잠에서 일어나 바다를 명하여 잔잔케 한 후에 7그들(제자들)을 향해 "어찌하여 이렇게 무서워하느냐? 너희가 어찌 믿음이 없느냐?"(4:40)고 그들의 '믿음 없음'을 탓한 것으로 기록되어 있다. 그런데 마태는 예수가 제자들을 향해 먼저 "어찌하여 무서워하느냐? 믿음이 적은 자들아"8(8:26)라고 수정하였다. 마태에게 있어서는 제자들이 '믿음이 없는 자들'이 아니라, 다만 '믿음이 적은 자들'일 수는 있다는 의미일 것이다. 여기서도 우리는 마태가

여, 나는 아니지요?"(26:25)라고 물었다는 기록이 나온다. 제자들은 "주여"라는 호칭을 사용했는데, 유다만은 "랍비여"라는 호칭을 사용했다. 아마도 마태는 이런 호칭의 구별로 예수를 믿고 따랐던 제자들과 예수를 배반한 유다를 분명하게 구분하려고 했던 것으로 보인다.

7 마태는 또 다른 '바다 이적' 가운데서도 베드로가 예수를 향해 "주여, 구원하소서"(마 14:30)라고 똑같은 간구를 했다고 전한다.

8 막 9:19에 보면, 예수가 귀신을 제압하지 못한 제자들을 향해 "믿음이 없는(apistos) 세대여"라고 탄식했는데 마태는 그것을 "믿음이 적은(oligopistian) 때문"(마 17:20)이라고 바꾸었다. 이처럼 "적은 믿음"(ligopistia)이라는 표현은 마태가 애용하는 단어이다. 눅 12:28에서 예외적으로 한 번 사용되었을 뿐, 마태야말로 이 단어를 애용한 유일한 복음서 저자이다(마 6:30; 8:26; 14:31; 16:8; 17:20).

제자들을 보다 긍정적인 모습으로 소개하려는 의도를 엿볼 수 있다.

다섯째로 마가복음에서는 예수가 잠에서 깨어 일어나 곧바로 바람과 바다를 잔잔케 하신 이후에 제자들의 믿음 없음을 탓했는데, 마태는 예수가 먼저 제자들의 믿음이 적은 것을 지적한 이후에 바람과 바다를 잔잔케 하신 것으로 순서를 바꾸었다. 본캄(Bornkamm)의 말을 따른다면, "마가와 누가에서는 이적이 먼저 일어났는데, 마태에서는 이적이 (제자들의 믿음 적음에 대한 지적) 이후에 있었다."9 마가의 일차적 관심이 먼저 이적(예수의 행함)에 있었다면, 마태의 관심은 오히려 제자들에 대한 교훈(예수의 말씀)에 더 있었다는 말이다. 마태가 마태복음에서 먼저 5-7장에서 예수의 산상 설교를 소개한 후에 8-9장에서 예수의 이적들을 소개한 것도 같은 의도 때문이었을 것으로 보인다.

여섯째로 마가복음에서는 예수가 바람과 바다를 잔잔케 한 이적을 보고 "저희가 심히 두려워하여 서로 말하되 저가 뉘기에 바람과 바다라도 순종하는고 하였다"(4:41)고 기록했다. 이 기록에 따르면 예수의 제자들은 예수의 이적을 자신들의 눈으로 직접 보고서도 아직도 예수가 누구인지 제대로 알지 못해서 "저가 누구기에"라고 물었던 것으로 기록되어 있다. 그런데 마태는 "그 사람들이 (예수가 바람과 바다를 잔잔케 한 일을 보고) 기이히 여겨 가로되 이 어떠한 사람이기에 바람과 바다도 순종하는고 하더라"(8:27)로 수정하였다. 예수가 누구인지, 어떠한 사람인지 기이히 여긴 것이 마가복음의 경우 '저희들'(제자들)

---

9 Bornkamm, "The Stilling of the Storm in Matthew," 56: "In Mark and Luke, the miracle occurs first, in Matthew it follows after."

이었다면, 마태복음에서는 제자들이 아니라 주변에 있었던 '사람들'(hoi anthropoi)이었던 셈이다. 여기서도 우리는 다시 제자들을 보다 긍정적으로 묘사하려는 마태의 관심을 엿볼 수 있다.

III. 마태의 편집 의도

마태가 마가의 본문에 가했던 이런 여러 수정 작업보다 더 중요한 것, 그래서 우리가 더 주목해야 할 점이 있다. 그것은 마태가 이 이적 이야기를 소개하기 위해 구성한 이 이적 이야기의 전후 문맥이다. 언제나 그렇듯이 본문의 의미는 그 본문의 전후 문맥을 통해 더 분명히 밝혀지기 때문이다. 따라서 우리는 마태가 소개한 이 이적 이야기의 전후 문맥에 더 주목할 필요가 있다. 마태는, 아니 오직 마태만이 이 이적 이야기를 자기 복음서에서 소개할 때 마가와 누가와는 달리 "제자가 되는 길에 관해 가르치는 예수의 두 말씀들"(마 8:19-22)과 연결시키고 있다. 마가와 누가는 각기 이 이적 이야기를 예수의 이적 이야기 시리즈를 소개하는 첫 번째 이야기로 소개하고 있다. 그리고 비록 "제자가 되는 길에 관해 가르치는 예수의 두 말씀"이 누가복음에 나오기는 하지만(눅 9:57-62), 마태복음의 경우와 달리 예수의 광풍이적과는 아주 다른 문맥에서 소개되고 있다. 따라서 마태가 광풍 진압 이적 이야기를 제자직(Discipleship)에 관한 두 말씀과 연결시켜 편집한 것은 마태의 독특한 문맥 설정이라고 보아야 할 것이다.
제자직에 관한 말씀 중 첫 번째 말씀은 예수가 자기를 따르고자 하는 한 서기관에게 주는 말씀이다(8:19-20). 한 서기관이 예수께 나아와서 "선생님이여, 어디로 가시든지 저는 좇으리이다(follow)"라고 말했는데, 예수는 자기를 "따르겠다"(follow)고 결단하는 그 서기관을 향해서 "여우도 굴이 있고 공중의 새도 거처가 있으되 오직 인자는 머리 둘 곳이 없도다"라고 답변하신다. 그리고 두 번째 말씀(8:21-22)은 어떤 '제자' 한 사람이 예수께 나아와 주님을 따르겠지만 그 일에 앞서서 먼저 가서 자기 부친의 장사 지내는 것을 허락해 달라고 요청하는데, 예수께서는 그에게 답변하시기를 "죽은 자들로 저희 죽은 자를 장사하게 하고 너는 나를 좇으라(follow)"고 명하신다. 이 두 말씀의 경우 모두 '따르다' 혹은 '좇는다'(영어로 follow, 헬라어로는 akolouthein)는 동사가 사용되고 있는 점에 유의할 필요가 있다. 그런데 '따른다' 혹은 '좇는다'는 이 단어는 마태복음에서 거의 제자 됨(Discipleship)을 가리키는 전문 용어로 사용되고 있다는 것이 마태복음 연구가들의 일반적인 지적이다. 따라서 이 두 말씀은 분명히 제자가 되는 길에 관한 말씀으로 이해되어야 할 것이다.

마태는 이 두 말씀 중 첫째 말씀을 통해서는 예수의 제자가 되는 데 있어서 깊이 생각하지 않고 너무 쉽게 따르겠다고 나서는 사람들에 대해서 경계의 말씀을 주고 있다. 예수를 따른다는 것은 부귀영화를 누리는 성공의 길을 따르는 것이 아니라 머리 둘 곳도 없는, 아무것도 가진 것이 없는 예수를 따르는, 아주 쉽지 않은 길이라는 사실을, 곧 영광의 길이 아닌 고난의 길을 따르는 것임을 가르치고자 했던 것으로 보인다.[10] 그리고 둘째 말씀은 예수의 제자가 되기 위해서는 극단적인 각오와 결심이 필요하다는 것을 가르치고 있는 것으로 보인다. 즉, 예수를 따르는 일은 자신의 모든 일을 다 한 이후에 따라나서도 되는 그런 이차적인 혹은 부수적인 일이 아니라, 다른 어떤 일보다도 먼저 따라야 하는, 곧 우선순위에서 첫째가 되어야 하는 우선적이며 일차적인 일이라는 것을 강조해주고 있다. 그런데 마태는 이 두 말씀에 바로 이어서 광풍의 바다를 잔잔케 한 이적 이야기를 소개하고 있다. 그것도 앞의 이야기와 연결시키기 위해 본문 첫 구절(8:23)에서 "배에 오르시매 제자들이 좇았다(followed)"라고, '좇는다' 혹은 '따르다'라는 연결어를 의도적으로 사용하면서 말이다:

(마 8:19) "한 서기관"   "따르다"(follow)
(마 8:21) "제자들(disciples) 중 한 사람"   "따르다"(follow)
(마 8:23) "제자들"(disciples)   "따르다"(follow)

이처럼 마태는 '따르다'(follow)는 동사와 '제자들'(disciples)이라는 명사를 연결어(catchword 또는 keyword)로 사용하여 광풍의 바다를 잔잔케 한 이적 이야기를 이미 연결되어 있는 앞의 두 말씀과 연결시켜 소개함으로써 이 이적 이야기를 '제자가 되는 길에 관한 세 번째 예화 말씀'으로 소개하려는 의도를 분명히 드러내고 있다. 이 점은 마태가 첫 구절에서 예수께서 배에 오르셨을 때, 곧바로 '제자

---

10 예수를 따르는 제자들 중에서 "서로 누가 더 크냐?"고 다투면서 첫째가 되기를 원했던 일(막 9:34; 눅 9:46) 그리고 더 나아가 제자들 가운데서 나중에 주님의 나라에서 주님의 오른편과 왼편 영광의 자리에 앉게 되기를 바라는 사람들이 있었던 일(막 10:37; 마 20:21) 등을 염두에 둘 필요가 있다.

들'이 예수를 '좇았다'고 언급하는 점에서 잘 드러나고 있다. 마가복음 본문에서는 전혀 사용된 바 없이 그냥 암시만 되어 있는 '제자들'을 마태는 이야기의 첫 구절에서 분명히 등장시키고 있다.

더구나 마태는 '제자들'이 이처럼 예수를 '따랐을' 때, "바다에 큰 놀이 일어나 배가 물결에 덮이게 되었다"고 말함으로써 예수를 따를 때, 곧 예수의 제자가 되어 제자로서의 역할을 하고자 할 때, 필연적으로 예기치 못했던 엄청난 고난과 위험이 닥칠 수 있다는 것을 말하려고 했던 것으로 보인다. 즉, 예수를 따른다고 하는 것은 광풍의 바다 한가운데서 죽음의 위협 앞에 직면하는 것과 같은 고난을 수반한다는 점을 강조해 주고 있는 것이다. 결국 마태복음에 나오는 광풍 진압 이적 이야기는 첫 구절(마 8:23)에서 사용된 '따르다'(follow)는 연결어 때문에 바로 앞에 소개된 제자직에 관한 두 말씀에 이어 "제자가 되는 일의 위험과 영광에 대한 케리그마적 예화 설교"(a kerygmatic Paradigm of the danger and glory of Discipleship)[11]가 되어버린 셈이다. 그리고 이런 편집적인 손질을 통해 마태는 "다른 복음서 저자들이 전혀 생각하지 못했던 새로운 의미(a new Meaning)를 이 이야기에 부여한"[12] 셈이다. 우리가 마태복음에 나오는 광풍 진압 이적 이야기와 마가복음에 나오는 광풍 이적 이야기를 똑같은 이야기로 읽어서는 안 되는 이유가 바로 여기에 있다.

---

11 Bornkamm, "The Stilling of the storm in Matthew," 57.
12 *Ibid.*, 53.

1 7 장
누가가 전해주는 고침 받은 중풍 병자 이야기

(눅 5:17-26)

사람들이 침상에 누운 중풍 병자를 예수께 데려왔을 때 예수가 그를 고쳐준 이야기는 공관복음서 모두에 나온다(막 2:1-12; 마 9:1-8; 눅 5:17-26). 그러나 이 이야기가 세 복음서에서 모두 똑같은 형태로 소개되고 있는 것은 아니다. 이야기의 분량과 내용이 서로 다를 뿐만 아니라, 특히 이야기의 강조점과 교훈점이 각각 다르다. 우선 이 이야기를 전해주는 세 복음서 본문 간에서 볼 수 있는 중요한 차이점들을 지적해 본다면 다음과 같은 것들이다.

첫째로 중풍 병자가 "네 사람"에 의해 들려왔다는 언급은 오직 마가복음에서만 나온다(막 2:3). 다른 복음서들에서는 "그들"(they, 마 9:2) 혹은 "사람들"(men, 눅 5:18)이 중풍 병자를 예수 앞으로 데려왔다고만 기록되어 있을 뿐이다. 둘째로 예수 앞에 모인 무리들 때문에 중풍 병자가 누운 침상이 "지붕을 뜯어낸" 후에 예수 앞으로 달아 내려졌다는 언급은 오직 마가(2:4)와 누가(5:19)에만 나온다. 마태복음에서는 그냥 "사람들이 침상에 누운 중풍 병자를 예수에게로 데려왔다"(마 9:2)고 기록되어 있을 뿐 지붕을 뜯어냈다는 언급은 전혀 없다. 셋째로 오직 누가복음에서만 예수 주변에 "서기관들"(막 2:6; 마 9:3; 눅 5:21) 이외에 "바리새인들"까지 함께 모여 있었다는 언급이 나온다 (5:17). 결과적으로 오직 누가복음에서만 "서기관과 바리새인들", 즉 더 많은 종교 지도자들이 모여 있었음이 드러나고 있다. 이 이야기를 소개하는 복음서 저자들의 독특한 의도와 목적을 올바로 이해하기 위해서는 무엇보다도 먼저 이와 같은 본문상의 차이점들에 주목하는 일이 아주 중요하다. 그런 차이점들을 통해서 우리는 복음서 저자들이 의도하고 있는 그들의 독특한 강조점들을 더 잘 그리고 더 정확히 읽어낼 수 있기 때문이다.

우리는 여기서 특히 누가가 이 이야기를 통해 다른 복음서 저자들과는 다른 메시지를 전해주는 것이 무엇인지를 살펴보고자 한다. 다른 복음서 본문 가운데서는 쉽게 찾아볼 수 없는 독특한 관점과 강조점이 누가의 본문에서 드러나고 있기 때문이다. 우선 우리가 선택한 누가복음의 본문 이야기 가운데서 우리가 특별히 주목해야 할 <u>첫째로</u> 중요한 사실은 이야기 서두에서 다른 복음서의 평행 본문들에서는 찾아볼 수 없는 언급, 곧 "병을 고치는 주의 능력이 예수와 함께 하더라"(5:17) 는 언급이 나오고 있다는 점이다. 예수에게 병을 고치는 능력이 있다는 이 말씀은 오직 누가복음 본문에서만 분명하게 언급되고 있다는 점이다. 더구나 이 언급이 본문의 이야기를 소개하기 바로 직전인 5:15에서 누가가 "수많은 무리가 병 고침을 받고자 하여 모여 들었다"는 말을 한 직후에 나오기 때문에 이 언급은 중풍 병자를 고치는 이야기와 관련해서도 아주 중요한 의미를 갖고 있는 것으로 생각된다.

그런데 실제로 누가가 전해 주는 본문의 이야기 가운데서 문제가 되고 있는 것은 그리고 안타까운 점은 병을 고치는 능력이 예수에게 있었고, 그래서 많은 사람이 그 능력을 받기 위해 그에게 나아오고 있었지만, 그럼에도 불구하고 병을 고치는 주의 능력이 예수에게 모여든 수많은 사람에게 제대로 잘 전해지지 못했다는 사실이다. 즉, 본문에 의하면 정작 병 고침의 능력을 절실하게 원하는 수많은 사람이 집 안에 계신 예수 앞으로 가까이 나갈 수 없어 집 밖에 밀려나 있다는 점이고, 그 때문에 그들에게는 예수의 병 고치는 능력이 제대로 전해질 수 없게 되었다는 사실이다. 분명히 예수께서는 병을 고치는 능력이 있었다. 그래서 많은 병자가 예수에게 몰려들었다. 그러나 누가가 전하는 본문 이야기에 보면 예수의 그 능력이 예수를 가까이서 둘러싸고 있는 사람들 때문에 예수에게로 접근할 수 있는 길이 막혀서 그 능력이 더 많은 사람에게 충분히 발휘되지 못하고 있었다. 이 점이 우리가 본문에서 볼 수 있는, 아니 우리가 본문 가운데서 주목해 보아야만 할 중요한 첫째 요점이라고 생각된다.

누가복음 5:19에 의하면, 중풍 병자를 침상에 메고 예수께 데리고 온 사람들이 "무리 때문에 메고 들어갈 길을 얻지 못했다"는 말이 나온다. 우리는 이 무리가 예수의 말씀을 듣기 위해 몰려온 그리고 예수의 이적을 보기 위해 모여든 동네 사람들이라고 생각해 버리기 쉽다. 물론 누가는 이 이야기를 소개하기 바로 직전인 5:15에서 "예수의 소문이 더욱 퍼지매 수많은 무리가 말씀도 듣고 자기 병도 고침을 받고자 하여 모여 들었다"고 언급한 바 있기도 하다. 그러나 본문을 좀 더 주목해 보면, 실상은 그 '무리'가 예수의 이적을 보기 위해 또는 병 고침을 받기 위해 몰려든 동네 사람들과 병자들만은 아닌 것으로 생각된다. 5:17의 본문에서 분명히 드러나고 있듯이, 예수께로 접근할 수 있는 길을 막고 앉아 있는 사람들은 "갈릴리의 각 마을과 유대와 예루살렘에서 온 바리새인과 서기관들"이었다.

물론 본문에서 이 바리새인과 서기관들이 모두 다 나쁜 사람들이라고 말하고 있는 것은 아니다. 성경 다른 곳에서는 바리새인과 서기관들을 가리켜 외식하는 자들이란 비난도 나오고 있고 또 실제로 다른 복음서들에 보면 바리새인과 서기관들이 예수를 책잡아 죽이기 위해 예수의 뒤를 따라다녔다는 말이 나오는 것은 사실이다. 또 일반적으로 성경에서 '바리새인과 서기관들'이 예수의 적대자들로 나타나고 있고, 실제로 이들이 예수를 잡아 죽이는 데 앞장섰던 사람들로 언급되기도 한다. 그래서 일반적으로 그들이 독자들에게 나쁜 인상을 주는 것이 사실이기도 하다. 그러나 여기 누가복음의 본문에서는 그들에 대해 부정적인 말이나 비판적인 말이 전혀 나타나고 있지 않다. 사실상 바리새인과 서기관들은 그 당시에 나름대로 성경을 열심히 연구하는 종교 지도자들이었다. 따라서 본문에서 말하고 있는 "갈릴리의 각 마을과 유대와 예루살렘에서 온 바리새인과 서기관들"은 나름대로 예수에 대해서 그리고 예수의 교훈에 대해서 관심을 갖고 예수를 찾아와서 그의 곁에 가까이 앉아 있던 사람들이었다고 생각할 수도 있다.

그런데 누가가 이 본문 이야기를 통해 지적하고자 하는 문제는 이들이 예수의 교훈을 듣기 위해서 그의 주변에 자리를 잡고 앉아 있는 바람에 그리고 아마도 예수와 더불어 이런저런 토론을 계속하는 바람에 결과적으로 집 밖에서는 물론이고 집 안에서도 예수의 도움을 받고자 몰려온 다른 많은 사람이 예수에게로 가까이 접근할 수 없게 되었다는 사실이다. 집 밖에 있는 사람들 가운데는 병 고침을 위해 오직 예수에게만 소망을 두고 찾아온 병자들이 많이 있었다. 그들 중에는 분명히 시간을 다투는 절박한 병자들도 있었을 것이고, 아마 그렇게 절박한 병자들이 아닌 사람들도 있었을 것이다. 아마도 그런 사람 가운데 하나가 바로 침상에 들려 메인 채 나온 중풍 병자였을 수도 있다. 이 사람은 중풍 병 때문에 오랫동안 자기 몸을 자기 마음대로 움직일 수 없는 상태였고, 그래서 예수를 통해서 최소한 다른 사람들처럼 자유롭게 움직일 수 있는, 그래서 제대로 사람 구실을 할 수 있는 몸이 되기를 간절히 원하고 있었을 것이다. 그러나 자기 혼자서는 자유롭게 거동할 수 있는 몸이 아니기에 더욱 다른 사람들보다도 예수께로 가까이 접근하기 어려운 사람이었다. 이 사람으로서는 예수에게 접근하는 데 있어서 무엇보다도 그의 몸이 도움이 되기는커녕 도리어 방해가 될 수밖에 없었다.

그런데 한 가지 이 중풍 병자는 너무나 오랫동안 침상에 갇혀 지냈기 때문에 그리고 바로 그 덕분에 오히려 그는 누워서 남보다 훨씬 더 뛰어난 상상력을 발전시킬 수 있었던 것으로 보인다. 마치 눈으로 보지 못하는 사람의 경우, 흔히 남들보다 훨씬 뛰어난 다른 감각을 갖고 있는 경우와 마찬가지였을 것이다. 그래서 비록 문을 통해서 예수께로 접근할 수 있는 길은 막혔지만, 도리어 그는 그런 상황에서 남들이 쉽게 생각해낼 수 없는 방법, 곧 지붕을 통해 들어갈 수 있는 길을 생각해낼 수가 있었던 것으로 보인다. 그래서 늘 관심 밖으로 밀려나 살 수밖에 없었던 보잘것없는 이 중풍 병자, 즉 예수의 주변 가까이 접근할 수가 없어서 그냥 사람들에 의해 밀려나 집 밖에 머물러 있을 수밖에 없었던 이 사람이 예수 앞으로 다가갈 수 있는 길을 만들어 낼 수 있게 되었다. 길이 없었던 곳에 길을 만든 셈이다. 그래서 "뜻이 있는 곳에 길이 있다"는 속담의 의미가 여기서도 그대로 잘 드러나고 있는 셈이다. 본문에 보면 "그들이 지붕에 올라가 기와를 벗기고 병자를 침상 채, 무리 가운데로 예수 앞에 달아 내렸다"(5:19)고 했다. 여기서 "가운데로"라는 말이 중요하다. 이 중풍 병자가 드디어 집 밖으로부터 집 안으로, 그것도 예수를 둘러싸고 있는 사람들의 '한가운데로' 갈 수 있게 되었다. 어떤 의미에서는 바리새인과 서기관들보다도 더 '한가운데'로 위치하게 되었다는 말이기도 하다.

중풍 병자가 드디어 집 밖으로부터 예수를 둘러싸고 있는 무리 한가운데로, 즉 예수 앞에 가까이 나오게 되었을 때, 예수는 중풍 병자와 그의 친구들의 믿음을 보시고 중풍 병자를 향해서 "이 사람아 네 죄 사함을 받았느니라"(5:20)고 선언하셨다. 이 사람으로서는 그 말씀이 얼마나 듣고 싶었던 말씀이었겠는가? 그 당시 일반적으로 모든 유대인이 그렇게 생각했던 것처럼 이 중풍 병자 자신도 병에 걸린 것은 죄 때문이라고 생각하고 있었을 것이다. 따라서 죄 사함을 받는다는 것은 곧 병으로부터 고침 받고 해방 받는다는 것으로 이해했을 것이다. 그런데 예수가 중풍 병자를 향해서 "이 사람아, 네 죄 사함을 받았느니라"라고 말했을 때, 바로 그런 말을 한 것 때문에 예수 앞에 모여 있던 바리새인들과 서기관들 사이에서는 새로운 논란이 생겨났다. 자기들이 믿고 있는 바에 의하면 사람의 죄를 사해줄 수 있는 분은 오직 하나님 한 분뿐인데, 예수가 이 중풍 병자를 향해서 "네 죄가 사함을 받았다"고 선언했기 때문이다. 그러니 이것이야말로 '신성모독'에 해당되는 것이 아닌가 하는 논란이 생긴 것이다. 예수께서는 그들의 수군거림을 아시고 중풍 병자에게 일어나 침상을 메고 걸어가라고 말씀하심으로써 자신에게 병 고침의 능력과 함께 죄 사함을 명할 수 있는 능력이 있음을 보여주셨다. 예수의 말씀 그대로 중풍 병자가 일어나 침상을 메고 집으로 돌아가는 것을 보고 "모든 사람들이 놀라 하나님께 영광을 돌리며 심히 두려워하여 이르되, 오늘 우리가 놀라운 일을 보았다 하니라"(5:26)는 말로 이야기는 끝나고 있다.

그런데 누가는 본문 가운데서 그 사건이 "어느 날"(5:17)에 있었다고 전해주고 있다. 그러나 그 '어느 날'에 있었던 그 일이 '오늘날'에도 다시금 거듭 반복해서 일어나고 있다는 사실에 주목할 필요가 있다. 오늘날에도 그때처럼 예수는 침상에 들여온 중풍 병자와 같은 많은 병자를 고쳐주며, 죄를 사해주며, 구원하실 능력을 갖고 계시다. 그래서 실제로 많은 사람이 그의 도움을 받기 위해서 그에게로 계속 나아오기를 원하고 있고 또 실제로 그렇게 나아오고 있는 것이 사실이기도 하다. 그러나 오늘날에도 그날 그때처럼 예수의 주변에는 많은 사람이 예수를 둘러싸고 앉아 있어서 예수에게로 가까이 나아가는 길을 가로막고 있는 경우가 많이 있다. 바로 이 점에 대해 특히 주목할 필요가 있다.

오늘날에도 특히 '바리새인과 서기관들'과 같은 종교 지도자들, 신학자들 그리고 교회의 목사들이 예수의 주변 가까이에 죽치고 앉아 있어서 실제로 예수의 도움이 절실한 병자들이나 구원받기를 원하는 교인들이 예수에게로 가까이 쉽게 접근할 수 있는 길을 막는 경우가 있다. 물론 예수의 주변, 예수 가까이에 앉아 있어 다른 사람들이 예수께로 나아가는 길을 막고 있는 사람들이 본문에 나온 '바리새인과 서기관들'처럼 모두가 다 나쁜 사람들은 아닐 수 있다. 그들 대부분이 가능한 한, 예수의 교훈을 더 잘 이해하려고 노력하는 사람들일 수 있다. 더 많은 사람을 예수에게로 이끌어 우리처럼 예수의 주변에 앉을 수 있게 해주기를 바라는 사람들일 수 있다. 본문에 나온 바리새인과 서기관들처럼 말이다. 그러나 너무 자주 우리는 우리끼리 흥미 있는 주제에 대해 듣고 말하면서 견고한 서클을 만들어 앉아 있는 바람에 더 절실한 요구로 인해 예수께로 가까이 다가가고 싶어 하는 많은 사람의 길을 막고 있으면서도 그런 사실을 깨닫지 못하는 경우가 있을지도 모른다. 아니, 비록 막고 있지는 않다고 하더라도 더 어렵게 만들고 있을지도 모른다. 그런 사실에 대해 올바로 깨닫고 주의할 필요가 있다.

이런 경우에 우리는 늘 조심해야 한다. 예수가 어떤 분인지, 기독교 교리가 어떤 것인지, 교회법이 어떤 것인지 등에 대해 논의하는 데 정신이 팔려서 정말로 예수를 필요로 하는 사람들에게, 예수의 도움을 받고 새로운 삶을 살기 위해 찾아 나오는 사람들에게 걸림돌이 되거나 등을 돌리는 일은 없어야 하기 때문이다. 예수의 병 고치는 능력이 필요해서 예수를 찾아 나오는 사람들에게 우리가 직접 도움을 주지는 못할망정 그들 앞에 장애물이 되지는 않도록 늘 조심해야 한다. 절실한 심정으로 예수의 도움을 찾는 많은 사람에게 신학이, 교리가 그리고 교회의 법과 규정들이 때로는 본의 아니게 도움이 되기는커녕 오히려 장애물이 될 수도 있기 때문이다.

또한 우리는 교회 안에서도 예수의 주변 가까이 나아와 앉지 못하는 많은 사람이 있다는 사실을 늘 잊지 말아야 한다. 물론 많은 사람이 예수 가까이에 나아가 그 주변에 앉기를 바라고 있다. 그러나 우리 교회 안에는 이런저런 이유로 인해서 예수의 주변 가까이에 나아가지 못한 사람들이 많이 있다. 여성들이나 청년들과 같은 교회의 주류가 아닌 소수 계층이 그럴 수도 있을 것이다. 장애인들이나 소외자들, 즉 동성연애자들이나 다문화 가족들이 그럴 수도 있을 것이다. 밖에서 창문 안으로만 자기가 들어가 앉고 싶은 중심 자리를 들여다보고만 있을 뿐, 감히 문안으로 그리고 '한가운데'로 들어가지 못하고 있는 사람들도 많을 것이다. 이런 사람들에게도 본문은 중요한 교훈을 준다고 생각된다. 중풍 병자를 데리고 온 사람들도, 만약 그들이 길을 막고 있는 무리 때문에 예수께로 나아가기를 포기한 채 중풍 병자와 그가 누워있던 침상을 그냥 뒤로 내던져 버렸다면, 끝내 예수 가까이나 그 중심부까지 접근할 수 없었을 것이다. 따라서 집 밖에 서서 안으로, 예수의 주변 한가운데로 나아가는 길을 찾고자 하는 사람들에게도 이 본문은 중요한 교훈을 던져주고 있다.

첫째는 예수의 주변 한가운데로 나아가고 싶은 자신의 욕망 때문에 그리고 그 욕망에 사로잡혀서 자신의 도움과 지원을 필요로 하는 다른 사람들을 뒤로 밀쳐내는 일이 없도록 늘 조심해야 한다. 중풍 병자를 데리고 왔던 사람들은 사람들이 길을 막고 있다고 중도에 포기하지 않았다. 자신들을 생각한 것이 아니라 중풍 병자를 먼저 생각했기 때문이다. 그래서 중풍 병자를 그냥 내버려 두지도 않았다. 이것은 오늘의 신학자나 목회자들의 경우도 마찬가지이다. 신학적으로 발전하고자 하는 자신의 생각 때문에 그리고 목회적으로 성공하고자 하는 자신의 계획 때문에 자신이 정말로 돌보아야 할 사람들이 누워 있는 침상을 뒤로 내밀치거나 내버려 두는 일이 없도록 늘 조심해야 한다.

둘째로 우리의 본문은 또 다른 중요한 교훈을 준다고 생각된다. 무리 때문에 길이 막혀서 예수 앞까지 다가갈 수 없었던 중풍 병자와 그의 친구들처럼, 어쩌면 영원히 예수가 머물고 있는 집 밖에 또는 교회 밖에 머물러 있을 수밖에 없는 사람들이라고 하더라도 중풍 병자가 갖고 있었던 상상력과 그를 도와 침상을 들고 예수 앞으로 나갔던 친구들이 가졌던 연대감이 합쳐진다면, 능히 예수 앞으로 가까이 나아갈 수 있다는 교훈 말이다. 아무리 많은 사람이 길을 막고 있더라도 집 안에 계신 예수께 가까이 들어갈 수 있는 길을 찾고자 노력한다면, 본문에 나오는 중풍 병자나 그를 침상에 누인 채 운반했던 사람들의 경우처럼, 누구에게나 그리고 오늘날의 우리에게도 놀라운 일이 일어날 수 있게 될 것이다. 우선 집 주변에서 맴돌던 사람들이 집 안으로 들어오게 될 것이다. 무리들 때문에 예수께로 나아갈 수 없었던 중풍 병자가 예수 가까이 나아갈 수 있게 된 것처럼 말이다. 그렇게 될 때 침상에 얽매여 살던 사람이 드디어 그런 불행한 삶으로부터 해방되는 기쁨을 맛볼 수 있게 되었다!

마지막으로 예수 주변에 가까이 앉아 있던 바리새인과 서기관들도 중풍 병자와 그의 친구들이 아니었다면 볼 수 없었던 예수의 능력을 나름대로 경험하여 예수에 대한 자신들의 편견으로부터 해방될 수 있는 축복을 받을 수 있었다는 점에도 주목해야 한다. 그리고 누가가 전해주는 이 이야기의 결론부에 보면, 고침을 받은 중풍병자가 "하나님께 영광을 돌렸고"(5:25), "모든 사람이 놀라 하나님께 영광을 돌렸다"(5:26)고 했는데, 이처럼 집 밖에 있었던 중풍 병자와 집 안에 있었던 바리새인과 서기관들 모두가 하나님께 영광을 돌린 것처럼 우리 모두도 우리가 어떤 사람들이건 간에, 우리가 서 있는 곳이 어느 곳이든 간에 우리를 갈라놓은 괴리와 간격은 결국 하나님의 영광을 함께 경험하는 가운데 메꾸어질 수 있다는 사실을 깨달아야 할 것이다.

18 장
씨 뿌리는 자의 비유, 그 전승의 역사

이 비유는 공관복음서 세 곳에서 모두 소개되고 있으며(막 4:1-9; 마 13:1-9; 눅 8:4-8), 외경 가운데 하나인 「도마복음」(말씀 9)에도 나온다. 물론 비유 본문 자체가 세 복음서에서 다 똑같은 형태로 소개되고 있는 것은 아니다.[1] 그러나 비유 내용은 다음과 같이 대충 비슷하다: "씨 뿌리는 농부가 밭에 나가 씨를 뿌렸는데, 어떤 씨는 길가에 떨어지고, 어떤 씨는 돌밭에 그리고 어떤 씨는 가시 떨기 위에 떨어져서 아무런 열매도 맺지 못했는데, 오직 옥토에 떨어진 씨만이 나중에 많은 열매를 맺게 되었다는 것이다." 공관복음서 기자들 이외에 별도

---

[1] 예를 들어 마가복음과 마태복음에 따르면, 이 비유는 예수가 바닷가에 나갔을 때 배 위에서 큰 무리에게 주신 비유인 데 비해서(막 4:1; 마 13:1) 누가복음에서는 예수가 그의 전도 여행 중에 "각 동네 사람들이 예수께로 나아와 큰 무리를 이루었을"(눅 8:4) 때 그들에게 주신 비유였다. 또 비유의 결론부에서도 마가는 "삼십 배와 육십 배와 백 배"(막 4:8), 마태는 "백 배 혹 육십 배 혹 삼십 배"(마 13:8), 누가는 "백배의 결실"(눅 8:8)을 그리고 도마복음은 "육십 배, 백 배, 이십 배"의 결실을 맺었다고 달리 전해지고 있다. 그 이외에는 이하 참조.

로 외경인 「도마복음서」의 저자도 이 비유를 소개하고 있다는 점에서 이 비유는 구전 과정에서 그리고 초대교회 안에서 그만큼 비중 있게 다루어졌던 비유였던 것으로 보이며, 따라서 이 비유의 교훈 자체도 초대교회 안에서 그만큼 중요하게 여겨졌을 것으로 생각된다. 그렇다면 이 비유 본문은 도대체 우리에게 무엇을 가르치는 비유인가?

그런데 이 질문에 대한 대답을 알아보기 전에 우리는 예수가 소위 "씨 뿌리는 자의 비유"를 말씀하신 후에 다시 제자들에게 '이 비유에 대한 설명 혹은 해석'(막 4:13-20; 마 13:18-23; 눅 8:11-15)을 별도로 주신 것으로 전해지고 있는 점에 먼저 주목할 필요가 있다. 일반적으로 예수가 비유로 말씀하신 이유는 무엇보다도 더 쉽게 "알아들을 수 있게 하기 위한 것"(막 4:33)이다. 그런데 여기서는 예수가 "씨 뿌리는 자의 비유"를 말씀했을 때, 제자들이 이 비유의 의미 혹은 이 비유의 교훈을 깨닫지 못하여 예수에게 다시 그 뜻을 물어보았고(막 4:10), 예수는 제자들이 이 비유를 깨닫지 못한 것에 대해 의아하게 생각하면서(막 4:13) 끝내 이 비유에 대한 설명과 해석을 별도로 해주었다고 하는 점이다. 그런데 더욱 이해하기 힘든 점은 이 비유에 대한 설명 혹은 해석 본문의 메시지가 비유 본문 자체의 메시지와는 아주 다르다는 사실이다(이하 참조).

무엇보다도 '비유 본문'과 '해석 본문' 사이에는 내용상으로도 상당한 차이가 드러나고 있다. 교훈의 강조점이 '비유 본문'과 '해석 본문'에서 아주 다르다. 예를 든다면 "씨 뿌리는 자의 비유"에서는 '씨를 뿌리는 사람' 혹은 '말씀을 전하는 사람'이 이야기의 중심이다. 그런데 해석 본문에서는 '말씀을 전하는 사람'이 초점이 아니라 반대로 '말씀을 들는 사람'이 이야기의 중심이 되고 있다. 씨를 뿌리는 '사람'이 아니라 오히려 씨가 뿌려지게 될 '밭'이 이야기의 초점이 되고 있다는 말이다. 그래서 누가의 해석 본문인 8:12에 보면, "길가에 있다는 것은 말씀을 들는 자이고", "바위 위에 있다는 것은 말씀을 들을 때에 기쁨으로 받으나 뿌리가 없어 잠깐 믿다가 시험을 받을 때에 배반하는 자"이고, "가시 떨기에 떨어졌다는 것은 말씀을 들은 자"이고, "좋은 땅에 있다는 것은 착하고 좋은 마음으로 말씀을 듣고 지키어 인내로 결실하는 자니라"고 되어 있다.

　이것은 마가복음이나 마태복음의 경우도 마찬가지이다. 즉, 해석 본문에서는 '씨를 뿌리는 사람'이나 '말씀을 전하는 사람'이 아니라 오히려 '말씀을 듣는 사람들', 곧 '말씀을 듣는 네 종류의 사람들'에 대해서 언급하고 있다. 따라서 비유 연구가들은 복음서 저자들이 처음에는 본래 씨 뿌리는 자에 대해 말씀했던 예수의 비유를 입수하여 이제는 교회 안에서 말씀을 듣는 사람들에게 적용되는 비유 교훈으로 변경시켰다고 생각한다. 복음서 기자들의 상황에서는 이 비유를 가지고 가르칠 대상이 더 이상 '말씀을 전하는 전도자들'이 아니라, 예배에 나와서 설교자의 '말씀을 듣는 교인들'이었기 때문이다. 그래서 이제는 강조점이 말씀의 씨를 뿌리는 전도자에게 있는 것이 아니라, 오히려 교회 안에서 말씀을 듣는 사람들, 곧 교회 안에서 말씀을 듣는 교인들에게로 옮겨진 것으로 생각된다.

　'씨 뿌리는 자의 비유 본문'과 '씨 뿌리는 자의 비유에 대한 해석 본문'이 이같이 서로 다른데도 불구하고 연관되어 같이 소개되고 있는[2] 이유는 아마도 이 '비유'가 구전으로 전해지는 과정에서 이 비유가 갖고 있는 교훈의 중요성 때문에 초대교회의 교사들이 그리스도의 마음에 맞게 그리고 성령의 인도하심 가운데서 새로운 상황에 맞게 자기 나름의 '해석'을 별도로 첨가되어 소개했기 때문인 것으로 보인다.3 이런 경우는 "불의한 청지기 비유"(눅 16:1-8)에 서로 다른 세 해석 본문(16:9, 10-12, 13)이 첨가되어 소개되고 있는 사실에서도 볼 수 있다. 첫째 해석인 16:9는 "불의한 청지기 비유"를 '구제'에 관한 교훈으로, 둘째 해석인 16:10-12는 오히려 일상생활에서의 '충실성'에 대한 교훈으로 그리고 셋째 해석인 16:13은 하나님에 대한 충성과 재물에 대한 충성이 양립될 수 없음을 가르치는 교훈이다. 비유 해석가들은 이 세 개의 해석 말씀들을 가리켜 "비유의 본문으로 사용했던 세 개의 상이한 설교 노트들"4이라고 말하고 있다.

따라서 우리가 이 "씨 뿌리는 자의 비유"를 올바로 이해하기 위해서는 무엇보다도 먼저 본래 예수께서 이 비유를 통해서 우리에게 주시려고 했던 교훈(in the Sitz-im-Leben of Jesus)은 무엇이었는지? 그리고 그것과 더불어 나중에 초대교회의 구전 시대에서는 어떤 교훈(in

---

2 마 13장에서도 예수가 "알곡과 가라지 비유"(13:24-30)를 말씀 이후에 다시 그 비유에 대한 해석(13:36-43)을 해 주신 것으로 소개되고 있다.

3 "application of Jesus' instruction was made by teachers in the church in accordance with the mind of Christ, under the guidance of the one Spirit." F. W. Danker, *Jesus and the New Age: A Commentary on St. Luke's Gospel* (Philadelphia: Fortress Press, 1988), 177.

4 C. H. Dodd, *The Parables of the Kingdom* (London: Fontana Books, 1971), 26; W.E. Pilgrim, *Good News to the Poor: Wealth and Poverty in Luke-Acts* (Augsburg Publishing House, 1981), 125; F. C. Grant, *Anglican Theological Review* 30 (1948), 120 등이 모두 같은 견해를 밝히고 있다.

the Sitz-im-Leben of the Early Church)으로 전해졌는지? 또한 마지막으로 복음서 기자들이 이 비유를 그들의 복음서에 기록할 때에는 어떤 목적, 어떤 교훈(in the Sitz-im-Leben of the Evangelists)으로 소개하고 있는지를 구분해서 살펴볼 필요가 있다. 이 비유가 예수의 죽음 이후에 실제로 초대교회 안에서 오랜 기간에 걸쳐 여러 사람의 입을 통해 여러 가지 목적으로 달리 이용되었을 가능성이 많기 때문이다.

I. 역사적 예수의 본래 비유 의도(the Sitz-im-Leben of Jesus)

예수의 비유를 연구하는 학자들은 예수께서 이 "씨 뿌리는 자의 비유"를 말씀하게 된 동기와 목적이 우리가 일반적으로 알고 있는 것과는 아주 다른 것이었다고들 말한다. 그들의 설명에 의하면 예수께서 이 비유를 말씀하신 본래의 의도와 목적은 다음과 같은 것이었다. 우리는 복음서의 기록을 통해 예수께서 공생애 활동을 시작하셨을 때, 예수께서 가시는 곳마다 수많은 무리가 따라다녔고 또한 수많은 무리로부터 많은 환영을 받았던 것으로 알고 있다. 그래서 많은 사람은 예수의 공생애 활동이 처음부터 끝까지 아주 성공적이었던 것으로 생각하고 있다.

물론 이런 생각이 크게 잘못된 것은 아니다. 예수께서 산 위에 올라가 설교하실 때, 즉 산상 설교를 하실 때 수많은 무리가 모여들어 그의 말씀을 들었다. 그리고 갈릴리 바닷가에서는 5,000명의 무리와

4,000명의 무리가 예수의 말씀을 듣기 위해 몰려들기도 했다. 한 중풍병자가 예수님을 찾았을 때 그 집 앞에는 사람들로 인산인해가 되어 예수께 접근하기 위해서는 지붕에 올라가 지붕을 뜯어내고 내려와야만 할 정도였다. 혈루병 여인은 수많은 무리 틈에서 예수의 뒤로 접근할 수밖에 없었다. 요즘 말로 예수는 사람을 몰고 다니는 인물이었던 것으로 보인다. 이처럼 예수께서 가시는 곳마다 사람들이 많이 모였고, 예수의 인기와 명성이 온 나라에 널리 퍼져있었던 것도 사실이다.

그러나 복음서를 주의 깊게 살펴보면 우리는 예수의 공생애 활동이 항상 그렇게 성공적인 것만은 아니었고 또 모든 사람으로부터 환영받았던 것만도 아니었다는 사실을 알게 된다. 예수의 활동은 그의 고향 동네인 갈릴리에서조차도 환영받지 못해 고향에서는 별다른 성과가 없었던 것으로 나타나고 있다. 마가복음 6:1-6에 보면 예수께서 그의 고향 회당에서 가르치셨을 때, 사람들이 "이 사람은 목수로 마리아의 아들이 아닌가? 또 야고보와 요세와 유다와 시몬의 형이 아닌가? 또 그의 누이들은 다 우리와 같이 여기 살고 있지 않은가?"라고 말하면서 예수를 우습게 알고 배척했다. 그래서 예수도 그들의 믿음 없음을 이상히 여기면서 "예언자가 자기 고향에서는 높임을 받지 못한다"고 말씀하시면서 그곳을 떠나실 수밖에 없었다. 또한 누가복음 4:28-29에 보면 예수께서 가버나움 회당에서 설교하셨을 때, 그 말씀을 들었던 사람들이 모두 화를 내면서 예수를 동네에서 쫓아내어 동네 밖 산벼랑까지 끌고 가서 그를 밀어 떨어뜨려 죽이려고 했던 것을 알 수 있다. 그뿐만 아니라 종교 지도자들은 계속 예수의 뒤를 따라다니며 책잡아서 그를 없애려고 애를 쓰기도 했다. 그리고 나중에는 백성들을 선동하여 "십자가에 못 박으소서"라고 외치게 만들기도 했다.

예수의 공생애 활동 중에는 처음부터 끝까지 고향 사람들은 물론 계속 유대 종교 지도자들의 반대가 있었고, 따라서 많은 장애물이 있었던 사실을 부인할 수 없다. 더구나 마가복음 3:21에 보면, "예수의 친족들이 예수가 정신 나갔다는 소문을 듣고 예수를 붙들러 나섰습니다"라고 기록되어 있기도 하다. 예수께서 귀신을 쫓아내는 것이 예수 자신이 귀신 들렸기 때문에 귀신의 힘을 귀신을 쫓아낸 것이라고 생각했기 때문이다. 예수는 이렇게 고향 사람들로부터도, 그 당시 종교 지도자들로부터도 그리고 심지어 사랑하는 가족들로부터도 오해받고 배척당하기도 했다. 예수의 공생애 활동이 그렇게 순탄하지만도 않았고, 성공적이지도 않았다는 이야기이다.

그렇다고 예수를 따르던 제자들이 모두가 다 처음부터 끝까지 예수를 잘 믿고 따랐던 것도 아니었다. 예수를 따르는 제자들 가운데서조차도 예수의 공생애 활동이 그렇게 환영받고 성공적으로 인식되었던 것만도 아니라고 전해진다. 가령 요한복음 6:60에 보면, 예수의 설교 말씀을 듣던 제자 중에는 예수의 말씀이 너무 어렵고 귀에 거슬린다고 생각하여 예수를 버리고 떠나는 사람들도 많이 생겨났다. 6:66에 보면, "그때부터 제자 가운데서 많은 사람이 떠나가고 그를 따르지 않았습니다"라고 기록되어 있다. 그리고 그 본문에 보면 자기를 버리고 떠나가는 제자들의 무리를 보면서 예수께서는 열두 제자를 붙잡고 "너희도 가려느냐?"라고 물으신 바 있다. 제자들 가운데서도 더러 등을 돌리면서 이탈하는 사람들이 있었다는 것을 단적으로 증거해 주는 성경 본문이다. 더구나 열두 제자 중에 나중에 예수를 배반하는 제자까지 생겨나지 않았던가? 예수의 제자들 가운데서도 예수의 가르침이 어렵다는 이유로 그리고 또 예수를 따르는 것이 성공을 보장해주는 것이 아니라는 생각을 하면서 일찌감치 예수를 버리고 떠나는 사람들도 있었다.

이런 상황 속에서 적대자들이나 제자들을 막론하고 많은 사람이 볼 때, 별 볼 일 없어 보이는 갈릴리의 열두 제자를 데리고 시작한 예수의 신앙 운동은 처음부터 성공할 수 없어 보이는, 실패로 끝나버릴 수밖에 없는 운동으로 생각되었을지도 모른다. 예수 이전에 또는 예수 당시에 나타났던 비슷한 예언자들의 예언 운동과 마찬가지로 한때 나타났다가는 금방 사라져버릴 운동으로 생각되기도 했을 것이다. 이런 상황에서 예수의 공생애 활동도 많은 사람이 보기에 실패로 끝나버릴 것으로 생각되었을지도 모른다. 많은 사람들은 "나사렛에서 무슨 선한 것이 나겠느냐?"(요 1:46), "그리스도가 어찌 갈릴리에서 나겠느냐?"(요 7:41), "상고하여 보라 갈릴리에서는 선지자가 나지 못하느니라"(요 7:52)고 빈정대면서 멸시와 의혹에 가득 찬 눈으로 예수와 그 제자들의 활동을 지켜보고 있기도 했었다. 예수의 공생애 활동이 그렇게 성공적이지만은 않았다는 이야기이다.

더욱 문제가 되었던 것은 예수의 제자들 가운데서도 예수의 사역에 대한 의심과 의혹의 싹이 터오고 있었다는 점이다. 일부 제자들 가운데서는 예수의 공생애 활동이 과연 적대자들의 반대와 배척에도 불구하고 성공할 수 있을까, 자신들이 계속 예수를 따르는 것이 헛수고로 끝나는 것은 아닐까 하는 의문을 가진 사람들이 생겨나기 시작했던 것으로 보인다. 그래서 예수를 따르면서도 의혹에 찬 눈으로 예수를 바라보곤 했을 것이다. 예수로서는 맥이 빠지는 난감한 상황이 아닐수 없었다. 그러나 예수로서는 이런 난감한 상황에도 불구하고 의혹과의심의 눈초리로 자신을 바라보고 있는 적대자들이나 일부 제자들을향해서 분명한 메시지를 통해 확고한 믿음을 가질 수 있도록 해줄필요가 있었을 것이다.

"씨 뿌리는 자의 비유"는 이런 상황에서 예수가 적대자들을 향해서그리고 또한 자신의 일부 제자들을 향해서 말씀하신 비유였다고 생각된다. 그리고 이때의 이 비유의 주요한 교훈 목적은 실패로 끝날지도모른다고 생각하는 자신의 공생애 활동을 변호하시기 위한 것이었다.이 비유 말씀을 통해서 씨 뿌린 자가 뿌린 씨앗 중 대부분이 낭비된것이 사실이기는 하다. 최소한 4분의 3이 길가나 돌밭이나 가시덤불에떨어져 허비되었고 낭비되었다. 그해 농사가 실패할 것처럼 생각될수도 있었을 것이다. 그러나 이처럼 상당한 분량의 씨가 낭비된다고해서 씨를 뿌리는 농부가, 농사짓는 사람이 실망하고 좌절하여 씨뿌리기를, 농사짓기를 포기하는 사람은 없지 않은가? 씨 뿌리는 농부는 자기가 뿌리는 씨 중에 상당한 분량이 낭비될 것이라는 사실을그리고 그럼에도 불구하고 옥토에 떨어진 얼마 안 되는 씨 때문에끝내는 놀라운 수확을 거두게 된다는 것을 그 누구보다도 잘 알고있지 않은가 말이다.

이처럼 뿌린 씨 중 상당량이 낭비되고, 그래서 씨 뿌리는 일이헛수고처럼 생각될 수 있음에도 불구하고 가을에 가서 많은 수확과추수가 있을 것으로 확신하는 농부처럼, 예수 자신은 지금 비록 사람의눈으로 보기에는 자신의 많은 수고와 노력이 여러 사람의 무관심과 반대 때문에 허사가 되고, 그래서 실패할 것처럼 보일지라도 결국 마지막에 가서는 놀라운 결과와 수확이 있을 것이라고 확신한다. 그래서 예수는 바로 그런 확신을 적대자들은 물론 제자들에게도 심어주고자 했다.

따라서 예수께서 맨 처음에 말씀하셨던 이 "씨 뿌리는 자의 비유"는 예수께서 자신을 씨 뿌리는 농부에 비유하면서 자신의 공생애 활동이 실패할 것으로 생각하고 있는 적대자나 혹시 실패로 끝나지나 않을까 염려하는 제자들을 향해서 비록 현재로서는 실패처럼, 그래서 헛수고처럼 보일지라도 결국에 가서는 확실한 결과와 놀라운 수확이 있을 것이라는 확신을 선포해주기 위한 메시지였다. "시작은 미미하나 끝은 창대하리라"는 구약의 말씀처럼, 실패와 헛수고처럼 보이는 자신의 활동에 대해 변증하며 제자들에게는 절대로 실망하지 말고 끝까지 기다려 놀라운 성과를 지켜보라고 제자들을 향해서는 격려를 그리고 적대자들을 향해서는 변호를 하기 위해 준 비유였다는 말이다.

그래서 불트만(Bultmann)도 이 "씨 뿌리는 자의 비유"가 본래 예수의 삶의 자리에서는 "절반은 좌절에서 나온 예수의 독백"일 수 있다고 지적했고,[5] 예레미아스(Jeremias)는 "씨 뿌리는 자의 실패는 곧 예수의 실패를 말하는 것이며, 따라서 이 비유는 예수의 활동이 처음에는 아무런 소망이 없는 것처럼 보이지만 그래도 하나님은 그것을 통해 그가 약속했던 승리적 결말을 이루어 놓으신다는 것을 이 비유를 통해

---

5 R. Bultmann, *History of the Synoptic Gospel* (New York: Harper & Row, 1968), 200.

강조함으로써 보잘것없어 보이는 자신의 활동을 변호하려고 했다"고 지적한다.6 바로 이런 이유 때문에 예수의 본래 의도에 맞는 가장 적절한 이 비유 명칭은 결코 "씨 뿌리는 자의 비유"가 아니라, 오히려 "추수의 비유" 혹은 "수확의 비유"라고 말해야 옳을 것이다. 예수에게 있어서 '씨 뿌리는 사람'이나 '씨 뿌리는 일' 자체보다는 오히려 실패와 낭비에도 불구하고 놀라운 추수와 수확이 있을 것을 가르치기 위한 비유였기 때문이다.

II. 초대교회 시대의 비유 사용 목적(the Sitz-im-Leben of the Early Church)

이 비유가 이처럼 본래는 예수에게 있어서 "추수와 수확의 비유"였음에도 불구하고 오랫동안 "씨 뿌리는 자의 비유"로 알려지게 된 까닭은 마태복음 저자가 씨 뿌리는 자의 비유 본문을 소개한 이후에 다시 '해석 본문'을 소개하면서 "그러면 씨 뿌리는 자의 비유(the Parable of the Sower)를 들으라"(마 13:18)는 말을 했기 때문이다. 마태가 그의 복음서를 기록할 때는 이미 초대교회 안에서 예수가 말씀했던

---

6 Joachim Jeremias, *The Parables of Jesus* (London: SCM Press, 1963), 150. "the main theme is the contrast between present and future. If the beginning of the Kingdom is none too promising, or if Jesus' preaching has been largely ineffectual, the end will yet be glorious. On the view, the original purpose of the parable was encouragement or the assuaging of doubt"(Davies and Allison, *Matthew II*, 375).

"추수와 수확의 비유"가 예수의 본래 의도와는 달리 말씀의 씨를 뿌리는 전도자들에게 주는 교훈으로 유용하게 이용되고 있었던 상황이었고 또 복음서 기자들에게도 이 비유가 "씨 뿌리는 자의 비유"로 더 잘 알려졌을 것으로 보인다.

예수께서 부활 승천하신 이후에 초대교회는 예수가 처했던 상황과는 다른 상황 앞에 직면하게 되었다. 어려운 가운데서도 놀라운 추수와 수확이 있을 것을 강조하며 자신의 활동을 변호하던 예수의 상황과는 달리, 초대교회는 오히려 모든 교인으로 하여금 "땅끝까지 이르러 복음을 전하도록", 즉 세상의 모든 사람을 대상으로 열심히 복음의 씨를 뿌리도록 전도를 강권해야 하는 상황에 처해 있었다. 그런 상황에서 초대교회에서는 예수가 말씀했던 "추수와 수확의 비유"를 이제는 복음의 말씀을 전파하는 전도자들에게 용기를 북돋아 주고 또 그들의 활동의 결과에 대한 분명한 확신을 심어 주기 위한 교훈으로 이용하기 시작했던 것으로 생각된다.

이런 상황에서 초대교회는 복음을 들고 전도하러 나간 전도자들을 씨 뿌리러 나간 사람에게 비유하면서 너희가 나가서 말씀의 씨를 뿌릴 때도 너희가 전하는 말씀을 듣는 사람마다 모두 다 잘 듣고 받아들이는 것이 아니라는 사실에 대해서, 즉 전도의 어려움에 대해서 미리 알려주어 대비시키려 했었다. 열심히 씨를 뿌리며 전도하더라도 말씀을 듣는 사람들 중에는 분명히 말씀을 잘 받아들이지 않거나 혹은 도리어 반대를 하는 사람들도 많을 것이라는 사실을 가르치면서, 그런 사실에 대해 놀라거나 낙심치 말도록 준비시키려는 것이 목적이었다.

농부가 밭에 나가 씨를 뿌릴 때, 모든 씨가 다 옥토에 떨어져 결실하는 것이 아니다. 농부는 자신이 뿌린 씨들 가운데 상당한 분량이 옥토에 뿌리는 내리지 못할 것을, 그래서 상당한 낭비가 있을 것이라는 사실을 잘 알고 있다. 그러나 그럼에도 불구하고 옥토에 떨어진 씨를 통해 얻는 추수와 수확의 결과가 놀라울 것을 알기 때문에 낙심하거나 포기하지 않고 열심히 씨를 뿌리듯이, 말씀을 전하는 전도자들도 전하는 복음의 말씀이 듣는 모든 사람의 마음의 옥토에 다 떨어지는 것은 아니라는 점을 미리 알고 있어야 했다. 전도의 말씀을 듣는 사람들 중 적어도 4분의 3은 말씀을 거절하고 반대할지도 모른다. 그래서 그들의 전도 활동이 실패요 낭비처럼 생각될 수도 있다. 그러나 그렇다고 전도하는 일을 포기해서는 안 된다. 많은 씨가 낭비된다고 씨 뿌리기를 포기하는 농부는 없기 때문이다. 비록 뿌린 씨의 4분이 1만이 옥토에 떨어진다고 하더라도 결과적으로는 놀라운 추수와 수확을 거둘 수가 있기 때문이다.

마찬가지로 전도의 대상자들 중 4분의 3이 아무런 반응을 보이지 않는다고 하더라도, 전도 받은 사람들 중 단지 4분의 1만이 말씀을 받아들인다고 하더라도 다시 그 사람을 통해서 얻어지는 마지막 결과는 놀라운 것이 될 수 있다. 그러니까 전도 대상자들 중에 반응하지 않거나 반대하는 사람들이 많다고 실망하거나 좌절하지 말고, 전도 말씀을 받아들이는 4분의 1에 해당하는 사람들에 희망을 두고 말씀 전하는 일을 쉬지 말라는 격려의 교훈을 주는 것이 초대교회가 예수의 이 비유를 통해 가르치려고 했던 주요 목적이었다.

결국 "씨 뿌리는 자의 비유"는 초대교회 시절에 복음의 씨를 뿌리러 나서는 많은 전도자에게 주는 격려와 희망의 메시지였다. 상당한 낭비와 일시적인 실패에 개의치 말고 열심히 전도하라. 그리하면 말씀을 받아들인 소수를 통해서 결국 놀라운 결과를 보게 될 것이라는 메시지였다. 이처럼 초대교회가 이 비유를 전도자들에게 주는 비유로 사용했다는 점에서 분명히 이 비유의 명칭으로 "씨 뿌리는 자의 비유"가 아주 적절한 셈이다. 비유 해석 본문에서 밝히고 있듯이 씨를 "뿌리는 자는 말씀을 뿌리는 것"(막 4:14)을 뜻하는 것이기 때문이다.

III. 복음서 저자들의 서로 다른 강조점
(the Sitz-im-Leben of the Evangelists)

복음서 저자들은 예수가 말씀했던 것으로 전해지던 "추수와 수확의 비유"를 그리고 초대교회에서 말씀의 씨 뿌리던 전도자들에게 주었던 "씨 뿌리는 자의 비유"를 소개하면서, 이른바 '해석 본문'을 통해 이미 교회 안에서 신앙생활을 하며 설교자의 말씀에 귀를 기울이는 교인들을 염두에 두고 그들에게 주는 설교로 발전시켜 소개하고 있다. 이 점은 해석 본문에서는 씨를 뿌리는 것이나 말씀을 전하는 것이 강조되고 있는 것이 아니라, 도리어 '말씀을 듣는 것'이 계속 강조되고 있는 점을 통해서 잘 알 수 있게 된다. 예수의 비유에서는 '씨' 혹은 '말씀'에 강조점이 있었지만, 해석 본문에서는 강조점이 '땅'과 '사람'에로 바뀌고 있다. 즉, 강조점이 이제는 더 이상 씨를 뿌리는 자나 말씀을 전하는 자에게 있는 것이 아니라, 설교 말씀을 듣는 사람에게로 옮겨졌다는 말이다.

이처럼 초대교회 안에서 말씀을 전하는 전도자들을 위해 "씨 뿌리는 자의 비유"로 이용되던 비유가 이른바 '해석 본문'을 통해 '말씀을 듣는 사람들'에 대한 비유로 바꾸어 소개한 첫 설교자는 마가복음 저자였을 것으로 보인다. 문헌상으로 그가 "씨 뿌리는 자의 비유"를 "말씀을 듣는 네 종류의 사람들에 대한 비유"로 소개한 최초의 인물로 생각되기 때문이다. 예수의 비유 원형에 가장 가까운 형태를 소개하고 있는 것으로 생각되는 「도마복음」에서도 이런 '해석 본문'을 찾아볼 수 없을 뿐만 아니라, 마가복음 이전에 이런 해석 본문을 보여주는 다른 문헌 증거가 전혀 없기 때문이다. 아마도 마가가 처음으로 예수의 "추수와 수확의 비유" 그리고 초대교회의 "씨 뿌리는 자의 비유"에 처음으로 '해석 본문'을 구성하여 소개하며 새로이 '듣다'라는 동사를 네 번씩이나 반복적으로 사용함으로써(막 4:14, 16, 18, 20) 비유 교훈의 관심을 씨가 뿌려진 네 종류의 땅, 곧 '말씀을 들은 네 종류의 사람들'에 다음과 같이 바꾸어버린 것으로 생각된다:

(1) "길가에 뿌려진 씨"는 말씀을 들었지만, 말씀을 곧바로 사탄에게 빼앗긴 사람.
(2) "돌밭에 뿌려진 씨"는 말씀을 듣고 기쁨으로 받아들였지만, 뿌리가 없어 잠깐 견디다가 말씀을 인하여 환난이나 핍박이 일어나는 때에는 곧 넘어지는 사람.
(3) "가시 떨기에 뿌려진 씨"는 말씀을 듣되 세상의 염려와 재리의 유혹과 기타 욕심이 들어와 말씀을 막아 결실치 못하게 되는 사람.
(4) "좋은 땅에 뿌려진 씨"는 말씀을 듣고 받아들여 삼십 배와 육십 배

와 백배의 결실을 맺는 사람.

　결국 '씨 뿌리는 자'에 관해 이야기되던 비유가 이제 마가복음 기자의 손을 통해 '말씀을 듣는 사람'에게 적용되는 비유로 바뀌어버린 셈이다. 그래서 이제는 이 비유가 말씀을 듣는 사람들에 대한 교훈이 되어 버렸다. '씨의 비유'(a Parable of the Seed)가 '땅의 비유'(a Parable of the Soils)로 바뀐 것이다. 그래서 복음서 기자들의 경우에는 "씨 뿌리는 자의 비유" 이외에 별도로 "네 종류의 밭의 비유"가 '해석 본문'의 형태로 소개되고 있는 셈이다.

　이런 가운데서도 이 '비유 본문'과 '해석 본문'을 소개하는 복음서 기자들 간에도 각각 그들이 처했던 상황에 따라 혹은 그들의 독특한 관점과 기록 목적에 따라 적지 않은 차이점을 보여주고 있다. 이런 차이점들은 그들이 본문 가운데 사용한 어휘들이나 그들이 첨가한 단어들을 통해 드러나고 있는데, 실제로 복음서 기자들이 사용한 어휘들이나 그들이 전승 자료들에 '첨가' 혹은 '삭제'한 단어나 문구들은 그들의 편집 의도, 곧 그들의 독특한 강조점들을 알아낼 수 있는 중요한 열쇠가 되고 있는 셈이다.[7]

---

7 R. H. Stein은 그의 논문, "Ascertaining a Marcan Redaction History: The Proper Methodology"에서 복음서 기자들이 전승 자료들을 소개하는 가운데 'insertions'이나 'vocabulary' 등을 통해 자신의 독특한 관점을 드러내고 있다고 주장한다. 이 말은 거꾸로 복음서 저자가 "첨가하거나 삽입한 특별한 내용이나 독특한 어휘들이 복음서 저자의 편집 의도를 확인할 수 있는 중요한 열쇠가 된다"는 뜻이기도 하다. *Gospels and Tradition: Studies on Redaction Criticism of the Synoptic Gospels* (Grand Rapids, Michigan: Baker Booi House, 1991), 49-67.

1. 마가복음의 독특한 강조점

마가복음의 비유 '해석 본문'에서 우리가 주목해야 할 마가의 독특한 관점은 그가 "돌밭에 뿌리웠다는 것은 이들이니 곧 말씀을 들을 때에 즉시 기쁨으로 받으나 그 속에 뿌리가 없어 잠깐 견디다가 말씀을 인하여 환난이나 핍박이 일어나는 때에는 곧 넘어지는 자"(막 4:16-17)라고 언급하고 있는 점이다. 말씀을 기쁨으로 받아들이긴 했지만 깊게 뿌리는 내리지 못해서 "환난이나 핍박이 일어나는 때에는" 견디지 못하고 넘어지는 사람을 두고 하는 말이다. 말씀을 듣는 사람과 관련해서 "환난이나 핍박이 일어나는 때"를 언급한 문구는 오직 마가복음에서만 나오는 표현인데, 아마도 분명히 그가 마가복음을 기록하던 때가 바로 예루살렘과 유대 나라의 멸망(주후 70년)을 전후해서 마가 공동체가 로마 당국으로부터의 '핍박과 환난'을 당하던 때였기 때문이었을 것으로 생각된다. 마가로서는 마가 공동체 구성원들 중 기쁨으로 말씀을 받아들이고 믿다가 "환난과 핍박이 일어나는 때에 넘어지는 교인들"을 염두에 두고 한 말이었을 것이다.

마태의 경우, 그의 복음서 전반에 걸쳐 마가복음의 자료와 내용을 비교적 그대로 충실히 반복해서 소개하고 있지만, 누가복음의 경우에 마가의 이 문구가 뿌려진 씨가 "바위 위에 있다는 것은 말씀을 들을 때에 기쁨으로 받으나 뿌리가 없어 잠깐 믿다가 시험을 받을 때에 배반하는 자"(눅 8:13)라고 바뀐 것은 누가복음이 기록되던 당시는 그런 "환난과 핍박이 일어나던 때"가 아니었기에 그냥 "시험을 받을 때"라는 일반적인 문구로 바뀌었을 것으로 생각된다.

따라서 마가복음의 비유 해석 본문은 마가복음이 기록되던 당시의 박해 상황을 반영하는 것이며, 이런 상황에서 마가는 당시 마가 공동체의 구성원들을 향하여 '환난과 핍박'이 있더라도 그런 때에 더욱 신앙이 성장하고 발전할 수 있어야 할 것을 강조하고 있다. 마가만이 마지막 결론 구절에서 "삼십 배, 육십 배, 백 배의 결실"이라고, 점진적인 상승 방향으로 결실을 강조하고 있는 이유도 바로 그 때문일 것이다.

2. 마태복음의 독특한 강조점

마태가 소개하고 있는 비유의 해석 본문에서는 다른 복음서들의 경우와 달리 말씀을 듣는 것 이외에 말씀에 대한 '깨달음'을 강조하고 있는 것이 아주 특이하다. 다른 복음서의 평행 본문과 달리 마태만이 "말씀을 듣고 깨달아야 한다"는 점을 강조하고 있다. 비유 해석 본문의 서두에서 "씨 뿌리는 비유를 들으라 아무나 천국 말씀을 듣고 깨닫지 못할 때는 악한 자가 와서 그 마음에 뿌리운 것을 빼앗나니 이는 곧 길가에 뿌리는 자"(막 13:18)라고 말한다. 마태복음 저자에게 있어서는 '듣는 것'이 중요한 것이 아니라 '깨닫는 것'이 더 중요하다고 생각되었기 때문일 것이다. 마태는 또 비유 해석 본문의 마지막 결론 부분에서 다시 "좋은 땅에 뿌리웠다는 것은 말씀을 듣고 깨닫는 자니 결실하여 혹 백 배, 혹 육십 배, 혹 삼십 배가 되느니라"(13:23)고 말한다. 여기서도 "백 배, 육십 배, 삼십 배의 결실"을 맺는 사람은 "말씀을 듣고 깨닫는 자"라고 말한다.

마태에게는 말씀을 듣는 것이 중요한 것이 아니라, 말씀을 듣고 깨닫는 것이 더 중요했다. 이런 점은 마태복음에서 예수가 교훈을 주면서 "듣고 깨달으라"(마 15:10)는 말을 강조하는 것과 또 제자들을 자주 "깨달은 자들"로 묘사하는 것과 맥을 같이 한다. 우선 마태복음 13:51에 보면 예수는 제자들에게 일련의 여러 천국 비유들을 말씀해 주신 후에 제자들에게 "이 모든 것을 깨달았느냐 하시니 대답하되 그러하오이다"라고 제자들이 대답했다고 전한다. 이것은 마가복음에서는 제자들이 예수의 비유를 깨닫지 못하여 예수로부터 "너희가 이 비유를 알지 못할진대 어떻게 모든 비유를 알겠느냐"(막 4:13)고 핀잔을 받았던 것과 대조된다.

제자들의 '깨달음'을 중요시하며 강조하는 마태의 관점은 그가 베드로의 가이사랴 빌립보의 신앙고백을 소개할 때, 제자들이 예수의 교훈에 대해 '깨달음'이 있은 직후에 그런 고백이 있었음을 강조하는 데서도(마 16:12)[8] 그리고 변화산 사건을 소개하면서도 제자들이 '깨달음'이 있었다고 언급하는 데서도(마 17:13) 반복되고 있다. 마태에게 있어서는 말씀을 듣는 것을 넘어 그것을 깨닫는 것이 더 중요했던 것으로 보이며, 그래서 마태는 씨 뿌리는 자의 해석 본문 가운데서

---

8 이것은 마가복음에서 베드로의 신앙 고백 이야기와 대조된다. 마가복음에서는 베드로의 신앙고백이 있기 전에 제자들이 예수로부터 "아직도 알지 못하며 깨닫지 못하느냐? 너희 마음이 둔하냐? 너희가 눈이 있어도 보지 못하고 귀가 있어도 듣지 못하느냐?… 아직도 깨닫지 못하느냐?"(막 8:17-21)고 책망받았다. 다만 예수가 벳세다 맹인의 눈을 뜨게 해준 직후에야 베드로가 "당신은 그리스도이십니다"라는 고백을 할 수 있었다. 그런데 베드로가 벳세다 출신이기에(요 1:44), 여기서 예수가 눈을 뜨게 해준 맹인은 베드로를 상징하는 것으로 해석되기도 한다. 그래서 마가복음에서는 베드로가 스스로 예수에 대해 '깨달음'이 있었기 때문이 아니라, 예수가 눈을 뜨게 해준 것 때문에 예수를 제대로 보고 고백한 것처럼 기록된 셈이다.

여전히 '듣는 것'보다 '깨달음'을 더 강조하는 것으로 생각된다.

3. 누가의 독특한 강조점

씨를 "말씀"(막 4:13) 혹은 "천국 말씀"(마 13:18)으로가 아니라 "하나님의 말씀"(눅 8:11)이라고 말하고 있는 점 그리고 "믿어 구원을 얻는"(눅 8:12) 이야기와 연관시키고 있는 점, 특히 이 비유와 해석 본문을 예수가 제자들과 더불어 "하나님의 나라를 선포하시며 그 복음을 전하시는"(눅 8:1) 일과 연관시켜 소개하고 있는 점들로 보아 누가는 이 비유와 해석 본문을 더 일반적인 복음 전도 활동의 형태로 소개하고 있다. 누가가 마가와 마태와 달리 '환난이나 핍박'이라는 말 대신에 더 일반적인 의미의 '시험'이라는 용어를 사용하는 것도 일반적인 상황에 더 적절한 형태로 제시하기 위한 것으로 보인다.

누가가 해석 본문의 마지막에서 "삼십 배와 육십 배와 백 배의 결실을 하는 자"(막 4:20) 그리고 "결실하여 혹 백 배 혹 육십 배 혹 삼십 배가 되느니라"(마 13:23)고 말한 마가와 마태와 달리, "착하고 좋은 마음으로 말씀을 듣고 지키어 인내로 결실하는 자"(눅 8:15)라고 말한 것도 마찬가지이다. 그러나 특히 누가만이 '말씀을 듣고 지키는 것'을 강조한 것이 아주 주목할 만하다. 마태가 '말씀을 듣고 깨닫는 것'을 언급하면서 '깨달음'을 강조하고 있다면, 누가는 '말씀을 듣고 지키는 것'(katechusin)을 언급하면서 '말씀대로 행하는 것'을 강조하고 있기 때문이다. 누가는 11:28에서도 "하나님을 말씀을 듣고 이를 지켜 행하는 사람(phlassontes)이 오히려 복이 있다"고 말했는데,

이것은 누가의 강조점이 하나님의 말씀을 듣는 것을 넘어 '실천하는 것'을 가르치는 데 관심이 있음을 보여주는 것으로 생각된다.

IV. 맺는말

이상에서 살펴보았듯이 예수가 그의 공생애 활동 가운데서 이 비유를 말씀했을 때는 실패처럼 보일 수도 있는 자신의 사역을 두고 반대하는 적대자들이나 의혹의 눈으로 바라보는 제자들을 향해서 끝내 놀라운 성과로 보게 될 것이라는 일종의 자기변호의 메시지였다. 그래서 아마도 예수의 의도에 적합한 비유 명칭은 "추수와 수확의 비유"일 수 있다. 그런데 예수가 십자가에 못 박혀 죽은 이후 초대교회는 이 비유를 활발한 선교 활동을 나선 복음 전도자들을 위한 격려의 수단으로 그들의 전도 활동이 처음에는 상당 부분 실패와 낭비처럼 보일지라도 결국에는 큰 성과를 이룰 수 있게 될 것이라는 확신을 주기 위한 격려의 메시지로 활용되었다. 말씀의 씨를 뿌리는 복음 전도자들에게 주는 격려의 메시지라는 의미에서 이 당시에는 "씨 뿌리는 자의 비유"라는 명칭이 더 적절했을 것이다. 그런데 나중에 복음서 기자들이 이 비유 교훈을 자신들의 복음서에 기록할 때는 다시 교회 집회에 나와 말씀에 귀를 기울이는 일반 교인들을 염두에 두고, '말씀을 듣는 네 종류의 사람들'에 대한 교훈으로 활용했던 것으로 생각된다. 이런 때에 적합한 비유 명칭은 "밭들의 비유"(a Parable of Soils)일 것이다.

예수에 관한 전승들이 오랜 구전 과정 가운데서 각각의 상황과

전하는 사람의 의도와 목적에 따라 수시로 달라졌음을 볼 수 있다. 이 과정에서 예수의 본래 말씀과 의도가 흔히 도외시되고 달라지기도 했던 것이 사실이다. 그러나 그렇다고 전승을 원형 그대로 전달하지 않았다고, 본래 전승을 무시하고 파괴한 사람들이라고 비판하거나 공격할 필요는 없어 보인다. "새 술은 새 부대에 담겨야 한다"는 말씀대로 예수의 말씀도 새로운 상황에서는 그 상황에 맞는 새로운 의미로 전달되는 것이 마땅했기 때문이다. 비록 전승 과정에서 전하는 사람들이 각각 자신의 의도와 상황의 요구에 따라 전승에 변화를 가했지만, 그들이 "그리스도의 마음으로 그리고 성령의 인도를 받아" 예수의 말씀을 모든 시대, 모든 사람을 위한 '살아 있는 말씀'으로 전하려고 했던 것이라고 생각할 때, 우리는 그것을 그들의 잘못이라고 탓할 수는 없다. 그들이 기록해놓은 현재의 본문이 결국은 오늘날까지 '성령의 감동으로 기록된 하나님의 말씀'으로 읽히고 있지 않은가 말이다.

19장
탕자의 비유, 다시 읽어보기

(눅 15:11-32)

"탕자의 비유"라고 알려진 예수의 이 비유는 오직 누가복음에만
나온다. 그리고 이 비유는 교회 안에서 너무나 오랫동안 거의 무비판적
으로 "탕자의 비유" 혹은 거의 같은 의미에서 "잃은 아들의 비유"(der
Verlorene Sohn)라는 명칭으로도 알려져 왔다. 전통적으로 이 비유가
교회 안에서 "탕자의 비유"로 불리게 된 데에는 16세기 영어 성경들의
난외에 바로 이런 명칭이 붙여져서 전해졌기 때문인데, 그것은 그
이전에 라틴어 벌게이트(the Vulgate) 성경에 붙여진 같은 명칭(De
filio Prodigo)을 그대로 번역해서 옮겨놓은 것에 지나지 않는다. 그러
나 우리는 이 비유를 올바로 이해하기 위해서라도 먼저 이 비유를
가리켜 "탕자의 비유" 혹은 "잃은 아들의 비유"라고 부르는 것이 과연
옳은가 하는 질문부터 던져볼 필요가 있다. 비유 명칭 때문에 비유
자체를 잘못 이해할 수도 있기 때문이다.

I. "탕자의 비유"라는 명칭은 적절한 명칭인가?

이 비유를 "탕자의 비유" 혹은 "잃은 아들의 비유"라고 부를 때, 이 비유의 등장인물 중 가장 중요한 사람은 당연히 가출한 둘째 아들, 곧 유산을 갖고 집을 나가 모두 탕진해버린 탕자가 되는 셈이다. 그리고 이 경우 비유의 초점은 역시 둘째 아들에 있고, 이처럼 비유를 둘째 아들인 탕자에 초점을 맞추어 이해할 경우, 이 비유의 내용이 말해주고 있듯이 비록 탕자가 아버지로부터 물려받은 유산을 모두 탕진하고 빈털터리가 되었지만 그래도 회개하고 아버지의 집으로 돌아왔기 때문에 아버지로부터 환영받는다는 이야기가 된다. 따라서 이 비유는 결국 탕자의 회개와 구원을 가르치는 비유가 되는 셈이다. 아무리 큰 죄를 지은 죄인이라고 하더라도 회개하고 하나님께 돌아오기만 하면 용서받고 구원받을 수 있다는 교훈을 주는 비유가 된다.

실제로 15:17에 보면 탕자는 제정신이 들었다고 했고, 18절에 보니까 "일어나 아버지께로 돌아가겠다"고 결심한다. 즉, 탕자는 회개했다는 말이다. 회개는 '돌아서는 것'이다. 그가 자기의 죄 된 생활에서 돌아서 아버지께로 돌아왔기 때문에 그는 아버지의 기쁨의 잔치에, 곧 구원의 자리에 참여할 수 있었다. 죄를 지은 사람들이 할 일은 바로 이 탕자처럼 죄로부터 돌아서서 하나님께로 돌아오는 것이다. 그럴 때 그는 구원받을 수 있다. 우리가 이 비유를 둘째 아들, 곧 탕자에게 초점을 맞추어 놓고 읽을 때, 우리는 이런 교훈을 배울 수 있게 된다. 회개하면 우리는 어떤 죄로부터도 용서받고 구원받을 수 있다. 그러나 회개하지 않는 죄는 결코 용서받을 수 없다. 이런 식으로 이해할 경우 이 비유는 "탕자의 비유" 혹은 "잃은 아들의 비유"라고 부르는 것이 옳은 것처럼 보이기도 한다.

그러나 비유 연구가들 가운데서는 일찍이 이 비유를 "탕자의 비유" 혹은 "잃은 아들의 비유"라고 부르는 것이 옳지 않다고 주장한 사람들이 있어 왔다. 이 비유에 그런 명칭이나 제목을 붙여서 비유의 초점을 둘째 아들에게만 맞출 경우에는 결코 이 비유를 올바로 이해할 수 없다는 지적이 제기되었기 때문이다. 왜냐하면 이 비유의 본문(눅 15:11-31)은 둘째 아들인 탕자 이야기로만 구성되어 있는 것이 아니기 때문이다. 즉, 비유 본문인 누가복음 15:11-31에서는 결코 '탕자' 혹은 '잃은 아들'만을 다루고 있는 것이 아니며 또한 이 비유의 중심인물이 탕자, 곧 둘째 아들만도 아니기 때문이다. 만약 이 비유가 그 전반부인 15:11-24로만 구성되어 있다면, 혹 "탕자의 비유"나 "잃은 아들의 비유"라는 명칭이 적절할 수도 있을지 모른다. 그러나 우리의 비유 본문은 '탕자' 혹은 '잃은(둘째) 아들'이 집을 나갔다가 다시 돌아오는 것을 말하고 있는 전반부인 15:11-24 이외에 별도로 큰아들 혹은 맏아들에 대한 이야기를 다루고 있는 후반부인 15:25-31이 더 첨가되어 있다는 점을 잊지 말아야 한다.

더구나 맏아들에 관한 이야기를 전하고 있는 후반부 15:25-31이 이 비유 본문의 뒷부분에서 오히려 비유의 결론 역할을 한다는 점에서 오히려 더 중요할 수도 있다. 실제로 이 비유의 초점은 둘째 아들이 집을 나갔다가 다시 돌아왔고 아버지가 그를 기쁘게 영접했다는 데 있는 것은 아닌 것으로 생각된다. 오히려 비유의 중심은 둘째 아들이 집으로 돌아왔는데도 그것을 전혀 기뻐할 줄 모르고, 도리어 아버지를 향해서 둘째 아들을 위해 잔치를 베푼 사실에 대해 투덜대며 불평하는 맏아들을 비판하며 공격하는 데 있다는 주장이 설득력 있게 제기되어 왔다. 따라서 비유의 후반부인 15:25-31, 즉 맏아들의 이야기를 도외시하거나 무시한 채 이 비유의 초점을 둘째 아들에만 맞추어 놓고 "탕자의 비유" 혹은 "잃은 아들의 비유"라고 말하는 것은 비유 본문의 절반만을 읽고 다루는 과오를 범하는 것이며, 그래서 결과적으로는 비유 본문 전체를 올바로 이해하지 못하는 잘못에 직면할 수밖에 없다는 것이다. 따라서 이 비유에서 오직 둘째 아들, 곧 탕자에만 초점을 맞추어 죄인의 회개와 구원을 가르치는 비유로 이해하는 것은 이 비유에 대한 전체적인 이해가 아니라 비유의 일부분, 즉 비유의 전반부에 대한 부분적인 이해에 지나지 않게 된다. 따라서 이 비유의 명칭으로 "탕자의 비유"나 또는 "잃어버린 아들의 비유"라고 부르는 것이 옳지 않다는 지적을 우리는 진지하게 받아들여야 할 것으로 보인다.

오히려 초대 교부 가운데 한 사람인 터툴리안이 이 비유를 다음과 같이 알레고리적으로 해석했던 것이 이 비유 본문을 전체적으로 이해한 더 나은 해석이라고 생각될 수 있다:

아버지 = 하나님
맏아들 = 유대인
작은아들 = 이방인 혹은 기독교인
먼 나라 = 이방 땅
돼지 = 귀신
좋은 옷 = 아담이 타락할 때 잃어버린 아들 신분

반지 = 기독교인의 세례

잔치 = 성만찬

터툴리안의 비유 해석에 따르자면, 비록 맏아들인 유대인이 선택 받은 백성들이라는 자부심 때문에 둘째 아들이며 탕자인 이방인들의 구원에 대해 기뻐하지 않고, 그래서 기독교인들의 성만찬에 참여할 생각도 하지 않고 있지만, 하나님 아버지께서는 유대인과 이방인 모두를 받아들이며 영접하여 구원하신다는 교훈을 주고 있다는 것이고, 결국 맏아들과 둘째 아들 모두가 이 비유에서 중요한 역할을 하고 있다는 점을 드러내고 있다는 점에서, 즉 비유 본문 전체를 보고 해석했다는 점에서 '탕자 비유'로만 보는 해석보다는 훨씬 더 적절하다는 생각이 든다. 그러나 그럼에도 불구하고 터툴리안의 이런 알레고리적 해석은 본문의 본래 의도에 충실한 해석(exegesis)이라기보다는 오히려 해석자의 임의적인 해석을 본문에 투입한 잘못된 해석(eisegesis)이라는 비판에서 자유로울 수가 없어 보인다.

그렇다면 이 비유 본문 전체에 대한 적절한 그리고 보다 올바른 명칭은 무엇일까? 만일 우리가 이 비유 본문 전체를 염두에 두고 이 비유에 올바른 명칭을 붙일 경우 오히려 "두 아들의 비유"라고 부르는 것이 더 옳다는 주장이 제기될 수밖에 없다.[1] 실제로 이 비유 본문은

---

1 T. W. Manson, *The Teaching of Jesus* (Cambridge Univ. Press, 1955), 284; E. E. Ellis, *The Gospel of Luke* (The New Century Bible Commentary: Eerdmans, 1981), 196; C. H. Talbert, *Reading Luke: A Literary and Theological Commentary on the Third Gospel* (Crossroad: New York, 1982), 149. 다른 한편으로 C.

"어떤 사람에게 두 아들이 있었다"(15:11)는 말로 시작되고 있고 또 두 아들 이야기를 다 포함하고 있지 않은가? 실제로 이 비유 본문에서 전반부인 11-24절은 둘째 아들에 관한 이야기이고, 후반부인 25-31절은 맏아들에 관한 이야기로 구성되어 있지 않은가? 전반부에서는 자기 몫의 유산을 가지고 집을 뛰쳐나가 돈을 모두 탕진한 후 다시 집으로 아버지께 돌아오는 둘째 아들이 중심인물처럼 나타나고 있지만, 그러나 후반부에서는 가출한 동생이 돌아왔는데도 그리고 돌아온 동생을 위해 아버지가 큰 잔치를 베풀고 기뻐하는데도 오히려 그것을 못마땅하게 생각하는 그래서 잔치에 들어가려고도 하지 않는 맏아들이 중심인물처럼 등장하고 있다. 그래서 이 비유는 결과적으로도 '두 아들'에 관한 이야기이고, 그래서 마땅히 "두 아들의 비유"라고 부르는 것이 더 옳다는 주장에 제기되었고, 거기에 대해 이론을 제기하기가 매우 어려워 보인다.

그리고 거의 같은 의미에서, 그러나 좀 다른 각도에서 일부 학자들은 이 비유를 가리켜서 "두 잃은 아들" 혹은 "두 탕자의 비유"라고 부르기도 했다. 작은아들만 탕자가 아니라, 큰아들도 탕자라고 생각되기 때문이다. 그것은 맏아들이 비록 몸으로는 아버지와 함께 있었고 그래서 아버지와 집을 버리고 떠난 적이 없긴 했지만, 마음으로는 이미 아버지로부터 멀리 떠나 있었고, 결코 아버지와 마음이 하나가 되지 못했기 때문이다. 비유 본문에 보면 그는 아버지를 향해서 '아버지'라고 부르지도 않고(29절), '동생'을 동생이라고 말하지 않은 채,

---

Stuhlmueller는 "두 형제의 비유"라고 부른다(*Jerome Biblical Commentary*, 148).

'당신의 이 아들'이라고만 부르면서 아버지에게 불평하며 항의하고 있다. 더구나 멀리 떠난 동생을 가리켜 "창녀와 함께 지내느라고 아버지의 재산을 다 먹어버린 아들"이라고 공격하고 있는데 동생이 창녀들과 함께 재산을 탕진하고 있는 사실을 그가 어떻게 알았을까? 그의 몸은 비록 집에 머물러 있었지만, 그의 마음은 동생처럼 늘 먼 지방에 그리고 동생이 그곳에 나가서 하고 있는 일에 머물러 있었을는지도 모른다. 이렇게 볼 경우, 이 비유에서는 둘째 아들만 탕자였던 것이 아니라 맏아들도 실제로는 탕자였다고 생각할 수도 있다. 이렇게 보면 이 비유는 분명히 "두 아들의 비유" 혹은 "두 잃은 아들 비유" 혹은 "두 탕자의 비유"라고 불러야 마땅할 것으로 보인다.

흥미 있게도 비유 본문 중 15:20에 보면, "이에 일어나서 아버지께로 돌아가니라"라고 둘째 아들이 아버지의 집을 향해 돌아오는 것이 언급되고 있는데, 15:25에서도 "맏아들이 밭에 있다가 돌아와 집에 가까웠을 때"라는 말이 나와 첫째 아들이 밭에 있다가 집을 향해 돌아오는 것이 언급되고 있다. 둘째 아들은 먼 나라로부터, 첫째 아들은 밭으로부터 각각 집으로 돌아오고 있다. 결국 둘째나 첫째 아들이 모두 아버지의 집으로 돌아오는 것이 언급되고 있는 셈이며, 이 점에서 이 비유는 "집으로 돌아오는 두 아들 비유"라고 볼 수도 있을 것이다.

그러나 이런 해석에도 분명히 문제가 있어 보인다. 이 비유 본문의 초점이 '둘째 아들'(=탕자)이나 '맏아들', 곧 '두 아들'에 있는 것이 아니라, 오히려 두 아들을 거느리고 있는 그리고 두 아들 모두를 사랑하며 용납하는 '아버지'에 있다는 주장이 오히려 더 설득력을 얻고 있기 때문이다. 그래서 이 비유를 오히려 "은혜로우신 아버지의 비유" 혹은

"아버지의 사랑에 대한 비유"라고 부른 학자들도 있다.[2] 실제로 이 비유는 "어떤 사람에게 두 아들이 있었다"(15:11)는 말로, 즉 두 아들을 가진 "어떤 사람", 곧 '아버지'에 대한 언급으로 시작되고 있다. 그리고 비유 본문 자체가 아버지에게서 시작해서 아버지로 끝나고 있고, 아버지만이 돌아온 탕자를 다루는 전반부(11-24절)와 투덜거리는 맏아들을 다루는 후반부(25-31절)에서 모두 진정한 이야기의 주인공으로 등장하면서 전반부와 후반부를 통합하고 있다. 이 비유의 진정한 주인공을 아버지로 볼 수밖에 없는 이유이다.

다시 말하자면 비유의 전반부에서는 탕자인 둘째 아들이 주인공이고, 후반부에서는 투덜대는 맏아들이 주인공이라고 말할 수 있지만, 오직 아버지만이 전반부와 후반부 모두에서 중심인물로, 진정한 주인공으로 등장하고 있다. 그리고 아버지만이 전반부와 후반부 모두에서 아주 사랑이 많으신 분으로, 그래서 둘째 아들이나 맏아들을 모두 사랑으로 영접하는 분으로 묘사되고 있다. 즉, 전반부에서 아버지는 아버지 재산 중에서 자기에게 돌아올 유산을 미리 달라고 요구하는 둘째 아들의 요구를 거절하지 않고 들어주고 있으며, 둘째 아들이 그 유산을 모두 탕진하고 거지꼴이 되어 돌아올 때도 아버지의 권위나 체면도 생각하지 않은 채 맨발로 달려가 포옹하고 입을 맞추었고,

---

2 R. H. Stein은 이 비유를 "the parable of the Gracious Father"라고 부르고 있고 (*An Introduction to the Parables of Jesus*, Philadelphia: The Westminster Press, 1981, 115), 다른 한편으로 E. Schweizer는 비유의 중심인물을 '아버지'로 보고 이 비유의 명칭을 "the parable of the Powerless, Almighty God"라고 붙였다(*The Good News According to Luke*, Ed. by D.E. Green, Atlanta: John Knox Press, 1984, 250).

좋은 옷, 반지, 신발을 주어 아들의 명예를 회복시켜주었고 또한 기쁨에 넘쳐 송아지를 잡아 큰 잔치를 베풀어 주었다. 그리고 후반부에서 아버지는 투덜대며 불평하는 맏아들에게 다가가 "아들"이라고 부르면서 "내 것이 다 네 것이라"고 말해주면서 맏아들을 위로하면서 그를 잔치가 벌어지고 있는 집 안으로 끌어들이고 있다. 전반부와 후반부 모두에서 이 아버지는 '사랑과 은혜가 많으신 아버지'로 드러나고 있다. 결국 이 비유의 중심인물은 맏아들이나 둘째 아들, 곧 '두 아들'이 아니라 오히려 '아버지'라는 말이다. 따라서 이 비유 본문에 대한 가장 적절한 명칭도 "은혜로우신 아버지 비유" 혹은 "아버지의 사랑에 대한 비유"라고 불러야 마땅할 것으로 보인다.

더구나 누가복음 15장에서 이 비유와 연결되어 있는 다른 두 비유가 "양 한 마리를 잃은 목자"(15:3-7) 그리고 "은전 하나를 잃은 여인"(15:8-10)을 각각 주제로 삼았듯이 여기서는 '두 아들을 가진 아버지'를 주제로 삼고 있기 때문에 비유의 초점이 두 아들을 가진 아버지에게로 집중되어야 마땅하다. 이렇게 생각할 경우, 이 비유의 마지막 교훈도 결국은 "이와 같이 하나님은 잃은 아들이 돌아옴을 기뻐하여 잔치를 베푼 아버지처럼 자비롭고 은혜로우며 긍휼로 가득 차고 사랑으로 넘치는 분이며, 또한 죄지은 아들을 용납하는 것에 대해 못마땅해 하는 맏아들까지도 사랑으로 용납하시는 분이라"는 것을 강조하고 있는 셈이다.[3]

---

3 이런 의미에서는 Brad H. Young이 이 비유를 가리켜 "the Parable of the Compassionate Father and his Two Lost Sons"라고 말한 것이 더 적절할 수 있다. Brad H. Young, *Jesus the Jewish Theologian* (Grand Rapids: Baker

따라서 비유 명칭을 어떻게 붙이는가 하는 문제는 이 비유의 메시지를 어떻게 이해하고 해석하느냐 하는 문제와 직접적으로 연관될 수밖에 없다. 어떤 비유 명칭을 택하는가에 따라서 이 비유가 주는 메시지에 대한 해석도 달라질 수밖에 없을 것이다.

그러나 이보다 더 중요한 것은 먼저 우리가 예수께서 본래 이 비유를 말씀하셨을 때는 어떤 메시지를 그리고 누가복음서 저자가 나중에 이 비유를 그의 복음서에 소개할 때는 또 어떤 메시지를 강조하려고 했었는지를 구별해서 물어볼 필요가 있다는 점이다. 그 둘을 구별할 때 우리는 어떤 명칭이 예수의 본래 의도에 적합한 것이며 또 어떤 명칭이 나중에 비유를 그의 복음서를 통해 소개하는 누가의 의도에 적합한 것인지를 분별할 수 있게 될 것으로 생각되기 때문이다.

II. 예수의 본래 비유 의도

예수께서 맨 처음 이 비유를 말씀하셨을 때, 예수는 이 비유를 가지고 무엇을 가르치려고 했을까? 예수는 탕자였던 둘째 아들을 염두에 두고 이 비유를 말씀하신 것이 아니라, 분명히 맏아들에 초점을 맞추어 이 비유를 말씀하셨던 것으로 보인다. 누가복음 15:2에 보면 예수께서는 본래 이 비유를 '바리새인과 서기관들'을 향해서 말씀하신 것으로 기록되어 있다. 그리고 이 비유를 말씀하시게 된 동기도 "바리

Academic, 1995), 143.

새인들과 서기관들이 서로 수군거리면서 예수가 죄인들을 환영하고 그들과 함께 식사를 하고 있는 것"에 대해 불평하며 투덜대고 있었기 때문인 것으로 언급되어 있다. 예수께서는 자신이 죄인들을 영접하고 그들과 식사하는 것에 대해 투덜거리는 종교 지도자들을 보면서 한마디로 "너희는 이 비유에서 죄로부터 돌아서서 집으로 돌아온 탕자를 환영하며 그를 위해 잔치를 베푼 아버지에 대해 투덜대며 불평하는 맏아들과 똑같은 놈들이라"고 빗대어 공격하고 계신 것이다.

이 비유에서 둘째 아들이 세리와 창녀와 같은 죄인들을 가리키고 있다면, 집에 돌아온 동생을 위한 잔치를 못마땅하게 생각하면서 함께 참여하기를 즐겨하지 않았던(15:28) 큰 아들은 많은 죄인이 예수를 통해서 회개하고 하늘나라 구원 잔치에 참여하는 것을 못마땅하게 여기면서 예수가 그들을 영접하며 그들과 어울리는 것에 대해 불평하며 투덜거렸던 예수 당시의 경건한 종교 지도자들을 가리키는 것임에 틀림없을 것이다. 따라서 예수에게 있어선 맏아들이 이 비유의 핵심 인물인 셈이며, 맏아들의 못된 심보를 공격하며 비판하는 것이 이 비유의 본래 목적이었던 것으로 생각된다. 이렇게 볼 경우 예수의 의도에 적합한 비유의 명칭은 마땅히 "투덜대며 불평하는 맏아들의 비유" 혹은 "기뻐하지 않는 형놈의 비유"일 것이다.[4]

---

4 Danker는 비유의 초점을 큰아들에 두고 이 비유를 "기뻐하지 않은 형의 비유"(the parable of Reluctant Brother)라고 불렀다. F. W. Danker, *Jesus and the New Age: According to St. Luke* (St. Louis: Clayton Publishing House, 1972), 170.

III. 누가가 이 비유를 소개할 때의 의도

누가는 예수의 이런 의도를 알고 있었으면서도 그리고 그런 의도를 그대로 살리면서도 예수의 본래 의도 가운데 분명히 드러나지 않았던 또 다른 교훈을 첨가해 강조하려고 했던 것으로 보인다. 누가의 이런 의도는 그가 이 비유를 소개하기 위해 구성한 이 비유의 전후 문맥을 통해서 드러나고 있다. 즉, 누가는 15-16장에서 다섯 개의 비유를 연속으로, 일종의 비유 시리즈 형태로 소개하면서 이 비유를 그 한 가운데서 소개하고 있는 사실에서 그의 의도를 어느 정도 분명히 드러내고 있다. 그 다섯 개의 비유 시리즈는 다음과 같다:

(1) 잃은 양 비유(15:3-7)
(2) 잃은 은전 비유(15:8-10)
(3) 잃은 아들 비유(15:11-31)
(4) 불의한 청지기 비유(16:1-13)
(5) 부자와 거지 나사로 비유(16:19-31)

소위 탕자의 비유는 그 다섯 개 비유 중 셋째 비유로서, 다섯 비유 시리즈의 한 가운데 편집되어 있으면서 현재의 문맥에서 탕자의 비유는 앞의 두 비유의 결론 형태로 소개되고 있고, 동시에 뒤에 이어 소개되고 있는 두 비유의 서론 형태를 이루고 있기도 하다.

먼저 우리는 이 다섯 개의 비유 문맥에서 누가가 탕자 비유를 앞의 잃은 양 비유와 잃은 은전 비유와 같은 의미의 비유로 소개하고 있음을 보게 된다. 누가 이전에 탕자 비유가 잃은 양 비유와 잃은 은전 비유와 함께 연결되어 있었을 가능성은 별로 없어 보인다. 도마복음에서도 잃은 양 비유가 탕자의 비유와 연결되어 소개되고 있지 않기 때문이다. 따라서 잃은 아들 비유를 잃은 양과 잃은 은전 비유와 연결시킨 것은 분명히 누가 자신의 의도에서였을 것이다. 누가의 경우 잃은 양 비유와 잃은 은전 비유와 잃은 아들 비유는 모두 거의 똑같은 결론으로 끝나고 있는 점에 주목할 필요가 있다.

> "내가 너희에게 말한다. 이와 같이 하늘에서는 회개할 필요가 없는 의
> 인 아흔아홉보다 회개하는 죄인 한 사람을 더 기뻐할 것이다"(15:7).

> "내가 너희에게 말한다. 이와 같이 죄인 한 사람이 회개하면, 하나님의
> 천사들은 크게 기뻐할 것이다"(15:10).

> "네 아우는 죽었다가 다시 살았고 내가 잃었다가 다시 찾았으니 이 기
> 쁜 날을 어떻게 즐기지 않을 수 있느냐?"(15:31).

이처럼 세 비유의 결론은 모두 "기쁨"으로 끝나고 있고, 세 비유에서 모두 잃은 양이나 잃은 은전이나 잃은 아들은 곧 "죄인"을 가리키고 있다. 그리고 이 세 비유는 모두 하늘에서는 곧 하나님께는 죄인 한 사람의 회개보다 더 큰 기쁨이 없다는 점을 강조하고 있다. 하나님께서는 잃은 것들을 찾는 것, 죄인들이 회개하고 돌아오는 것을 기뻐하시는 분이라는 점을 강조하는 것이다. 이런 의미에서는 누가가 소개하는

이 비유에 대한 적절한 명칭으로 "잃은 아들 비유"였을 것이며 또한 하나님은 잃은 아들만 받아들일 뿐만 아니라 죄인의 회개와 구원을 못마땅하게 생각하는 바리새인과 서기관과 같은 종교 지도자들까지도 영접하시는 분이라는 것을 강조하는 점에서 "은혜로우신 아버지의 비유"라고 불러도 좋을 것이다.

그런데 다른 한편으로 누가는 예수의 이 비유를 누가복음 15-16장에 연이어 편집되어 있는 5개 비유 시리즈 가운데서 뒤의 두 비유 곧 소유와 재물의 적절한 사용에 관한 교훈을 주는 또 다른 두 개의 비유인 "불의한 청지기 비유"와 "부자와 거지 나사로 비유"와도 연결시켜 마치 그 두 비유들의 서론 형태로 소개하고 있기도 하다. 이런 관점에서 볼 경우, 결과적으로 탕자의 비유는 누가의 손에 의해서 소유와 재물의 적절한 사용에 관한 교훈으로 소개되고 있기도 한 셈이다. 특히 우리의 비유와 뒤에 나오는 두 비유는 모두 "어떤 사람"에 대한 언급으로 시작되고 있는 점에서 공통점이 있으며(15:11, 16:1, 16:9), 특히 재물을 허비한다는 뜻을 가진 헬라어(diaskorpizon)는 신약 전체를 통해 오직 15:13과 16:2에서만 나온다. 누가는 이 단어를 연속되는 두 비유에서 나란히 사용함으로써 우리의 비유와 불의한 청지기 비유를 연결시키려고 했던 것으로 보인다. 따라서 누가가 뒤의 세 비유를 함께 연결시킨 의도는 분명히 재물 사용에 관한 교훈을 주기 위함일 것으로 생각되는데, 탕자는 재물을 허비했으나(15:13) 불의한 청지기는 자기의 권한 내에서 재물을 적절히 사용했고, 반면에 부자는 재물을 선한 일을 위해 전혀 사용하지 않은 것으로 제시되고 있다. 결국 탕자는 재물을 자신의 향락을 위해 허비 혹은 낭비한 부정적 모델로 그리고 불의한 청지기는 자신의 능력 안에서 채무자들을 위해 재물을 선하게 사용한 긍정적 모델로, 부자는 불쌍한 사람을 돕는 일 같은 선한 일을 위해 자신의 재물을 전혀 사용하지 않는 비판적 모델로 제시되고 있는 셈이다. 누가는 결국 이 비유를 통해서 예수의 의도와는 다르게 그러나 예수의 의도를 그대로 반영하는 가운데 특별히 재물 사용과 관련해서 우리는 어떤 모델을 따라야 할 것인가를 가르치려고 했던 것으로 보인다. 만약 누가에게 이런 의도가 있었다면 우리는 이 비유를 "재물의 적절한 사용에 관한 비유"라고 이해할 수도 있을 것이다.

지금까지 우리가 살펴본 내용을 근거로 우리는 다음과 같은 결론을 내릴 수 있다. 첫째는 복음서에 소개되고 있는 비유들을 읽고 해석할 때, 우리가 그 비유의 명칭을 어떻게 붙이는가 하는 것이 결국 그 비유를 적절히 또는 올바로 이해하고 해석했는지를 가늠하는 중요한 잣대가 된다는 점이다. 둘째는 모든 비유들을 해석할 때, 그 비유를 처음 말씀하셨던 예수의 본래 의도와 그 비유가 초대교회 안에서 구전으로 오랫동안 전해지다가 복음서 기자들에 의해 각자 복음서에 기록될 때, 복음서 기자가 어떤 의도 혹은 어떤 목적으로 어떤 메시지를 전하기 위해 이 비유를 소개하고 있는지를 구분해서 살펴보아야 한다는 점이다. 그럴 때 우리는 복음서에 기록된 예수의 비유들을 더 폭넓게 그리고 더 올바로 이해할 수 있게 될 것이다.

20장
포도원 일꾼 비유, 다시 읽어보기

(마 20:1-16)

마태복음 20장에는 흔히 "포도원 일꾼 비유" 혹은 "포도원 품꾼 비유"라고 알려진 다음과 같은 예수의 천국 비유가 소개되고 있다:

하늘나라는 자기 포도원에서 일할 일꾼을 고용하려고 이른 아침에 집을 나선 어떤 포도원 주인과 같다. 그는 품삯을 하루에 한 데나리온으로 일꾼들과 합의하고 그들을 자기 포도원으로 보냈다. 그리고서 아홉 시쯤에 나가서 보니 사람들이 장터에 빈둥거리며 서 있었다. 그는 그들에게 말하기를 "여러분도 포도원에 가서 일을 하시오. 적당한 품삯을 주겠소" 하였다. 그래서 그들이 일을 하러 떠났다. 주인이 다시 열두 시와 오후 세 시쯤에 나가서 그렇게 하였다. 오후 다섯 시쯤에 주인이 또 나가보니 아직도 빈둥거리고 있는 사람들이 있어서 그들에게 "왜 당신들은 온종일 이렇게 하는 일 없이 빈둥거리고 있소?" 하고 물었다. 그들이 그에게 대답하기를 "아무도 우리에게 일을 시켜주지 않아서 이러고 있습니다" 하였다. 그래서 그는 "당신들도 포도원에 가서 일을 하시오" 하고 말하였다. 저녁이 되니 포도원 주인이 자기 관리인에게 말하기를 "일꾼들을 불러 맨 나중에 온 사람들부터 시작하여 맨 먼저 온 사람들에게까지, 품삯을 치르시오" 하였다. 오후 다섯 시쯤부터 일을 한 일꾼들이 와서 한 데나리온씩을 받았다. 그런데 맨 처음에 와서 일을 한 사람들은 은근히 좀 더 받으려니 하고 생각하였는데, 그들도 한 데나리온씩을 받았다. 그들은 받고 나서 주인에게 투덜거리며 말했다. "마지막에 온 이 사람들은 한 시간밖에 일하지 않았는데도 찌는 더위 속에서 온종일 수고한 우리들과 똑같이 대우하였습니다." 그러자 주인이 그들 가운데 한 사람에게 말하기를 "이보시오, 나는 당신을 부당하게 대한 것이 아니오. 당신은 나와 한 데나리온으로 합의하지 않았소? 당신의 품삯이나 받아가지고 돌아가시오. 당신에게 주는 것과 똑같이 이 마지막 사람에게 주는 것이 내 뜻이오. 내 것을 가지고 내 뜻대로 할 수 없다는 말이오? 내가 후하기 때문에 그것이 당신 눈에 거슬리오?" 하였다 (마 20:1-15).

I. 예수의 비유 의도

예수의 이 비유에서 중요한 이슈는 포도원 주인이 아침 새벽부터 포도원에 나와 하루 종일 땀 흘려 일했던 일꾼들이나 저녁 늦게 포도원에 나와 기껏 한 시간 정도만 일했던 일꾼들에게 똑같이 하루의 품삯인 한 데나리온씩을 지불하였다는 점에 있다. 그리고 바로 그 때문에 일꾼들 가운데서 공평성이라는 문제를 두고 논란이 일어나고 있다. 예수는 도대체 이 비유를 가지고 무엇을 가르치려고 했을까?

예수가 이 비유를 통해 주려고 했던 교훈이 무엇인지를 좀 더 분명히 알아보기 위해 우리는 먼저 예수 당시 유대교 랍비들이 가르친 비유들 가운데 예수의 이 비유와 아주 비슷한 것들을 살펴보면서 랍비들이 가르치려고 했던 것이 무엇이었는지를 알아볼 필요가 있다.

첫째로 예루살렘 탈무드에는 다음과 같이 예수의 이 비유와 아주 비슷한 랍비의 비유(the Parable of Industrious Laborer)가 소개되어 있다. "랍비 번 바르 하야(Rabbi Bun bar Chaya)를 누구에게 비교할까? 그는 포도원을 위해 수많은 일꾼들을 고용한 왕과 같다. 그런데 그 일꾼들 중 하나가 다른 일꾼들보다 그의 일에 있어서 능률이 훨씬 더 뛰어났다. 왕이 어떻게 했을까? 그는 그의 손을 붙잡아 이끌고 그와 더불어 들판을 이리저리로 산책하였다. 저녁때에 일꾼들이 그들의 품삯을 받기 위해 모였을 때, 이 일꾼도 그들과 함께 나아왔다. 왕은 그에게 온전한 하루 품삯을 주었다. 그러자 다른 일꾼들이 수군거리며 우리는 하루 종일 일했으나 이 사람은 오직 두 시간밖에는 일하지 않았는데, 왕께서는 그에게 우리와 똑같이 하루 품삯 전부를 주었다고 말했다. 왕이 그들에게 말했다. 왜 너희가 수군거리느냐? 이 사람은 두 시간 동안 너희가 하루 종일 일했던 것보다 더 많은 일을 했다."[1]

랍비의 이 비유에서도 두 시간밖에 일하지 않은 일꾼과 하루 종일

---

1 Brad H. Young, *The Parables: Jewish Tradition and Christian Interpretation* (Massachusetts: Hendrickson Publishers, 1998), 76.

일한 일꾼들에게 똑같이 하루 품삯 전부를 준 것 때문에 하루 종일 일한 일꾼들이 왕(고용인)에게 공평성을 두고 문제를 제기하며 불평하고 있다. 이 점에서 예수의 비유와 아주 비슷하다. 그러나 이 비유에서는 왕이 불평하는 다른 일꾼들에게 "이 사람은 두 시간 동안 너희가 하루 종일 일했던 것보다 더 많은 일을 했다"고 말하고 있는 점이 크게 다르다. 왕의 이 말은 그가 비록 두 시간 동안만 일했지만, 그는 다른 일꾼들이 하루 종일 해야 할 일들을 다 해낼 수 있었다는 점을 말하고 있기 때문이다. 따라서 왕이 보기에 그는 하루 품삯 전부를 받을 만한 충분한 자격이 있었다.

바로 이 점에서 랍비의 이 비유는 예수의 비유와 중요한 차이를 보이고 있다. 랍비의 비유에서는 두 시간 일한 일꾼이 다른 일꾼들보다 능률적으로 훨씬 더 많은 일을 했고, 따라서 그는 자기가 받아야 할 품삯을 충분히 받은 것이다. 랍비 제라(Rabbi Zera)가 자기의 친구인 저명한 율법 학자였던 랍비 번 바르 하야(Rabbi Bun bar Chaya)가 젊은 나이에 죽었을 때, 장례 연설을 하면서 이 비유를 말한 의도 자체가 비록 랍비 번 바르 하야가 28년밖에 안 되는 짧은 인생을 살았지만, 수많은 백발노인 학자들보다 더 많은 일을 해놓았다고 그의 공로와 업적을 높이 치하하기 위한 것이었다. 바로 이런 이유 때문에 예레미아스(Joachim Jeremias)는 그의 비유 연구서에서 랍비의 그 비유와 예수의 비유를 비교하면서 랍비의 비유에서는 두 시간 일한 일꾼이 다른 일꾼들보다 능률적으로 훨씬 더 많은 일을 했고, 따라서 그는 자기가 받아야 할 품삯을 충분히 받은 것이지만, 예수의 비유에서 맨 마지막에 고용된 일꾼의 경우는 하루 품삯 전부를 다 받을 자격과 이유가 전혀 없는데, 그가 하루 품삯 전부를 받게 된 것은 오로지 고용주의 자비 때문이었다고 지적하면서 이 점이 바로 랍비의 비유와 예수 비유 사이의 엄청난 차이이며, 이것이 곧 두 세계 간의 차이, 즉 공로의 세계와 은총의 세계, 율법과 복음의 차이라고 지적한 바 있다.[2]

그러나 그렇다고 다른 랍비들의 비슷한 비유들이 모두 예수의 비유와 달리 공로와 업적 사상을 드러내고 있는 것이 아니다. 유대교 랍비들의 비유들 가운데 나오는 '왕과 그의 게으른 일꾼들'(the King and the Lazy Workers)의 비유 내용 역시 그런 점을 잘 보여주고 있다: "솔로몬이 거룩하신 하나님에 대해 말했다. 우주의 주인이신 그분은 복이 있도다! 왕이 선한 일꾼들을 고용하여 일을 시키고 그들에게 임금을 지불할 때, 그는 언제 그리고 어떤 칭찬을 받을 만한가? 그가 게으른 일꾼들을 고용했지만, 그럼에도 그들에게 온전한 임금을 지불할 때이다!"(시 26:3에 대한 미드라쉬).[3] 랍비의 이 비유에서는 하나님을 선한 일꾼들이나 게으른 일꾼들에게 모두 똑같이 온전한 임금을 지불하시는 자비로운 왕에 비유하고 있다. 하나님이 사람을 대할 때 그가 한 일만을 가지고 대하지는 않는다는 말이다(God's Grace is unmerited). 하나님은 이 비유에서 게으른 일꾼들에게도 선한 일꾼들에게와 마찬가지로 그들의 공로와 업적에 상관없이 온전한 임금을 똑같이 지불해주는 왕처럼 은혜로운 분이다.

또 다른 랍비의 비유를 살펴보기로 하자. "랍비 시므온 벤 엘르아잘

---

2 J. Jeremias, *The Parables of Jesus* (London: SCM Press, 1963), 139.
3 Young, *The Parables*, 80.

(Rabbi Simeon ben Eleazar)이 비유로 말했다. 이 일을 무엇에 비유할까? 왕이 두 명의 일꾼을 고용했다. 첫째 사람은 하루 종일 일했고 한 데나리온을 받았다. 둘째 사람은 오직 한 시간만 일했으나 그도 역시 한 데나리온을 받았다. 누가 더 사랑을 받았는가? 오직 한 시간만 일했지만 한 데나리온을 받은 사람은 아니다. 마찬가지로 우리의 스승인 모세는 120년 동안 이스라엘을 섬겼고, 사무엘은 오직 52년 동안 섬겼다. 그럼에도 두 사람 모두 전능하신 하나님 앞에서는 똑같다" (Semachot de Rabbi Chiyah 3:2).[4] 유대교 전통에 따르면, 사무엘 선지자는 52년 동안만 이스라엘 백성들을 섬겼다. 반면에 모세는 하나님의 포도원에서 사무엘보다 두 배 넘게 120년 동안이나 일했다. 그럼에도 랍비들에 따르면 하나님의 은혜는 사무엘과 모세에게 똑같이 같은 분량으로 주어졌다. 하나님은 일한 시간과 업적에 상관없이 모든 일꾼에게 똑같은 은혜를 베푸시는 분이다.

예수의 비유에서도 마찬가지이다. 포도원 주인은 아침 새벽부터 포도원에 나와 하루 종일 땀 흘려 일했던 일꾼이나 저녁 늦게 포도원에 나와 기껏 한 시간 정도만 일했던 일꾼에게 똑같이 하루의 품삯인 한 데나리온씩을 지불하였다. 하나님은 마지막에 한 시간밖에 일하지 못한 일꾼에게도 먼저 와서 일한 일꾼들의 경우와 마찬가지로 그와 그의 가족이 하루를 먹고 살 수 있게 해주려고 은혜와 자비를 베푼 고용주처럼 은혜로운 분이다. 예수가 이 비유를 가지고 전하려고 했던

---

4 Brad H. Young, *Jesus the Jewish Theologian* (Grand Rapids: Baker Academic, 1995), 134.

메시지는 결국 많은 랍비들이 가르치려고 했던 메시지와 마찬가지로 하나님의 자비하시고 사랑이 많은 분이라는 메시지이다. 하나님은 결코 우리가 하는 일의 분량과 결과에 따라 우리를 대하시는 분이 아니라는 메시지이다.

물론 이 비유에서 일꾼들이 제기했던 것처럼 하루 종일 일한 일꾼들과 한 시간밖에 일하지 못한 일꾼들에게 똑같은 품삯을 지불했다는 사실 때문에 공평성이라는 정의와 자비라는 사랑의 문제를 두고 논란이 일어날 수는 있다. 예수의 이 비유를 읽고 12시간 동안 하루 종일 일한 노동자나 6시간 일한 노동자나 혹은 마지막에 채용되어 한 시간밖에 일하지 못한 노동자에게 모두 하루 품삯에 해당되는 한 데나리온씩의 임금을 주는 것은 공평하지 않고 옳지 않다고 생각하는 사람들이 있을 수도 있다. 이렇게 생각하는 사람들의 입장에서 보면 하루 종일 땀 흘려 일했으면서도 한 시간밖에 일하지 못한 노동자와 똑같은 임금을 손에 쥘 수밖에 없었던 노동자들의 입에서 불평이 터져 나오는 것은 어쩌면 당연한 일이라고 생각할 수도 있다. 분명히 이 노동자들의 항의와 불만은 정당한 것처럼 보인다. 그들은 이중으로 부당한 대우를 받고 있다고 생각할 수도 있기 때문이다. 첫째로 자기들은 하루 종일을 노동하며 땀을 흘렸는데, 마지막 일꾼은 오직 한 시간 정도만 일했을 뿐이다. 노동 시간의 차이가 전혀 고려되지 않은 임금 지불이었기 때문이다. 둘째로 자기들은 하루 종일 찌는 햇볕 아래서, 즉 열악한 노동 조건 가운데서 땀을 흘리며 일했는데, 마지막 일꾼은 저녁 선선한 시간에, 즉 좀 더 쾌적한 노동 조건 가운데서 일했을 뿐이다. 따라서 노동 여건의 차이가 임금 지불에 전혀 고려되지 않았기 때문에 부당하다고 생각할 수도 있다. 따라서 아침부터 하루 종일 일했던 일꾼들은 자기들이 일한 시간의 분량이나 그 수고와 고생으로 보더라도 마지막에 온 일꾼보다는 더 많은 품삯을 받을 충분한 이유와 자격이 있다고 생각하였을 것이다. 임금이 노동의 대가라고 생각할 때 포도원 주인이 노동의 시간 및 분량은 물론 노동의 조건 및 여건에 상관없이 임금을 지불하는 것은 부당하다고 생각했을 것이다. 이 점에서 그들은 자신들의 불평과 항의가 정당하다고 믿었을 것이다. 그들은 그 당시 노동법이라도 있어 그것에 근거하여 고용주인 포도원 주인을 고소할 경우 분명히 승소할 수 있을 것이라고 믿었을는지 모른다.

그러나 분명히 그들은 한 가지 중요한 점에서 잘못을 범하고 있다. 그들은 자기들이 고용주와 맺었던 임금 계약을 잊어버리고 있었기 때문이다. 그 계약에는 "하루에 한 데나리온"이라고 명시되어 있었다 (마 20:2). 바로 이 점 때문에 그들의 항의는 끝내 정당화될 수 없고, 비록 그들이 포도원 주인을 고소했다고 하더라도 분명히 승소하지는 못했을 것이다. 주인은 분명히 노동자들과의 고용 계약을 어기지 않았으며, 그들에게 아무런 잘못을 범한 것이 없었다. 본문에서도 이 점이 분명히 밝혀지고 있다. 즉, 고용주는 불평하는 자들을 향해서 "이보시오, 나는 당신을 부당하게 대한 것이 아니오. 당신은 나와 한 데나리온으로 합의하지 않았소? … 내가 후하기 때문에 그것이 당신 눈에 거슬리오?"(20:13-15)라고 말하고 있다.

사실 이 비유에서는 주인이 잘못한 것 때문에 문제가 생겨나고 있는 것이 아니라 오히려 잘한 일("후한 일") 때문에, 즉 주인이 마지막에 온 일꾼에게 특별히 자비를 베푼 것 때문에 문제가 생겨나고 있음이 본문 가운데 분명히 드러나고 있다. 이 비유에서 맨 마지막에 고용된 일꾼은 사실상 하루 종일 일한 사람들이 받기로 계약되어 있던 품삯인 한 데나리온을 받을 아무런 자격과 이유가 없었다. 다만 그가 하루 품삯에 해당되는 한 데나리온을 받을 수 있었던 것은 오직 고용주의 선하심, 곧 고용주가 그를 불쌍히 여겨 그에게 사랑과 은혜를 베풀었기 때문이었다. 포도원 주인은 마지막에 한 시간밖에 일하지 못한 일꾼에게도 그와 그의 가족이 하루를 먹고 살 수 있게 해주려고 특별한 배려를 베푼 것뿐이었다. 하나님은 이 비유에서 한 시간밖에 일하지 못한 일꾼들에게도 하루 종일 일한 일꾼들과 똑같이 하루 품삯 전부를 지불해 준 고용주와 같이 은혜로운 분이다. 예수가 전한 하나님은 이런 하나님이다.

그렇다면 예수의 본래 의도는 랍비들의 경우와 마찬가지로 모든 사람에게 넘치는 하나님의 과분한 은혜를 강조하는 데 있었던 것으로 보인다. 예수께서 이 비유를 맨 처음 말씀하셨을 때 누구를 향해 이 비유를 말씀하셨는지 그리고 그들에게 무슨 메시지를 주려는 비유였을까를 생각해보면 그 점을 좀 더 잘 알 수 있게 된다. 이 비유는 본래 자신들의 경건한 종교적 노력과 헌신에도 불구하고 예수께서 자신들은 완전히 무시 혹은 도외시한 채 오히려 세리와 창녀들과 같은 아무런 자격이 없는 사람들을 용납하며 그들에게 과분한 은혜와 사랑을 베푸는 것에 대해서, 더구나 "세리와 창녀들이 바리새인들보다 먼저 하나님 나라에 들어갈 것이라"고 말하는 예수의 말씀에 대해 불평하며 분개하던 그 당시의 경건한 종교 지도자들을 향해 말씀하신 비유였다. 세리와 죄인들에게 하나님 나라의 기회가 제공되고 또 그들에게 특별한 용서와 사랑의 은혜가 베풀어지는 것은 전혀 그들이 한 일 때문이 아니라 오로지 하나님의 은혜와 자비 때문이었다. 그렇다면 이 비유의 본래 요점은 랍비들의 경우에서도 그랬던 것처럼 엄격한 정의나 공로에 관련 없이 베풀어지는 하나님의 자비와 사랑을 선포하는 데 있었던 것으로 생각된다.

그리고 바로 이런 의미에서 예수의 비유의 본래 초점은 포도원 일꾼들에게 있는 것이 아니라, 포도원 주인에게 있는 셈이다. 예수는 이 비유를 통해서 하나님은 고용되지 않은 실직자를 사랑하시는 분이며, 특히 한 시간밖에 일한 것이 없지만 그래도 그 가족의 생계를 고려해서 하루 품삯 전부를 지불해 주시는 사랑이 많으신 분, 곧 이 비유에 나오는 고용주와 같은 분임을 가르치려고 했었다. 예수께서 선포하시는 그리고 또한 우리가 믿고 있는 하나님은 태어날 때부터 열심히 신앙생활을 하는 바리새인들에게만 구원을 주시는 하나님이 아니라, 구원받을 가치가 없다고 생각되던 세리와 죄인들에게도 하나님 나라에 들어갈 수 있는 길을 열어주시며 구원을 베풀어 주시는 분이다. 그러나 그건 결코 세리와 죄인들에게 그런 공로와 자격이 있어서가 아니다. 오직 하나님의 자비와 은혜 때문이다. 마지막 날 심판 때에도 하나님은 그런 식으로 심판하실 것이다. 예수께서는 하나님이 그런 분이기 때문에 나도 그렇게 행동한다고 말씀하신다. 그런고로 예수에게 있어서 이 비유의 요점은 인간의 공로와 자격에 관계없이 주어지는 예수의 사랑에 대한 변증이요 옹호이다. 예수의 비유가 이런 진리를 가르치는 것이라면, 우리는 이 비유를 가리켜 "포도원 일꾼 비유"나 "포도원 품꾼 비유"라고 부를 것이 아니라 마땅히 "자비스런 고용주의 비유"라고 불러야만 될 것이다. 이 비유의 목적이 결코 포도원 일꾼들에 대해 이야기하려는 데 있는 것이 아니라, 그런 일꾼들에게 사랑과 자비를 베푸는 그래서 고용의 기회와 함께 기대하지 않았던 풍성한 품삯을 주는 고용주에 대해 이야기하려는 데 있기 때문이다.

II. 마태가 전하는 이 비유의 메시지

우리는 이 비유를 예수의 입을 통해서 직접 듣는 것이 아니다. 마태가 전해주는 그의 복음서 본문을 통해서 읽을 수 있을 뿐이다. 따라서 우리로서는 이 비유를 말씀했던 예수의 본래 비유 의도 이외에 나중에 마태가 이 비유를 그의 복음서에 기록하여 그의 독자들에게 읽히려고 했을 때 그의 의도와 목적이 무엇이었는지도 알아보아야 한다. 흔히 예수의 비유들이 수십 년 동안의 구전 과정을 지나는 동안 전해주는 사람의 의도에 따라 적지 않은 변화를 겪었을 뿐만 아니라, 복음서 저자들이 그것을 다시 그들의 복음서에 기록할 때에도 그들의 기록 목적과 의도에 따라 다시 적지 않은 변화를 겪을 수밖에 없었기 때문이다.

마태가 마태복음을 기록한 때는 예수께서 돌아가신 후 무려 60년이나 지난 일세기 말경이었다. 예수의 상황과는 완전히 달라진 역사적 상황 속에서 그리고 처음 예수의 비유를 들었던 대상들과는 완전히 다른 대상들을 상대로 마태복음을 기록할 때, 마태는 어떤 의도로 그리고 어떤 목적으로 이 비유를 그의 복음서에 기록했을까? 마태가

이 비유를 소개하는 의도와 목적을 알아보기 위해서는 우선 마태가
이 비유를 어떤 문맥에서 그리고 어떤 교훈들과 관련시켜 소개하고
있는지를 살펴보아야 한다. 문맥이 본문을 정확히 이해할 수 있는
중요한 열쇠가 되기 때문이다.

첫째로 우리는 마태가 예수께서 본래 불평하는 "적대자들에게"
준 비유를 자기의 "제자들에게"(19:23) 주는 비유로 소개하고 있는
점에 주목해야 한다. 그리고 마태는 무엇보다도 이 비유를 통해서
"먼저" 부름을 받았던 구약의 족장들과 예언자들이나 "나중에" 예수로
부터 부름을 받은 제자들이나 모두 똑같은 보상을 받게 될 것임을
그 당시의 "제자들에게" 가르치려고 했던 것으로 보인다. 이 점은
무엇보다도 마태가 이 비유를 소개하면서 서론과 결론의 형식으로
"먼저 된 자가 나중 되고 나중 된 자가 먼저 될 자가 많을 것이다"라는
말을 두 번씩이나(19:30; 20:16) 반복하고 있는 사실에서도 드러나고
있다. 예수의 비유 본문에서 문제의 초점이 임금 지불의 순서가 아니라
지불된 임금의 액수였다는 점을 생각할 때, 마태가 소개하고 있는
이 비유의 결론과 서론의 말은 분명히 예수 비유의 본래 내용과는
잘 어울리지 않는다. 따라서 이 결론과 서론의 말씀은 분명히 마태가
나중에 이 비유를 소개하면서 그가 첨가한 말씀이었다고 생각하는
것이 옳을 것으로 보인다.

둘째로 마태는 이 비유를 제자들에게 그들의 장래 보상에 대해
가르치는 문맥 가운데서 소개하고 있다. 이 점이 중요하다. 이 비유
직전에 마태는 부자 청년의 이야기(19:16-26)를 소개했고, 그 뒤를
이어서 장래의 보상에 대한 베드로의 질문(19:27-29)을 소개하고

있다. 부자 청년은 "네 소유를 팔아 가난한 사람들에게 나누어 주고, … 와서 나를 따르라"는 예수의 말씀을 듣고는 재물이 많기 때문에 그리고 그것을 포기할 수 없어서 근심하며 예수를 떠났고, 따라서 영생을 얻지 못하게 되었다. 그러자 예수는 부자가 하나님 나라에 들어가기가 얼마나 어려운지 부자가 하늘나라에 들어가기보다는 낙타가 바늘귀로 들어가는 것이 더 쉽다고 말씀하신다. 이 말씀을 들은 베드로가 예수 앞에 나가서 "우리는 모든 것을 버리고 주님을 따랐는데 그렇다면 우리는 무엇을 받게 되겠습니까?"라고 당당히 묻는다. 모든 것을 버리고 따른 자신들의 미래 보상이 어떤 것이겠느냐에 관한 질문이었다. 더구나 이 비유 직후에는 야고보와 요한이 그들의 어미를 통해 하늘나라의 영광의 자리를 부탁하는 이야기(20:20-28)가 나온다. 야고보와 요한으로서는 예수로부터 맨 처음 부름 받아 계속 따랐던 제자들로서 오른쪽과 왼쪽의 영광의 자리를 요구하는 것은 당연하다고 생각했을 것이다. 이처럼 마태는 예수의 이 비유를 그의 복음서에서 제자들의 미래 보상에 관한 두 이야기 사이에 편집되어 있다.

아마도 마태가 그의 복음서를 기록할 당시 마태의 교회 안에서는 어려움과 희생에도 불구하고 예수를 따르며 제자가 된 사람들 가운데서 장차 자기들이 어떤 보상을 받게 될 것인지에 관한 의문과 질문들이 많이 제기되었던 것으로 보인다. 그리고 다른 한편으로 마태 시대에 예수를 믿고 따른 제자들 가운데서는 자기들이 예수의 열두 제자들보다 훨씬 나중에 부름을 받아 제자가 되었기 때문에 먼저 부름을 받아 따랐던 열두 제자들보다는 훨씬 못한 보상을 받게 되는 것이나 아닐까 하는 의문이 제기되기도 했을 것으로 생각된다. 마태는 그런 상황에 처해 자신들의 미래 보상에 대해 의문을 갖고 있던 자기 시대의 제자들에게 예수의 "포도원 일꾼 비유"에 "나중 된 자가 먼저 될 수도 있고, 먼저 된 자가 나중 될 수도 있다"는 말씀을 서론과 결론으로 반복하여 첨가하여 소개함으로써 나중에 믿고 부름 받은 제자들이라고 하더라도 먼저 믿고 부름 받았던 제자들과 똑같은 보상을 받게 될 것이며, 오히려 나중 된 자가 먼저 될 수도 있음을 가르치면서 당시의 제자들을 격려하려고 했던 것으로 생각된다.

따라서 마태에게 있어서 이 비유의 초점은 예수의 경우에서처럼 고용주에게 있는 것이 아니라 일꾼들에게 있는 셈이다. 그래서 마태의 의도에 적합한 비유의 명칭은 결코 "자비한 고용주의 비유"가 아니라, 오히려 "포도원 일꾼 비유"일 것이다. 그리고 마태의 이런 메시지도 오늘의 교회 안에 있는 많은 주님의 "제자들에게" 훌륭한 위로와 격려의 말씀이 될 수 있을 것이다. 일찍 부름을 받아서 오랫동안 믿고 더 많은 수고를 한 교회의 일꾼들이나 나중에 늦게 부름을 받아서 별로 많은 수고를 하지 못한 교회의 일꾼들이나 모두 하나님 나라에서는 똑같은 상급과 보상을 받게 될 것이다. 처음 된 자가 나중 될 수 있고 나중 된 자가 먼저 될 수 있듯이 말이다.

이처럼 예수의 본래 비유 의도와 나중에 이 비유를 소개한 마태의 비유 메시지를 구별해서 살펴는 일은 우리에게 비유 본문에 대한 이해와 시각의 폭을 넓혀주는 일 이외에 또 다른 중요한 장점이 있다. 예수의 의도에 맞게 하나님을 많은 시간을 일한 일꾼이나 조금 일한 일꾼이나 구별하지 않고 똑같이 그들에게 하루의 품삯을 지불하는 '자비로운 고용주'와 같은 분으로 설교하는 일도 중요하다. 그러나 다른 한편으로 마태의 의도에 따라 많이 일한 일꾼이나 조금 일한 일꾼이나 똑같은 임금을 받았듯이 먼저 믿은 사람이나 나중 믿음 사람이나 결국 하나님으로부터는 똑같은 보상과 상급을 받게 될 것이라는 설교도 중요하고 필요하다. 이처럼 성경 본문에 대한 이해의 폭이 넓어지면 우리의 설교의 폭도 넓어질 수 있다.

2 1 장
선한 사마리아인의 비유
다양한 관점에서 읽어보기

1. 들어가는 말

올바른 성서 해석이란 무엇인가? 이 질문에 대한 대답은 다음과 같이 크게 두 가지로 나뉘어 제기되어 왔다. 하나는 '본문의 본래 의미'(what the text Meant), 곧 성서 본문을 기록한 저자가 본래 의도했던 의미를 찾아내는 것이라는 주장이고, 다른 하나는 '본문의 현재 의미'(what the text Means), 곧 성서 본문이 독자에게 주는 현재적 의미를 밝히는 것이라는 주장이다. 전자가 '본문으로부터 의미를 이끌어내는 해석'(Exegesis)이라면, 후자는 '본문 안으로 의미를 부여해 넣는 해석'(Eisegesis)이라고 말할 수도 있다(독일어로는 전자를 Auslegen, 후자를 Einlegen이라고 말할 수 있다).

그런데 이 두 해석에는 각각 장점도 있고, 단점도 있다. 먼저 '본문의 본래 의미'를 추구하는 해석은 저자의 본래 의도를 밝히는 장점은 있으나 성서 본문이 기록되던 과거의 의미를 추구하는 것이기에 오늘의 내게 무슨 의미가 있는지를 밝혀주지 못하는 단점이 있다. 반면에 '본문의 현재 의미'를 추구하는 해석은 본문을 읽는 독자에게 주는 현재적 의미를 찾아내려는 장점은 있지만, 저자의 본래 의도를 무시해 버릴 수 있는 단점이 있다. 아마도 가장 이상적인 해석은 일단 성서 본문의 본래 의미를 먼저 확인한 이후에 그것이 현재의 독자에게 어떤 의미를 줄 수 있는지를 밝히는 일이 될 것이다.

그러나 아무리 본문의 본래 의미, 곧 성서 저자가 의도했던 본래의 의미를 올바로 찾아냈다고 하더라도 그 본래의 과거 의미가 오늘 우리에게 어떤 의미를 주는가에 대해서 밝혀주지 못한다면, 그 해석은 고고학적인 의미를 밝히는 일에 지나지 않을 것이기에 제대로 된 올바른 해석이라고 말하기 어려워 보인다. 성서 본문은 그 본문이 기록되던 과거 당시의 사람들만을 위한 말씀이 아니라 모든 시대의 모든 사람을 위한 말씀이기 때문이다. 그래서 성경을 가리켜 "그 책이 주어진 모든 사람의 이름과 주소가 그 위에 기록된" 책이라고 말하기도 하지 않는가?[1] 이처럼 성서가 과거의 책이 아니라 모든 시대의 모든 사람에게 주어진 '현재의 책'이라는 점에서 그리고 성서가 모든 시대, 모든 사람을 위한 '하나님의 말씀'이라는 점에서 성서의 '본문의 본래 의미'보다는 오히려 '본문의 현재 의미'가 더 중요하다고 생각하지 않을 수 없다. 성서를 통해 말씀하셨던 하나님은 과거에 기록된 성서의 문자 속에만 갇혀 계신 분은 아니다. 그는 과거에도 계셨고, 지금도 살아계신 분이

---

1 *The Westminster Study Edition of the Holy Bible* (the Westminster Press, 1948), xx.

며, 그래서 항상 모든 사람을 향해 늘 언제나 어느 곳에서나 계속 끊임없이 현재적으로 새롭게 말씀하시는 분이다. 바로 이런 점에서 우리에게 중요한 것은 과거에 '기록된 말씀'(a written Word)만이 아니라, 지금 현재 우리에게 들려지는 '살아있는 말씀'(a living Voice)일 수밖에 없다(고후 3:6, "의문은 죽이는 것이요 영은 살리는 것임이니라").

더구나 과거에 기록되어 전해진 그 말씀 자체보다도 그 말씀을 통해 역사하는 성령의 현재적이며 내적인 증거가 더 중요하다는 점을 인정할 때, 성서 본문이 시대와 공간을 초월해서 언제나 어느 때나 오직 한 가지의 의미만을 갖는다고 생각하는 것은 오히려 하나님의 의도를 오직 한 가지의 의미로만 제한시키는 것이 될 수도 있다. 따라서 우리는 같은 성서 본문을 해석함에 있어 서로 다른 다양한 해석이 나타나고 있는 사실을 혼란스러운 현상으로 부정적으로 바라보기보다는 오히려 더 긍정적인 면으로 받아들일 수 있어야 할 것이다. 즉, 하나님께서는 같은 성경 말씀을 통해서도 때와 장소에 따라 또는 사람과 상황에 따라 늘 새롭게 달리 말씀하실 수 있다고 믿어야 한다. 하나님은 과거의 하나님만이 아니라 지금도 우리에게 다가오셔서 계속 현재적으로 말씀하시는 살아있는 하나님이시기 때문이다.

그리고 서로 다른 다양한 해석이 아무리 나름대로 옳다고 하더라도 진리의 오직 한 면만을 드러내는 것뿐이라는 점을 인정해야 할 것이다. 이 경우 같은 성서 본문에 대한 서로 다른 다양한 성서 해석은 마치 장님들이 코끼리를 만져보면서 자기 나름대로 코끼리를 정의하고 있는 것에 비할 수도 있다. 장님들이 자기가 만져보고 경험한 범위에서 결론 내린 코끼리에 대한 정의가 물론 터무니없는 정의처럼 보이지만,

부분적으로는 나름대로 어느 정도 사실일 수도 있다. 유한한 인간이 무한하신 하나님의 말씀을 해석한다는 것 자체도 결국은 장님들의 코끼리 만지기에 비교될 수 있을 것이다. 그러나 코끼리에 대한 세 장님의 서로 다른 정의들을 통해서 우리가 코끼리에 대한 더 폭넓은, 더 진실에 가까운 이해를 얻게 되는 것과 마찬가지로 여러 사람이 주장하는 서로 다른 성서 본문 해석을 통해서 우리는 그 본문이 우리에게 주는 의미를 보다 폭넓게, 그러면서 더 진실에 가까운 이해에 도달할 수 있게 된다고 생각할 수 있다.

이처럼 하나님의 말씀이 갖는 무한한 가능성을 인정하면서 우리는 어거스틴이 그의 『고백록』에서 성서 해석 혹은 성서 이해와 관련하여 다음과 같이 언급했던 점들의 의미를 다시 음미해 볼 필요가 있다.

> 한 분이신 하나님께서 성서 기자들에게 모든 사람의 이해의 정도에 알맞게 기록하도록 하셨으니 각 사람이 그 말씀 중에서 여러 가지의 진리를 여러모로 해석할 수 있지 않겠습니까?
> 내가 만일 높은 권위를 가진 책을 쓰게 된다면 하나의 뜻만이 명확히 드러나 다른 모든 해석을 배제하도록 쓰고 싶지는 않습니다. 오히려 독자들이 내 책을 읽는 중에 내 말이 어떤 진리의 소리를 그들의 마음에 메아리쳐 거기서 누구든지 어떤 진리를 발견할 수 있도록 쓰겠습니다 (어거스틴, 『고백록』 XII, 31, 42).

> 우리가 책을 읽을 때는 모두 그 저자가 책에서 말하려고 하는 뜻을 찾아 이해하려고 노력합니다.… 그러나 우리가 성서를 읽고 그 저자의 의도

를 파악하려고 할 때, 간혹 그 해석이 본래 저자가 의도한 바와 다를 수가 있습니다만, 그 해석이 진실된 마음의 빛이신 당신께서 우리에게 보여주신 진리라고 이해한다고 해서 우리에게 무슨 해가 되겠습니까? 그것이 저자가 의도한 바는 아닐지라도 우리는 진리의 한 면을 알게 되는 것이 아닙니까?(어거스틴, 『고백록』 XII, 18, 27)

물의 근원인 샘은 비록 그 범위가 작아도 거기서 흘러나와 넓은 평야에 물을 공급해주는 시냇물보다는 더 풍부한 물을 가지고 있습니다. 마찬가지로 성서는 그것을 주석하고 설교하는 많은 사람에게 풍부한 자료를 공급해주는 원천이 됩니다.… 이 진리의 물줄기로부터 이 사람은 이렇게, 저 사람을 저렇게 자기의 독특한 언어 표현으로 길게 혹은 짧게 해석을 끌어내고 있는 것입니다(어거스틴, 『고백록』 XII. 27, 37).

성서 본문이 갖고 있는 다의적 의미의 가능성, 즉 의미의 다양성을 찾아냄으로써 우리는 성서 본문이 갖고 있는 하나님의 말씀으로서의 높이와 넓이와 깊이에 대한 이해의 폭을 더 넓힐 수 있게 될 것이라고 생각한다. 어떤 의미에서 성서 해석이란 성서가 갖고 있는 풍부하고 다양한 의미들 가운데서 그때그때의 필요와 요구에 적절한 의미를 찾아내는 작업이라고도 말할 수도 있다. 이런 관점에서 우리는 이미 잘 알려진 "선한 사마리아인의 비유"에 대한 다양한 그리고 서로 다른 여러 해석을 살펴보면서 또 다른 새로운 해석의 가능성에 대해서도 마음의 문을 활짝 열어 놓을 수 있어야 한다.

예수께서 말씀했던 선한 사마리아인의 비유는 복음서들 가운데서 오직 누가복음에만 나온다(눅 15:30-37). 그리고 누가복음에서는 이 비유가 "내 이웃이 누구입니까?"라고 묻는 율법 교사의 질문에 대한 대답의 형식으로 제시되고 있다. 그 내용은 이렇다. 어떤 사람이 예루살렘에서 여리고로 내려가다가 강도를 만났다. 강도들은 그 사람의 옷을 벗기고, 때려 거의 죽게 만든 채 길가에 내버려 두었다. 마침 어떤 제사장이 그 길로 내려가다가 그 사람을 보았는데, 그는 그를 피해 다른 길로 지나갔다. 그다음으로 제사장 계통인 어떤 레위 사람도 그곳에 이르러 죽어가는 그 사람을 보았지만, 마찬가지로 그 사람을 피해 다른 길로 지나갔다. 그런데 셋째로 어떤 사마리아 사람 하나가 길을 지나다가 그 사람이 있는 곳에 이르러, 그를 보고 측은한 마음이 들었다. 그래서 가까이 다가가 그 상처에 올리브기름과 포도주를 붓고 싸맨 다음에 자기 짐승에 태워 여관으로 데리고 가서 돌보아주었다. 다음 날 그는 두 데나리온을 꺼내 여관 주인에게 주고, "이 사람을 잘 돌보아주시오. 비용이 더 들면, 내가 돌아오는 길에 얼마든지 더 드리겠습니다" 하고 말했다. 예수는 곧바로 이 이야기에 나오는 세 사람, 곧 제사장과 레위인과 사마리아인 중에서 누가 강도 만난 사람의 이웃이 되었다고 생각하느냐고 물었고, 율법 교사는 "자비를 베푼 사람입니다" 하고 대답했다. 그러자 예수는 "너도 가서 이와 같이 하라"고 말해주었다.

아주 단순한, 그래서 이해하기 어렵지 않은 비유 이야기처럼 보인다. 그런데 예수께서 말씀하신 이 비유의 교훈이 무엇인가에 대해서는 초대교회 이후로부터 여러 가지 다양한 해석이 제기된 바 있다. 어떤 해석들이 제기되었는지 하나씩 살펴보면서 성서 해석이 시대에 따라 또 해석하는 사람의 관점에 따라 얼마나 다양해질 수 있는지에 대해 생각해볼 필요가 있다. 그리고 이런 다양한 해석들이 한편으로 우리를 혼란스럽게 할 수도 있지만, 다른 한편으로는 성서 본문을 더 폭넓게 이해할 수 있게 해주기도 한다는 점을 받아들여야 할 것이다.

1. 예수를 사마리아인과 같은 구원자로 전하는 그리스도 중심적인 해석

이 비유에서 강도를 만나 죽어가는 사람을 구해준 사마리아인을 이 세상에서 죽어가는 사람들을 구원하러 오신 그리스도로 해석하는 이런 비유 해석은 초대교회의 대표적인 해석 경향이었던 것으로 알려지고 있다. 특히 초대 교부들은 교회의 설교 가운데서 예수는 마치 이 비유에서 사마리아인이 길에서 강도를 만나 죽어가고 있는 사람을 살려준 것처럼, 이 세상에서 이런저런 악의 세력을 만나 고통을 당하고 죽어가는 사람들을 구해주는 세상의 구원자라고 해석했다. 초대교회 교부인 오리겐과 어거스틴은 구체적으로 다음과 같이 이 비유를 알레고리적으로 해석하였다.

예루살렘에서 여리고로 여행하다가 강도를 만난 사람은 하늘에서 쫓겨나 세상으로 내려와 사는 도중에 사탄이나 마귀를 만난 인간을 가리킨다. 이 경우 '예루살렘'은 '하늘'을 그리고 '여리고'는 '세상'을 뜻하며, 여행 도중 강도를 만난 '사람'은 '아담'(곧 인간)을 그리고 '강도'는 '사탄이나 마귀'를 가리키는 것으로 해석된다. 그런데 여행자가 "반쯤 죽었다" 혹은 "거의 죽게 되었다"고 말한 것은 인간이 육신은 죽어도 영혼은 죽지 않는 것을 의미하는 것으로 해석되었다. 그런데 죽어가는 사람 곁은 지나가게 된 '제사장'과 '레위인'은 유대교의 '율법과 예언자'를 의미하는데, 그들이 죽어가는 사람을 살려주지 않고 그냥 지나가 버린 것은 인간이 율법이나 예언자들을 통해 구원받지 못한다는 것을 의미한다. 그런데 죽어가는 사람의 곁을 지나가던 '사마리아인'은 '예수 그리스도'를 가리키는데, 그가 그 사람을 불쌍히 여겨서 그의 상처에 '기름과 포도주'를 부었다. 여기서 기름과 포도주는 곧 '세례와 성만찬'을 뜻하는 것이다. 사마리아인은 그것으로 만족하지 않고 그 사람을 데리고 '여관'으로 데려갔는데, '여관'은 곧 '교회'를 뜻하는 것이고, '여관 주인'은 교회의 지도자인 '베드로나 바울'을 가리키며, 사마리아인이 '여관 주인'에게 주었다는 '두 데나리온'은 '구약과 신약' 혹은 사랑의 '두 계명'을 가리키는 것이라고 해석한다. 그리고 비용이 더 들면 "내가 돌아오는 길에" 모두 갚겠다고 말한 것은 예수가 "재림할 때" 모든 것을 갚겠다고 말한 것으로 해석한다.

이렇게 이 비유는 죽어가는 사람을 살린 '사마리아인'을 이 세상에서 죽어가고 있는 사람을 구원해 주는 '예수 그리스도'를 가르치는 알레고리(allegory)로 해석되었다. 이처럼 이 비유가 선한 사마리아인을 예수 그리스도라고 가르치는 알레고리라고 해석할 때, 이 비유의 메시지는 결국 예수 그리스도가 선한 사마리아인과 같은 분이며, 그래서 이 세상 사람들은 구약의 제사장이나 예언자들을 통해서 구원받을 수 있는 것이 아니라, 오직 예수 그리스도를 통해서만 구원받을 수 있다는 것을 가르치는 비유라고 해석되어 왔다. 나름대로 아주 훌륭한 발상에서 나온 아주 복음적인 설교라고 생각될 수 있다.

그러나 이 비유에 대한 이런 해석은 예수가 이 비유를 말씀하신 의도라고 생각하기 어렵다는 데 문제가 있다. 이런 해석이 예수의 본래 의도는 분명히 아니었을 것으로 보이기 때문이다. 무엇보다도 당시 "유대인들이 사마리아인과 상종하지 아니했을"(요 4:9)뿐만 아니라, 일반 유대인들은 사마리아인들을 아주 미워하며 배척하고 있었다. 이런 점을 고려할 때 예수가 사마리아인을 긍정적인 모델로 선택했을 가능성이 별로 없어 보인다. 유대인이었던 예수 자신도 사마리아인에 대한 다른 유대인들의 편견을 크게 벗어나지 않았다는 사실은 예수가 열두 제자들을 선택한 후에 그들을 전도 파송하면서 "이방인의 길로도 가지 말고 사마리아인의 고을에도 들어가지 말고 오직 이스라엘의 잃어버린 양에게로 가라"(마 10:5-6)고 하신 말씀이나 예수가 사마리아인을 가리켜 '이방인'이라고 지칭한 점(눅 17:18)에서도 잘 드러나고 있다. 이런 예수가 자신을 '사마리아인'에 빗대어 이 비유를 말씀했다고 생각하기도 아주 어렵다.

그뿐만 아니라 복음서에 보면 예수는 하나님 나라를 선포하셨고, 하나님 그리고 복음을 믿으라고 선포했을 뿐 자신을 선포의 대상으로, 즉 자기를 믿으라고 말씀한 적이 없다. 예수는 '선포의 주체'(the Proclaimer)였지 '선포의 대상'(the proclaimed One)은 아니었다. 예수가 선포의 대상이 된 것은, 그래서 예수를 믿으라는 말이 나온 것은 예수의 십자가 죽음과 부활 이후 신앙의 대상이 되면서부터 초대 교회에서 시작된 일이었다. 이런 점으로 볼 때 예수가 이 비유를 말씀하시면서 자기를 '선한 사마리아인'과 같은 모델로 제시했을 것으로 생각하기 어렵다. 더군다나 예수가 이 비유를 말씀하셨을 당시에는 아직

'교회'라는 말이 생기지도 않았던 때였기에 예수가 '여관'을 '교회'로 생각했다는 것 자체도 시대착오적 생각일 수밖에 없다. 따라서 예수께서 자기가 이 세상 모든 사람을 구원할 구원자라는 것을 가르치기 위해서 이 비유를 말씀하셨다고 생각하는 것은 예수의 본래 의도를 벗어나는 것으로 생각될 수밖에 없다.

예수 그리스도를 세상의 구원자로 가르치고 전파하기 시작한 것은 분명히 나중에 교회에 의한 설교에서부터 시작되었다. 따라서 이런 해석이 나름대로 의미가 있는 훌륭한 복음적인 설교일 수는 있다. 그러나 그것이 이 비유를 말씀하셨던 예수의 본래 의도이기보다는 오히려 예수를 세상의 구원자로 전하려는 복음서 저자와 설교자들의 자의적인 '해석'이라고 보는 것이 옳을 것이다. 알레고리적 해석 자체가 해석자의 자의적인 의도와 해석이 투영되는 작업이기 때문이다. 그래서 알레고리적 해석을 가리켜 Exegesis, 곧 '본문으로부터 의미를 캐어내는 작업'이 아니라, Eisegesis, 곧 '본문 안으로 의미를 투입하는 작업'이라고 말하는 것이다.

2. 선한 사마리아인처럼 이웃을 도우라는 윤리적 혹은 도덕적인 해석

예수를 '선한 사마리아인'과 같은 구원자로 해석하는 그리스도 중심적인 해석에 이어서 오랜 동안 교회 안에서는 이 비유가 이 세상에서 살아가는 동안 우리 주변에서 고통을 당하는 사람을 만날 경우, 제사장이나 레위인의 경우처럼 그냥 지나치지 말고 사마리아인처럼 그를 도와주어야 한다는 윤리적인 교훈을 주는 비유로 많이 해석되어 왔고, 그런 목적의 설교로 많이 이용되었다. 이 비유는 "내 이웃이 누구냐?"라는 질문에 대한 대답의 형태로 주어진 비유인데, 비유의 결론은 "너도 가서 이와 같이 행하라"는 윤리적인 명령으로 끝나고 있다. 그래서 이 비유의 교훈은 결국 모든 기독교인을 향해서 이 세상에 살아가는 동안 이 비유에 나오는 사마리아인처럼 기독교적 사랑의 실천자가 되어야 한다는 것을 가르치는 데 목적이 있다고 해석해 왔다. 앞에서 말한 그리스도 중심적인 해석의 경우에서는 선한 사마리아인을 예수 그리스도라고 강조하고 있는 데 비해서, 윤리적이며 도덕적인 해석에선 모든 시대의 모든 기독교인을 선한 사마리아인으로 생각하면서 모든 기독교인으로 하여금 그들의 일상생활 가운데서 선한 사마리아인과 같이 어려움에 처한 사람을 도와주는 사람이 되도록 강조하고 있다.

물론 이런 해석과 이런 교훈도 나름대로 도덕적이며 윤리적인 훌륭한 설교임에 틀림없어 보인다. 그렇지만 이런 해석이 과연 예수의 비유 의도에 부합하는가 하는 문제가 남는다. 이런 해석 역시 예수의 본래 의도는 아니었다는 지적 때문이다. 예수가 단순히 자기를 따르는 사람들로 하여금 이 세상에서 고통을 당하는 사람들을 도와주는 그런 선한 사마리아인과 같은 사람이 되라는 도덕적이며 윤리적인 교훈을 주기 위해 이 비유를 말씀하셨다고 보기 어려운 점이 있는데, 비유 해석가들이 제시하는 그 이유는 다음과 같다.

만일 예수께서 불쌍한 사람들을 만났을 때, 이 비유에 나오는 사마리아인처럼 자비와 사랑을 베푸는 사람이 되라는 그런 윤리적인 교훈을 주고자 했다면, 이 비유의 등장인물들의 현재 배역이 전혀 적절하지 않다는 지적이다. 지금의 인물 배역에서는 강도를 만나서 죽어가고 있는 사람이 아마도 분명히 '유대인'일 것이고,[2] 그를 도운 사람이 사마리아인으로 되어 있다. 그러나 "선한 사마리아인처럼 곤경에 빠진 사람을 도와주어야 한다"는 도덕적 교훈을 위해서는 거꾸로 강도를 만나 죽어가는 사람을 그 당시 불쌍한 사람 중의 하나로 여겨지던 사마리아인으로 설정하고 그 사람이 강도를 만나 죽어갈 때, 그를 도와준 사람을 평신도 유대인으로 설정하는 것이 더 적절하고, 더 잘 어울린다는 말이다. 그런 인물 배역이라야 불쌍한 사람이 죽어가는 것을 보고 종교 지도자들인 제사장이나 레위인이 도와주지 않았지만, 오히려 유대인 평신도가 그를 도와주고 살려주는 이야기가 되고, 곤경에 처한 사람을 도와야 한다는 윤리적인 교훈에 더 적절하다는 지적이다.

그런데 예수는 이 비유를 말씀하시면서 평신도 유대인이 불쌍한 사마리아인을 도와주는 이야기로 말씀하시지 않고, 거꾸로 사마리아인이 유대인을 도와주는 이야기로 말씀하셨다. 멸시와 천대를 받던 사마리아인이 오히려 자기들을 미워하며 배척하던 유대인을 도와준 이야기가 되었다는 말이다. 따라서 이 경우에는 이웃 사랑에 대한 교훈이라기보다는 오히려 원수와 같은 사람이라도 사랑해야 한다는 교훈으로 보는 것이 더 옳다고 생각된다. 따라서 이 비유를 단순히

---

2 남부 유대 지방의 예루살렘에서 여리고로 통하는 길을 여행하던 사람이라면 대체로 '유대인'이었을 것이고, 그를 공격했던 '강도'도 분명히 '유대인'이었을 것이라는 점에는 거의 이론의 여지가 없어 보인다.

불쌍한 사람을 만나거든 도와주라는 그런 윤리적인 교훈으로 이해하는 데는 분명히 문제가 있어 보인다.

이 비유의 중요 강조점은 결코 "너도 가서 이와 같이 행하라"고 '사랑의 행위'를 가르치는 데 있는 것이 아니라, 도리어 그런 놀라운 사랑을 베푼 '사랑의 주체', 곧 사마리아인에 있다. 이 비유의 서론에 보면 한 율법 학자가 예수께 나아와 "영생을 얻는 길이 무엇이냐"고 묻고 있고, 그 질문에 대한 대답으로 예수께서는 하나님을 사랑하고 이웃을 네 몸과 같이 사랑하는 것이 중요하다고 가르치셨다. 그러자 율법 학자가 "그러면 누가 내 이웃입니까?"라고 물었고, 이웃이 누구인가를 설명해주기 위해서 예수는 이 비유를 말씀하신 것으로 되어 있다. 그런데 율법 학자가 "내 이웃이 누구인가?"라고 물었을 때, 그가 생각한 이웃은 우리가 사랑해야 할 '대상'(object), 곧 강도를 만나 죽어가고 있는 사람이었다. 그러나 이 비유의 결론 부분에서 예수가 "이 세 사람 중 누가 강도 만난 사람의 이웃이냐?"고 물었을 때의 이웃은 사랑해야 할 대상, 곧 강도를 만나 죽어가고 있는 사람이 아니라 오히려 사랑을 베푼 사마리아인, 곧 사랑의 '주체'(Subject)였다.

따라서 이 비유의 중심 포인트는 '사랑의 대상'인 불쌍한 사람, 곧 강도를 만나 죽어가고 있는 사람에게 있는 것이 아니라, 도리어 사랑을 베푼 사람, 곧 '사랑의 주체'인 사마리아인에게 있다.[3] 이 점에서 이 비유의 본래 목적이 단지 길에서 만난 불쌍한 이웃을 도와주어야 한다는 도덕적이며 윤리적인 교훈을 주는 데 있다는 해석에는 분명히

---

3 J. D. Crossan, *In Parables* (Harper & Row, 1985), 64-65.

문제가 있어 보인다.

3. 지역감정 혹은 인종 차별에 대한 비판이라는 해석

예수는 이 비유를 통해서 단순히 불쌍한 사람을 만났을 때, 그에게 사랑을 베풀 것을 가르치려고 했던 것이 아니라, 오히려 그 당시 사마리아인이 자기들을 차별하고 멸시하며 천대하는 그래서 인간적으로 도저히 사랑할 수 없는 유대인을 사랑하고 도와주었다는 인종적이며 사회적인 교훈을 주려고 했다는 지적이 제기되었다. 다시 말하면 예수께서 맨 처음 이 비유를 말씀하셨을 때는 남부 유대인과 북부 사마리아인 간의 오래된 고질적인 지역감정 혹은 인종 갈등의 문제에 관해 교훈을 주려고 했다는 의미이다. 이 비유가 본래 인종 간의 갈등 혹은 지역감정의 문제를 다룬 비유였다는 사실은 이 비유를 현대적으로 의역해 놓은 미국의 한 현대판 번역본을 통해 잘 이해될 수 있다. 미국의 남부 흑인들이 쉽게 성경을 이해할 수 있게 하려는 의도에서 만든 *The Cotton Patch Version*[4]이라는 책에 보면 선한 사마리아인의 비유가 다음과 같이 번역되어 있다.

> 어떤 백인 한 사람이 미국 남부 <u>애틀랜타</u>로부터 북부 <u>알바니아</u>로 여행
> 어떤 백인 한 사람이 미국 남부 Atlanta로부터 북부 Albania로 여행하

---

4 Clarence Jordan, *The Cotton Patch Version of Luke and Acts: A Modern Translation with a Southern Accent, Fervent, earth, rich in humor* (New York: Association Press, 1969).

고 있었다. 그런데 고속도로 위에서 갱들이 그 사람을 덮쳐서 그의 주머니를 털었고, 그의 새 양복을 빼앗고, 그를 때려눕혀 실신 상태에 빠지게 해놓고는 그를 고속도로 길옆에 버린 채 그의 새 자동차까지 빼앗아 타고는 달아나 버렸다. 그런데 잠시 후 한 백인 목사가 차를 타고 그곳을 지나가게 되었다. 백인 목사는 쓰러져 신음하며 뒹굴고 있는 그 사람을 보고는 <u>액셀러레이터</u>를 힘껏 밟아 급히 그곳을 빠져나갔다. 그 후에 다시 한 백인 성가대 지휘자(=음악 목사)가 그 고속도로를 달리다가 그곳에 와서 그 사람을 보고는 그도 역시 힘껏 <u>액셀러레이터</u>를 밟아 그곳을 급히 빠져나가 피해버렸다. 그런데 다음으로 한 <u>흑인</u>이 그 길로 차를 몰고 여행하다가 사고를 당한 그 사람을 보고는 차에서 내려 그의 상처를 싸매주고 차에서 물통을 꺼내 피를 닦아주고 그를 다시 차에 실어 가까운 <u>알바니아</u>의 병원으로 데리고 갔다. 그리고는 간호사에게 "이 백인을 잘 돌보아 주시오. 이 사람을 고속도로변에서 만나 이리로 데리고 왔습니다. 여기 제가 가지고 있던 돈 2불이 있습니다. 만약에 돈이 더 들면 그리고 이 백인이 지불할 수 없다면 제가 봉급날에 나머지를 다 갚겠습니다."

그런데 예수의 비유에 관한 참고서를 썼던 슈타인(Robert H. Stein)은 이 미국의 현대판 번역과 함께 독일의 상황에 맞는 현대판 의역을 하나 소개하고 있다.[5]

---

5 R. H. Stein, *An Introduction to the Parables of Jesus* (Philadelphia: The West-minster Press, 1981), 80-81.

한 독일 사람이 히틀러를 지지하는 정치 집회에 참석하기 위해서 베를린으로부터 프랑크푸르트로 내려가고 있었다. 그런데 라이프치히에 이르렀을 때 그는 노상강도를 만나 실컷 얻어맞아 길에서 거의 죽어가고 있었다. 마침 나치당의 한 관리가 그곳을 지나가다가 그 사람을 보고는 마음속으로 '우리 당에서는 저런 일을 저지르는 놈들을 다루는 특별한 방법을 알고 있지!'라고 중얼거리면서 그냥 그 곁을 지나가고 말았다. 잠시 후에 한 루터교 목사가 그곳을 지나가다가 다시 그 사람을 보고는 마음속으로 '인간의 타락이 어느 정도인지 이제는 놀랄 것도 없지!'라고 말하면서 그냥 지나가 버리고 말았다. 그런데 마침 한 유태인이 그곳을 지나가다가 그 사람을 보고는 불쌍히 여겨 그를 등에 들쳐서 업고는 유태인들이 사는 자기 동네로 데리고 왔다. 그리고는 동네 사람들에게 "나는 여기 지체하면서 이 사람을 계속 돌볼 시간적인 여유가 없네. 지금 우리 식구들이 독일 사람에게 붙잡혀 아우슈비츠 수용소로 끌려가고 있는 중이네. 나는 당장 그리로 가보아야 하니까 자네들이 이 사람을 좀 치료해 주기 바라네. 내가 여기 이렇게 돈을 놓고 가겠네. 만일 돈이 더 들면 나중에 내가 와서 다 갚겠네…."

이런 비유 번역을 읽는다면 우리는 금방 이 비유가 결코 불쌍한 사람을 도와주라는, 도움이 필요한 이웃에게 사랑과 자비를 베풀라는 것을 가르치는 그런 단순한 윤리적인 비유가 아님을 잘 알 수 있게 된다. 유대인과 사마리아인, 미국의 백인과 흑인 그리고 독일 사람과 유태인 간의 인종적인 갈등과 적개심의 역사는 아주 오래된 것이다. 그런데 예수께서 맨 처음 이 비유를 말씀하셨을 때만 해도 유대인과 사마리아인 간의 미움과 갈등의 역사는 이미 800년의 역사를 갖고 있었다. 예수께서는 자기 시대에 와서 거의 극에 달한 유대인과 사마리아인 간의 인종적인 갈등 혹은 지역감정의 대립을 해소하거나 치유하지 않고서는 참다운 삶이 불가능하다고 생각하셨던 것 같다. 그래서 예수께서는 이 비유를 통해서 사마리아인이 유대인을, 그것도 유대인 때문에 고통을 당해왔고 한이 맺혔던 사마리아인이 자기들의 원수와도 같은 유대인을 그리고 유대인 종교 지도자들까지도 도와주지 않는 유대인을 인종의 장벽과 미움과 증오의 벽을 넘어서 도와주고 살려주었다는 점을 강조하고 있다. 유대인이 불쌍한 사마리아인을 구해준 이야기가 아니다. 백인이 불쌍한 흑인을 도와준 이야기가 아니다. 독일 사람이 불쌍한 유태인을 살려준 이야기가 아니다. 오히려 그 반대의 이야기이다. 예수께서는 이 비유를 통해서 한 사마리아인이 유대인과 사마리아인 간의 오랜 인종적인 장벽을 깨뜨려 부셨다는 이야기를 하고 있는 것이다. 다시 말하거니와 예수는 이 비유를 통해 아름다운 사랑의 이야기를 하고 있는 것이 아니라, 해묵은 지역감정과 인종 차별의 장벽을 해결할 수 있는 길이 어디에 있는지를 보여주려고 했다고 보아야 할 것이다.

4. 원수 사랑에 대한 교훈이라는 해석

예수의 이 비유에 보면, 길에서 강도를 만나서 거의 죽어가고 있는 사람의 곁을 지나간 셋째 인물로 '사마리아인'이 등장하고 있는데, 바로 여기에 아주 중요한 의도와 의미가 있는 것으로 생각된다. 강도 때문에 거의 죽어가고 있는 사람이 쓰러져 있던 길은 "예루살렘에서 여리고로 내려가는" 길이었다고 했다. 그 길을 여행하던 사람이라면 누구나 곧바로 '유대인'을 연상할 수 있게 된다. 이방인이나 사마리아인들이 쉽게 다닐 수 있는 길이 아니기 때문이다. 따라서 그 길을 지키고 있던 '강도들'은 물론이고 거기서 강도를 만나 죽어가고 있는 그 여행자 역시 유대인이었을 가능성이 매우 높다. 그런데 이 비유에서 예수는 그 사람을 도와주고 살려준 사람이 제사장이나 레위인 같은 유대인 종교 지도자들이 아니라, 유대인들과는 전혀 상종하지 않고 지내는(요 4:9) 게다가 유대인들로부터 멸시와 천대를 받으며 살아가던 사람, 그래서 유대인들과는 '원수지간'에 있던 사마리아 사람이었다고 말한다.

그런데 이 비유에서 이 사마리아인은 유대인 종교 지도자들인 사두개파 제사장과 레위인과는 아주 다른 모습을 보여주고 있다. 제사장과 레위인은 강도를 만나 죽어가고 있는 "사람을 보고 피하여 지나갔다"(눅 10:31, 32). 그러나 사마리아인은 그 사람을 보고 그냥 피하여 지나가지 않았을 뿐만 아니라, '강도들'이 했던 행동을 그대로 뒤집어 그들이 했던 것과는 정반대의 일을 하였다. 즉, 강도들은 (1) 옷을 벗겼고, (2) 때렸고, (3) 내버려 두었고, (4) 거의 죽게 만들었다. 그런데 사마리아인은 (1) 상처를 싸매주었고, (2) 매 맞은 곳에 올리브기름과 포도주를 부었으며, (3) 그 사람을 여관까지 데려갔고, (4) 그 사람을 살리기 위해 자기의 돈을 다 털어놨다. 길에서 강도들을 만나 죽어가는 (유대) 사람을 도와주고 살린 사람은 유대인 종교 지도자들이 아니었다. 유대인 평신도도 아니었다. 죽어가는 사람을 도와주고 살려준 사람은 사마리아인이었다. 길에서 죽어가고 있던 유대인과는 원수지간에 있던 사람이었다.

예수를 찾아와 "내 이웃이 누구입니까?"라고 물었던 율법 학자에게 예수는 이 비유를 말씀하시면서 "너는 이 세 사람 가운데 누가 강도 만난 사람에게 이웃이 되어 주었다고 생각하느냐?"고 되물었다. 율법 학자는 "어려움 가운데 처한 사람이라"고 대답하지 않았다. 즉, "강도를 만나 죽어가고 있는 사람이라"고 대답하지 않았다. 그렇다고 "사마리아 사람이라"고 대답한 것도 아니다. 다만 "자비를 베푼 사람이라"고만 대답했다. 인종과 국적의 의미가 담긴 '사마리아인'이라고 대답하지 않고, 다만 그가 한 행동만으로 '자비를 베푼 사람'이라고 대답했다. 그런데 길에서 강도를 만나 죽어가는 사람에게 '자비를 베푼 사람'은 이 비유에서 분명히 '사마리아 사람'이었다. 따라서 율법 학자의 대답은 곧 "원수가 내 이웃입니다"라는 말 이외의 다른 것이 아니었다.

"내 이웃이 누구인가?"라고 물을 때, 많은 사람은 흔히 어려움 가운데 처한 사람이라고 생각한다. 그런데 이 비유는 '자비를 베푼 사람'이라고 가르친다. 이 비유에서는 원수에게 사랑과 자비를 베푼 사마리아인이 '이웃'이라고 말한다. 결국 여기서 '이웃'은 원수이다. 구약 율법 레위기 19:18에서는 "네 이웃을 네 몸과 같이 사랑하라"고 요구하지만, 예수는 이 비유를 통해서 "네 원수를 네 몸과 같이 사랑하라"라는 메시지를 던져주고 있다. 이렇게 이해할 경우, 우리는 예수가 말씀해주셨던 선한 사마리아인의 비유는 예수가 그의 산상 설교 가운데서 "네 이웃을 사랑하고 네 원수를 미워하여라 하고 말한 것을 너희는 들었다. 그러나 나는 너희에게 말한다. 너희 원수를 사랑하라"(마

5:43)는 말씀에 대한 일종의 주석적인 이야기라고 말할 수도 있을 것이다. 따라서 예수가 선한 사마리아인의 비유를 통해 주려고 했던 메시지는 "네 이웃을 네 몸과 같이 사랑하라"(레 19:18)는 구약의 계명은 마땅히 "네 원수를 네 몸과 같이 사랑하라"는 말로 번역되거나 그렇게 수정되어야 한다는 가르침 이외에 다른 것이 아니다. 바로 이런 의미에서 영(Blad H. Young)도 그의 비유 연구서에서 "선한 사마리아인의 비유의 의미는 올바로 이해할 경우 원수 사랑이다"[6]라고 말하는 것이다.

5. 제사장 계급에 대한 비난과 공격이라는 해석
(A Diatribe Against Heartless Temple Leaders)[7]

1) 들어가는 말

"선한 사마리아인의 비유"는 오랫 동안 교회 안에서 흔히 어려움에

---

6 Blad H. Young, *The Parables: Jewish Tradition and Christian Interpretation* (Massachusetts: Hendrickson Publishers, 1998), 104. 그는 또한 산상 설교에 나오는 원수 사랑에 관한 말씀이 본래는 율법 학자와 선한 사마리아인의 비유 이야기의 일부였을 가능성을 말하고 있다. 그러면서 실제로 Flusser와 Luethi와 같은 학자들의 경우 산상 설교에 나오는 원수 사랑에 관한 말씀이 율법 학자에 관한 이야기와 선한 사마리아인의 비유 이야기 사이에 삽입되어야만 한다고 주장하고 있음을 지적하고 있다. *The Parables: Jewish Tradition and Christian Interpretation*, 104, n.10.

7 John R. Donahue, S.J.는 그의 비유 연구서인 *The Gospel in Parable* (Philadelphia: Fortress Press, 1988, 130)에서 J. Dominic Crossan이 "선한 사마리아인의 비유"를 "a diatribe against heartless religious leaders"로 이해했음을 언급하고 있다.

처한 사람을 도와주어야 한다는 이웃 사랑의 본보기 교훈으로 해석되어 왔고, 그것이 예수께서 이 비유를 가르치신 본래 의도라고 생각해 왔다. 그러나 예수의 입으로부터 직접 이 비유를 들었던 그 당시 유대인들의 귀에 과연 오늘 우리들의 경우처럼 이 비유 이야기가 곤경에 처한 사람에게 사랑을 베풀어 그를 구해준 사마리아 사람을 선행의 모델로 칭찬하는 이야기로 들려지기만 했을까 하는 의문을 가져보게 된다.8 사마리아인들은 그 당시 유대인들로부터 하나님에 대한 믿음을 온전히 지키지 못한 사람들로 여겨졌고, 그래서 미움과 천대의 대상이 되어 있었다. 이런 상황에서 예수가 이 비유를 통해서 구태여 '사마리아인'을 이웃 사랑의 모델로 높이 소개하려고 했을 가능성은 별로 없었을 것으로 보인다.

우리는 이 비유를 읽을 때마다 '선한 사마리아인'이라는 이미지에 먼저 사로잡히게 된다. 아마도 비유 명칭 때문일 것이다. 비유 본문 어디에서도 사마리아인을 가리켜 착하다거나 선하다는 일체의 언급이 없는데도 말이다. 그런데도 이 비유를 읽을 때마다 우리의 관심과 시선이 온통 '사마리아인'에게만 집중되고 있다. 이 비유에는 사마리아인만 아니라, '제사장'과 '레위인'도 등장하고 있는데도 말이다.9

---

8 최근의 비유 연구가들은 R. H. Stein의 다음과 같은 주장에 대체로 다 동의하고 있는 편이다: "선한 사마리아인의 비유를 이웃을 위한 기독교적 사랑의 아름답고 사랑스런 이야기로 보는 것은 이 비유가 말해진 최초 삶의 자리의 문맥을 보지 못하는 것이다." R. H. Stein, *An Introduction to the Parables of Jesus* (Philadelphia: The Westminster Press, 1981), 77.

9 실제로 이 비유에 등장하는 인물은 모두 여섯 명이다. 세 사람(제사장, 레위인, 사마리아)의 주역 인물들 이외에도 세 사람(강도, 강도의 공격을 받은 사람 그리고 여관

아마도 우리가 이 비유를 읽으면서 지금까지 주로 사마리아인에로만 시선이 집중했던 이유는 남을 돕는 그의 따뜻한 선행이 먼저 마음에 꽂혔기 때문일 것이다. 아울러 쓰러진 사람을 불쌍히 여긴 그의 착한 마음과 선행이 이 비유가 가르치려는 교훈의 핵심일 것이라는 선입감도 어느 정도 작용했을 수 있다.

그러나 예수의 비유들 가운데서는 선행만이 아니라 오히려 악행도 교훈의 주제가 되었다는 점을 기억해야 한다. "악한 포도원 농부" 비유가 바로 그런 경우 가운데 하나일 것이다.[10] 더구나 이와 관련해서 우리는 이미 오래전에 예수의 비유들이 예수의 삶의 자리에서는 주로 "논쟁의 무기"(a Weapon of Controversy)였고 그래서 "투쟁의 비유" (Parable of Conflict)였다고 설파했던 비유 연구가 카도(A. T. Cadoux) 의 목소리에 귀를 기울여볼 필요가 있다.[11] 실제로 예수의 비유들 가운데 상당수가 유대 종교 지도자들과의 논쟁 가운데 투쟁의 무기로 사용되었던 것이 사실이기 때문이다.

우리가 "선한 사마리아인의 비유"를 읽을 때 '사마리아인'에게만

주인)의 조연 인물들이 더 있다.

10 이 비유는 공관복음 모두에 소개되고 있다(막 12:1-12; 마 21:33-46; 눅 20:9-19). 이 비유 이외에도 "용서하지 않는 종의 비유"(마 18:23-35), "어리석은 부자의 비유" (눅 12:13-21), "불의한 청지기 비유"(눅 16:1-13), "불의한 재판관의 비유"(눅 18:1-8) 등등이 이런 부류에 속한다.

11 Arthur. T. Cadoux, *The Parables of Jesus: Their Art and Use* (London: James Clarke, 1930). 11-13. Warren S. Kissinger는 "Cadoux was a notable pre-cursor of the significant work of Dodd and Jeremias"라고 높이 평가했다. *The Parables of Jesus: A History of Interpretation and Bibliography* (The Scarecrow Press, 1979), 113.

관심을 가질 일이 아니다. 이 비유에는 사마리아인 이외에 다른 인물들, 곧 '제사장'과 '레위인'도 등장하고 있기 때문이다. 예수의 비유를 올바로 이해하기 위해서는 먼저 그 비유의 중심인물 혹은 핵심 인물이 누구인지를 제대로 파악하는 일이 중요하다. 중심인물을 누구로 보고 읽느냐에 따라 비유 이해와 해석은 얼마든지 달라질 수 있기 때문이다. 예를 들어 예수의 "탕자 비유"에 등장하는 인물은 모두 세 사람, 즉 아버지와 만아들과 둘째 아들이다. 그런데 '둘째 아들'을 중심인물로 보았기 때문에 이 비유는 "탕자의 비유"로 불리게 되었다.[12] 그러나 중심인물이 '만아들'이라고 생각할 경우 이 비유는 오히려 "불평하는 큰아들의 비유"가 된다.[13] 그리고 또 두 아들을 가진 그리고 두 아들 모두를 사랑하고 받아들이는 '아버지'를 중심인물로 생각할 경우 이 비유는 "은혜로우신 아버지의 비유"가 될 수 있다.[14]

만약 우리가 "선한 사마리아인의 비유"에서 사마리아인이 아닌 제사장이나 레위인이 중심인물이라고 생각하며 읽는다면, 우리는

---

12 "탕자의 비유"(the Parable of the Prodigal Son)라는 명칭은 분명히 16세기 영어 성경들의 난외에 붙여진 명칭이고, 라틴어 벌게이트 성경에 붙여진 같은 명칭(De filio Prodiigo)을 번역해서 옮겨놓은 것에 지나지 않는다.

13 F. W. Danker는 이 비유의 초점이 큰아들에게 있다고 보아서 이 비유를 "기뻐하지 않는 형의 비유"(the Parable of Reluctant Brother)라고 불렀다. Danker, *Jesus and the New Age: A Commentary on St. Luke's Gospel* (Philadelphia: Fortress Press, 1988), 275.

14 Robert H. Stein은 이 비유를 "the Parable of the Gracious Father"(An *Introduction to the Parables of Jesus*, Philadelphia: The Westminster Press, 1981, p.115)라고 그리고 J. Jeremias는 "the Parable of the Father's Love"(*The Parable of Jesus*, London: SCM Press, 1963, 128)라고 부른다.

이 비유에서 전혀 다른 교훈 혹은 새로운 메시지를 들을 수 있게 될 것이다. 따라서 우리는 이른바 "선한 사마리아인의 비유"를 지금까지처럼 '사마리아인'을 중심으로 읽는 대신에 '제사장'을 중심으로 읽으면서 이 비유가 주는 교훈이 무엇인지를 다시 생각해 볼 필요가 있다.

예수께서 이 비유를 말씀하실 때 '제사장'을 먼저 염두에 두었다고 생각할 수 있는 이유는 충분해 보인다. 우선 이 비유에서는 길에서 죽어가는 사람을 보고도 그냥 지나쳐버린 사람으로 '제사장'과 '레위 사람'15을 적시하면서 다른 한편으로는 그들과 대조적으로 죽어가는 그 사람을 구해준 '사마리아인'을 대비시킨 점에 주목해야 한다. 일반적으로는 '유대인'과 '사마리아 사람'을 대비시키는 것이 오히려 훨씬 더 자연스럽고 적절해 보이는데도 말이다. 그런데 예수는 한편으로는 제사장과 레위인을 그리고 다른 한편으로는 그들과 대비시켜 사마리아인을 내세웠다. 그뿐만 아니라 비유의 결론 부분에서도 예수는 다시 제사장, 레위인, 사마리아 사람을 두고 "이 세 사람 중에 누가 강도 만난 사람에게 이웃이 되었다고 생각하느냐?"(눅 10:36)고 물음으로써 길에서 죽어가는 사람을 도와준 사마리아인과 그 사람을 그냥 피해서 지나친 제사장과 레위인을 서로 대비시켰다. 더구나 사마리아인과

---

15 여기서 비록 '제사장'과 '레위인'이 구별되어 언급되긴 했지만, 모든 제사장이 다 레위 인들이라는 점에서 그리고 레위인들에게 주어진 책무도 "제단과 휘장 안의 모든 일에 대하여 제사장의 직분을 지켜 섬기라"(민 18:7)는 것이기 때문에 '제사장'과 '레위인'은 여기서 제사장 계급을 말하는 중복된 표현으로 보는 것이 옳을 것이다. Herman Hendrickx는 'the twosome'(Priest and Levite)이 신 19:15, 곧 '두 증인'에 대한 요구와 연관이 있을 가능성에 대해 언급하고 있기도 하다. *The Parable of Jesus* (San Francisco: Harper & Row, 1986), 86.

대비되는 인물로 제사장 계급에 속하는 두 사람, 곧 '제사장'과 '레위인'을 함께 언급하면서 말이다. 대제사장과 레위인에 대한 부정적인, 아니 비판적인 관점이 엿보이는 부분이라고 생각하지 않을 수 없다. 이 때문에 이 비유가 본래 제사장 계급에 대한 비난과 공격을 목적으로 말씀하신 비유가 아닐까 하는 생각을 해보게 된다. 이런 생각을 할 수밖에 없는 이유는 예수가 그의 공생애 활동 가운데 끊임없이 제사장 계급에 대한 비난과 공격을 퍼부었고, 끝내는 그 때문에 제사장 계급의 주도 아래 붙잡혀 죽음에 이르게 되었기 때문이다.

2) 제사장 계급에 도전하며 공격했던 예수

복음서에 기록된 예수의 공생애 사역을 주의 깊게 살펴본다면, 우리는 예수가 그의 사역 처음부터 끝까지 계속 제사장 계급에 대해 도전하며 공격했다는 사실을 어렵지 않게 찾아볼 수 있다. 무엇보다도 예수가 그의 공생애 활동 대부분을 많은 병자를 고쳐주는 일에 할애했다는 사실에서 그런 점을 엿볼 수 있다. 예수가 그의 공생애 활동 가운데 많은 병자를 고쳐주었다는 이야기를 단지 그가 그런 사람들을 불쌍히 여겨서 그들의 질병을 치료해주어 건강을 회복시켜준 이야기로만 읽을 일이 아니다. 그 당시 예수께서 고쳐주신 여러 종류의 병자들, 가령 맹인이나 앉은뱅이 또는 문둥병자, 귀신 들린 사람, 혈루병 여인 같은 사람들은 단지 병자로만 취급되던 사람들이 아니었다. 그들은 자신들이 앓고 있는 질병 때문에 성전 출입은커녕 유대교의 각종 제사에도 참여할 수가 없는 '부정한'(unclean) 사람들이었다. 유대인의 율법에는 "누구든지 너희 자손 중 대대로 육체에 흠이 있는 자는 그 하나님의 음식을 드리려고 가까이 오지 못할 것이니라. 누구든지 흠이 있는 자는 가까이하지 못할지니, 곧 맹인이나 다리 저는 자나 코가 불완전한 자나 지체가 더한 자나…"라고 명확히 규정되어 있기 때문이다(레 21:17-18).

그런 병자들이 다른 사람들과 똑같이 정상적인 사회생활과 인간관계와 더불어 하나님과의 올바른 관계를 회복하여 성전 제사에도 다시 참여할 수 있게 되기 위해서는 무엇보다도 먼저 유대교 정결법에 따라 정결 예식을 치르는 일이 중요했다. 그런데 이런 모든 과정에서 이런 모든 일을 독점적으로 주관하는 일은 전적으로 제사장의 몫이었고, 제사장만의 특권이었다. 그런데 예수는 공생애 활동을 시작하면서 처음부터 맹인들과 앉은뱅이 그리고 문둥병자와 혈루병 여인 등등을 고쳐주었다. 예수의 이런 행동들은 어떤 의미에서, 아니 진정한 의미에서 분명히 제사장들의 특권을 침해하는 일이었고 또 어떤 의미에서는 제사장이란 존재와 그 역할 자체를 아예 무시 혹은 무력화시키는 일로 생각될 수 있었다.

우리는 그 구체적 증거 가운데 하나를 예수가 그의 공생애 활동 초기에 문둥병자를 고쳐준 이야기에서 아주 분명히 찾아볼 수 있다(막 1:40-45; 마 8:1-4; 눅 5:12-16).[16] 한 문둥병자가 예수께 나아와 자기를 불쌍히 여겨 고쳐달라고 간청했을 때, 예수는 손을 내밀어 그를

---

16 마가복음에서는 이 이야기가 예수의 공생애 활동 중 넷째 이적으로 소개되고 있지만, 마태복음에서는 이 이적이 마치 예수 공생애 활동의 첫 이적처럼 제일 먼저 소개되고 있다.

만져주며 고쳐주었다. 그리고 예수는 그 문둥병자에게 "가서 제사장에게 네 몸을 보이고, 네가 깨끗해진 데 대하여 모세가 명한 예물을 드려 사람들에게 증거를 삼으라"(막 1:44)고 말씀하셨다. 이 이야기를 단순히 예수가 문둥병자 한 사람을 고쳐준 이야기로만 이해하는 것은 예수의 의도를 제대로 이해하는 것이 아니라고 생각한다.

당시 유대 사회에서 문둥병자는 신체적으로만 병든 사람이 아니다. 그는 정결법에 의해 '부정한 자'로 낙인이 찍힌 사람이다. 그래서 공동체로부터, 즉 정결한 사람들의 모임으로부터 축출되어 광야나 동굴 속에서 격리된, 버림받은 생활을 할 수밖에 없는 사람이었다. 당연히 하나님의 성전에는 들어갈 수도 없었고, 따라서 성전에 들어가 제사를 드릴 수도 없는 사람이었다. 유대교 율법에 의하면 이런 문둥병자가 고침을 받아 깨끗해지는 유일한 길은 제사장에게 나아가 제물을 바치며 정결례를 치르는 것이었는데, 이런 제의를 집행할 수 있는 특권은 오로지 제사장의 몫이었다. 그런데 예수가 자기를 찾아 나온 문둥병자를 고쳐주었을 뿐만 아니라, 거기서 더 나아가 문둥병자에게 제사장을 찾아가 "깨끗해진, 고침을 받은 네 몸을 보여주라"고 말했다. 이 말 자체가 제사장의 권위에 대한 도전이고, 성전에 대한 도전이라고 생각된다. 예수는 정결례와 상관없이 문둥병자를 그 병으로부터 깨끗하게 고쳐주었을 뿐만 아니라, 아무런 제물이나 대가도 받지 않은 채 그를 제의적으로 "깨끗하게" 해주어서 결국 성전에 들어갈 수 있는 자격을 갖춘 사람으로 회복시켜주었기 때문이다.

유대교 안에서 문둥병자를 고쳐줄 수 있는 사람 그리고 문둥병자에게 "깨끗하다"고 공개적으로 말해줄 수 있는 사람이 성전 제사장 이외에 누가 있는가? 그런데 예수는 문둥병자로부터 율법이 규정한 정결례를 행하지도 않은 채 그리고 아무런 제물이나 대가도 받지 않은 채 문둥병자를 고쳐주고, 깨끗하다고 선포해주었다. 그래서 그 문둥병자는 이제 다른 유대인들과 똑같이 당당하게 다시 하나님 앞과 사람들 앞에 설 수 있는 몸이 되었다. 제사장들의 입장에서 볼 때는 이것이야말로 자기들의 고유한 특권을 예수가 빼앗아 행사한 셈이다. 이런 점에서 볼 때 예수가 문둥병자를 깨끗하게 고친 후에 구태여 그를 "제사장에게" 보내면서 "가서 제사장에게 네 몸을 보이고, 네가 깨끗해진 데 대하여 모세가 명한 예물을 드려 사람들에게 증거를 삼으라"(막 1:44)고 말한 것은 결국 제사장에 대한 비판과 공격을 넘어 그들에 대한 일종의 조롱과 비아냥이라는 생각을 갖게 만들기도 한다.

제사장 계급에 대한 예수의 이런 비판적이며 공격적인 태도는 예수의 공생애 말기에 예수가 예루살렘성전을 찾아가 성전 안에서 매매되는 제물용 짐승들과 그것들을 사고파는 장사꾼들 그리고 성전 세를 위해 성전에서만 통용되는 화폐로 돈을 바꿔주는 환전상들까지 모두 성전에서 몰아내는 등 성전을 공격하여 제사장들이 중심이 된 성전의 제반 기능을 마비시킨 일에서도 찾아볼 수 있다(막 11:15-18; 마 21:12-15; 눅 19:45-48; 요 2:13-22).[17] 성전에서 돈을 바꾸어주는 환전

---

17 흔히 이런 본문들의 이야기를 가리켜 "성전 청소 이야기" 혹은 "성전 숙정 이야기"라고 말하지만, 마가복음의 경우 이 이야기는 "저주받은 무화과나무 이야기"와 샌드위치 편집됨으로 인해서 "성전 저주 사건"으로, 그래서 "성전이 가지고 있는 상업적이며 종교적인 기능의 폐쇄"(the shutting Down of the business and religious Function of the Temple) 사건으로 불리고 있다(W. H. Kelber, *Mark's Story of Jesus*, Philadelphia: Fortress Press, 1979, 62). 다른 한편으로 요한복음에서는

상들은 절기마다 해외로부터 예루살렘성전을 찾아오는 디아스포라 유대인들이 성전 세를 낼 때 성전에서만 통용되는 화폐로 환전해주는 일을 했는데, 환전할 때마다 고율의 수수료를 챙겼다. 그리고 성전에서 제사를 드릴 때 사용하는 모든 제물은 "흠과 티가 없어야" 한다는 율법의 규정 때문에 많은 유대인은 제사장들로부터 인정을 받아 검사필 도장이 찍힌 제물들을 살 수밖에 없었는데, 제사장들의 합격품으로 팔고 있는 소나 양이나 비둘기 같은 제물들의 값은 턱없이 비쌌다. 어떤 문헌 기록에 의하면 제사장들의 묵인 아래, 아니 제사장들과 결탁해서 성전 안에서 팔리고 있는 제물용 짐승들의 값이 성전 밖 예루살렘성내에서 팔리고 있는 거의 똑같은 짐승들의 가격보다 무려 10배나 더 비쌌다. 거룩한 성전을 이용해서 그리고 하나님께 드리는 제사 제도를 빙자해서 개인적인 이익을 챙기는 사람들이 많이 있었는데, 그런 사람들이 대부분 제사장이었다는 데 문제가 심각했다. 오죽했으면 예수께서 "만민이 기도하는 집을 강도의 굴혈로 만들었다"고 개탄했을까? 종교라는 이름으로 제사를 드리지만, 제사장들은 예배 드리는 사람을 등쳐먹는 강도질을 하고 있다는 말이 아닌가?

제사장 계급에 대한 예수의 이와 같은 공격은 "악한 포도원 일꾼 비유"(막 12:1-12; 마 21:33-46; 눅 20:9-19)에서도 그대로 다시 드러

예수가 성전을 공격하면서 "이 성전을 허물라. 그러면 내가 사흘 만에 다시 세우겠다"(요 2:19)고, 이어서 "그 성전은 자기 몸을 두고 하신 말씀이었습니다"(요 2:21)라고 말함으로써 유대교의 예루살렘성전이 더 나은 성전인 '예수'에 의해 대치(replacement)될 것임을 증거하는 등 성전에 대한 부정적이며 공격적인 관점을 보이고 있다. 제사장들의 활동 중심지인 성전에 대한 이런 공격적인 태도는 결국 제사장들에 대한 공격 이외의 다른 것이 아니라고 보아야 할 것이다.

나고 있다. 이 비유 역시 '투쟁의 비유'였고, '논쟁의 무기'였다는 사실은 예수가 이 비유를 예루살렘에 들어가 성전 뜰에서 "대제사장들과 율법학자들과 장로들"(막 11:27)을 상대로 말씀하셨고 또 이 비유를 들었던 성전 지도자들인 제사장 계급이 곧바로 "이 비유가 자기들을 두고하신 말씀인 줄 알고 예수를 잡으려 했다"(막 12:12)는 점에서도 잘드러나고 있다. 더구나 비유 내용을 보면 어떤 주인이 포도원을 일꾼들에게 맡기고 멀리 갔다가 소출을 거두어들일 때가 되었을 때, 종들을보내어 열매를 얻으려고 했으나 포도원 일꾼들이 주인이 보낸 종들을잡아 죽여버렸고, 나중에는 주인이 보낸 아들까지 죽여버렸다. 그러자주인이 친히 포도원에 찾아와 열매를 바치지 않는 '악한 일꾼들'을다 죽여버리고 포도원을 빼앗아 열매를 바칠 다른 사람에게 맡긴다는이야기이다.

이 비유에 나오는 이른바 '악한 포도원 일꾼들'은 누구를 가리키는것일까? 이스라엘이라는 하나님의 포도원을 책임 맡아 일하고 있는종교 지도자들을 뜻하는 것임에 틀림없다. 이 비유를 들었던 성전지도자들이 "예수를 잡으려고 했던" 사실이 바로 그 점을 잘 드러내주고 있으며 또한 이 비유가 성전을 책임지고 있는 제사장 계급에대한 비판과 공격이었다는 점을 잘 보여주고 있는 셈이다. 예수가예루살렘에 입성한 직후에 성전에 들어가 먼저 제사장과 관련된 제반업무들에 대해서 일격을 가한 후에 바로 이어서 다시 예루살렘성전에들어가 "대제사장들과 서기관들과 장로들"을 대상으로(막 11:27; 눅 20:1; 마 21:23) 악한 포도원 일꾼들이 끝내 주인에 의해서 죽임을당하는(막 12:9) 비유 이야기를 말씀하신 데에는 특별한 의도가 있었던 것으로 보인다. 예수는 성전에 대한 자신의 저주와 심판의 행동이 곧바로 성전의 책임자들인 제사장 계급과 연관되어 있다는 점을 분명히 밝히려고 했던 것으로 생각된다. 결과적으로 악한 포도원 일꾼들이 주인이 보낸 종들을 여러 번 죽인 후에 포도원 상속자가 받을 유업을 빼앗아 차지하기 위해 주인의 아들까지 죽여버린 일은 결국 성전을 '강도들의 소굴'로 만든 성전의 지도자들이 실제로 '강도들'이었음을 확인시켜주는 일이 되고 있기 때문이다.

이런 여러 가지 점들로 미루어 볼 때 예수께서 말씀하신 "선한 사마리아인의 비유"도 제사장 계급에 대한 비판과 공격의 일환이었다고 생각하는 것이 결코 이상한 일은 아니라고 생각된다. 예수가 이 비유를 말씀하신 때가 "예루살렘을 향하여 올라가기로 굳게 결심하시고"(눅 9:51)[18] 길을 떠나 올라가던 도중이었다는 점에도 주목할 필요가 있다. 예수가 제자들과 함께 떠난 여행의 마지막 궁극적인 목적지가 예루살렘성전이었기 때문이다.[19] 우리는 이런 관점에서 "사마리아인의 비유"를 예루살렘성전과 제사장 계급에 대한 비판과 공격의 관점에서 다시 새롭게 읽어볼 필요가 있다.

---

18 헬라어 원문은 "그의 얼굴을 예루살렘으로 향했다"(καὶ αὐτὸς τὸ πρόσωπον ἐστή-ρισεν τοῦ πορεύεσθαι εἰς Ἰερουσαλήμ)이며, 이 문구는 겔 21:2에서 에스겔이 "얼굴을 예루살렘으로 향하며 성소를 향하여"라는 문구를 반영하는 것으로 생각되는데, 에스겔서에서도 이 문구는 에스겔의 심판 메시지와 관련되어 사용되었다.
19 공관복음서는 모두 예수가 예루살렘에 입성하신 직후 곧바로 성전에 들어가셨다고 전한다(막 11:11; 마 21:11-12; 눅 19:45).

3) 자비를 베푼 사마리아인과 자비를 베풀지 않은 제사장

이 비유에서 가장 눈에 띄는 점은 무엇보다도 길에서 죽어가는 사람에게 자비를 베푼 사마리아인과 그와 달리 아무런 자비도 베풀지 않은 제사장 계급의 사람들이 서로 대조되고 있는 점이다. 사마리아인이 아주 긍정적으로 소개되고 있는 반면에 제사장과 레위인은 아주 부정적으로 소개되고 있기 때문이다. 그 당시 유대인들은 사마리아인들이 이방인들과 피를 섞은 부정하고 불결한 사람들이라고 생각하여 그들을 몹시 미워하며 배척하고 있었다. 따라서 사마리아인들이 예루살렘성전에서 자기들과 함께 예배나 제사를 드리는 일은 전혀 허락되지 않았다. 그래서 사마리아 사람들은 불가불 자기들의 지역인 그리심산에 예루살렘성전을 모형으로 자기들 나름의 성전을 따로 세워서 하나님을 섬기게 되었는데, 이 때문에 더욱 사마리아 사람들은 미움과 경멸의 대상이 되기도 했다. 그들이 예루살렘성전만이 유일한 하나님의 성소라고 규정한 하나님의 율법을 무시했다고 보았기 때문이다.

그러나 제사장들이 사마리아인들을 더 증오하고 멸시하는 데에는 다른 유대인들과는 다른 이유가 있기도 했다. 우선 자신들의 독점적인 주요 일터인 예루살렘성전 이외에 다른 곳에 별도의 성전을 세워놓고 거기서 제사를 드리는 일이 율법에서 금지된 일이기 때문이었다. 그러나 그것보다는 오히려 자기들의 허락과 도움이 없이 다른 곳에서 예배하며 제사하는 일이 제사장으로서 자신들이 독점하고 있는 특권과 역할을 침해하며 무시하는 일이라고 생각되었기 때문일 것이다. 그래서 제사장들이 다른 일반 유대인들보다도 더 사마리아 사람들을 미워하였다.

그런데 이 비유에서는 길에서 강도를 만나 죽어가는 사람을 놓고 '제사장과 레위인'이 보인 부정적인 처신과 '사마리아인'이 보인 긍정적인 처신이 아주 대조적으로 잘 드러나고 있다. 사마리아인이 길에서 강도를 만나 죽어가고 있는 사람을 살리기 위해서 한 일에 대해서는 세 구절(눅 10:33-35)에 걸쳐 비교적 상세히 그리고 더 구체적으로 설명하고 있다: "측은한 마음이 들어 가까이 가서 그 상처에 감람유와 포도주를 붓고 싸맨 후에 자기 짐승에 태워 여관으로 데리고 가서 돌보아주었고, 다음날 두 데나리온을 꺼내 여관 주인에게 주며 '이 사람을 돌보아 주시오. 비용이 더 들면 내가 돌아오는 길에 갚겠다.'…"

그러나 이와 달리 제사장과 레위인이 죽어가고 있는 사람에 대해 보였던 처신에 대해서는 마치 노래의 후렴처럼 각각 거의 똑같은 표현을 반복적으로, 그러나 아주 냉정하고 아주 비정하게 한 구절씩 "그를 보고 피하여 지나갔다"(καὶ ἰδὼν αὐτὸν ἀντιπαρῆλθεν, 눅 10:31, 32)고만 언급하고 있을 뿐이다.[20] "제사장의 행동을 묘사하기 위해 사용된 그리스어 동사는 두 개의 전치사와 하나의 동사로 되어 있다. 그것을 축어적으로 보자면, 그는 시선을 돌려(over) 못 본 체하면서(against) 곁을 지나치는(passes beside) 것이다."[21] 쓰러진 사람을 불쌍히 여긴 사마리아인에 비한다면, 제사장과 레위인의 행동은 너무나도 무정하

---

20 ὁμοίως(눅 10:32)라는 부사가 제사장의 행동과 레위인의 행동이 '똑같았다'는 점을 잘 드러내 주고 있다.

21 버나드 브랜든 스캇 지음/김기석 옮김, 『예수의 비유 새로 듣기』(한국기독교연구소, 2006), 103.

고 비정한 처신이라고 말하지 않을 수 없다.

모세의 율법 가운데에는 제사장이 비록 부모라고 하더라도 여하간 "어떤 시체에든지 가까이하지 말라"(레 21:11)는 엄격한 규정이 있는 것은 사실이다. 그러나 이 비유에서는 길에서 강도를 만나 쓰러진 사람은 시체가 아니었다. "거반 죽은" 사람, 곧 "반쯤 죽은" 사람이라고만 언급되고 있을 뿐이다(눅 10:30). "반쯤 죽은" 사람이라는 표현은 분명히 그가 아직 시체는 아니고, 아직 죽지 않은 상태라는 것을 의미한다. 이렇게 "'반쯤 죽었다'는 표현이 그 사람에게 죽음이 임박했음을 의미하는 것이라면, 제사장의 의무는 명백하다. 그는 그 사람을 도우러 가야만 했다."[22] 그런데 제사장은 그리고 레위인도 "그를 보고 피하여 지나갔다"(눅 10:31, 32). 무자비하게도 그리고 비정하게도 그들은 도와야 할 일을 하지 않고 그냥 내버려 두었다.

그러나 사마리아인은 달랐다. 그가 길에서 강도를 만나 "거반 죽은" 사람을 꼭 살려야 할 이유도, 필요도 없었다. 예루살렘에서 여리고로 내려가는 길을 여행하다가 강도를 만난 사람이라면 아마도 분명히 '유대인'이었을 것이고, 그렇다면 그는 분명히 사마리아인들을 그토록 무시하며 미워하던 원수 같은 사람이었을 것이다. 강도가 출몰하는 위험 지역을 속히 벗어나는 일이 자신의 안전을 위해 더 시급했고 중요했을 것이다. 자칫 쓰러져있는 사람을 반쯤 죽게 만든 범인으로 오인 받을 수도 있는 상황이었다. 그럼에도 불구하고 사마리아인은 무엇보다도 먼저 "그를 보고 불쌍히 여겼다"(눅 10:33). 그래서 그는

---

22 스캇, 『예수의 비유 새로 듣기』, 104.

그를 살리려고 '기름과 포도주', '두 데나리온' 그리고 '이튿날'(눅 10:35)까지 하루라는 시간과 체류비를 더 희생했다. 사마리아인의 이런 지나친 봉사와 희생에 대한 언급이 제사장과 레위인의 무자비한 처신을 더욱 민망스럽고 부끄럽게 만들고 있다.

예수는 이 비유 이야기를 통해서 예루살렘성전의 권위와 율법을 부정한다고 항상 비난받아 오던 사마리아 사람이 "네 이웃을 네 몸과 같이 사랑하라"는 하나님의 율법 계명을 잘 실천한 사람인 데 비해서, 사마리아인과는 달리 예루살렘성전을 근거로 부귀와 권위를 누리고 있던 성전 지도자인 제사장 계급들은 정작 하나님의 계명을 무시한 채 길에서 죽어가고 있는 사람을 보고도 모른체하며 피해서 지나치는 위선자들이었음을 부각시키고 있다. 이렇게 이해할 경우 예수께서 말씀하신 "선한 사마리아인의 비유"는 제사장에 대한 비판과 공격 또는 조롱과 비아냥으로 이해될 수밖에 없다. 제사장들은 성전을 무대로 그리고 제사를 빌미로 자신들의 개인적인 이득을 취하며 부귀만을 누릴 뿐 실제로 하나님의 계명을 지키는 일에는 전혀 아무런 관심도 없는 사람이며, 그런 점에서 그들은 그들 자신이 그토록 미워하며 경멸하는 사마리아인보다도 못한 사람이라는 점을 꼬집어 비판하는 이야기로 읽힐 수밖에 없다.

4) 끝맺는 말

흔히 비유의 명칭이 비유 이해의 방향을 결정해준다. 따라서 비유 이야기에 올바른 비유 명칭을 다시 붙이는 일이 중요하다. 지금까지

교회 안에서 전통적으로 사용해온 "선한 사마리아인의 비유"라는 명칭은 결코 올바른 명칭 혹은 적절한 명칭이라고 생각하기 어렵다. 이 명칭이 본래부터 이 비유에 붙어서 전해 내려온 것도 아니다. 이 비유를 소개하는 복음서 저자가 붙인 것도 아니다. 이 비유에 대한 올바른 이해가 제대로 파악되기 오래전부터 교회가 자의적으로 그리고 전통적으로 사용해온 명칭일 뿐이다. 우리는 그냥 그 명칭을 무비판적으로 사용하면서 부지불식간에 이 비유가 '사마리아인'의 '선한' 행동을 가르치는 비유라고만 생각했었다.

그러나 이 비유에서는 앞에서 지적했던 바와 같이 분명히 사마리아인만 등장하는 것이 아니다. 만약 우리가 관점을 달리해서, 즉 예수가 이 비유를 말씀하셨을 때 사마리아인을 중심인물로 생각한 것이 아니라 도리어 제사장을 염두에 두었다고 생각하면서 이 비유를 다시 읽을 경우, 우리는 이 비유가 '사마리아인'의 '선한' 행동을 말하려는 것이기보다는 오히려 사마리아인이 보여준 그런 선한 행동을 오히려 '제사장'이 마땅히 솔선수범해야 함에도 불구하고 그냥 "피하여 지나친" 제사장의 그런 위선과 비정함을 비판하고 공격하는 데 있다고 이해할 수 있게 된다. 따라서 이 비유의 명칭도 이제는 마땅히 제사장을 중심으로 "무자비한 제사장의 비유"(the Parable of the unmerciful Priest)라고 바꾸어 부르는 것이 더 옳을 것으로 보인다. 예수는 이 비유를 통해서 마땅히 해야 할 일을 하지 않은, 이른바 태만죄 혹은 무관심 죄(the Sin of Omission)를 범한 제사장과 레위인을 비판하고 공격하고 있다고 생각되기 때문이다.23

이런 다양한 해석, 서로 다른 해석을 보면서 우리는 또 다른 새로운 해석의 가능성을 기대해볼 수도 있다. 곧 다음과 같은 새로운 해석에도 우리의 관심을 돌려볼 필요가 있다는 말이다.

6. 인간의 이웃인 자연환경을 사랑하라는 교훈
— 환경 및 기후 위기의 관점에서

예수께서 말씀하셨던 "선한 사마리아인의 이야기"가 '이웃 사랑'에 관한 비유라는 점은 아주 분명하다. 따라서 거기에 대해선 아무런 이론의 여지도 없어 보인다. 예수께서 이 비유를 말씀하시게 된 동기 자체가 도대체 "내 이웃이 누구입니까?"라고 물었던 어느 율법 학자의 질문에 대한 대답을 주기 위한 것이었고 또 이 비유의 마지막 끝부분에서도 예수께서는 "제사장과 레위인과 사마리아인 중에 누가 강도 만난 사람에게 이웃이 되었다고 생각하느냐?"고 물으면서 "너도 가서 이와 같이 행하라"고 말씀하고 있기 때문이다.

이 "선한 사마리아인의 이야기"가 이처럼 '이웃 사랑'에 관한 비유라는 점은 아주 분명하지만, 그러나 이 비유와 관련해서 전혀 분명해 보이지 않는 문제가 하나 있다. 그것은 "이웃을 사랑하라"고 말했을 때의 그 '이웃'이 과연 누구인가 혹은 무엇인가 하는 점이다. 평생 하나님을 사랑하고 이웃을 사랑하라는 계명을 가르쳐온 율법 학자조차 예수께 도대체 "내 이웃이 누구입니까?"라고 물었던 것을 보면,

---

23 예수는 다른 비유들, 곧 달란트 비유(마 25:14-30)와 최후 심판 비유(마 25:31-46) 등을 통해서도 '마땅히 해야 할 일을 하지 않은 죄'(the Sins of Omission)에 대해 비판하며 정죄한 바 있다.

이 율법 학자조차도 율법이 요구하는 '이웃 사랑'의 계명에서 '이웃'이 구체적으로 누구인지, 무엇을 가리키는지에 대해 전혀 분명하지 않았던 것으로 보인다.

우리도 "선한 사마리아인의 이야기"가 '이웃 사랑'을 가르치는 비유라는 점은 모두 잘 알고 있지만, 문제는 율법 학자가 예수께 물었던 질문, 곧 "내 이웃이 누구인가?"라는 질문에 대해서는 누구도 정확한 대답을 분명히 알지 못한다. 우리는 너무나 오랫동안 우리가 사랑해야 할 '이웃'이 우리 곁이나 주변 가까이에 있는 사람 혹은 이 비유에 등장하는 길에서 강도를 만나 죽어가고 있는 사람처럼 우리의 인생길에서 도움을 절실히 필요로 하는 사람이라고만 생각해온 것이 문제일수도 있다. 만약 이웃의 의미가 그렇게 단순하고 자명한 것이었다면, 율법 학자가 예수에게 "누가 내 이웃입니까?"라고 물어볼 필요도 없었을지 모른다.

따라서 "내 이웃이 누구인지?"에 대해 올바로 이해하는 것이 이 비유를 올바로 이해하는 길이기도 하다는 점에서, 우리는 "내 이웃이 누구입니까?"라는 이 질문에 대한 올바른 대답을 찾아보는 가운데, 예수의 "선한 사마리아인의 비유"가 무엇을 가르치는 비유인지에 대해서도 다시 새롭게 눈을 떠볼 필요가 있다. 이것이 시대를 살아가는 우리 모두가 영생, 곧 참된 삶을 살기 위해서도 아주 중요한 일이라고 생각되기 때문이다.

"내 이웃이 누구입니까?"라고 물었던 율법 학자의 질문은 "선한 사마리아인의 비유"가 우리에게 주는 교훈이 무엇인지를 올바로 이해할 수 있는 열쇠가 된다는 점에서도 정말이지 아주 중요한 질문이라고 말할 수 있다. 그런데 문제는 율법 학자까지도 전혀 분명하지 않아서 예수께 물었을 만큼 그토록 중요한 질문, 곧 "내 이웃이 누구입니까?"라는 질문에 대해서 우리가 지금까지 진지하게 깊이 생각해보지 않았다는 점이 문제라면 문제일 것이다. 더구나 우리는 '이웃'이라는 말을 지금까지 너무나도 좁은 의미로만 생각하여 우리 주변에서 우리의 도움을 절실히 필요로 하는 불쌍한 사람을 가리키는 것이라고만 이해했던 것으로 보인다. 따라서 우리는 이제 '이웃'을 이처럼 좁은 의미로만 받아들였던 전통적인 편협한 생각을 벗어나서 '이웃' 개념에 대해 새로운 그리고 올바른 이해를 찾아볼 필요가 있어 보인다.

지금까지 우리는 대체로 "네 이웃을 네 몸과 같이 사랑하라"는 계명에 나오는 '이웃'이 우리 주변에 있는 '사람', 즉 '인간'을 가리키는 것이라고만 생각해왔다. 그러나 이처럼 '이웃'이라는 개념을 '사람', '인간'에게만 좁게 국한시켜 생각하는 것이 과연 옳은가 하는 의문을 제기해볼 필요가 있다. 하나님이 천지 만물을 창조하시고, 인간을 창조하셨을 때, 인간이 함께 더불어 살아가야 할 '이웃'으로 과연 인간만을 생각했겠는가 말이다. 더구나 하나님께선 인간을 창조하시기 전에 먼저 이 세상, 즉 인간이 살아가야 할 환경, 인간 삶의 터전이라고 말할 수 있는 이 자연 세계부터 만드셨다. 그러니까 하나님의 창조 순서에서는 '인간'보다도 '자연 세계'가 먼저였다. 먼저 아름다운 자연 세계를 만드신 후에 인간을 창조하셔서 우리 인간들로 하여금 그 자연 속에서, 그 자연과 함께 살아가게 하셨다. 처음부터 이 자연 세계는 인간에게 있어서 함께 더불어 살아가야 할 최초의 '이웃'이었던 셈이다. 따라서 우리는 "하나님을 사랑하고, 네 이웃을 사랑하라"고 했을 때, 그 이웃이 꼭 '인간'을 가리킨다는 생각에 벗어나 하나님이 인간보다 먼저 창조하신 이 자연 세계 그리고 인간이 발을 딛고 함께 더불어 살아가게 만든 이 '지구'를 가리키는 것이라는 생각을 하면서 "내 이웃이 누구입니까?"라는 질문을 다시 새롭게 해석해 볼 필요가 있다.

창세기 1장에 보면, 하나님은 태초에 혼돈과 공허와 흑암 가운데서 천지를 창조하셨다고 했다. 1:10에 "하나님이 뭍을 땅이라 부르시고, 모인 물을 바다라 부르셨다"고 했고, 땅 위 하늘의 궁창에는 새가 날게 하셨고, 바다에는 모든 종류의 물고기들이 그리고 땅 위에서는 각종 생물이 그 종류대로 살게 하셨다. 그런데 창세기에서 이런 천지창조에 관한 기록을 읽을 때, 특별히 눈에 띄는 것은 하나님께서 이 모든 천지 만물을 하나씩 창조하셨을 때마다, 마치 노래의 후렴처럼, "하나님이 보시기에 좋았다"는 말씀이 반복적으로 나오고 있다는 점이다. 모두 일곱 번이나 강조되고 있는데(창1:4, 10, 12, 18, 21, 25, 31), 성경에서 '일곱'이라는 수가 '완전'을 의미하고 있다는 점을 염두에 둔다면, "하나님 보시기에 좋았다"는 말이 일곱 번이나 반복되고 있다는 사실은 하나님께서 천지 만물, 이 자연 세계를 아주 좋게, 아주 완벽하게 창조하셨다는 것을 의미하는 것이라고 생각할 수 있다. 기독교인들이 찬송을 부르면서 "참 아름다워라 주님의 세계는…"이라고 노래하는 이유도 그 때문일 것이다. 이처럼 하나님께서는 이 모든 천지 만물을 아름답게 완벽하게 창조하셨다. 그래서 처음 창조된 인간인 아담과 하와가 살게 된 에덴동산은 글자 그대로 '파라다이스'였던 것으로 알려지고 있다. 하나님은 자신의 형상으로 지음을 받은 인간을 이런 곳에서 살게 하셨고, 인간에게 "복을 주시며 생육하고 번성하여 땅에 충만하라"(창 1:28)고 말씀하셨다.

　그러나 하나님이 창조했던 그 아름다운 자연 세계의 모습이 지금은 너무나도 달라진 것이 사실이다. 소련의 체르노빌 원전 사고와 일본 후쿠시마 원전 사고로 인한 방사능 피폭 때문에 우리 삶의 터전인 지구의 일부분이 더 이상 사람이 들어가 살 수 없는 죽음의 땅으로 이미 변해버렸다. 최근에 호주와 미국 서부에서는 산불 때문에, 인도와 방글라데시에선 규모와 횟수가 두 배나 늘어난 태풍과 홍수 때문에, 아프리카 동부 지역에서는 농작물을 다 먹어 치우는 메뚜기떼의 출현 때문에 그리고 스페인의 마드리드나 미국의 텍사스 등 따뜻한 지역에 몰아친 강추위와 폭설 때문에 인류는 물론 자연 세계 전체가 전대미문의 위기에 직면하여 온통 고통을 당하고 있다.

　인간의 타락으로 인해서, 아니 타락한 인간들의 끊임없는 탐욕 때문에 하나님께서 창조하셨던 그 본래의 아름다운 세계가 이제는 단순한 오염 단계를 넘어 거의 파괴의 단계에까지 이른 것으로 보인다. 인간과 자연이 직면한 이런 모든 위기의 가장 중요한 원인이 무엇일까? 아마도 그 뿌리는 우리 인간이 자연환경을 대하는 태도에서 찾아보아야 할 것으로 생각된다. 다시 말해서 우리가 우리 주변의 모든 환경이 마치 인간의 소비와 만족을 위해 존재하는 것처럼, 마구잡이로 자연을 정복하며 착취해온 것이 원인이라면 원인일 것이다. 따라서 우리로서는 우리의 자연환경을 바라보는 우리의 시각과 태도부터 반성하며 교정할 수 있어야 할 것이다. 자연은 우리가 마구잡이로 착취하며 이용해야 할 대상이 아니라, 우리 인간과 더불어 함께 살아가야 할 우리의 영원한 이웃이기 때문이다.

물론 지금까지의 자연 파괴와 환경오염 등이 우리의 삶과 관련하여 어느 정도 불가피했다고 말할 수도 있을 것이다. 석탄과 석유와 같은 화석 연료의 발견과 이용을 통해서 인류가 한동안 풍요한 삶을 살았던 것도 사실이기 때문이다. 그러나 채굴 과정에서 나타난 자연 파괴와 이로 인한 생물 다양성의 위협, 비정상적 침식과 이로 인한 환경 변화, 채굴 과정에서 생겨나는 화학물질로 인한 물과 토양의 오염, 게다가 그렇게 얻어진 화석연료를 태워 열을 내는 과정에서 배출되는 탄소로 인해서 지구는 더욱 피폐화되며 몸살을 앓게 된 것도 부인할 수 없는 사실일 것이다. 한때 우리는 큰 공장 굴뚝에서 솟구치는 연기들을 보면서 산업화와 경제성장의 증거라고 생각하며 가슴 뿌듯하게 느낀 적도 있었다. 그러나 지금은 바로 그 검은 연기들이 대기를 오염시키며, 지구 온난화를 가속 시키면서 수많은 자연 재앙을 일으키는 주범이라고 탄식하면서 가슴 답답해하고 있지 않은가? 우리가 비록 지금은 미세먼지로 인해 오염된 공기를 피하기 위해 마스크를 사용하고 있지만, 언젠가는 마스크 대신에 방독면을 쓰고 살아야 할 때가 오게 될는지도 모른다.

　　한동안 플라스틱의 발견과 비닐의 개발을 통해서 우리의 생활이 훨씬 편리해졌고, 이 모든 것이 과학의 발전 때문이라고 그리고 산업화와 경제 성장의 결과라고 생각하며 흡족해하던 때도 있었다. 그러나 오늘날 플라스틱과 비닐이 자연을 파괴하는 주범이 되고 있지 않은가? 썩지 않고 쌓이는 플라스틱과 비닐 때문에 온 세계가 골머리를 앓고 있지 않은가? 언젠가 매스컴에서 보도된 사실이지만, 파도에 휩쓸려 해안으로 밀려온 큰 고래의 사체를 해부해보았더니 그 위장에서 수많은 플라스틱 페트병들과 비닐 덩어리들이 쏟아져 나온 것을 보고 많은 사람이 놀랄 수밖에 없었다. 그 죽은 고래는 어쩌면 엄청난 플라스틱과 비닐 쓰레기 더미에 뒤덮여 숨을 제대로 쉬지 못하고 죽어가는 지구의 모습을 보여주고 있는 예표일 수도 있을 것이다.

2003년에 태어난 스웨덴의 환경운동가 그레타 툰베리(Greta Thunberg), 노르웨이 의회로부터 노벨평화상 후보로 강력히 추천받았던 그녀가 2018년 12월 폴란드 카토비체에서 열린 "유엔 기후변화협약 당사국 총회" 단상에 올라서 세계 정치 지도자들을 향해 "당신들은 아이들을 그 무엇보다도 사랑한다고 말하지만, 당신들은 아이들의 눈앞에 있는 미래를 빼앗아 가고 있다"고, 아이들이 살아가야 할 자연 세계 파괴를 방치할 뿐만 아니라 조장하고 있는 "당신들의 침묵이 죄악이라"고 소리쳤던 그 외침은 바로 오늘에 사는 우리 모두를 향한 경고이자 고발이라고 생각하지 않을 수 없을 것이다.

그런데 이와 같은 환경오염과 자연 파괴 현상은 우리 시대에 와서 비로소 드러나고 있는 일이 아니라 아주 오랜 역사를 갖고 있는 것으로 보인다. 이미 오래전에 사도 바울도 로마서 8:22에서 "피조물이… 탄식하며… 고통을 겪고 있다"고 말했을 때, 바울은 오늘날 우리가 처했던 것과 비슷한 자연 세계의 위기 상황 앞에 직면해 있었던 것으로 생각된다. 새번역 성경에서는 그 구절을 "모든 피조물이 신음하고 있다"고 번역하였다. 오늘날에 와서 급격한 기후 변화와 극심한 환경오염 때문에 '모든 피조물의 신음과 고통'이 인간의 신음 및 고통 소리와 함께 더 커진 것뿐일 것이다. 버려진 쓰레기들로 온 세상이 뒤덮여가고 있고, 특히 썩지도 않는 플라스틱 쓰레기들 때문에 땅과 바다가 오염되어 인간과 마찬가지로 지구 자체도 이젠 숨을 제대로 쉬지 못하여 신음하여 고통을 당하고 있는 것이 사실 아닌가?

지금 지구가, 우리의 가장 가까운 이웃인 우리의 자연 세계가 이처럼 신음하여 고통을 당하며 죽어가고 있다. 예수가 말씀했던 "선한 사마리아인의 이야기"에서 강도를 만나 길에서 죽어가고 있는 사람처럼 말이다. "선한 사마리아인의 이야기"가 길에서 강도를 만나 '죽어가고 있는 사람'을 살린 이야기에 관한 비유라면, 이 비유는 오늘날 기후 변화와 환경오염으로 인해 '죽어가고 있는 지구'를 살려야 한다는 것을 가르치는 비유로 읽어도 될 것으로, 아니 그렇게 읽어야 마땅할 것이다. 특히 예수의 이 비유가 영원히 잘 살기 위한 방법 가운데 하나가 바로 '이웃 사랑'이라고 가르치고 있는 비유였기에 그 어느 것보다도 우리의 가까운 '이웃'인 우리의 지구와 자연 세계를 사랑하는 마음으로 그 지구를 다시 살려내는 일이 바로 우리가 깨끗하고 건강한 자연 세계 속에서 영원히 잘 살 수 있는 길이 될 수 있다고 생각하기 때문이다. 결국 환경오염으로 지구가 몸살을 앓으며 죽어가고 있는 오늘의 상황에서는 예수가 가르치신 '이웃 사랑'에 관한 이 비유를 당연히 우리의 영원한 이웃인 "지구를 사랑하라"고 가르치는 비유로 읽어야 마땅할 것으로 보인다.

"선한 사마리아인의 이야기"는 누가 무어라 해도 '비유'이다. 따라서 비유라는 점을 염두에 두고, 이 비유가 오늘 우리가 직면하고 있는 환경 문제 해결을 위해 어떤 비유적 교훈을 주고 있는지를 생각해볼 필요가 있다. 앞에서 언급한 바와 같이 예루살렘에서 여리고로 내려가는 길에서 강도를 만나 죽어가고 있는 '사람'을 기후 변화, 환경오염

등 온갖 위기를 만나 죽어가고 있는 '지구'에 비유하는 것이라고 생각하면서 말이다. 과거에 초대교회의 교부들은 일반적으로 비유를 알레고리적으로 해석하여 강도를 만나 "옷을 벗긴 채 상처를 입고 거의 죽어가는 사람"을 하늘에서 쫓겨난 이후에 이 세상에 내려와 살다가 마귀와 사탄을 만나 온갖 상처를 입고 죽어가는 '인간'을 비유하는 것으로 해석하기도 했다.

그러나 오늘날 우리의 상황에서는 길에서 강도를 만나 옷을 벗긴 채 죽어가고 있는 사람을 환경오염 등으로 황폐화된 채 거의 죽어가고 있는 지금의 자연환경, 즉 하나님이 인간의 영원한 이웃으로 창조하신 이 지구를 비유하는 것이라고 생각하는 것이 더 적절하다는 생각이 든다. 그렇게 읽을 경우 이 비유에서 죽어가는 사람을 보고서도 그냥 피하여 지나쳐버린, 그래서 비유를 읽는 사람들로부터 비난의 손가락질을 당하고 있는 '제사장과 레위인'은 당연히 오늘날 막대한 온실가스와 오염 물질의 배출 때문에 지구가 엄청난 고통을 당하고 있음에도 불구하고 오로지 더 많은 이윤 추구를 위해 더 많은 생산에만 전념하고 있는 세계의 수많은 대기업을 가리키는 것일 수 있다. 또는 그런 위기의 심각성이 지금 나와는 직접 관련이 없다고 생각하며 머리를 다른 곳으로 돌리는 수많은 '우리 자신'을 가리키는 것이라고 볼 수도 있다.

그런데 이 비유의 중심에는 역시 길에서 죽어가고 있는 사람을 보고 불쌍히 여겨 가까이 다가가서 기름과 포도주를 그 상처에 붓고 싸매준 사람이 있었다. 그는 사마리아 사람이라고 했다. 사마리아인은 그 당시 유대 사회에서는 완전히 소외된 변두리 인간에 지나지 않았다. 그럼에도 그는 죽어가고 있는 사람을 "불쌍히 여겨" 도와주려고 했고 살리려 했다. 이 세상의 주류 인간들이 저질러놓은 일 그리고 주류 인간들이 모른 척하는 일을 오히려 비주류에 속하는 사람이 챙기고 있다는 의미일 것이다. 더구나 이 사마리아인이 죽어가는 사람을 살리기 위해 '기름과 포도주'를 그 사람의 상처에 부었다는 점에 주목해야 한다. '기름과 포도주'는 그 당시 사람들이 여행을 떠나기 위해서 꼭 준비해야 하는 일종의 비상식량이며 비상 의료품이었다. 그런데 그는 자신을 위해 준비했던, 그래서 자신의 여행길에 아주 중요한 여행필수품이었던 것들을 먼저 죽어가는 사람을 살리기 위해 포기하고 희생했다. 우리에게 있어서 아주 필요하고 중요한 무엇인가를 포기하고 희생하는 일 없이 죽어가고 있는 지구를 살릴 수 있는 길이 없다는 말 아니겠는가?

그뿐만 아니라 이 사마리아인은 '기름과 포도주'를 가지고 죽어가는 사람의 상처를 보살펴주는 일차적인, 임기응변적인 조치를 취해주는 것만으로 끝낸 것이 아니다. 더 온전한 치료를 위해 계속 후속적인 조치까지 취했다. 죽어가는 사람을 데리고 "여관으로 데리고 가서 돌보아주었다"(눅 10:34). 그리고 "그다음 날"(눅 10:35) 떠났다는 말로 보아 그는 죽어가는 사람을 위해 하룻밤이라는 '시간'까지 더 투자하며 돌본 셈이다. 이 사마리아인이 죽어가는 사람과 함께 하룻저녁의 시간을 여관에서 더 보내고 그다음 날 떠났던 것처럼, 우리도 죽어가는 지구를 살리는 일을 위해서는 우리가 계획한 본래의 삶의 일정과 방법을 바꾸면서라도 더 많은 시간을 투자해야만 한다는 메시지로 읽어야만 할 것이다.

더구나 이 사마리아인은 다음날 떠나면서 '두 데나리온'을 꺼내어 여관 주인에게 주면서 "이 사람을 돌보아주시오. 비용이 더 들면 내가 돌아오는 길에 갚겠다"(눅 10:35)고 말했다. 이 말로 미루어 보건대 그 '두 데나리온'은 그가 그 당시에 갖고 있었던 돈의 전부였음에 틀림없어 보인다. 결국 그는 죽어가는 사람을 살리기 위해 자기가 갖고 있던 돈 전부를 모두 내놓은 것이다. 마찬가지로 우리도 온실가스 배출을 제로로 만들기 위해, 바다 위에 떠다니는 플라스틱을 수집하여 사용 가능한 자원으로 만들기 위해, 땅 위에 산더미처럼 쌓인 쓰레기더미를 처리하기 위해, 미세먼지 저감 장치를 확대 설치하기 위해 등등, 그래서 죽어가는 지구를 살리기 위해서는 더 많은 비용, 아니 어쩌면 모든 비용을 다 지불해야만 한다는 말 아니겠는가?

예수는 이 비유를 말씀하시면서 마지막으로 "너도 가서 이같이 행하라"는 말로 결론을 맺었다. 죽어가는 사람을 살리기 위해 자신의 모든 것, 자신의 일정과 시간까지 포기했던 사마리아인처럼 우리도 무언가 구체적으로 희생하고 포기하는 일을 해야 할 것이다. 시간을 더 바쳐야 하고 돈과 비용을 다 지불해야 할 것이다. 우리의 계획과 삶의 방법도 바꾸어야 할 것이다. 예수께서 "너도 가서 이와 같이 행하라"고 말씀하신 것은 이제 우리에게는 구체적인 '행동'만이 중요하고 필요하다는 의미일 것이다. "선한 사마리아인의 비유"에서 "행하라"는 말이 두 번(눅 10:28, 37) 반복되고 있는 점에 주목할 필요가 있다. 이제 필요한 것은 더 이상의 주장이나 구호가 아니라 구체적인 '행동'이라는 의미일 것이다.

이산화탄소를 줄이는 구체적인 행동, 환경오염을 줄이는 구체적인 행동 등등, 그래서 지구를 살리는 일을 위해 무엇인가를 실천하는 일부터 해야 한다는 말이다! 음식쓰레기를 줄이고, 플라스틱이나 비닐 사용을 줄이는 일 등 아주 작은 일부터 실천하여 우리의 이웃인 지구의 고통을 덜어주며 지구를 다시 살려내는 행동에 나서라는 메시지이다. 자신의 모든 것 그리고 시간과 돈까지 모두 희생해가며 죽어가는 사람을 살렸던 사마리아인처럼 말이다. 그래서 이제 모두 지구를 살려내는 선한 사마리아인이 되라는 메시지이다. 그래야 우리가 이 지구와 함께 영원히 건강하고 복된 삶을 누릴 수 있을 것이기 때문이다.

II. 맺는말: 비유에 대한 다양한 해석의 타당성

예수의 비유를 읽고 해석할 때 중요한 것은 결코 그 비유를 말씀하신 예수의 본래 의도가 무엇인가 혹은 그 비유를 소개하는 복음서 기자들의 의도가 무엇인가를 찾아내는 것만이 아니다. 우리가 거기에만 몰두할 때 예수의 비유는 우리에게 있어서 과거의 유물 혹은 고고학적인 잔재로 머물게 되기 쉽다. 비유의 본래 의미를 묻는 것보다 더 중요한 것은 비유의 현재 의미이다. 성경은 과거의 역사적인 문서가 아니라 모든 시대, 모든 사람을 위한 현재적인 신앙의 문서이기 때문이다. 우리는 성경에서 과거의 메시지를 듣는 것이 아니라, 오늘 우리를 향한 현재의 메시지를 듣는다. 따라서 예수가 말한 비유의 본래 의미를 찾아냈다고 하더라도 그 비유가 오늘의 나에게 주는 의미를 찾아내지 못한다면 무슨 소용이 있겠는가 하는 의문이 남게 된다. 비유에 대한 역사적 연구가 나름대로 필요하기는 하지만, 비유를 과거 속에만 남겨

둔 채 현재에 대해 아무것도 말하지 못하게 할 한계와 위험이 있다는 사실도 기억하고 인정해야 할 것이다.

따라서 우리는 예수의 비유를 읽고 해석함에 있어서 그것이 예수 자신의 의미이건, 그 비유를 소개하는 복음서 저자의 의미건 간에 그 한 가지 의미에만 집착할 필요가 없다. 비유는 열린 메시지이기 때문이다. 얼마든지 여러 가지의 다의적(polyvalent 또는 poly-significant)인 의미를 가질 수 있다는 말이다. 바로 이런 점에서 우리는 슈타인(Stein)의 다음과 같은 말의 의미를 깊이 되씹어볼 필요가 있다: "비유 자체가 활짝 개방된 성격을 갖고 있는 것들이기에 그 비유들이 갖고 있는 다의적인 의미를 인정해야 하며, 오직 한 가지 의미로 제한해서는 안 될 것이다."24

---

24 "The open-ended nature of the parables requires, therefore, that they be acknowledged as polyvalent and not limited to a single meaning." R. H. Stein, *An Introduction to the Parables of Jesus* (Philadelphia: The Westminster, 1981), 67.